ちくま学芸文庫

精講 漢文

前野直彬

筑摩書房

この本の使いかた――序に代えて

一

漢文はむずかしい、おもしろくない、という評判を耳にすることが多い。むずかしいからおもしろくないのか、おもしろくないからむずかしく感じるのか、その辺はタマゴとニワトリの関係のようなもので、どちらが先かはわからない。しかし、考えてみると、国語の現代文でも英語でも、あるいは世界史でも物理でも、教科書のすみからすみまで、一時間の授業の始めから終りまで、おもしろくておもしろくてしかたがない、というものがあるはずはなかろう。漢文だって、どこかにおもしろいところがあり、どこかがつまらない、というのが通常の状態のはずだ。

だから、もしも漢文が何から何までつまらないという人があれば、その人はどこかが食いちがっている。漢文の教科書にのっているのは中国の昔の詩や文章で、現代まで多くの人々に読まれ、愛されてきた、有名なものだ。つまらないものだったら、第一、現代に生き残っているはずがない。今までの人が愛したから、自分も愛さなければならないという義理はないが、今までの人が愛してきたものが全部つまらないというのは、たぶん、漢文自体の責任ではない。教えかたか教わりかたか、どちらかがおかしいのだと考えるべきだろう。

おもしろい、おもしろくないは、個人の好みの問題だ。漢文がつまらないと言う人に、君はおかしいと言ってみたところで、漢文がおもしろくなるものではない。だが、漢文がむずかしいので、おもしろくなるところまで行かないのだと言う人があれば、こちらも考えなければならなくなる。

漢文は、たしかにむずかしい。しかし、これも考えてみれば、高等学校の教科の中で、寝ていてもわかるようなやさしいものが、あるはずはない。みんな、それぞれにむずかしいのであって、教えるものも教わるものも、相当の努力をしなければならないのは、当然だろう。漢文でも、同じことだ。

この本は、漢文をおもしろくするために書いたものではない。もちろん、この本を読んで、漢文のおもしろさがわかったと言ってくれる人があれば、著者としては最もうれしいのだが、今はさしあたり、漢文がむずかしいと言っている人に、そのむずかしさを解きほごすいとぐちを提供しようというのが、第一の目的である。

ことによると、漢文がむずかしい、おもしろくないという意見の中には、いったい何のために漢文を学習しなければならないのかという、根本的な疑問から出発したものもあるかもしれない。そんなことを言いだせば、やはり高等学校の教科全部に同じ疑問が出せるわけだが、ともかくこれは大問題で、簡単には答えられない。この本は、高等学校では漢文を学習しなければならないという前提のもとに書かれてあるので、なぜ学習しなければならないかという問題は、守備範囲のうちではない。しいて言うならば、この本全体が、その疑問に対する答えとなっているはずなのだ。

二

漢文はむずかしいと、ひとくちに言っても、いろいろなむずかしさがある。どんな勉強でも同じことで、学習していくにつれて幾つかの壁にぶつかり、それを一つずつ乗り越えるにしたがって、進歩するものだ。**漢文にも、やはり壁がある。**たぶんみなさんが突きあたるだろうと思う壁を、かぞえあげてみよう。

❶漢字がむずかしい。

これが、いちばん初めの壁である。漢文は漢字ばかりで書いてあるので、漢字がわからなければ、一歩も進むことはできない。この壁で退却する人は、漢文とは無縁の人間となるわけだが、日本語も漢字を使っているので、ついでに日本語とも半分ばかり無縁の人間となることになる。

❷漢文の符号がむずかしい。

漢文は左側に一・二だのレだのと、ややこしい符号があり、右側にカタカナがついている。この符号がのみこめないと、漢文は読めない。はじめて漢文を勉強する人は、ここでめんくらうのが、ふつうである。

❸ 漢文を読むときの日本語がむずかしい。

せっかくややこしい符号の意味をのみこんで、漢文を読むには読んだが、その日本語が「ナンゾソノモトニカヘラザル」などという、わけのわからない文章で、意味が通じない。いずれあとから、本文で説明するが、漢文は中国の文章を古い時代の日本語に直訳しながら読むので、こんな事態が発生するのである。

❹ 漢文の表現がむずかしい。

ここまで来ると、壁もだいぶん高級になる。英語を例にしていえば、関係代名詞をふくむ文は直訳すると変な日本語になるので、どこから訳し始めたらよいかという、あらましの原則がある。また、熟語（イディオム）を知っていないと、一語ずつの意味がわかっていても、正確な訳はできない。漢文にも特殊な文の構成法やイディオムがあって、これを直訳した古い日本語の文章が、日本語としておかしなものになり、意味がわからないか、二通りにも三通りにも解釈できるような、あいまいな表現になってしまうことがある。

❺ 漢文に書かれている思想や感情がむずかしい。

おそらくこれが、みなさんにとっては最後の、最も高級な壁だろう。漢文は昔の中国人が書いたものが大部分であり、それを現代の日本人が読むのだから、いろいろな点でズレが存在するのは、当然である。だから、文章の意味は理解できても、作者はなぜこんなことを書いているのか、それで何が言いたいのかが、はっきりとはわからないことがある。

以上の五つの壁を乗り越えるのは、みなさんなのだから、自分で努力してもらわなければならない。ただ、その努力の途中で、なるべくむだをせずにすむように、指導標の役割をするつもりで書いたのが、この本である。それにしても、五つの壁は漢文の初歩から最高級の段階までにわたっているので、そのすべてについての手引きを一冊の参考書に要求するのは、欲が深いといわなければならない。この本はそれでも、できるだけ一冊で三年間の学習の役に立つように考えて作ったつもりだが、そうすると自然、構成も複雑になり、使いかたにも心得が必要になる。著者の立場としては、もちろんこの本を始めから終りまで通読してくださいと言いたいのだが、たとえてみれば、スキーのはきかた、歩きかたから、ボーゲン・クリスチャニア、さらにその上の高等技術までいっしょに書いてあるのが、この本である。スキーのような技術の本なら、順序を立てて書くことができる。漢文のような知的作業では、そう整然と順序を立てることはむずかしい。だから使いかたをまちがえると、初めてスキーをはいた人が、いきなりボーゲンをやらされることにも、なりかねない。そこで、なるべく簡単に、この本の使いかたを書いておく。

三

この本は、第一章を入門として、ごく初歩の説明をし、第二章以下は歴史・詩文・小説・思想・日本漢文に分けてある。これは現行の漢文教科書の教材を分類すると、だいたいこのようになるためである。そして各章は説明文と、その間にはさまれた例文、最後につけられている練習問題から成っている。さらに例文の中は、原文のほかに、書き下し文・語釈・通釈・解説の四項目に分かれている。（書き下し文には、読みやすいように、便宜上、新かな使いを用いた。ふり仮名についても同様である）

1の壁につきあたっている人に対しては、残念ながら、この本ではそれほど親切な説明はできなかった。漢字の発音や意味について説明するのは、本来は漢和辞典の任務であって、この本のような参考書では、そこまではめんどうを見ることができない。つまり、四角な文字がならんでいるのを見ただけでも頭が痛くなるという人には、この本は役に立たないのであって、そういう人はビルディングの窓がならんでいるところを外からながめて、四角なものに対するストレスを解消するようにでもしてもらうほかはない。

ただ、頭が痛いのをがまんして、少しでも漢文が読めるように努力したいという人は、この本の第一章を読み、あとはどの例文でもよいから、なるべく知っている漢字の多そうなのを選んで、通釈と対照しながら読んでほしい。四角な字の行列が、意外にむずかしくないものだという気になってくるだろうと思う。

2の壁の前にいる人にも、この本は特効薬とはいえないだろう。しかし、この壁は五つの壁の中では、いちばん乗越えやすいものなのである。一・二やレの符号は、種類に限りがあって、そう変ったものがとび出すことはない。**この原則をおぼえるのは、化学方程式をおぼえるよりは楽なはずで**、少し根気よく練習をくりかえせば、理解するのにさほど困難ではなかろう。

その練習をしたい人は、先ず第一章を読み、それから第二・三・六章の例文について、原文を読んでみてほしい。この際、意味までいっしょにわかろうとすると、抵抗が大きすぎるから、わかってもわからなくても、ともかく読んでみることだ。できれば、自分で書き下し文を書いてみるとよい。それを原文のあとについている書き下し文と対照させて、誤りを修正するうちに、自然と読みかたのコツが身につくはずだ。

3の壁でつかえている人には、ほんとうは日本の古文の勉強をしてもらいたい。書き下し文というのは古い時代の日本文で、このような文章を読む力をつけるのは、古文学習の役割だからである。ただし、書き下し文は古文とくらべると、おかしなところが、いくらでも出てくる。漢文読み特有の文法や読みくせがあるためだ。そこで、やはり第一章を読んだあと、第二・三・六・四・五章の順序で、例文の書き下し文を読み、その意味を考える練習をしてほしい。できれば、自分で翻訳を書いてみると、最もよい。もちろん、最初から全部わかるはずはないから、翻訳不能のブランクの部分が、たくさん出るだろう。誰でも初めはそうなので、気にすることはない。そして例文の通釈と比較してみて、わからなかったところを了解し、誤りを修正する。これをくりかえすうちに、壁はだんだん低くなるだろう。

４の壁に直面している人には、注文が少し高度になる。**この壁が越えられれば、大学入試の漢文では、合格点を取る資格が生ずる**からである（念のためにことわっておくが、合格確実と、太鼓判をおしたわけではない）。そこで、この種の人は第一章はもう卒業しているはずだから（復習のために読むのは、もちろんかまわないが）、第二章の説明文を先ず読んでほしい。ここには漢文を読むための、ジュニアの段階よりももう一段上の基礎知識が書いてある。全部丸暗記する必要はないが、大筋のところは頭に入れておくと、あとで役に立つ。それから例文にとりくみ、先ず原文を読んで、次に語釈をていねいに読んでほしい。そして語釈を参照しながら、翻訳を作ってみる。それを通釈とつきあわせてみるのが、練習になるはずだ。そのうえで練習問題を、力だめしのつもりで、やってほしい。解答はまとめて、巻末につけてある。練習問題の中には、大学入試の問題も入れてあるので、受験にはどのくらいの実力が要求されるか、自分の力がそれに対して現在どの程度のところにあるか、ほぼ見当がつくだろう。

5の壁を越えようとする人は、第一章・第二章は復習のつもりで、ひまなときに読めばよい。もっとも第二章には必ずしも復習とはいえない新知識があるかもしれないが。だがそれよりも、第三章以下の説明文に主力をおいて、読んでほしい。漢文教科書の教材は、だいたいにおいて、やさしいものから順にならんでいるので、一人の思想家の思想・一人の文学者の文学を知るには、あまり便利ではない。まして一つの時代の思想・文学となると、相当にわかりにくいし、中国の思想・文学の歴史となると、もはやお手上げといってよい。**この本の説明文は、それをカバーするように作ってある。**しかも、説明の内容は、かなり高度なものまで——大学の教養課程で習うようなところまで、突っこんであるところもある。だから、説明文を読んで頭に入れてしまえば、高校卒業以上の知識があると、いばってもよい。ただし知識だけで、漢文が読めなくては何にもならないから、例文の原文を読み、いきなり翻訳に取りくんでほしい。もちろん、わからないところがいくらでもあるはずだ。わからないところは、わからないとしておいて、あとで通釈を読み、それでも腑《ふ》に落ちなければ、語釈を見る。それから解説または手引きの項を読めば、例文の理解は完全になったといえよう。そして練習問題に手をつけてみる。もう、それほどむずかしくはないはずだ。**そうなったら、大学入試の漢文では、恐れることはないと、**太鼓判をおしてもいい。

四

五つの壁に分けて使いかたを書いたが、みなさんの当面している壁は、こうきれいには分けきれないのが現実だろうと思う。たとえば4の壁に自分では直面しているつもりでも、じつは3の壁をまだ完全には越えておらず、片足がそこにひっかかっているような人も、かなり多いだろう。

この本は、**みなさんの実力の状態を判定する材料にもなる**。先ず、第二章の例文の原文を見てほしい。その中には、初歩としてはかなりむずかしいものもあるが、原文だけ読んで翻訳を試み、通釈と照らし合わせて六〇から七〇パーセント正しければ、4の壁に直面していると考えてよい。翻訳を作ってはみたが、成績はそれ以下という人は、3の壁である。翻訳にまるで手がつかない人は、せめて書き下し文を作ってみる。それを書き下し文のところとつきあわせて、八〇パーセント以下の正解率だったら、お気の毒だが2の壁だ。例文の原文を見ただけで頭が痛くなれば、1の壁ということになる。

また、漢文の授業というものは、大勢の生徒を相手にしているので、一人ずつ順序よく壁を越えさせるわけにはゆかない。2の壁のあたりでモタモタしている人に、いきなり4の壁をよじ登らせるような宿題が出たり、期末試験の問題が出たりすることもあろう。参考書としては、そういう人のためにも役に立つことが要求されるので、この本でもひととおりの配慮がしてある。

先ず、この本の例文は、なるべく漢文教科書にのっている教材から選ぶようにしてある。だから授業の予習・復習のため、あるいは期末試験の準備のためには、**例文の一覧表**を見て、教材と同じものが例文になっているときは、そこを参照すればよい。

しかし、すべての教材を網羅することはできないので、自分が調べたいと思う詩や文章が、例文にはいっていないことがあるだろう。むしろ、そのほうが多いかもしれない。それでも、教材の中のむずかしい言葉の意味が知りたいときには、調べることができる。この本は巻末に**語彙《ごい》索引**をつけ、漢文でしばしば使われる重要なことばについて、本文のどこに説明がついているか、すぐにわかるようにしてあるからである。また、漢文の中には「助字」という特殊なことばがある。このことについては第一章に説明がしてあるが、助字のはたらきを知っていると、文章の理解に役立つことが多い。そこで、例文の語釈の中で説明されている助字を集め、**助字一覧表**として見かえしにつけた〔編集部注　文庫版では巻末に収録した〕。

さらに、教科書の中に出てくる人名や書名について、調べる必要がおこるかもしれない。この本では、漢文教科書中の書名・人名について、ほぼ全部、説明文の中で解説してある。それから、たとえば「律詩」とは何か、「性悪説」とはどんな思想か、などという問題についても、全部について説明がしてある。これらについての索引も**人名・書名・重要事項**

索引として巻末についているから、すぐに探し出すことができる。

もっとも、右のような使いかたは、いわば間《ま》にあわせ的な使用法である。そのために役立つことも、けっこうではあるが、著者としては、この本がみなさんの漢文の実力を高めるように使われることを希望する。間にあわせの使いかたをして、それで当面の問題は解決できたにしても、実力がついたというわけにはゆかない。

五

この本の構成と、それに応じた使いかたとは、以上のとおりである。必要な説明はもう終ったのだが、余分ながら最後に一言、注意しておきたいことがある。

参考書というものは、いくらよくできていても、それだけ読めば成績がどんどん上がって、大学入試も合格確実だと保証できるものではない。そんな参考書があったら、誰も苦労はしないですむだろう。結局は参考書を生かすのも殺すのも、読む人の使いかた一つなのだ。

ところが、人間には個人差があって、甲の人に適当な勉強法でも、乙の人にも適当だとは限らない。この本の使いかたにも、みなさんの一人一人についていえば、こまかいところで、少しずつ違いがあるのが、当然なのである。しかし、ここではとても、それまでこまかくは書くことができない。みなさんが上に書いた使いかたの大綱にもとづきながら、さらに自分自身に最も適した方法を考え出し、この本を生かして使ってくださることを希望する。

最後にもう一つ。この本を作るために、現在高校で漢文を教えておられる先生がたから、いろいろな忠告と援助をいただいた。ことに高橋信一郎・戸井田行世の両先生の力ぞえがなかったならば、この本はできなかったにちがいない。また陳明新・西岡晴彦の両氏、さらに学生社編集部の方々にも、ずいぶんお世話になった。いずれも、あつくお礼を申しあげる。

前野直彬

目次

第一章　漢文入門

第二章　歴史

第三章　詩文

第四章　小説

例文一覧

①表題は一部、便宜上つけたものが含まれている。
②（ ）内は出典または作者を示してある。
③例文は、すべて本文の記述に沿っているので前後関係を明らかにし、効果的に学習して下さい。

精講　漢文

第一章　漢文入門

第一節　漢字

一　漢字の三要素

みなさんは今までに、小学校と中学校で、たくさんの漢字を習ってきた。教室で習わなくても、みなさんが書物や新聞などで読み、おぼえた漢字は、もっとたくさんあるにちがいない。それらの知識を足場にして、漢字とはどんな性質を持つ文字であるかを、すこし考えてみることにしよう。

まず、漢字には三つの要素があって、これを形《けい》・音《おん》・義《ぎ》と名づける。「山」という字を例にとってみよう。この文字の形が「形」である。読むときには「サン」と発音するが、これが「音」である。そしてこの字は、「やま」という意味を持つが、これが「義」である。

すべての漢字は、一つずつ、必ずこの三要素をそなえている。逆に言うと、三要素のうちの一つが欠けても、漢字にはならない。念のために、一要素ずつ調べてみようか。まず、「形」がなかったら――およそ形《かたち》を持たない文字など、あるわけがない。だから、「形」のない漢字は存在しない。次に、「音」がなかったら——文字の形があり、意味もわかっているのだが、発音がないわけで、そんな字が書いてあったら、声をあげて読むとき、そこだけ飛ばさなければならない。これも文字として失格である（言うまでもないことだが、発音がないということは、発音がわからないこととは違う。発音がわからない文字は、漢和辞典を調べればわかる。ここで言っているのは、最初から発音不可能な文字のことである）。最後に、「義」がなかったら——字形があり、発音できても、意味を持たない文字など、それこそ「意味がない」。そんな字をわざわざ作ったり、おぼえたりする必要はないわけだ。ここまで書いてきた中に、実は漢字の重大な特質が含まれていたのだが、みなさんは気がついたかどうか。気がつかない人のために、これから説明しよう。

二　表意文字と表音文字

さっき、漢字の三要素のうち、「義」の欠けた文字は、「意味がない」と書いた。しかし、漢字以外の世界では、その「意味がない」文字が、堂々と通用しているのである。たとえば、英語を考えてみたまえ。**アルファベット**の二十六文字は、もちろん、一つ一つが文字である。ところが、Bという字は、「形」もあり「音」もあるけれど、「義」は持たない。ただしbatとかboxとか、他の文字と結合したときに、はじめて意味を持つことになる。Aは、a boyというように、一字で「一つの」という意味を持つが、これは偶然の結果にすぎないのであって、アルファベットは原則として「義」の要素を欠くと見なしてよい。

ついでに、日本語の「**かな**」を考えてみよう。いろは四十八文字、これももちろん文字である。そして「かな」には、アルファベットのaにひとしいケースが非常に多いのであって、たとえば「い」は、移動の「移」だったり、衣服の「衣」だったりする。しかし、だからといって移動や衣服が、かな文字「い」の「義」だというわけにはゆかない。「い」は本来、「いぬ」「いか」「いたじき」など、他の「かな」と結びついて意味を発生するものであること、アルファベットと変らない。「衣」などは、たまたまあとに続く文字がゼロになった例外的な場合と考えればよいのである。

そこで、英語ならばboxと三字、「かな」ならば「はこ」と二字で書くところを、漢字では「箱」と一字で書いて、これで三者の「義」がひとしいことになる。このばあい、b・o・xの三字、および「は」「こ」の二字は、一つ一つはなんの意味も持たない。これらの文字は、前者では〔bɔks〕、後者では「はこ」という発音を示すだけであって、その発音が、漢字の「箱」と同じ「義」を含むことになる。

アルファベットや「かな」のように、一字一字は「形」と「音」しか持たず、その複合によって一つの発音が示され、その発音が「義」を持つ、このような文字を、**表音文字**という。これに対して漢字のように、一字一字が「形」「音」「義」の三つを兼ねているものを、**表意文字**（意味をあらわす文字）という。

三　表意文字の長所と短所

表意文字は、表音文字が二字、三字、あるいはそれ以上かかってあらわす意味を、一字で表現してしまうのだから、非常に便利である。それに、文字構造の原則を知っていれば(原則を知らなくても、すこし読み慣れれば)、**字形の上から、大体の意味が推定できる。**「山」などは、字づらを見ただけでいかにも山らしい形をしているから、しごくおぼえやすい。また、英語と比較してみれば、木はtree松はpine桜はcherry梅はplumで、四つの英語の単語の間には、なんの関連もない。ところが漢字では、木・松・桜・梅と、全部「木」の字がつくから、たとえはじめて見た字であっても、これは木の名もしくは木に関係のあることばだと、すぐに想像がつく。これが表意文字である**漢字の長所**といえよう。

だが一方では、表意文字は重大な欠点を持つ。第一に表音文字はアルファベットなら二十六、「かな」なら四十八だけおぼえればすむものを、表意文字である漢字では、**おぼえる数に限度というものがない。**ふつうの漢和辞典に出ている漢字、あれはすべての漢字の何十分の一というぐらいのものだが、それさえも、全部おぼえようとしたら、よほどの根気と努力を必要とするだろう。ましてすべての漢字をおぼえるなどとは、気が遠くなるような話である。

しかも、おぼえるのに手間がかかるだけではない。表音文字なら文字の数がきまっているので、それだけの字数をそろえたタイプライターを用意すれば、どんなことばでも、容易に印刷できる。しかし、表意文字＝漢字のタイプライターでは、そろえる字数に限度がないわけで、すくなければ必要なことばが印刷できないし、だからといって何千もそろえたら、必要な文字をさがし出してキイをたたくまでに、かなりの時間がかかる。英文と邦文のタイプライターを操作したことのある人なら、邦文のほうが手間がかかることは、だれでも体験しているだろう。

第二に、漢字は「音」の要素を持っているけれども、その音が一つときまっていないところに、悩みがある。もっともこれは、漢字が日本で使われるばあいの特殊事情なので、そのことは四九ページ以下に詳しく説明するが、とにかく、たとえば「山」という字は、「サン」とも「ヤマ」とも発音する。そのうえ、「大山」という山の名は、神奈川県にあるものは「オオヤマ」、鳥取県のは「ダイセン」と発音する。この相違には、なにも理屈はなく、習慣上そう発音するというだけのことだから、こちらも**理屈ぬきで丸暗記**しなければ、**正しい発音ができない**。これは、たいへんに不便なことである。カナやローマ字の表音文字で書くなら、こんな不便は解消するわけだ。

さっき、pineと書いたのでは、この単語をおぼえていない人には完全に意味不明だが、「松」と書けば、はじめてお目にかかった人でも、たぶん木の名だろうと想像できる、と言った。これは表意文字の長所だが、裏がえせば、同じことが短所になる。意味はわからなくても、pineとあれば、たぶん〔pain〕と発音するのだろうというぐらいのことは、すこし英語を習った人なら、すぐにわかる。ところが、「松」の字を見ても、ここから「ショウ」または「マツ」という発音を引き出すことは、不可能である。

つまり、はじめて見る文字があったとき、その字づらから、表音文字のばあいは先ず発音が、表意文字の方は先ず意味が推測される、というのが原則である（表意文字でも、ある程度発音がわかるしくみになっているものがある。次のページ「形声」の項参照）。つまり、表音文字はどちらかといえば聴覚的、表意文字は視覚的な文字と考えてよい。漢字にはこんな短所があるので、現在の日本では、**「当用漢字」**を定めて使用する漢字の数を制限し、また**「音訓表」**を定めて、一つの漢字の発音を、あまり多種類にわたらぬようにしている。さらに、むずかしい字には略字を指定して、書きやすく、読みやすいようにしてある。この方針にはいろいろな問題があって、専門の学者が議論をしているけれども、結論はまだ出そうもない。この本は、べつにそのことを論ずるために書いているわけではないので、ごく簡単に、表意文字の長所と短所をあげるにとどめた。これから漢文を学ぶためには、**漢字の功罪**について、まずこの程度のことを頭に入れておけばよかろう。

四　漢字の種類

漢字は、六つの種類に分けることができる。

❶象形　物の形を略画に描き、さらにその線を**単純化した文字**。→日、→山、→木、→子、→鳥など。

❷指事　抽象的な観念を**記号化**することによってできた文字。いちばん単純なのは数字の一・二・三であり、→大は、人が大手《おおで》をひろげて立つ形を描いて、「大きい」の意味を示した。また、象形文字に点や線を加えて、記号化の役割を持たせたものも多い。→上、→下、→本（木の根もとの意）など。

❸会意　やはり抽象的な観念をあらわしたものだが、指事文字よりは複雑で、象形・指事文字をいろいろに**組みあわせて作った文字**。たとえば→寒だが、いちばん上のは家の屋根、その下のは草、そのまた下のは人間、いちばん下のは氷の、それぞれ象形文字である。これらが組みあわさって、屋根の下に草を積み、その中に人間がもぐりこんでいるけれど、大地は凍《い》てついている、という意味を示し、したがって「さむい」ということになる。

❹形声　「諧声《かいせい》」ともいう。事物の意味をあらわす部分（義符または意符とよぶ）と、発音をあらわす部分（音符または声符とよぶ。音楽で使うオタマジャクシの音符とは、意味が違う）との**合成によって作られた文字**。たとえば「河《か》」「江《こう》」は義符「氵」（サンズイ―水をあらわす）と、音符「可《か》」「工《こう》」を組み合わせたものである。だから、ヘン（ニンベン―イ、テヘン―扌など）・カンムリ（ウカンムリ―宀、クサカンムリ―艹など）・タレ（マダレ―广、タマダレ―戸な

ど）・シンニョウ（辶）・リットウ（刂）などのつく字は、それらが義符、他の部分は音符から成る形声文字と考えてよい。形声文字は漢字の成り立ちのうえで最もふつうのもので、全漢字の八〇パーセント以上を占める。

❺転注　みなさんは漢和辞典をひくとき、一つの漢字の下に、㊀…㊁…などと、いくつかの意味が書いてあるのを見ているだろう。だがはじめから一つの漢字に、いくつもの意味が共存していたわけではない。語源はただ一つで、そこから少しずつ違った意味が派生していった。漢和辞典はそれを、㊀…㊁…というように記載しているのだ。だから、㊀…㊁…㊂…としるされた、それぞれの意味の間には、どこかで関係があるのが原則である。このように、一つの意味に対して与えられた漢字が、**別の意味を派生してゆくこと**を、転注という。たとえば「書」は義符「聿《いつ》」（筆を示す）と音符「者」とを合成した形声文字を省略した形にしたもので、本来は「筆でものをかく」意味である。ここから意味が派生して、書かれたもの、すなわち書物、または手紙を、やはり「書」という漢字であらわすようになった。そこで書物・手紙の意味で用いられた漢字「書」を、本来の「書」の転注という。

　また、意味の派生に従って、漢字の字形がすこしずつ変ることもある。たとえば、「老（老人）」という文字から派生したと考えられるものに、「耋《てつ》」（七十歳または八十歳の老人）・「耆《き》」（六十歳の老人）・「耄《ぼう》」（八十歳または九十歳、一説には七十歳の老人）などの文字があり、これらを「老」の転注と称する。狭義の転注は、このようなケースのみをさしている。

❻仮借《かしゃ》　既成の漢字の発音だけを借り、他の意味に用いたもの。たとえば、「瑟《しつ》」は琴に似た絃楽器の名で、「玨」が義符、「必」が音符の形声文字である。しかし一方では、秋風などが木や草の葉を鳴らす淋しい音も「瑟《しつ》」という。これは、日本語ならばサラサラというような音を文字で表現するとき、かなで書けばよいのだが、漢文では漢字で書くほかに手段がないので、「シーッ」というように聞きとった風の音を、それに似た発音の「瑟」の字で表現したのである。だから、風の音の「瑟」と楽器の「瑟」との間には、意味上の関係はない。このような場合、前者の「瑟」は、後者の「瑟」の仮借であるという。だから仮借の場合も、漢和辞典では「瑟㊀楽器の名。㊁風の吹くさま。」というふうになって、転注の場合と変らない。

しかし転注では、㊀と㊁の間に必ず意味上の関連があるのだが、仮借では発音上の関連があるだけのことである。ふつうの漢和辞典では転注と仮借の区別をしていないが、すこし考えれば常識でわかることが多いから、気をつけたほうがよい。それでないと、仮借を転注ととりちがえて、たとえば「瑟」という楽器の音いろ《ね》は風の吹くような音だったなどと、とんでもない誤解をすることがあるかもしれないから。

もっとも仮借の方法を用いるとき、単に発音だけではなくて、意味もなるべく接近させようと努力したあとが見える場合が多い。「瑟」もその一つで、「シーッ」という音を漢字にあてはめるのなら、「室」でも「失」でもよいわけだが、わざわざ「瑟」が選ばれたのは、もとの意味が楽器で、やはり音に関係があるからにちがいない。こんな配慮がしてあるので、仮借が転注とまぎらわしくなるのだが、しかし仮借はあくまでも仮借で、意味が派生した転注とは、別ものと考えなければならない。

また、外来語を漢字であらわす、いわゆる**「あて字」**は、**すべて仮借に属する**。たとえば、ドイツの文豪ゲーテを、中国では「哥徳《ゲド》」と書くが、もちろん「哥」に、ゲーテの「ゲー」の意味があるわけではない。イギリス―英吉利、ワシントン―華盛頓も同様である。

ついでに言うと、現代中国語で外国語を漢字にするときは、このように仮借の方法を用いる場合と、発音とは無関係に、原語の意味を訳して新しいことばを作る場合（例…テレヴィジョン―電視機）と、双方を併用する場合（例…アイスクリーム―氷琪琳《ひょうきりん》、「氷」は「アイス」の訳、「琪琳」は「クリーム」を仮借の方法であらわした）とがある。

以上の六つの分類は、後漢の**許慎**《きょしん》という学者が前一二一年に作った中国最古の字書「**説**《せつ》**文解字**《もんかいじ》」に出ているものである。たいそう古い分類だが、よくできているし、便利なので、二千年以上もの間、「**六書**《りくしょ》」とよばれて学者たちに使われてきた。

しかし、なにぶんにも大昔の人が考えたことなので、現代の目から見ると、多少は修正を必要とする点がある。「六書」というけれど、はじめの四つとあとの二つとでは、ほんとうは、性質が違う。象形・指事・会意・形声までは、漢字の作りかたを分析したものだが、転注と仮借とは作りかたではなく、すでに作られている文字の応用方法である。だから「六書」は、漢字の作りかたを分類した象形・指事・会意・形声の四つと、漢字の応用法を分類した転注・仮借の二つとに分けて考えたほうが、わかりやすかろう。

「六書」はこのように、許慎が発明した分類だが、かれの説明は簡単なので、わかりにくい点がある。いちばん問題なのは転注であって、みなさんが学校で先生から聞いた説明と、この本の説明とは、違っているかもしれない。それは許慎が最初につけた簡単な説明の解釈のしかたが違っているからで、この本ではいちばんわかりやすい解釈をしたのである。

ところで、象形・指事・会意・形声の四つの方法で作られた漢字を、ふつうに文字とよぶわけだが、厳密にいうと、「文」と「字」とは、意味が違う。「文」は最も基礎的な漢字で、象形文字と指事文字が、これにあたる。「字」とは本来、「ふやす・ふえる」の意味で、「文」を二つ以上組み合わせることによって増加された漢字をいう。会意文字と形声文字が、それである。そこで、以上の四種類の作りかたによってできた漢字、すなわちすべての漢字を総括して、「文字」とよぶようになった。

五　漢字の書体

私たちが現在読んだり書いたりしている漢字は、はじめから形がきまっていたわけではない。象形文字を例にとっていえば、これは一種の略画なのだから、古代の人たちは、一目《ひとめ》見てすぐ何のしるしであるかがわかるように配慮しながら、思い思いの書きかたをしていた。だから、「馬」という字はともとも書かれている。しかし、いくら実物に似ていても、書きかたがあまりめんどうでは、実用にならない。また、小部族が分立していた時代には、各部族の中で一定の書きかたが約束されていればよかったが、統一帝国がしだいに形をととのえるにつれて、文字も統一されなければ不便を感ずるようになった。このようにして、漢字の書きかたは現代に至るまで、何度も変遷をかさねてきたのである。

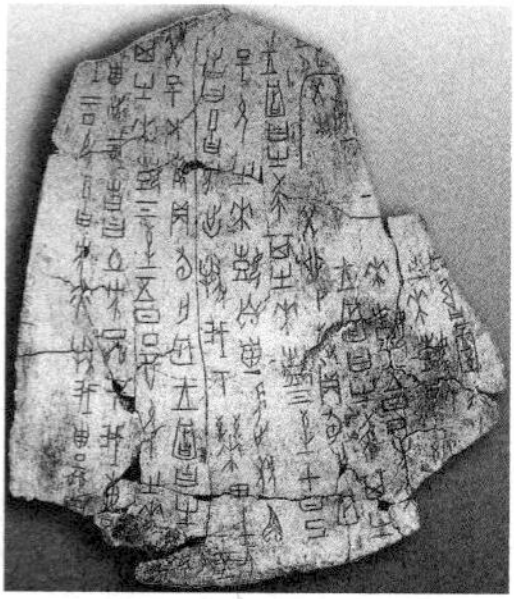
甲骨文字

❶甲骨文字　現存する最古の漢字は、殷《いん》代（約前一七〇〇―前一〇五〇）に書かれたもので、十九世紀の末ごろ、殷の故都である今の河南《かなん》省安陽県小屯《しょうとん》から発掘された亀の甲や獣の骨にきざまれているため、甲骨文字という。甲骨は占《うらな》いに用いられたものであって、占うべき事項を亀甲または獣骨にきざみつけ、さらにいくつかの穴をあけて、火であぶる。すると穴を中心として割れ目を生ずるが、その割れかたによって、吉凶を占ったのである。

❷金石文　甲骨文字は、まだ素朴な書きかたをとどめているが、殷の次の周《しゅう》代になると、

字形はかなり整頓されてきた。**周代の文字**は銅器などの金属にきざまれたものが大部分なので、これを**金文**とよぶ。また、秦《しん》以後は石にきざまれた文字も残されているので、それを合わせて金石文ともいう。

殷・周時代の文字は、もちろん、甲骨や金石にきざまれたものばかりではなかった。紙はまだ発明されていなかったが、竹を細く割ったもの（竹簡《ちくかん》）・細長い木の札《ふだ》（木簡）・絹布（帛《はく》）なども、筆記用具として使われていた。しかしそれらは風化しやすいので、今ではほとんど残っていない。

❸篆書《てんしょ》　周の末期、すなわち春秋・戦国時代から、秦代にかけての書体を、篆書とよぶ。篆書はさらに二つに分かれ、ほぼ戦国時代に確立された書体を**大篆**《たいてん》、秦になってから字形統一の政策がおこなわれて、画一化された書体を**小篆**《しょうてん》と名づける。わが国でふつうに篆書といっているものには、小篆が多い。また大篆は西周時代の史官であった史籀《しちゅう》という人が創案したといわれたので（これは伝説にすぎないが）、籀文《ちゅうぶん》ともよぶ。

❹隷書《れいしょ》　秦代には篆書が統一され、小篆ができたが、これはなお複雑な字形を持っていた。そこで、日常、文字を書くことをしごととする役人たちは、**小篆をさらに簡略化した書体**を用いるようになった。これを隷書という。

隷書はもはや、かなり現在の書体に接近しており、書きやすいので、次の漢代になっても流行した。ただし漢代では、隷書のことを**八分書**《はっぷんしょ》とよんでいた。

書体が何であるかを問わず、古代の文字は、竹簡などに書くとき、墨のかわりに漆《うるし》を使うことが

漢字における書体の変遷

漢字書体の変遷を歴史的にみると甲骨文・金文・篆書・隷書・楷書・行書・草書という順序で変ってきた。このなかで，今日使われているのは，楷書・行書・草書の三体で，その他の書体は，特殊な場合を除いて，ほとんど使われていない。

次にその変遷過程について三例を説明しておこう。

「家」は本来屋根の下にブタがいる形をさしていた。つまり家畜小屋の意味から，今日の「いえ」の意味になった。

「蛇」はヘビの象形で，本来は它の字であったが，のちに虫ヘンがついたもの。

「四」は甲骨文では単に四本の線であらわしていたが，金文で四等分をあらわす形となった。

多かった。漆は墨汁よりもネバネバしているので、はじめに筆をおろしたところにたくさんかたまり、そこから線を引くと、急激に細くなる。このことは、あまり薄めてないペンキで字を書く実験をしてみれば、すぐにわかるだろう。つまり、「十」という字を書くときには、十といった形になってしまうのである。このような書体を、科斗《かと》文字とよぶ。科斗とはオタマジャクシのことで、オタマジャクシを組みあわせたような形に見えるところから、この名がついた。

❺**楷《かい》書** 漢の中期以後、つまり西暦紀元が始まったころから、**隷書をさらに単純化した書体**が出てきた。これが楷書で、現在に至るまで、**漢字の字体の規準**となっている。

❻**行《ぎょう》書** 楷書は一点一画をきちんと書くので、読みやすいが、書くには手間がかかる。そこで楷書をすこし崩して、筆記体にした書体ができた。これを行書といい、だいたい後漢のころからあらわれはじめた。

❼**草《そう》書** 行書をさらに崩した書体である。晋《しん》のころから出てきた。

本字	日本略字	中国略字
處	処	处
藝	芸	艺
樂	楽	乐
嘆	嘆	叹
戰	戦	战
關	関	关
豐	豊	丰
齊	斉	齐
靈	霊	灵
總	総	总
獸	獣	兽
發	発	发
圖	図	图

(注) 日本では本字使用の中国略字の例 雲↓云 頭↓头 滅↓灭 電↓电 塵↓尘など

日中略字の比較

略字　楷書を簡略化した書体である。略字の歴史は古く、南宋《なんそう》（一一二七―一二七九）の出版物の中には、略字をさかんに用いたものがある。だから、漢字の略しかたには、長い年月を経てできあがった一定の原則があって、自分勝手に簡略化してよいというものではない。太平洋戦争のあとでは、日本でも中国でも、漢字を簡略化しようという動きが強まり、日本では当用漢字を定めて日常に使用する漢字の数を制限する一方、大幅に略字を採用し、略字の方を正式の書体とした。壽→寿はその一例で、このために漢字はしごく書きやすく、読みやすくなった。ただし、日本で制定した略字は、伝統的な略しかたの原則に従わず、かなり勝手に略した点がある。中国でも略字を定めたが、これははるかに伝統に忠実なため、同じ文字から出た略字が、両国の間で違うという現象がおこっている。むかし、日本人と中国人とは、ことばが通じなくても、文字を書いて見せることによって、ある程度までは意志を通じあうことができた。しかし今後は、略字の形が違うので、それも不可能となるかもしれない。

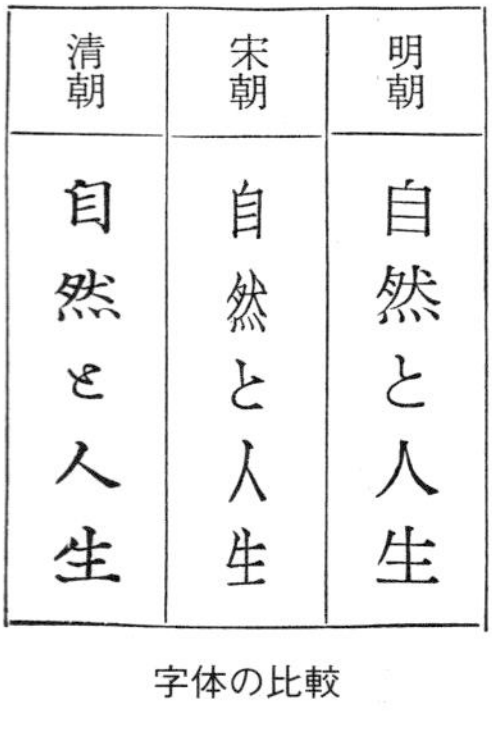

字体の比較

活字の字体　中国の印刷術は唐《とう》代におこり、宋以後、しだいに進歩した。ただし全部**木**《もく》**版**《はん》刷りで、まず紙に文字を書いて**版下**《はんした》とし、それを木の板に貼《は》りつけて、刀で彫《ほ》る。その文字はもちろん楷書が大部分であるが、書体は時代によって相違がある。現在の日本の印刷に用いる活字は、その木版刷りの文字を基準としており、最もふつうに使われる活字、この本でも使っているものは、明朝《みんちょう》といって、明代の木版刷りに多い字体にもとづいている。同様に、宋《そう》朝・清《しん》朝とよばれる活字体がある。ただし、これは日本での呼びかたで、中国では宋朝のことを仿宋《ほうそう》活字といい、清朝については特別の名称はない。

第二節　音韻

一　文字と発音

ここまでの説明は、漢字の三要素である形・音・義のうち、「形」に重点をおいてきた。これからは、話の中心を「音」のほうに移そう。つまり漢字の発音に関する問題、専門的な言いかたでは「音韻《おんいん》」が、以下のテーマになる。

最初に、いちばん基礎的な話をしよう。

現在、地球上にはまだ原始に近い生活をしている民族がある。しかし、いくら原始的であっても、かれらは必ず「ことば」を持っている。アフリカの奥地でもニューギニアの高地でもよい、原住民に向かって山を指さしながら、あれはなんだとたずねたら、かれらの「ことば」で答えるだろう。だが、それを書いてみせろと言っても、かれらは書くことができない。つまり、かれらは「ことば」は持っているが、文字は持たないのだ。

これは現在だけのことではない。地上のあらゆる民族は原始の段階を経てきたわけで、その段階では、すべて「ことば」をさきに持ち、それから文字を発明するようになったのである。つまり、人間が意志を伝達するのに、はじめは口で言って耳で聞くという方法しかなかったのが、手で書いて目で読む方法があとから加わったのだ。

こんなことを書くと、みなさんは、わかりきった話だ、と言うかもしれない。ところが漢字を考える場合、これが案外に、わかりきっていない。くどいようだがもう一度、例をあげて言うと、「→山」という文字があって、それに「サン」という発音と、「やま」という意味とがつけ加わったのではない。遠い上古の中国人たちが、地表の高くそびえた場所、つまり「やま」のことを、「サン」と呼びならわしていた。そのうちに、だれかがその「サン」を記号化して、「→山」という文字が固定したのだ。

さきほど私は、漢字は字形を見ただけで、およその意味の察しのつくことが多いから、便利だと書いた。それはそうに違いないが、順序からいうと、発音のほうが先にあって、文字はあとから出て来たのである。だから、文字づらだけで意味を考えようとすると、ときどき、とんでもない誤りや、コジツケにおちいることがある。

このことは、形声文字を考える場合に、重要な意味を持つ。さっき、形声文字は義符と音符を合わせたものだと書いたが、実は音符のほうにも、意味が含まれているのである。なぜかというと、そもそも発音の同じことば（ここで発音というのは、アクセントをも含む。

だから日本語の雨《あめ》と飴《あめ》のように、アクセントの違うことばは、同じ発音とはいわない）は、原則として意味も同じか、またはきわめて近似している。だから音符の同じ形声文字の間には、共通の意味が含まれていると考えてよいことが多い。

例をあげよう。ここに「同」という漢字がある。この字自身の構造や意味について書くと話が複雑になるから、省略して、この字によってあらわされる発音「ドウ」または「トウ」（日本語ではふたとおりの発音になるが、もとの中国語の発音では、べつに差別はない）だけについて、考えてみよう。

すると、この発音は、「貫通した」「筒型」という意味を持っていることがわかる。「同」を音符にした形声文字を考えてみたまえ。

洞——ほらあな。川べり・湖畔・海岸などの岩が、水の浸蝕作用によって穴をあけられたところ。水に縁があるので、サンズイがついた。

胴——もとは大腸の意味。これも中はつきぬけている。人体に関することばなので、ニクヅキ（この場合の「月」は、「肉」の象形文字「⺼」から出ている）がついた。

筒——竹のつつ。やはり中は貫通している。竹で作るので、タケカンムリがついた。

桐——きりの木。この木は木目《もくめ》がまっすぐで、幹の中を上下に貫通している。木の名だから、キヘンがついた。

つまり上古の中国人は、中が貫通しているものは、すべて「ドウ」という発音であらわした。ところがこれを文字にするとき、全部「同」と書いたのでは、こまかい区別がつけられない。そこで、水に縁があればサンズイ、木の場合はキヘンなどと、義符をつけることによって、わかりやすくした。すなわち**音符のほうが先にあって、義符はあとから加わった**のである。

王安石像

だから、中国の古い本を見ていると、ヘンやカンムリがないのに、それがついた場合と同じ意味を持つ字が、ときどき出てくる。たとえば「太陽」を「太昜」と書く。「昜」は「上のほうの高いところ」をあらわす発音で、だから太陽の意味に使われた。したがって「太昜」と、阝（コザトヘン）を落として書いても、いっこうにさしつかえはない。ただ、「上のほうへ上げる」という動作もやはり「昜」の中にはいるので、区別のため、それは「揚」と書き、対応上、太陽のほうは「陽」と書くようになった。こうした原則を知らないと、「洞」は水が同じに集まるところだからサンズイに「同」がついたなどと、妙なコジツケをしてしまうおそれがある。

ここに一つ、おもしろい話がある。宋の**王安石**《おうあんせき》といえば、当時の革新的政治家であり、唐宋八大家の中にもかぞえられる有名な文人だが、この人が漢字の研究をして、「字説」という本をあらわした。独創的な新説が多く、当人はたいへんに自慢だったが、その新説の中に、「波」とは「水の皮」の意味である、つまり「なみ」は水の表面を覆うもので、水を人体にたとえれば皮膚のようなものだから、「波」と書くのだ、というのがあった。すると、やはり唐宋八大家の一人で、王安石の後輩にあたるが、政治上では反対派に属する蘇軾《そしょく》がこれを読んで、いじの悪い質問をした。「波が水の皮なら、『滑《くわつ》(なめらか・すべる)』は水の骨なのでしょうか?」王安石は強情で有名な人だが、このときばかりは「うん」とうなったきり、返事ができなかったという。

漢字にかけては本家本元の中国人、しかも王安石ほどの学者でさえ、こんなまちがいをする。「波」(発音は「ヒ」または「ハ」)は「皮」を音符とする形声文字で、この発音は、「高低に傾斜を持った面」という意味を持つ。だから土の表面に傾斜があるのを「坡《は》(さかみち)」と書く。水の表面に傾斜があることを示す「波」は、すなわち「なみ」の意味となるのである。

漢和辞典はどれも、**部首**というものによって漢字を分類してある。部首にはニンベン・ウカンムリなど、形声文字の義符が、大部分を占める。しらべたいと思う漢字を探しあてるのに、それがいちばん便利だからだが、漢字の意味を考えるうえには、逆にツクリのほう、すなわち形声文字の音符をもとにして漢字を分類するのも、以上に書いたようなわけで、効果のあることが多い。

二　音と訓

漢字の発音で、いちばんめんどうなのは、一つの文字に対して幾通りもの読みかたがあることだ。たとえば「生」は、「発生」のときはセイと読み、「一生」のときはショウと読み、「生きる」ではイ、「生まれる」ではウ、「生意気」ではナマ、「生い茂る」ではオ、「灘《なだ》の生一本」ではキと読む。ところが中国人は、「生」に対して一つの発音（ローマ字で書けばsheng）しか持たない。同じ漢字を使いながら、なぜ日本人だけが、こんな負担を背負わなければならないのか。

もとはといえば、われわれの祖先が「ことば」は持っていながら文字を持たず、そこへ中国から漢字という便利なものが渡来したので、しめたとばかり、漢字を使って自分たちの「ことば」を書きあらわしたところからおこった。

漢字が日本へ渡来したのは、応神天皇のとき、百済《くだら》の博士王仁《わに》が来朝して「論語」と「千字文」を朝廷へ献上したのが始まりだという。だがこれは、歴史を皇室中心の立場から見ようとした昔の考えかたで、じつはもっと古くから、九州の博多あたりでは、朝鮮半島を通じて中国との民間貿易がおこなわれていた。だからその辺の人たちの中には、王仁が来る前から、漢字を知っていたものがあったはずである。

それはともかくとして、漢字を輸入したことは、当然、その文字に対する中国語の発音を輸入したことを意味する。発音というものは時代とともに変化するのが原則で、その当時の中国語は、現代の中国語とはかなり発音の違う点があるのだが、何にしても中国語であることに変りはない。その発音を輸入はしたものの、中国人の言うとおりに発音するのはむずかしいので、非常に日本化した発音におきかえてしまった。現在でもわれわれは、英語のcat〔kæt〕をキャット、twist〔twist〕をツイストなどと発音して、すましているが、われわれの祖先も中国語に対して、同じテを使ったのである。そこで、山→サン、日→ジツ、高→コウなどという、日本流の発音ができた。どれも、もとの中国語の発音に似てはいるが、同じではない。

このように、中国語の発音を日本流に発音して、その漢字の音としたものを、ふつうに「音《おん》」という。

一方、漢字が渡来する前にも日本には「ことば」があったのだから、一つの日本語に対して、同じ意味の中国語―漢字を探し求めることが可能である。そこで、「やま」という日本語（やまとことば）に該当する漢字は何かと探したら、「山《サン》」という字が見つかった。以来、われわれの祖先は、「やま」ということばを文字であらわすとき、「山」と書くようになった。逆に言えば、「山」と書いて、「やま」と読ませるようになったわけである。

このように、日本固有のことばに漢字をあてはめたことによって生じた漢字の発音を、「訓《くん》」という。だから見方によっては、「音」は中国語そのまま、「訓」は漢字を日本語に翻訳したものだと言うこともできる。

そこで、たとえば日本語では「いきる」と「うまれる」とは別のことばだが、中国語ではどちらも「生」で、区別がない。そのために「いきる」を漢字で書くと「生きる」、「うまれる」も「生まれる」と、同じ漢字を使うことになった。つまり「生」には「イきる」「ウまれる」の二つ（前述のように、実際はそれ以上）の「訓」が生じたのである。だから、「音」のほうは、原則として、一つの漢字に対して一つしかない。ところが「訓」のほうは、言わば翻訳なのだから、一つの漢字に対して幾つもできてしまったわけである。

一つの漢字に対して、どれが「音」でどれが「訓」かを見わけるのは、カンに頼るほかはないのだが、ある程度慣《な》れてしまえば、それほどむずかしいことではない。ただ、**常識的に「訓」だと思っているものが、じつは「音」だったりすることがある。**たとえば「梅」は、バイが音でウメが訓だと思いやすいが、ほんとうはどちらも「音」なのだ。「梅」は形声文字だから、音符の「毎」をごらんなさい。この「音」はマイだ。そのmの発音に力を入れ、反動として母音をアイマイに発音すれば——ムメというような発音になるだろう。それがウメになった。そしてmに力を入れた結果、息が鼻へ抜けずに唇からとび出すと、bの音になる。すなわちバイで、だからバイもウメも、ほんらいは同じ中国語の発音を、日本流に変えたときのヴァリエーションにすぎない。

すると、「梅」には訓がないわけだ。同様に、**「音」だけで「訓」のない字**は、ほかにもたくさんある。「菊《きく》」「象《ぞう》」「蝶《ちょう》」など。こういう文字を探してゆくことは、一つの文化史をたどることにもなる。「訓」がない、すなわち一つの漢字の意味に該当する「やまとことば」がないというのは、そのもの自体が、はじめから日本にはなかったことを意味することが多いからである。たとえば「象」は、氷河時代のマンモスならともかく、神武以来、日本には生存していなかった。だから「象」にあたる「やまとことば」はないのが当然で、この動物に関する知識を、われわれの祖先は、漢字といっしょに中国から学んだのである。同様に菊も梅も、日本固有の植物ではなく、これも漢字とともに、中国から渡来したことがわかる。

同じことは、明治以後の西洋語の輸入の場合にも生じた。ベースボールは日本固有の競技ではないから、はじめは誰でもベースボールと言っていたのを、あとから「野球」ということばをあてはめて、日本語化した。順序は逆だが、野球はベースボールの「訓」だと言うことができる。ところがゴルフやマラソンになると、いまだに訳語がなく、外来語がそのまま日本語化して使われている。つまりゴルフ・マラソンは、菊や象と同じく、「音」だけのことばと見ることができよう。

三　音の種類

さっき私は、「音」は原則として一つの漢字に一つしかない、と書いた。みなさんはそれを読んで、嘘をつけと思ったかもしれない。二つ以上の「音」を持つ漢字は、決してすくなくはないのだから。

しかし、私は嘘《うそ》は言わない。なぜ私の言うことが嘘でないか、それをこれから説明しよう。

もう一度「生」を引きあいに出すと、セイ・ショウの二つが「音」である。同様に「日」はジツとニチ、「行」になると、コウ・ギョウのほかに、「行脚《あんぎゃ》の僧」などというときはアンとも読んで、「音」が三つもあることになる。ところが、このような複数の「音」

の大部分は、日本で発生したもので、本家の中国では存在しなかった。「音」は中国語を日本流にうつしたものなのに、なぜ本家にないものが日本で発生したか。その理由は、二つある。

一つは、さっきも書いた、中国語の発音が**時代とともに変化**したことである。われわれの祖先が漢字を輸入したとき、一度に全部を受け入れたわけではない。長い年月をかけ、徐々に消化したのであって、その間に、先方の発音が変ってしまったのである。

もう一つは、中国は国土が広く、南と北では、たいへんな**方言の差**がある。われわれの祖先が漢字を輸入したとき、発音は一つの地方の方言による、ときめておいたら、問題はなかった。だがこれは、不可能なことである。結局、いろいろな地方出身の中国人から発音を教わったので、一つの漢字に対して幾つもの発音をおぼえてしまった。

こうしたいきさつを知るために、**中国語が日本に渡来した歴史**を、簡単にたどってみよう。

❶呉音　最も早く渡来した中国語の発音は、中国では三国《さんごく》時代から六朝《りくちょう》へかけて（約二二〇―五八〇）のもので、それが奈良朝の日本人に伝わった。この発音を、**呉音**《ごおん》とよぶ。なぜ、「呉」といったかは、正確にはわからないが、次に書く「**漢音**《かんおん》」に対立することばで、だいたい揚子《ようす》江《こう》下流域、いわゆる江南の方言を唐代の中国では「呉音」としていたらしい。つまり呉音は、古い時代の、華中地方の発音である。「極楽《ごくらく》」のゴク、「草木《そうもく》」のモ

クなどが呉音で、いまの日本語にも生き残った。

❷**漢音**　奈良朝末期・平安朝には、遣唐使が何度も中国へおもむいた。かれらが主として滞在し、中国語を学んだのは、唐の都長安《ちょうあん》であり、ここは北方で、呉音とは方言も違ううえに、三国・六朝の時代からは、発音も変化していた。そこで遣唐使や留学生たちは、長安を中心とする地方の発音こそ中国の標準語と考え、呉音は方言にすぎないとして、帰国ののち、その「標準語」を大いに宣伝した。この発音を漢音とよぶ。「北極」のキョク、「大木《たいぼく》」のボクが、漢音である。

漢音が輸入された奈良朝末期から、朝廷ではしばしば勅令を出して、呉音を廃止し、漢音を用いるように指導した。だから現在の日本語で使う漢字の「音」は、総体的には漢音が多い。しかし、それまで呉音で読みならわし、ほとんど日本語化してしまったものは、いくら勅令だといっても、簡単には変えられない。たとえば「屏風《びょうぶ》」は呉音で、漢音読みにすればヘイフウだが、勅令が出たとたんに「そこのヘイフウを取りはらえ」と言ったとしても、意味が通じないだろう。だから「屏風」は呉音読みのままに残された。

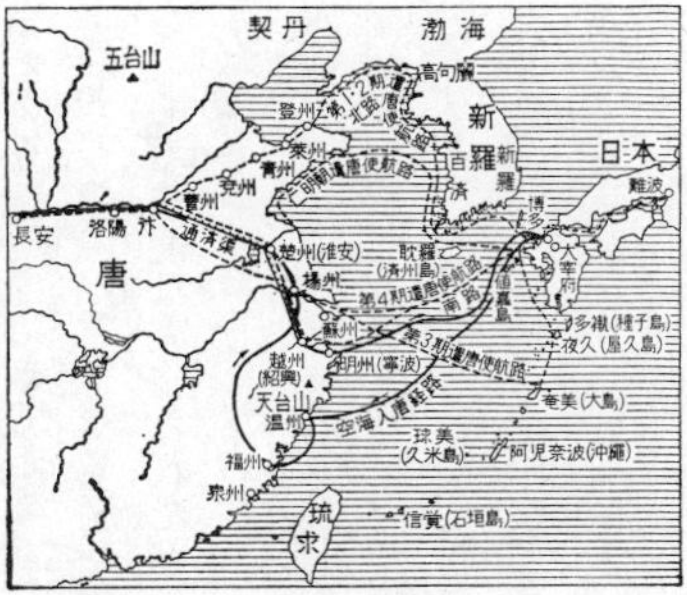

波濤を蹴って（遣唐使の入唐経路）

また、仏教のように、経文の読みかたなどが呉音によるという伝統のできてしまったものも、すぐに改めることはできない。「極楽」をキョクラクといったのでは妙な感じがするし、「阿弥陀経《あみだきょう》」を漢音でアビタケイと発音することも、ある程度は実施されたが（今でも漢音読みを保存しているお寺がある）、結局は長続きしなかった。

これに対して、儒教に関する書物の読みかたは、多く漢音に統一された。だから仏教の基礎的な書物を「経文《きょうもん》」と呉音読みにするのに対して、儒教では同じ地位を持つ書物のことを「経書《けいしょ》」と漢音で読む。また、「六」は呉音ロク、漢音リクで、現在では呉音読みが一般的だが、儒教の経書が六つあるのを「六経《りくけい》」といったり、「六朝《りくちょう》時代」といったりするのは、平安時代に漢音を用いようとした努力の名残《なご》りである。

江戸時代の国学者**本居宣長**《もとおりのりなが》は、呉音と漢音との違いについて論文を書き、漢音が標準語で呉音は訛《なま》りのある発音だから、日本語の「音」は漢音に統一すべきだと説いた。理論的には、そうしてしまえば「音」はすっきりした形になるのだが、さっきの「六《ろく》」のように、呉音のほうが一般化しているものもあるので、実行は不可能に近い。「南《なん》」は呉音で、漢音ならばダンだが、いまさら「南《だん》極《きょく》探検」などと言ったのでは、日本語はかえって混乱するだろう。

❸唐宋音　中国語の発音は、唐から宋へかけて、かなり大きな変化を見せた。そこで、鎌倉・室町時代に中国へ渡った禅僧や貿易商人たちは、新しい発音を学んで帰った。これを唐宋音とよぶ。すでに呉音と漢音による読みかたが確立されたあとなので、唐宋音はあ

まり広まらなかったが、一部には今でも痕跡をとどめている。「和尚《おしょう》」の「和」は、呉音ワ、漢音クヮで、オが唐宋音である。「椅子《いす》」のス、「饅頭《まんじゅう》」のジュウも唐宋音、「行脚《あんぎゃ》」は二字とも唐宋音読みである。

四　音の共存

つまり、一つの漢字に二つ以上の「音」があるのは、違う時代または違う土地の発音が渡来して、そのまま日本語の中に定着したためである。だから一つの漢字に二つの「訓」がある場合は、どちらの読みかたを採用するかによって意味が変ってくるけれども、「音」のほうは、原則としてどちらで読んでも、意味は変らない。「生《い》きる」と「生《う》まれる」では意味がちがうが、「生《せい》」と「生《しよう》」とは、もとをたずねれば同じ中国語に帰着するのであって、意味に変りはない。そこで、「音」は幾つもあるように見えるが、実際は一つであると言ったのだ。

だから、一つの漢字を呉音で読むか漢音にするか、それとも宋音かというのは、単なる慣習上の問題にすぎず、理論があるわけではない。理屈《りくつ》を言えば、「南極」は呉音でナンゴクとそろえるか、漢音でダンキョクとそろえるかが合理的なわけだが、実際にはナンキョクと読む。これはまったく、習慣的にそう読むからとしか説明できないのであって、日本語学習の困難さの一つは、このような点にある。

漢字	漢音	呉音	唐宋音
行	カウ（コウ）行動	ギャウ（ギョウ）三行目	アン　行脚
京	ケイ　京城	キャウ（キョウ）京都	キン　北京
経	ケイ　経由	キャウ（キョウ）経文	キン　看経
明	メイ　明治	ミャウ（ミョウ）灯明	ミン　明朝
請	セイ　要請	シャウ（ショウ）起請文	シン　普請

音の比較例

さっき、漢字の「音」は、もとの中国語に返れば、「原則として」一つだ、と書いた。当然、中には原則的でないものがある。たとえば「沈」は、呉音ジン、漢音チンであるが、この字が人の姓に使われた場合には、シンと読む。同様に「葉」も、ふつうはヨウだが、人名・地名のときはショウと読む。これは、もとの中国語が意味の差によって発音を使い分けていたために、日本でもそれに応じて、「音」が二つになったのである。

これに似たケースでは、呉音で読むか漢音で読むかによって、意味の変ることがある。たとえば「行」は、呉音ギョウ、漢音コウで、ふつう「通行」「行動」のときは漢音、「三ページ第八行」のときは呉音を用いる。だがこれは、日本でできた習慣的な区別にすぎず、もとの中国語の発音に使い分けがあったのではない。

以上に書いたことを、もう一度整理してみよう。**漢字の「音」は、その漢字の中国語の発音を、日本ふうに発音しかえたものである。**そのさい、いろいろな時代、また、いろいろな地方の中国語が渡来し、整理・統一することができなかったために、一つの漢字に対して二つ以上の「音」があるという現象が生じてしまった。ただ少数の漢字については、意味が違うと中国語の発音も違い、したがって日本でも二つ以上の「音」が存在する場合がある。

だから、「行動」をギョウドウ、「材木」をザイボクと読めば、誤りにはちがいないが、それは日本でできた「音」の使いわけの慣習に違反したことによって生じた誤りであって、理論上は、そう読んではいけないということはない。すくなくとも、そう読んだから「行動」「材木」の意味が、通常の意味とは違ってくることにはならない。ところが、「沈約《しんやく》」という人名をチンヤクと発音すれば、これは理論上からも誤りであって、そう読んだら「沈」の意味が変ってしまうのである。

五　発音の表記法

「先」という字は、なんと読むか。われわれの間では、センと書けば、答えになる。これはわれわれが、カナという表音文字を持っているおかげである。漢字という表意文字しか持たない中国人の場合には、そう簡単にはゆかない。しかも、中国人だって、「先」の発音を書いて示す必要のある場合があった。この問題を、むかしの中国人はどのように解決したか。

すこし大きな漢和辞典をごらんなさい。「先」の字の下には、センとカナ書きで発音を示すほかに、「息煙反」または「息煙切」と書いてあるはずだ。これが**中国人の発明した発音の表記法**で、後漢の末ごろから発生し、六朝に大成された。終りに必ず「反」または「切」という字がつくので、**反切法**《はんせつほう》とよぶ。

反切法の原理は、次のようである。「反」または「切」の上には、比較的わかりやすい発音の文字が、必ず二字ならぶ。そして上の字は子音を、下の字は母音をあらわす。

息煙切を例にして説明しよう。これは中国人が中国語の発音を表記したものだから、ほんとうは説明も中国音にしなければ、厳密なものとはならない。しかし中国音で説明したのでは、かえってわかりにくいだろうから、多少の不正確さはがまんして、日本語の「音」で書く。

「息」はソクで、この発音を分析すると、子音 s と母音オクとに分かれる。ここが中国語の日本語と違うところで、日本語の母音はアイウエオしかないのだが、中国語では母音のあとに p・t・k・n・ng のついたものも、ひっくるめて母音とする。だから o も母音だし、ok つまり、カナで書けばオクも、母音なのである。「煙」は子音がなく、母音のみのことばで、エン（en）である。

そこで、反切の上の文字「息」からは子音 s のみをとる。母音がどうであろうと、このさいは関係がない。下の文字「煙」からは、母音 en のみをとる。子音がどうであろうと、かまわない。そして「息」の子音と「煙」の母音とを組みあわせる。すると、sen——すなわち「先」の発音が出た。

もう一つ、やってみよう。「寄」は紀義切である。「紀」kiからは子音kを、「義」giからは母音をとって組みあわせると、kiになって、「寄」の発音がわかる。

さきの「煙」もそうだったが、母音だけの発音しか持たない文字がある。「愛」を例にとってみよう。アイと母音が二つならんでいるが、中国語ではこれを複合母音といって、二つをひとくみにして一母音と認める。そこで「愛」の反切は阿概切であり、子音を示すべき上の字は阿—アで、子音を持たない。つまり子音のところはゼロと見ればよいわけで、ゼロと概gaiの母音とを組みあわせるから、aiとなる。このように、母音だけの発音を示すときは、反切の上の字にも母音だけの文字が選ばれる。

また、「長」の反切は池陽切である。この場合は、チの子音tと、ヨウyoとを組みあわせて、tyoとなる。yoのyが母音の中に含まれるのは、やはり中国音から説明しないと正確ではないのだが、さしあたり母音のすぐ上にあるyは、母音として考える、とおぼえておけばよい。

六　双声と畳韻

反切法とは、要するにことばを子音と母音とに分解し、また合成する方法である。したがって二世紀末以後の中国人は、ことばに子音と母音との区別があることを知っていた。ただし、子音・母音とはいわずに、子音のことを声母《せいぼ》、母音のことを韻母《いんぼ》とよんでいた。だが二世紀末以前の中国人たちも、はっきり意識していたわけではないが、声母と韻母を使いわけてことばを作ることを、実行していた。

たとえば、「凜冽《りんれつ》」ということばがある。「寒風凜冽」などと、きびしい寒さを形容するときに用いる。また、「躑躅《てきちょく》」ということばがある。足が前に出ないで、ぐずぐずしたりためらったりする姿をあらわす。どちらも二つの漢字を合わせたことばだが、その二つの漢字の子音が同じであることは、すぐにわかるだろう。このように、**同じ子音の文字を二つ組みあわせて作ったことばを双声《そうせい》**という。

また、どこまでも長く続くものを形容して「連綿《れんめん》」といい、ぶらぶら歩くようすを「逍遥《しょうよう》」という。この場合は、二字の母音がそれぞれに同じである。そこで、**同じ母音の文字を二つ組みあわせて作ったことばを、畳韻《じょういん》**という。

以上の例を見てもわかるように、双声・畳韻のことばには、ものの状態や動作を形容するものが多い。ワンワンとかガチャリとかいう、動物の鳴声や物音をあらわすことばを**擬声語**、ユラユラとかソロソロとかいう、状態を模写したことばを**擬態語**というが、双声・畳韻のことばにはこの擬声・擬態語が多いのである。

双声・畳韻は口調《くちょう》がよいので、詩や散文の中でうまく使えば、効果を発揮する。ただ、子音または母音をそろえるという、発音上の効果に重点があるから、一字ずつの漢字の意味は、あまり問題にならないことが多い。「連綿」の「連」はつらなる、「綿」は長くのびるという意味を持つので、「連綿」が「ズーッと続く」の「ズーッと」にあたる擬態語であることは、文字づらからも理解できる。しかし「逍遥」は「逍揺」とも書くのであって、「遥」と「揺」とで意味が変ることはない。この場合は、あくまでもヨウという発音だけが問題なのであり、「逍」の意味と「遥」の意味とを分析して考えることは、「ブラブラ」の「ブラ」とはどういう意味だと問うようなもので、実際には役に立たない努力となってしまう。

七　四声と平仄

日本語にも英語にもアクセントがあって、ことに日本語では、同じ発音でもアクセントのおき場によって、意味の変ることがある。箸《はし》と橋、飴《あめ》と雨は、関東と関西でアクセントに違いはあるけれども、ともかくハ・アにアクセントがあるか、シ・メにアクセントがあるかで、意味が違ってくる。

中国語にも同様の現象があるのだが、日本語の場合よりも複雑な形をとる。だいたい中国語は**単音節語**といって、一つの漢字は必ず一音節（1 syllable）から成る。音節とは、たぶんみなさんは英語で教わっているだろうが、母音一つを含む発音のひとかたまりを、一音節という。英語なら、catは一音節、winterは二音節となり、日本語なら戸《と》は一音節、扉《とびら》は三音節ということになる。

ところで、前にも書いたように、一つの漢字は必ず一つの「義」を持つのだから、一音節が必ず一つの「義」を持つわけである。winterや「とびら」のように、二音節・三音節ではじめて一つの「義」を示すことは、中国語ではおこらない。「冬」はトウ、「扉」はヒで、やはり一音節になってしまう。

だから中国語には、いわゆる同音異義のことばが非常に多い。「リ」という発音一つをとってみても、この音にあてはまる漢字は、吏・利・里・李・梨・離・裏など、おびただしい数にのぼる。だが、じつはこれらの文字も、アクセントのつけかたによって、ある程度の区別はつくようになっている。

中国語のアクセントは、発音の強さよりも、主として音の高低によるのであって、四種類に区別される。

❶平声《ひょうしょう》　比較的高いところで、平らに発音するもの。図示すれば—となる。

❷上声《じょうしょう》　高いところから一度下って、またすこし上るもの。図示すれば∨となる。日本語でいうと、ためいきをつくときのアーアという言いかたが、上声に近い高低のカーブを持つ。

❸去声《きょしょう》　高いところから急激に下るもの。図示すれば＼となる。日本語でいうと、肯定

を示すときのアアという言いかたが、これに近いカーブを持つ。

❹**入声《につしよう》**　母音のあとにp・t・kの音を持つもの。

以上の四つを総合して、**四声《しせい》**という。日本では中国語の発音を輸入して「音」を作ったが、四声までは輸入しなかった。ただ入声だけは、音の高低と関係がないので、これだけは日本語の「音」の中に残っている。

現代の中国語にも四声はあるが、標準語である**北京語**についていえば、右に書いた四声とは違って、入声がないかわりに、平声が陰平声と陽平声とに分裂している。これはだいたい元《げん》のころから顕著になった現象だが、漢文の場合は、古い時代の四声である平・上・去・入声のみを考慮に入れておけば、さしつかえはおこらない。

そこで、さっきの「リ」の音を持つ漢字についていえば、次のようになる。

平声…梨・離　　上声…里・李・裏

去声…吏・利　　入声…力《りき》・立《りつ》・粒《りゆう》

入声はp・t・kがつくので、lip, lit, likに近い発音となるわけだが、われわれの祖先はそれを日本流の発音にするとき、likの力はリキ、litの立はリツ、lipの粒はリフ（今のカナ使いではリュウとなる）とした。だから入声だけは区別されているが、あとの平・上・去声は、日本語ではすべて「リ」となって、全く差別がない。

英語では、アクセントは母音のところにつく。中国語も同じことで、四声は母音に附随したものである。そこで、さっきの反切法にもどるのだが、反切の下の字は母音を示す、と書いたのは、じつは四声をも含めた母音のことなのである。つまり先は息煙切だが、煙は平声なので、先もセンの平声ということになる。煙と同じくエンの発音だからといって、もし息艶切としたら、艶は去声なので、合成された発音も去声のセンとなり、「先」ではなくて、「羨《せん》」（うらやむ）になってしまうのである。前の畳韻についても同じで、母音は同じでも、四声が違ったら、やはり畳韻とはならない。

四声は、さらに二つに大別できる。平声は平らに延びた発音だが、あとの三つは高低があったり、最後にp・t・kが来てつまった感じになったりする。そこで、平声を平《ひょう》、あとの三つを仄《そく》と名づけて、区分している。仄とは、かたむくという意味で、平が平らなのに対し、仄は何かの意味でかたむいた感じの発音だとしたのである。四声を一対三に分けるのは不公平なようだが、実際は平声に属する文字がかなり多いので、この分けかたでも、それほどのアンバランスは生じない。

自分たちの発音に四声や平仄の区別があることを、中国人たちがはっきりと自覚したのは、六朝も末近いころ（六世紀後半）であった。それ以後は、詩文を書くとき、意識的に四声や平仄の配列を考え、**口調《くちょう》をよくしようとする態度**が生まれた。それは、とくに詩においていちじるしく、作詩法のうえで平仄の配列に関する規則も生まれたし、韻をふむ（一句ごとの最後の字を、四声をふくめた母音の同じ字で統一すること）ことについても、規定ができた。だが、これについては、詩の項目（第三章、一八七ページ）であらためて説明することにしよう。

八　歴史カナ使いと字音カナ使い

いままでに何度も書いたことだが、漢字の「音《おん》」は、中国語の発音を日本流に発音しかえたものだ。したがって、もとの発音どおりではないが、日本流に変えるときには一定の原則があって、たとえば中国語でangと発音する母音は、日本語の母音にngのつくものはないから、一律にアウという発音にする、というような方法がとられた。だから日本語の「音」を見れば、もとの中国語の発音はだいたい類推できるはずだ。

ところが、実際はそれほど簡単にはいかないのであって、前にも書いたように、日本では四声を輸入しなかったから、「音」からもとの中国語を類推したところで、四声ぬきの不完全な発音にすぎない。前にも書いた平声の「先《せん》」と去声の「羨《せん》」とでは、日本語では同音だが、中国語では、はっきり違う音として意識される。

だが、それよりももっと大きな問題がある。たとえば「羊《よう》」と「揺《よう》」は、どちらも平声の字だ。そして日本語の「音」も同じだから、この二つは完全に同じ発音かというと、そうでない。現代中国語でも、「羊」はyang「揺」はyaoと、大きく違っている。むかしの中国語の発音は、現代とは違うけれども、この差は決してちぢまってはいない。

もとの発音が違うものを、どうして同じ「音」にしたか。答えは簡単である。いまのカナ使いでは「羊」も「揺」も同じくヨウだが、むかしのカナ使いでは、「羊」はヤウ、「揺」はエウであった。われわれの祖先は、中国語の発音の差を、ちゃんと区別していたのである。ついでに言うと、むかしでもヨウと書いた字には、四声は違うが「用」がある。これは現代中国語ではyongと発音する。もう一つ、「葉《よう》」は入声であって、yepに近い発音になるのだが、これはむかしのカナ使いでは、エフと書いた。どちらも「羊」「揺」とは、はっきり違っている。

われわれの祖先は、ヤウ・エウ・エフ・ヨウの四つを、きちんと発音し分けていた。しかし日本語の発音に変化がおこって、現代の日本語（すくなくとも日本語の共通語）では、この四つはすべてヨウ（実際はヨー）に統一されてしまったのである。カウ（高）とクヮウ（光）とカフ（甲）とコウ（公）、ヂ（持）とジ（事）など、同様の例は非常に多い。

そこで、現代人の立場からすれば、ヨウと発音しているものをヤウ・エウ・エフなどと書きわけるのでは、おぼえるのにめんどうだから、ぜんぶヨウと書いてしまえという意見が出るのは、当然である。この意見が太平洋戦争後に実施されて、カナ書きの方法はなるべく発音どおりにするということになった。これを**字音カナ使い**といい、むかしの書きかたを**歴史カナ使い**という。

字音カナ使いは、漢字の「音」ばかりを問題とするわけではない。こはい→こわい、おほい→おおいのように、「訓」においても、また、行かう→行こう、言ふ→言うのように、活用語尾においても実施された。

カナ使いというものは、その時代ごとの発音の変化によって変るのが自然なので、歴史カナ使いが字音カナ使いに切りかえられたこと自体には、問題がない。ただ漢文の分野だけについていえば、**歴史カナ使いを完全に滅亡させてしまうと、つごうの悪いことがおこる**。あとで詩の話をするので、そのときにもう一度言うつもりだが、この詩の中から韻をふんでいる字を探し出せという問題に対して、「羊」と「揺」が同音だから韻をふんでいると答えたら、まちがいになる。まちがいをおかさないためには、「羊」はヤウ、「揺」はエウで、母音が違うのだ、ということを知っていなければならない。もっとも、そんな誤りをおこしやすい問題を出すのは、ほんとうは出題者のほうが悪いのだが。

だからみなさんは、**一つ一つの漢字について、歴史カナ使いをおぼえこむ必要はない**。おぼえてはいけないというわけではない、おぼえるのは結構なことなのだが、誰もがそうしなければならないとなったら、漢文の勉強はおそろしくめんどうなものになって、がまんができなくなるだろう。ただ一つだけ、現在のカナ使いでは同じに書いても、じつは違う発音だったことばがあり、それは遠い昔、われわれの祖先が中国語の発音をカナ書きにするとき、原音の違いを書き分けるのに用いられたのだ、ということだけは、おぼえておいてもらいたい。それはみなさんが漢文を勉強してゆくうちに、いつかは役に立つはずだから。

第三節　文法

一　漢文と中国語

みなさんが勉強しようとしている漢文は、中国語を文字に書きあらわしたものである。だが、中国語を書いたものは、なんでも漢文かというと、そうではない。

第一、「漢文」ということばは、中国では使わない。厳密にいうと、使うことは使うのだが、意味が違うのである。中国の歴史には漢という時代があって、その時代（前二〇六―紀元二二〇）の文章のことを、中国では「漢文」という。ところが日本では、時代などに関係なく、中国全体のことを「漢」とか「唐」とか呼んだ。江戸時代に長崎の出島にあった唐人屋敷は、実際には清《しん》代の中国人が滞在したのだが、清人とはいわずに、唐人と名づけていた。この場合の唐人とは、われわれが中国人といっているのにひとしい。同様に「漢文」も、「中国文」と同じ意味を持たせて、われわれの祖先が使用したことばなのである。

ところが、中国語の発音と同じく、中国文の文体も、時代とともに変化した。日本でも「源氏物語」と西鶴の小説と現代の文章とでは、ずいぶん違う。中国でも同じことであって、われわれの祖先が「漢文」ということばを使うようになったのはいつごろからか、正確にはわからないが、それからさきでも、文体は大きく違ってしまった。

詳しいことはあとで書くが、われわれの祖先は「漢文」を読むとき、中国語で読まずに日本語で読む「**訓読**」という方法を発明した。それは主として宋代（九六〇―一二七九）ごろまでの古い形の文章、および宋以後でもそのスタイルを使った文章（それが書きことばとしては一般的であった）を対象としたものであった。だが、宋代の後半からは、当時の話しことばに近い、または話しことばそのままの文章がしだいにあらわれた。これも「訓読」で読めないことはないが、読みにくいし、読んだところで非常におかしな日本語となってしまう。したがってこれらの口語体の文章は、日本ではあまり読まれなかった。さらに今世紀のはじめ、中国では**言文一致運動**がおこって、日本と同様に、文章は口語に統一されてしまった。こうなると、もはや「訓読」で読むことは、ほとんど不可能である。

みなさんの中で、**禅宗**についての知識を持っている人があったら、「伝燈録《でんとうろく》」「碧巌録《へきがんろく》」など、禅僧の問答を記録した「語録」と総称される書物を、思い出してもらいたい。これらの本の文体が、宋代の口語体の文章を代表するものの一つで、日本の禅僧たちは、それを訓読した。だから、たとえば〝什麼是仏《ほとけ》〟などという、ふつうの「漢文」では絶対にお目にかからない、妙な表現が出てくる。これは、「仏とは何か」という意味なのだが、訓読すると、「什麼《いんも》か是《こ》れ仏《ぶつ》」となる。こんな珍妙な日本語では、訓読できたところで、やはり意味はわからない。こういうわけで、口語体の文章の訓読は、あまり実施されなかったのである。

したがって、「漢文」の定義は、ほぼ次のように考えたらよかろう。

中国語で書かれた文章のうち、十三世紀ごろまでの古典的な文章、および十四世紀以後においても、そのスタイルを使って書かれた文章。また、日本人が同じスタイルを模倣して書いた文章。これらの文章は、「訓読」という方法によって、日本語化させて読むことができる。だから、「訓読」の方法が適用できるものを「漢文」とよぶ、と考えてもよい。これは、中国文化を長年にわたって輸入した日本の特殊な立場から生じた名称であって、中国でいう「漢文」に対しては、この定義は適用されない。

二　漢文法の特徴

世界の言語は、文法上から見ると、三つに大別できる。

❶**屈折語**《くっせつ》　簡単にいえば、述語が変化する言語である。英語なら go, went, gone とか、walk, walked, walked などと、過去・過去完了を示すときに、動詞が変化する。**ヨーロッパ諸国の言語**は、すべてこれに属する。

❷**謬着語**《こうちゃく》　屈折語の動詞が過去を示すときは、動詞自体が変化するのだが、たとえば日本語では過去を示すとき、「行った」「歩いた」などと、助動詞「た」を添える方法をとる。このような言語を膠着語といい、**日本語・朝鮮語**などがこれに属する。

❸**孤立語**《こりつ》　動詞の変化もなければ、助動詞がつくこともない。現在だろうと過去だろう

と同じ動詞という、しごくブッキラボウな言語である。たとえば中国語では、go も went も同じく「行」、「歩く」も「歩いた」も同じく「歩」ですませる。だから中国語は、日本語とも英語とも違った文法体系を持つ、しごく特殊な言語なのである。このことを、はっきりと頭に入れておいてもらいたい。

三　国文法と漢文法との相違点

たとえば、「人が行く」という日本語を、中国語ではどう書くか。――人行――これだけである。これで、十分に意味が通じる。では、「人が行った」というときには、どう書くか。――人行――やはり、これだけである。前に書いたように、動詞の現在形と過去形との間には区別がない。

そのうえに、「が」という助詞もない。この助詞は「人」が主語であることを示すはたらきを持つから、逆にいえば、「が」の上にある「人」は、この文の主語だと、自動的に決定できる。中国語には、そうした機能を持つことばがない。

だから日本語の文章で主語・述語・目的語などを探すときには、テ・ニ・ヲ・ハその他の助詞を手がかりにすることができる。ところが中国語では、そうはいかない。それならば何を手づるにして主語・述語を見わけるかというと、語順、つまり文字のならびかたの原則のほかにはないのだ。

語順の原則は、どの国語にもあるもので、日本語にしても「人が行く」と、主語が述語より先にあるのが通常であり、「行く、人が」とは、よほど特殊な場合でないかぎり言わない。それでも日本語では、「行く、人が」と書くことも不可能ではないのだが、中国語では「人行」を「行、人」と書いて、同じ意味だというわけにはいかない。「行、人」を「行け、人よ」と解釈されても、文句はいえないのである。

だから中国語の文章を文法的に理解するためには、日本語の場合よりも、もっと語順をたいせつにしなければならない。しかも**語順の原則**が日本語と違うので、いっそう注意する必要がある。詳しいことはあとで書くが、一例だけあげておくと、

花を見る――看花

日本語では目的語「花を」が述語の上にあるのだが、中国語では逆に、述語の下に来る。もしも日本語と同じく「花看」と書いたら、「花」が主語に変って、「花が（何かを）見る」という意味となってしまう。したがって日本語では「花見《はなみ》」という名詞もあるが、中国語では名詞にする場合でも、やはり「看花」と書くほかはない。

顔を洗うことを「洗面」という。これは中国語の語順をそのまま日本語にしたものである。「乾杯」「殺人」など、同様の例は多い。もっとも、むかしの日本陸軍では、洗面所のことを「面洗場《ば》」といった。「面を洗う」のだから「面洗」でよいと考えたのだろうし、日本語としては、たしかにそれでさしつかえはないだろうが、「面洗場」ということばを中国人に見せたら、漢字で書いてあ

っても、意味が通じないにちがいない。

しかし、中国語を理解するのに、語順だけでは、まだ決め手とはならない。なぜかといえば、

月があかるい。

月のあかるさ。

この二つは、意味も違うし、文法的な構造も違う。その違いは、助詞「が」と「の」との差、活用語尾「い」と助詞「さ」との差から、容易に判定がつく。ところが中国語では、どちらの場合も――月明――と、同じ表現になってしまう。したがって、この二字だけをいくらながめても、「月があかるい」か「月のあかるさ」か、判定のつけようがない。判定をつける鍵は、この二字自体にはなくて、前後のことばにある。たとえば、

月明風清（月はあかるく、風はすがすがしい）

とあれば、「月があかるい」ほうだし、

暗雲覆月明（黒雲が月のあかるさをかくした）

とあれば、「月のあかるさ」のほうになる。

つまり、中国語を文法的に理解するためには、常に全体の文章とにらみあわせたうえで、判断をくださなければならない。これはかなりめんどうなことで、日本語のように「が」の上にあるから主語だとか、英語のようにaやtheが前にあれば名詞で、語尾にedがあ

れば原則として動詞の過去形だというような、機械的に判定できる部分がほとんどないのだから、非常に読み違いをおこしやすい。昔から**中国語の文章に習熟するためには、たくさん読むほかはない**といわれてきたが、現在でもそれ以上の近道は、たぶんないだろう。

四　訓読

ここまでのところで、みなさんは、漢文とはむずかしいものだと、逃げ腰になってきたかもしれない。だが、安心なさい。みなさんの勉強する「漢文」は、もっと**やさしく読めるような操作**が施してある。

漢文は中国語で書かれた文章なのだから、ほんとうは、中国語を知らなければ読めるはずがない。しかも、さっきも書いたように、中国語は日本語と根本的に文法体系の違う言語なので、そう簡単に習いおぼえるわけにはゆかない。だが私たちの祖先は、漢文を通じて、発達した大陸の文化を吸収し、その上に日本文化を構築して行った。漢文を読むことは、われわれの祖先にとって必須の教養だったわけで、そのためには漢文を、外国語という意識なしに、日本語化して読む方法が探究された。こうして成立したのが、「訓読《くんどく》」という方法である。この方法に習熟すれば、中国語を知らなくても、漢文を読むことができる。また「訓読」において約束された符号を原文につけておけば、漢文法を知らない人でも、符号にみちびかれながら、漢文をただちに日本語化して読むことができる。

一つの外国語を、発音も文法も知らずに読むことができるとは、なんと便利な方法ではないか。世界のどこを探しても、こんな例は、ほかにはあるまい。それはわれわれの祖先が、長い年月をかけ、考えに考えて確立させた方法であり、われわれも現在、その恩恵に浴しているのである。

では、**訓読のしかたの原則**を、要約して書くことにしよう。

❶文字　これは問題がない。漢文は漢字で書かれており、日本語でも漢字を使うのだから、文字の点ではなんの障害もない。

❷発音　一つの漢字を、中国人はもちろん中国語で発音するのだが、日本では前に書いたように、「音《おん》」と「訓《くん》」とができている。訓読では、これを利用する。だから中国語の発音を習う必要はない。ただし「音」と「訓」のどちらで読むかは、はっきりした規則はなく、わかりやすいことと調子がよいことを考慮して、適当に「音」「訓」を併用する。

❸文法　これが最もめんどうなところだ。先ず語順が違うのだから、漢文の語順を日本語の語順に直して読む。直したことを示すために、次のような符号をつける。

看レ花　　花を看《み》る

登二高山一　　高山に登る

感二謝大恩一　　大恩に感謝す

これが最も基礎的な形である。語順の逆転するのが一字だけのときは、上の字との間に

原文	読む順序
AB二CD㆑EF	ACEDBF
A下B二CD一EF上G	CDBEFAG
A乙B下C二DE一FG上H甲	DECFGBHA

レの印をつける。片カナのレに似ているから**レ点**、雁《がん》の飛ぶ形にも似ているから「かりがね点」ともいう。二字以上をひとまとめにして上へ持って行こうとするときは、逆転させる部分のいちばん下の字の左下に「一」と書き、原文では上にあるが、逆転した部分の次に続くべき文字の左下に「二」と書く。ただし「二」と書くべき部分も二字ひとかたまりの、たとえば「感謝」ということばだった場合は、二字の間に「二」を書き、かつ二字の間に短い線を入れる。こうしないで、「感謝二大恩一」と書いたら、「感、大恩を謝す」と読むおそれが生ずるからである。こうした「一」「二」の符号を、「**一二点**」という。一二点は一と二だけではなく、複雑な構文の場合は、一から二へ逆転したあと、さらに上へと逆転させる必要がおこることもある。そのときは右の要領で、三・四・五…と、いくらでも上へ返っていく。

以上が最も基本的な構文だが、複雑な文になると、これだけではまにあわない。そこで次のような符号が補足的に用いられる。

漢字の左下につけられるこれらの符号、レ・一・二・㆑・上・下・甲・乙などを、「**返り点**」と総称する。

次に、漢文には助詞や助動詞がないので、訓読ではそれをおぎなって読む。この場合は、漢字の右下に片カナで記入するきまりとなっている。

山ハ高シ

向フ㆓東京ニ㆒

これらの片カナを、「送りがな」という。古くは「添《そ》えがな」「捨てがな」ともよんだ。「山高」に対して「山ハ高イ」と送りがなをつけても、まちがいではない。しかし訓読は古くからの伝統を持つ方法なので、その伝統にしたがって読むのが例である。それに、昔から日本人に広く読まれた漢文の書物、たとえば「論語」などは、ある程度まで読みかたが固定しているので、自分勝手な送りがなをつけるわけにはいかない。そんなわけで、送りがなは日本語の古語によることとなっている。ただし、現実には、古語といっても奈良朝・平安朝のことばや、室町以後のことばなどが、雑然と共存している。

漢文の原文は、ことに古い時代のものにおいてはほとんど全部、テンもマルもつけられていない。句の切れめ、文の切れめは、読者が自分で発見するようになっている。それでは不便だから、訓読の場合は、テンとマルをつけることになっている。これを句《く》読《とう》点という。

そこで、返り点・送りがな及び句読点を総称して、「訓点」とよぶ。つまり訓読は、「日本語の音・訓を用い、訓点にしたがって読む方法」と定義することができる。また、たとえば

登ル㆓高山ニ㆒ ──→ 高山に登る

のように、訓読した文章を、返り点を省き、送りがなを大きな文字にして、日本の通常の文章と同じ形に書くこともある。これを「書き下《くだ》し文」とよぶ。

漢字をたくさん知っており、訓読に慣れた人ならば、漢文の原文に返り点と句読点さえついていれば、まず読み違いをすることはない。「登㆓高山㆒」とだけあって、送りがながなくても、「高山に登る」と読むことは、自然にわかるはずである。だから漢文の書物の中には、送りがなを省いたものもある。しかし、みなさんが読む漢文の教科書は、訓点を完全につけたうえ、読みにくい漢字には「ふりがな」までついているはずだ。いちばん親切な形になっているのである。

五　訓読の歴史

はじめて漢文が輸入されたとき、われわれの祖先は、先ずそれを中国語で読み、次いで日本語に翻訳して、理解した。そのほかに方法がなかったわけで、中国語の発音や文法は、中国から渡来した人、もしくは常に中国文化の媒介者の役をつとめてくれた朝鮮人から習った。だがこの方法では、手間《てま》がかかるし、中国語という外国語を習得しなければならないので、誰にでも漢文が読めるというわけにはゆかない。

しかも、日本文化が中国文化から大きな影響を受けていた当時において、日本の知識人たちは、すべて漢文を読まなければならなかった。ちょうど今の日本に英語やフランス語が氾濫《はんらん》しているようなもので、近江・奈良朝の知識人の間では、中国語が話せるといえば、ハバがきいたものらしい。そうなると、もとは外国語でも、しだいに日本化して、よそのことばだという意識がなくなってくる。ただし、今の日本で国語化した外国語は、スキーだのヴァカンスだのというように、ほとんど単語に限られるが、われわれの祖先は、外国語である中国語の文章を、そっくりそのまま、日本語にしてしまった。これが訓読である。

訓読がいつごろからおこったか、はっきりしたことはわからない。伝説によれば、七一七年に阿倍仲麻呂《あべのなかまろ》とともに唐へ留学した吉備真備《きびのまきび》が訓読法を発明したといわれているが、それ以前に書かれた日本文を見ると、すでに訓読法の原始的なものが認められるので、この伝説は信用できない。むしろ、朝鮮には古くから「吏読《りとう》」という文章があって、漢字を朝鮮風の「音訓」で読み、日本の「万葉がな」のように使って朝鮮文を書いた。この方法が日本に伝来し、日本風に改められて、訓読法が成立したと考えられる。

だから訓読は、奈良朝から平安朝と、長い年月をかけて、徐々に形をととのえたものだと考えてよい。その証拠に、いまのわれわれが使っている訓読の中には、さまざまな時代の日本語が混在している。たとえば「所謂」を「いはゆる」と読むのは、「万葉集」などに見える「思ほゆ」などという表現と同じ奈良時代の語法が漢文にも適用された結果だし、「以」を「もって」と読むのは、「もちて→もって」となる、平安朝から室町へかけての言いかたである。

このように、訓読は長い伝統を持っているのだが、それならば昔の人たちも、われわれと同じような訓読をしていたのかというと、そうではない。訓読によってどう読んだかがある程度までわかるのは、平安朝以後であって、ことに平安朝初期の訓読は、いまの訓読とは大きな違いを持っている。たとえば、

果如レ所レ言（たしかに言ったとおりだ）

これを、いまの訓読ならば、

果《シテ》如《シ》レ所《ノ》レ言《フ》（はたして言ふ所のごとし）

と読む。ところが平安朝初期の読みかたは、

果《ニ》如《シ》レ所《ノ》レ言《ヒツル》（つひに言ひつる所のごとし）

このほうが正しい日本語なのだ。同様に、

日欲レ暮（日が暮れそうだ）

も、いまの訓読では、「日《ひ》、暮れんとほっす」と読むが、平安朝では「日、暮れなむとす」と読んだ。やはりこのほうが、本来の日本語である。「ほっす」とは、「…したく思う」「…したがる」という意味だから、いまの訓読をそのまま現代語に訳すと、「太陽が暮れたがっている」という意味になってしまう。原文の意味は、そうではない。だから「日、暮れなむとす」という平安時代の訓読のほうが、日本語としても正しいし、原文の意味にも合っているわけだ。

つまり、中国語で「欲」を動詞に用いる場合、「…したく思う」と、「…しそうだ」の、二つの意味があった。平安朝の訓読はそれを読み分けて、後者の場合には「なむとす」という送りがなをつけ、前者の場合は、たとえば「欲レ知」のときには、「知らんとおもふ」「知らんとねがふ」と読んだ。いまの訓読では、それを一律に「ほっす」と読んでしまう。そこで、日本語としても不自然だし、原文の意味からも離れるケースがおこるわけだ。

だいたい平安朝の、ことに初期においては、訓読にはなるべく「訓」を多用し、純粋な日本文にして読もうとする傾向が見える。有名な伝説だが、ある学者が

東行西行雲渺渺　二月三月日遅遅

という詩句を訓読しようとして、どうしてもできなかった。いまの訓読からいえば、訓読できないというのがおかしいので、これは返り点もつかない単純な構文なのだから、

東《とう》行《かう》西《せい》行《かう》雲《くも》渺《べう》渺《べう》　二《に》月《ぐわつ》三《さん》月《ぐわつ》日《ひ》遅《ち》遅《ち》

と読んでしまえばよい。ただしそれは、読めたというだけで、意味がわかったことにはならない。平安朝の人たちの観念では、それでは訓読ができたことにはならなかった。

そこで学者は神前にお籠《こも》りをして、願《がん》をかけた。すると満願の夜、夢うつつのうちに神の姿があらわれて、問題の詩句を朗々と訓読して聞かせたという。

とさまにゆき　かうさまにゆきて　くもはるばる
きさらぎ　やよひ　ひはうらうら

話《はなし》自体は、むろん伝説だ。しかし、平安朝の訓読とは、このようなものでなければならなかったということが、これでわかるだろう。

いまの訓読は純粋な日本語でなく、不自然だと言ったが、それが右のような平安朝の訓読を圧倒して、現代に生き残ったのには、それなりの理由がある。そして、いまの訓読に移行しようとする動きは、すでに平安朝中期以後にあらわれていた。

だいたい、「東行西行」を「とさまにゆき、かうさまにゆき」と読むのは、訓読というより、もはや翻訳に近い。誰にでもできる読みかたではないから、むずかしい原文になると、それこそ「神のお告げ」でもなければ、読めないわけだ。それに、「東行」を「とさまにゆき」と読むのは、この場合は正しいが、ほんとうに「東へ行く」という意味の原文のときには、別の読みかたを考案しなければならない。原文を正しく読むのは、必要なことにはちがいないのだが、実際には、かなりめんどうなことが多いのである。

さっきの「欲」にしても、「なむとす」と読むか、「おもふ」と読むかは、前後の文章を読んで意味を理解したうえでなければ、決定できない。それに、「おもふ」と読むにしても、一方では「ねがふ」という読みかたもあるので、どちらにするかは文章のニュアンスによって決定されることもあり、読者の好みによって左右されることもある。結局、「欲」一字に対していろいろな訓読が用意されており、同じ意味に解釈したにしても、人によって読みかたの違う場合がおこる。

これでは不便なので、平安朝の中ごろから、漢文によく出てくる文字については、なるべく読みかたを固定してしまおうとする動きがおこった。たとえば「欲」なら、原文の意味はどうあろうと、ともかく「ほっす」と読んでしまう。「日欲レ暮」ならば「ひ、くれんとほっす」と読んでおいて、意味はそれから考えようというわけである。

　これならば、「日欲レ暮」の原文を前にして、「欲」をどう読もうかと思案する必要はない。誰が読んでも、必ず「ほっす」であって、確実に統一がとれる。そのかわりには、一つのルールができた。訓読された結果の日本文は、常に原文の意味と一致するとは限らない。日本語の「ほっす」は、「…したく思う」という意味だが、訓読の文章における「ほっす」は、「なむとす」「おもふ」「ねがふ」という日本語の代表として、かりに用いられたものにすぎないのだ。だから訓読としては「ほっす」と読んで、それで正しいのだが、原文の意味を考えるときには、どの日本語に訳すべきかを、あらためて検討しなければいけない。このルールをのみこんでおかないと、「太陽が暮れたがっている」というような、珍妙な誤訳をしてしまうことになるのである。

　同様に、「東行西行」も、意味はわかってもわからなくても、「とうかうせいかう」と読んでおけばよい。「渺渺」も同じことだ。そうなれば訓読は、もはや翻訳ではなくて、原文の漢字を一定のルールによって読みさえすればよいことになるわけで、操作はかなり機械的になり、誰でも使うことのできる、便利な方法となってくる。

ただし、そのかわりに、訓読はできたけれども、意味はさっぱりわからない、という場合が生ずる。それでも困るので、平安中期から鎌倉・室町へかけての学者たちは、特殊な訓読法を考案した。たとえば、次の文章を読んでみたまえ。

行至二一所一。険峻非常。向上則有二青壁万尋一。（進んで行くうちに、一つの場所に到着した。たいへんにけわしいところで、見上げると、万尋〔尋は長さの単位〕の青い絶壁がある。）

これは唐の初期に書かれた「遊仙窟《ゆうせんくつ》」という小説の一節だが、やはり平安朝の学者が読みなやんだあげく、木島明神のお告げによって読めるようになったという伝説がある。その読みかたを書く前に、いまの訓読で読んでおこう。書き下し文にするから、原文と対照しながら見てください。

行きて一所《いっしょ》に至る。険峻《けんしゅん》非常なり。向上すれば則《すなは》ち青壁《せいへき》の万尋《ばんじん》なる有り。

ところが平安朝の学者は、こう読んだ。

行《ゆ》いて一《ひと》つの所に至る。険峻とさかしく、非常とははなはだし。向上とみあぐれば、すなはち青壁のあをきいはほの万尋とよろづひろなるもの有り。

みなさんは、もう気がついているだろうか。この読みかたは、「とさまにゆきかうさまにゆき」式の訓読と、「音《おん》」を多用する定型化した訓読とを、組みあわせたものだ。「険峻」を一応「音《おん》」で「けんしゅん」と読んだうえに、「さかし」という「訓」、つまり訳語を補足する。同じ字を二回読むわけである。ぼくらが子供のころ、よく声をそろえて「馬から落ちて落馬して、女の婦人に笑われて、赤い顔して赤面し」などという文句をはやしたてたものだが、それと同じ、珍妙な日本語というほかはない。ただ、こう読んでおけば、訓読と翻訳とが同時にできるという利点がある。この読みかたを文選《もんぜん》読みといって、江戸時代初期まで伝わっていた。

「音」を多用する訓読ならば、読みかたはかなり固定するが、「訓」を多用する場合には、一つの漢語に幾つもの「やまとことば」が当たることもあるわけで、その中のどれを選ぶかによって、読みかたに個人差が生まれる。その差が、平安朝では、「博士家《はかせけ》」とよばれる、学問を業とする家がらの差として存在した。つまり、菅原《すがわら》家・大江《おおえ》家・清原《きよはら》家などという学問の家があって、それぞれに独自の読みかたを持っていたのである。むずかしい読みかたのところは、「秘伝」として、家の後継者や特別の弟子にしか教えなかった。

訓点のつけかたも、今とは違っていた。初期の訓点は送りがなだけで、それも漢字の四すみに点を打つことによって示される。たとえば「花《ヲ》」と読むべき場合は、「花」の字の右肩に点を打つ。それが「ヲ」のしるしになるわけだ。また「見《ルコト》」のときは、「ヲ」のすこし下に点を打つ。それが「コト」のしるしで、「見」に「コト」がついていれば、「見ルコト」と読むのだ、という約束になっている。

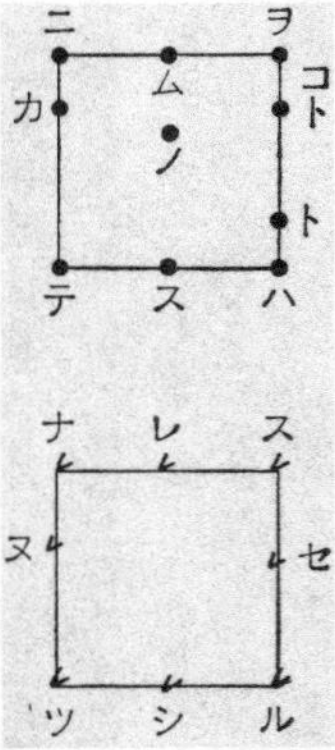

博士家点の例

このような点のことを、「**ヲコト点**」という。

やっかいなことに、ヲコト点のつけかたは、博士家によって違う。A家はヲを漢字の右肩に打って示すが、B家になると左下に打つ、というような差がある。そしてこの規則を、自分のところの弟子にしか教えないので、弟子たちはよその博士家で点を打った漢文を見ても、さっぱり読めないしくみになっている。しかも打ってある点は送りがなだけなので、正確な読みかたを知るためには、どうしても博士家の先生について勉強しなければならない。


勉強するのはよいが、先生の講義を聞いているだけでは忘れてしまうから、ノートをとる必要がおこる。といっても昔のことで、大学ノートなどという便利なものはない。教科書に書きこみをするわけで、漢字の読みかた・解釈などを、原文のわきに書き入れた。昔の本は字が大きいけれど（もっとも平安朝では印刷術がまだ輸入されていないから、写本である）、それでもスペースはあまり広くない。それに当人さえわかればよいのだから、日本語の五十音にあたる漢字を一つずつきめておいて、それを符号化して書いた。つまり「い」は漢字の「伊」を使い、その「ヘン」だけを取って、「イ」という符号を作った。同様に、「ろ」は「呂」から「ロ」とし、「は」は「八→ハ」、「に」は「仁→ニ」とする。これが**カタカナの起源**なのである。

つまりカタカナは、漢文訓読のために考案された文字なのだ。はじめにカタカナを使ったのは坊さんたちで、仏教の経文《きょうもん》（これも漢文で書かれている）を読むためのものだったらしいが、便利なので、一般の漢文にも用いられるようになり、書きかたも最初は個人差があったのが、しだいに統一されてきた。だから現在の漢文でも、送りがなにはカタカナを使う。ひらがなを使ってもいっこうにさしつかえはないのだが、伝統とはおそろしいもので、カタカナでないと、どうも漢文らしい感じがしないのである。

さて、**江戸時代中期から、訓読法には変化がおこった**。そのころの儒者たちが、めいめいに**独自の訓読を考案する**ようになったからで、考案者の名前をつけて、闇斎点《あんさい》または嘉《か》点（山崎闇斎）・後藤点（後藤芝山《しざん》）・山子点《さんし》（片山兼山《けんざん》）・一斎点《いっさい》（佐藤一斎）などとよぶ。これらの訓読法は、少しずつ相違があるのだが、根本的にはいくつかの共通したところがあった。

一つは、**漢文の文字をなるべく落とさずに読もうとする態度**である。たとえば「論語」冒頭の一節、「学而時習之」を、平安時代の訓読は、

学びて時《とき》に習ふ

と読み、「之」は読まない。ところが江戸期の訓読では、

学びて時に之《これ》を習ふ

山崎闇斎

と読むようになった。「これを…する」という文章は、純粋の和文にはない表現だから、平安朝の訓読は和文の純粋性を保つために、「之」を読まずにおいたのである。だが江戸期の儒者は、原文の文字はなるべく落とさないほうが忠実な読みかただとして、「之」をも読むことにした。そこで和文としては妙な表現が生まれたわけで、言わば一種の翻訳口《く》調《ちょう》になるのだが、皆が使っていると妙だとは思わなくなり、ついには現代でも、

　児童は、これを酷使してはならない。（憲法第二十七条）

というような文章が書かれるに至ったのである。

もう一つは、送りがなをなるべく短くしようとする態度である。たとえば「有㆓伯楽者㆒」という原文を、平安朝の訓読では、

　伯楽《はくらく》といふ者《もの》有《あ》り。

と読む。原文の「楽」と「者」との間に、「トイフ」という送りがながはいるわけだ。ところが江戸期の新しい訓読では、

　伯楽なる者あり。

と読むことになった。和文としては前者のほうが正統的だが、後者には簡潔な感じがある。江戸中期以後の儒者には、漢文とは簡潔で男性的な文章だという言語感覚があって、平安朝のやわらかな文体よりも、短いだけに力強く響くような調子をこのんだのである。

このことと関連するのだが、さらにもう一つ、動詞の時相（tense）を無視しようとす

る態度がある。たとえば

自㆓舟中㆒墜㆓於水㆒（舟の中から水に落ちた）

という原文は、平安朝では

舟中より水に墜《お》ちぬ（または墜《お》ちき）

と読んだが、江戸期の新訓読では、

舟中より水に墜つ

と、現在形にしてしまう。つまり和文で完了を示す助動詞「ぬ」「き」「けり」などがつく文章は、一律に現在形として読むわけで、文法的にはおかしいが、もちろんそのほうが、ことばは簡潔になる。

同様に、和文では「行かば」と「行けば」は、前者は仮定、後者は既定の条件を示すのだから、意味が違う。平安朝の訓読では、この二つを使いわけていた。それを江戸期の新訓読は、ほとんど「行けば」のほうに統一してしまった。この点は、日本語の口語文法に一致するわけだ。

そこで、すこし複雑な文章を例にあげてみよう。「論語」に、次のような有名な文章がある。

道㆑之以㆑政、斉㆑之以㆑刑、民免而無㆑恥。（民衆を政治権力によって指導し、刑罰によって統制したら、民衆は法律の目をうまくくぐりぬけようとし、しかもそれを恥ずかしいことだとは

考えなくなる）

この文章を、平安朝の訓読ならば、

道《みちび》くに政《まつりごと》を以《もち》ひ、斉《ととの》ふるに刑を以《もち》ひなば、民《たみ》は免《まぬが》れて恥《はぢな》無からむ。

と読む。それが江戸期の新訓読では、こうなるわけだ。

之《これ》を道《みちび》くに政を以《もっ》てし、之《これ》を斉ふるに刑を以《もっ》てすれば、民免《たみまぬが》れて恥無《はぢな》し。

つまり、「之」の字を読み、「以」を「もってす」と読むほか、仮定を示すところに「すれば」という、文語文法では「……したのだから」と訳すべき表現を使い、しかも仮定の文章の結びには「む」という推量の助動詞をおかない。

みなさんが使う漢文教科書は、どれも、江戸期の新訓読の系統を引いている。だからみなさんが古文の時間に習った文語文法をあてはめると、おかしなところが出てくるだろう。それは以上のような理由があるからで、近ごろの漢文教科書は、ある程度までは江戸期の訓読を修正し、文語文法に近づける配慮がしてあるはずだが、平安朝の訓読にまで「復古」させることは、とうていできない相談なのだ。

江戸期の訓読が保存されている理由の一つは、この文体が明治以後の「文語文」の基礎になっているからだ。勅語・法律・論文などに文語文が多かったことは、みなさんも知っているだろう。それらはみな、江戸期の訓読による漢文書き下《くだ》しの文体で書かれている。たとえば、

一旦緩急アレバ、義勇公ニ奉《こう》ジ（ひとたび国家の重大事件が発生したら、義勇の精神を発揮して国家に奉仕し）——教育勅語

これは、ほんとうなら「緩急アラバ」と書かなくてはならないところを、江戸期の新訓読の影響を受けて、「アレバ」になってしまったのである。文法的にまちがっているとか、純粋の和文ではないとか言ってみたところで、このような文章が現実に書かれ、通用していたのだから、しかたがない。

結局のところ、現在の漢文訓読は、奈良朝から江戸末期に至るまでの日本語が、雑然と同居しているわけだ。雑然としているからといって、どれかの時点に統一しようとしても、もはやそれは不可能となっている。むしろ、訓読の中に見える日本語のさまざまな姿を見て、遺物を発掘する考古学者のような興味を味わうことができたら、それも楽しいことの一つに数えられるであろう。

六　実字と虚字

日本でも中国でも同じことだが、主語・述語とか名詞・動詞などという文法学上の術語は、西洋から輸入されたものだ。つまり日本語や中国語の文法学は、西洋文法の理論を導入することによって精密化され、進歩したのだが、西洋文法がはいる前にも、独自の文法学がなかったわけではない。

中国について言うと、むかしの中国人は、中国語を品詞に分類するとき、しごくおおまかに、二つに分けていた。

第一のグループには、いまの品詞分類でいえば名詞の「山」、動詞の「見」、形容詞の「美」などが属する。これらのことばは、それ一つだけ書いてあっても、意味を理解することができる。このようなことばを、**実字**という。

第二のグループには、みなさんが漢文を読んでゆけばいくらでもお目にかかるはずの、「因《よりテ》」・「乃《すなはチ》」・「也《なり》」などがある。これらのことばは、単独では意味をなさない。他の実字と結びつき、まとまった一句を構成したときにのみ、その一句の中で意味を持つ。このようなことばを、**虚字**という。あるいは**助字**・語辞《ごじ》などとよぶ学者もある（虚字と助字との間には、多少の差別があるとしている学者もあるが、それは専門的な問題になるので虚字＝助字と考えておいて、実用上はさしつかえがない。そして一般には助字という名称のほうが多く使われているので、この本でも以下には「助字」に統一して書くことにする）。

実字と助字の区別は、純粋に中国的な考えかただから、西洋や日本の文法をこれにあてはめて理解するわけにはゆかない。たとえば「君」は「君主」の意味にも「あなた」の意味にもなるが、どちらにしても実字である。「あなた」は二人称代名詞だから、代名詞は実字かというと、そうではない。「誰《たれ》」は日本語なら代名詞にはいるのだが、助字と見なされる。「君」は独立して意味を持つが、「誰」は以下に続く文章を持った場合にだけ、意味を発生すると考えられたからである。

無数にある漢字の中で、どれとどれが実字で、どれが助字かということは、簡単には説明しにくい。なかには、学者によって実字に入れたり助字と認めたりする文字もあって、明白な境界線は引きにくいところもある。しかし、漢文にふつうに出てくる助字は、だいたい数がきまっているので、それらについて一応の知識を持っておくことは、漢文を読解するために必要である。

もっとも、実字は、言わば実態のある意味をあらわすものだから、説明もしやすいし、わかりやすい。助字のほうは、そうはゆかない。日本語で例をあげてみよう。

私は本を読む。

この文章を、みなさんが、日本語を知らない西洋人に説明すると仮定しよう。「私」「本」とは何か、「読む」とはどうすることか、という問題なら、説明できよう。だが、「は」とは、「を」とは何か、と聞かれて、簡単に説明できるだろうか。このような助詞は、それだけでは意味を持たない。中国風にいえば、つまり助字にあたる。みなさんはたぶん、「は」は主格をあらわすためのことばだ、というような、文法的な説明をして理解させるほかはあるまい。漢文の助字も同様に、A＝Bという形では、説明がつかないのである。

だから、一つの助字をあげて、この意味を書けといわれると、非常に困ることが多い。しかし、助字をふくむ一つの文章を出して、その中で助字がどういう働きをしているかということならば、説明もしやすいし、読む人にも理解しやすい。そこで、この本では助字だけをならべて説明することをやめ、以下に出てくる例文の語釈の中で、すこし詳しく解説することとした。ただ、それでは助字の働きについて全般的に知りたいと思う人には不便だから、語釈にある助字などを集めて、**助字用法一覧**をつけた。したがって、ある助字について知りたいという人は、まず一覧からその助字を探し、そこに記してあるページを見れば、説明が得られるしくみになっている。

助字は訓読では読まないこともあるので、とかく軽視されやすいが、文章の意味を正しく読みとるためには、見すごすことのできないものである。漢文には英語と違って、！も？もないのだが、助字がその役割を果たしていることも多い。助字の持つ意味がわからなければ、一つの文章の文法的構成が理解できないこともしばしばあるのだし、さらにまた、一つの文章のニュアンスを読みとることは、ほとんど絶望的だといわなければならない。

第二章　歴史

第一節　王朝の交替

中国の歴史については、みなさんはすでに世界史の中で学習しているか、これから学習するところだろうと思う。漢文は中国史を学ぶための教科ではないけれども、中国の歴史を知らなければ、漢文教科書にならんでいる教材の一つ一つが持つ歴史的意味はわからないだろう。

また、中国の歴史的人物が書き残した詩や文章を読むことによって、概説的な中国史の知識が肉づけされることもあるはずだ。

そこで、これから中国歴代の王朝の交替と、王朝の中間におこった大事件について、ごくあらましの説明をしておく。それは、この本のあとの各章を読む上にも必要な知識となるから、ひととおり目を通しておいてください。

一　三皇五帝

遠い上古のことは、どこの民族でも同じだが、神話と歴史とが混同されていて、どれだけが事実なのか、わかりにくくなっている。中国でも、昔からの言いつたえによると、世界のはじめには伏羲《ふくき》（包羲とも書く）という神があらわれて、人類の文化のいとぐちを作ったといわれる。また、女媧《じょか》という神があって、伏羲に協力した。この二人は兄妹だとも夫婦だともいい、兄妹が結婚して夫婦になったのだともいう。次には神農《しんのう》という神が出て、人類に農業や医薬の術を教えた。

伝説上の人物，伏羲
故宮博物院（北京）蔵。

伏羲・女媧・神農をあわせて、「三皇《さんこう》」とよぶ。これはもちろん神話であって、かれらについての物語は、いろいろとおもしろい話が伝わっているのだが、ここでは残念ながら省略しよう。また、神話時代のことだから、ほかにもたくさんの神々があった。「三皇」のかぞえかたも、女媧のかわりに祝融《しゅくゆう》（人類に火の使用法を教えた神）または次に書く黄帝を入れる説もある。

神農の次に黄帝《こうてい》（名は軒轅《けんえん》）が出た。この人が最初の天子として、政治を始めた。黄帝が死ぬと、孫（一説には曽孫）の顓頊《せんぎょく》（名は高陽）が帝位を継ぎ、その次には黄帝の曽孫にあたる帝嚳《ていこく》（名は高辛《こうしん》）が、その次には子の帝堯《ていぎょう》（名は放勲《ほうくん》）が帝位についた。

堯は聖天子といわれ、理想的な政治をおこなったが、その子の丹朱《たんしゅ》が天子となるほどの力を持たなかったので、臣下の中から孝行息子として知られ、行政の手腕もあった舜《しゅん》を選び、帝位を譲った。このように、帝位を世襲制にせず、徳も高く行政力もある臣下に継承させることを、禅譲《ぜんじょう》という。

〔例文二〕 鼓腹撃壌

帝堯陶唐氏《ハ》、帝嚳之子也。其《ノ》仁①《ハ》如②《ク》レ天《ノ》、其《ノ》知《ハ》如《シ》レ神《ノ》。就③《ケバ》レ之《ニ》如④《ク》レ日《ノ》、望《メバ》レ之《ヲ》如⑤《シ》レ雲《ノ》。都《ス》二平⑥陽《ニ》一。茅⑦《ばう》茨《し》不⑧《ず》レ翦《きラ》、土⑨階三⑩等《ノミ》。治《ムルコト》二天下《ヲ》一五十年、不レ知《ラ》二天下治《マレル》歟⑪《か》、不《ル》レ治《マラ》歟、億⑫兆願《フ》レ戴《クヲ》レ己《ヲ》歟、不《ル》レ願《ハ》レ戴《クヲ》レ己《ヲ》歟《ヲ》一。問《フニ》二左⑬右《ニ》一不レ知《ラ》、問《フニ》二外⑭朝《ニ》一不レ知《ラ》、問《フニ》二在⑮野《ニ》一不レ知《ラ》。乃⑯《すなはチ》微⑰服《シテ》游⑱《ブ》二於康⑲衢《くニ》一。聞⑳《ク》二童㉑謡《ヲ》一。曰《ク》、

立㉒《ツル》二我《ガ》烝㉓民《じやうみんヲ》一　莫㉔《なシ》レ匪《あらザル》二爾㉕《なんぢノ》極㉖《ニ》一

不㉗レ識《ラ》不レ知《ラ》　順《フト》二帝之則㉘《ニ》一

有《リ》二老人一、含㉙《ミ》レ哺《ほヲ》鼓㉚《シ》レ腹《ヲ》、撃㉛《チテつちヲ》レ壌而歌《ヒテ》曰《ク》、

日出《デテ》而作㉜《シ》　日入《リテ》而息㉝《フ》

鑿㉞《チテ》レ井《ヲ》而飲《ミ》　耕《シテ》レ田《ヲ》而食《フ》

帝力何㉟ゾ有ラン二於我ニ一哉ト　（十八史略）

書下し文

鼓腹撃壌《こふくげきじょう》　帝堯陶唐氏《ていぎょうとうとうし》は、帝嚳《ていこく》の子《こ》なり。其《そ》の仁《じん》は天《てん》の如《ごと》く、其《そ》の知《ち》は神《かみ》の如《ごと》し。之《これ》に就《つ》けば日《ひ》の如《ごと》く、之《これ》を望《のぞ》めば雲《くも》の如《ごと》し。平陽《へいよう》に都《みやこ》す。茅茨《ぼうし》翦《き》らず、土階三等《どかいさんとう》のみ。天下《てんか》を治《おさ》むること五十年《ごじゅうねん》、天下《てんか》治《おさ》まれるか、治《おさ》まらざるか、億兆己《おくちょうおのれ》を戴《いただ》くを願《ねが》うか、己《おのれ》を戴《いただ》くを願《ねが》わざるかを知《し》らず。左右《さゆう》に問《と》うに知《し》らず、外朝《がいちょう》に問《と》うに知《し》らず、在野《ざいや》に問《と》うに知《し》らず。乃《すなわ》ち微服《びふく》して康衢《こうく》に游《あそ》ぶ。童謡《どうよう》を聞《き》く。曰《いわ》く、

我《わ》が烝民《じょうみん》を立《た》つる
爾《なんじ》の極《きょく》に匪《あら》ざる莫《な》し
識《し》らず知《し》らず
帝《てい》の則《のり》に順《したが》う　と
老人《ろうじんあ》有り、哺《ほ》を含み腹《ふく》を鼓《はらこ》し、
壌《つち》を撃《う》ちて歌《うた》いて曰《いわ》く、
日出《ひい》でて作《さく》し
日入《ひい》りて息《いこ》う
井《い》を鑿《うが》ちて飲《の》み
田《た》を耕《たがや》して食《くら》う
帝力何《ていりよくなん》ぞ我《われ》に有《あ》らんや　と

語釈

①「仁」めぐみ深い、やさしい心。②「如レ天」天が万物を養い育てるように、公平にゆきわたること。③「就レ之」堯のそばへ寄ると。④「如レ日」太陽のような暖かさを感じる。堯の仁慈の心の深さを表現したもの。⑤「如レ雲」雲が湧くように、盛んで、雄大である。堯の容姿のりっぱなことを表現したもの。⑥「平陽」今の山西省臨汾《りんふん》の南にあった。⑦「茅茨」「茅」はカヤ、「茨」はカヤをならべて屋根をふくこと。⑧「不レ翦」切りそろえない。カヤぶきの屋根のはしを切りそろえない

のだから、質素な建物である。⑨[土階]土で作った階段。天子の宮殿へあがる階段は、美しい石で作るのが通例であった。⑩[三等]三段。皇宮の階段は、九段あるのが通例であった。堯の宮殿は、階段も質素だったわけである。⑪[歟]疑問をあらわす助字。⑫[億兆]民衆。大勢いるので、こういう。⑬[左右]まわりにいる人たち。君主の側近。⑭[外朝]天子が政務をとるところ。ここでは、そこに勤務している役人をいう。⑮[在野]民間の人々。「野」は「朝」の反対で、民間のこと。⑯[乃]「そこで」という意味をあらわす助字。⑰[微服]微賤の(身分が低い)人の着物を着る。天子とわからぬように、わざとそまつな衣服をつけたのである。⑱[游]

歩きまわる。「遊」と同じだが、「あそぶ」意味ではない。⑲[康衢]四方に通じている、にぎやかな大通り。⑳[聞]聞こえる。耳にする。これに対して、聞こうという気があって聞くことを「聴」という。同様に、見える、目につく、という意味のときは「見」、見ようと思って見るのは「視」。だからテレビの「視聴者」などという。テレビは見たい、聞きたいと思ってスイッチを入れるものだからで、「見聞者」といってはおかしいわけである。㉑[童謡]子供のうたう歌。ただし、日本でいう童謡とはちがう。誰が作ったとも知れず、子供たちの間に流行する歌のことで、意味のあまりはっきりしないものが多い。子供は無邪気なものだから、天が政治に対

する批評や予言などを子供にうたわせるのだと信じられていた。㉒[立]存立させる。ここでは、ちゃんと生活を立ててゆくこと。㉓[烝民]民衆。「烝」は「衆」に同じ。㉔[莫レ匪]二字とも否定の意味をあらわす助字。「…でないものはない」の意味で、「…だ」という強い肯定をあらわす。㉕[爾]二人称代名詞。ここでは堯をさす。庶民が天子に対して「なんじ」というのはおかしいが、訓読では「爾」に対してこの読みかたしかないので、「なんじ」と読む。だから、訳のときには「なんじ」をそのまま「おまえ」と訳しては、おかしい文章ができる。漢文の代名詞には、ときどきこのようなケースがあるので、注意を要する。㉖[極]最高の極致。ここでは堯

の高い徳をさす。㉗［不ㇾ識不ㇾ知］「識」は意識する、認識する。「知」は気がつく、理解する。ただし、ここでは厳密に区別する必要はなく、日本語の「知らず知らず」と同様に考えてよい。㉘［則］法則。おきて。㉙［含ㇾ哺］食物を口にふくむこと。「哺」は口に入れた食物。㉚［鼓ㇾ腹］腹をたたく。腹いっぱいで、満足したときの動作。㉛［撃ㇾ壌］地面をたたく。歌の拍子をとる動作をいう。ここでは、すわりながら手で地面をたたいたとも考えられるし、立って足ぶみをしたとも考えられる。㉜［作］しごとをする。起き出すという意味に解釈する説もある。㉝［息］休息する。㉞［鑿ㇾ井］井戸を掘る。「鑿」は道具を使って穴をあけること。㉟［何有㆓於我㆒哉］「何…哉」は反語をあらわす構文。「有㆓於我㆒」は「私に関係がある」の意味で、全体は「どうして私に関係があるだろうか」、「私にはまったく無関係だ」という意味になる。

通釈　帝堯陶唐氏は、帝嚳の子である。その恵み深さは、天のように公平にゆきわたり、その知慧《ちえ》は神のようであった。そのそばへ寄れば、太陽のように暖かい感じがするし、遠くからながめれば、湧きおこる雲のように堂々たる姿であった。平陽に都をおいた。（その宮殿は）茅ぶきの屋根のはしを切りそろえないまま、土で三段の階段をきずいただけという、質素なものであった。

（堯は）天下を統治するようになってから五十年たったが、天下がよくおさまっているのか、おさまっていないのか、国民は自分を天子として上にいただくことを願っているのか、自分を天子としていただくことを願っていないのか、わからなかった。側近のものにたずねたが知らないし、朝廷の役人たちにたずねても知らないし、民間の人にたずねても知らない。そこで身分の低いも

のの服装に身をやつし、大通りを歩きまわった。（すると）子供の歌が聞こえてきた。それは、

　われわれ民衆の生活が立ってゆくのは　すべて天子の最高の徳のおかげだ
　われわれは知らず知らずのうちに　天子が定められたおきてに順応している

というものであった。

一人の老人がいて、食物を口にふくみ、自分の腹を打ち、地面をたたいて拍子をとりながらうたっていた。その歌は、

　日が出るとしごとにかかり　日が沈んでから休む
　井戸を掘って水を飲み　田をたがやして食物を得る
　（こんな平和な生活をしているのだから）天子の力など、われわれにとってなんの関係があろうぞ

というものであった。

解説　この文章は理想化された伝説であるが、中国人の考えた**理想的な政治のありかた**が、よく示されている。君主は仁と知をそなえ、民衆のためを思って質素な生活をしなければならないことは、常識でも理解できようが、五十年も統治して天下がおさまっているかいないかを知らなかったことについては、説明を要するだろう。

君主には徳が必要だが、それを民衆におしつけてはいけない。民衆が君主の徳を意識し、それに感謝するようでは、理想の政治とはいえないのである。君主の徳も政策も、ごく自然な形

で民間にゆきわたるべきものであって、その結果、民衆は平和な生活を楽しむことができるわけだが、「**鼓腹撃壌**《こふくげきじよう》」した老人のように、それが君主の力によるものだとは気がつかない。これが理想の政治である。

　君主が自分の徳や政策を民衆におしつけようとすれば、どうしても**権力による強制**がおこなわれる。この結果、民衆が服従したとしても、それは理想的な政治ではない。童謡のように、民衆が知らず知らずのうちに「帝の則」に順応するのが理想の政治である。

　こういう考えかたの根本には、君主とは真に徳の高い人でなければならぬという前提があった。それを具体化して作りあげられたのが、堯である。**真の徳**は、自然に他人を感化して、すべての人々を善人にし、社会を正しくすると考えられていた。だから堯の統治した時代の中国は、だまっていても平和におさまったのであって、堯はただ自分の徳をみがくことにつとめるだけであり、天下がおさまっているかどうかを心配する必要はなかった。これが「**無為**《むい》**にして化す**」といわれ、理想の政治の姿とされたのである。

　舜も理想的な政治をおこなったが、黄河の大洪水がおこって、氾濫《はんらん》が九年間も続いた。このとき治水事業を担当した**禹**《う》が手腕を示したので、舜はやはり禅譲を実行し、次の天子に禹を指名した。

　以上の黄帝・顓頊・帝嚳・堯・舜の五人を、「**五帝**《ごてい》」とよび、三皇とあわせて「**三皇五帝**」という。五帝に関する記録は、かなり歴史化されてはいるが、やはり神話であって、事実とは認められない。多少はそれに近い事実があったかもしれないが、大部分は春秋・戦国時代の思想家たち、ことに儒家（四一六ページ参照）が、自分たちの学説の根拠とするため、上古に理想の社会を作り出したのが、史実と信ぜられたのである。

二　三代

禹は舜のあとを継いで、これも理想的な政治をおこなったが、やはり禅譲を実行しようと、後継者に益《えき》という人を指名した。しかし禹の子の啓《けい》が賢者だったため、益は辞退をしたし、官僚たちも啓が天子となることを希望したため、啓が帝位を継いだ。これ以後は帝位が親から子へと伝えられるようになり、禅譲にかわって世襲制が原則となった。つまり、特定の一族が天子の地位を独占し、国家を支配するわけで、これを「朝《ちょう》」または「王朝」とよぶ。禹に始まる王朝は、夏《か》と名づけられた。

夏王朝は時代が降るとともに支配力が衰えたが、とくに桀《けつ》王は残虐な暴君だったので、湯《とう》という人が桀王に不満を抱く人々を集め、兵をあげて夏王朝を攻め亡ぼした。そして湯が王位についたが、この王朝を殷《いん》（商《しょう》ともいう）とよぶ。また、王位が異姓の人物によって継承されるという点では、禅譲と同じわけだが、禅譲が平和的に政権を交代させるのに対し、湯王の場合は武力で奪いとったのだから、放伐《ほうばつ》もしくは革命という。

〔例文二〕 牛飲者三千人

王履《り》癸《き》ハ号①シテ為スレ桀《けつ》ト。貪《たん》②虐ナリ。力能③《よ》ク伸ブ二鉄④鉤《こう》索《さく》ヲ一。伐ツ⑤二有施氏ヲ一。有施以テ二末《ばつ》喜ヲ一女⑥《めあは》スレ焉《これ》ニ。有リレ寵⑦《ちよう》、所レ言⑧フ皆従ハル。為⑨《つく》リ二傾宮瑤⑩《えう》台ヲ一、殫⑪《つく》ス二民ノ財ヲ一。肉⑫山脯《ほ》林アリ。酒⑬池ハ可ク二以テ運《めぐ》ラスレ船ヲ、糟⑭《さう》堤《てい》ハ可シ三以テ望ム二千⑮里ヲ一。一鼓シテ而牛⑯飲スル者三千人。末喜以テ為スレ楽シミト。国人大イニ⑰崩ル。湯伐ツレ夏ヲ。桀走⑱ツテ二鳴⑲条ニ一而死ス。

（十八史略）

書下し文

牛飲《ぎゅういん》する者三千人《ものさんぜんにん》　王履癸《おうりき》は号《ごう》して桀《けつ》と為《な》す。貪虐《たんぎゃく》なり。力能《ちからよ》く鉄鉤索《てっこうさく》を伸《の》ぶ。有施《ゆうし》氏《し》を伐《う》つ。有施《ゆうし》末喜《ばつき》を以《もっ》て焉《これ》に女《めあわ》す。寵有《ちょうあ》り、言《い》う所皆従《ところみなしたが》わる。傾宮瑤台《けいきゅうようだい》を為《つく》り、民《たみ》の財《ざい》を殫《つく》す。肉山脯林《にくざんほりん》あり。酒池《しゅち》は以《もっ》て船《ふね》を運《めぐ》らすべく、糟堤《そうてい》は以《もっ》て千里《せんり》を望《のぞ》むべし。一鼓《いっこ》して牛飲《ぎゅういん》する者三千人《ものさんぜんにん》。末喜《ばっき》以《もっ》て楽《たの》しみと為《な》す。国人大《こくじんおお》いに崩《くず》る。湯《とう》、夏《か》を伐《う》つ。桀《けつ》、鳴条《めいじょう》に走《はし》って死《し》す。

語釈

①〔号為レ桀〕みずから号したのではなく「諡《おくりな》」（一五八ページ）である。「桀」は暴虐で多くの人民を殺した人という意味。②〔貪虐〕「貪」は「貧」とちがうことに注意。むさぼる。欲ばること。「虐」は、しいたげる、むごい。③〔能〕可能の意味をあらわす助字。本来そなわっている能力によってできるという意味を示す。「可」も可能を示すが、ある場合にあることがらが可能で

あるという意味で、能力とは関係がない。④[鉄鉤索] 鉄でこしらえたかぎとくさり。⑤[有施氏] 当時の諸侯の一人。⑥[女レ焉] この「女」は動詞、妻や妾とすること。「焉」は「之」に同じ。ここでは桀をさす。⑦[寵] 君主が愛すること。君主の愛をうけている女性を寵姫《ちようき》、君主にかわいがられている臣下を寵臣などという。⑧[所レ言] 言うこと。ここでは、桀に対して願い出たこと。⑨[傾宮]「傾」は「瓊」と同じで赤い宝玉のこと。赤い宝玉で飾った宮殿。⑩[瑶台] 宝玉で飾った台。「瑶」も宝玉。「台」は土を高く盛りあげ、上を平らにならしたもので、その上に建物を作る。見はらしのよい、ぜいたくな建造物である。⑪[殫] ゼロにしてしまうこと。⑫[肉山脯林] 肉を山のように積み、脯を林のようにたくさんならべる。「脯」はほし肉。⑬[酒池] 酒をたたえた池。池を掘って、水のかわりに酒を入れた、ぜいたくなもの。⑭[糟堤] 酒かすで築いたどて。⑮[千里] 当時の一里は約四百メートルだが、ここで「千里」といっているのは正確な数字ではなく、非常に長い距離という意味である。漢文の中の数字には、しばしばこのような例がある。⑯[牛飲] 牛が水を飲むように、がぶがぶと飲むこと。⑰[崩] 桀王を中心とする国民の団結が崩れ、王室に離反するようになったことをいう。⑱[走] 逃げる。敗走する。⑲[鳴条] 地名。今の山西省安邑県。

通釈

夏《か》の王の履癸は、桀と呼ばれた人である。欲深で、むごい人がらであった。力は強く、鉄のかぎやくさりをも、引きのばすことができた。(この桀王が)有施氏を討伐した。有施は、娘の末喜を桀の後宮の女性にとさし出した。桀王は(この女を)かわいがり、彼女の言うことは、何でもきき入れられた。(桀は彼女のために)玉でかざり立てた宮殿や台をつくり、そのために国民の財産は、(租税としてとりつくされて)空になってしまった。一方、宮殿には、肉や乾肉が山や林のように集められ、酒をたたえた池は、舟をこぎまわることもできるほどに大きく、酒かすを積んだ土手は、千里の遠くが見わたせるほどの高さであった。太鼓の合図一つで、三千人もの人が、牛のようにがぶがぶと酒をのんだ。末喜はこうしたありさまを見て、楽しみとしていた。（そのために）国民の心は王室から離れてしまった。（そこで）湯が夏を討伐した。桀は鳴条まで逃げたが、そこで死んだ。

解説 堯の善政が理想化されたのと対照的に、桀の暴虐ぶりも、極端な形で伝説化されている。結局、君主が自分の快楽のみを求め、国民のことを考えないのが、**悪政の代表的なもの**とされていたわけである。この話から、「**酒池肉林**」という成語ができた。

しかし殷も末期になると、**紂《ちゅう》王**という暴君が出て、政治が乱れた。このころ、今の陝西《せんせい》省のあたりに周《しゅう》という部族があり、その長だった**文王**《ぶんのう》という人は、堯・舜におとらぬ人格者として人々の信望を集めたが、その子の**武《ぶ》王**の代になって殷に叛旗をひるがえし、殷を攻め亡ぼして、**周王朝**を建設した。武王の死後、あとつぎの**成《せい》王**がまだ少年だったので、武王の弟の**周公**《しゅうこう》が政治を代行したが、この人は聖人とたたえられる人物で、周王朝の基礎を確立させた。

［例文三］ 受命之君

①西伯修《メ》レ徳《ヲ》、諸侯②帰《ス》レ之《ニ》。③虞《ぐ》・芮《ぜい》争《ウテ》レ田《ヲ》、不《ず》レ能《あたハ》レ決《スル》。④乃《すなはチ》⑤如《ゆク》レ周《ニ》。入《リ》レ界《ニ》、⑥見《ル》二⑦畊《たがやス》者皆⑧遜《ゆづリ》レ畔《あぜヲ》、⑨民俗皆譲《ルヲ》レ長《ニ》⑩。二人⑪慙《はヂ》、⑫相謂《いヒテ》曰《ク》、「吾《わガ》⑬所《ハ》レ争《フ》、

⑭周人ノ所レ耻ヅルナリト。」乃チ不シテレ見⑮エ二西伯一ニ而還リ、倶ニ譲リテ二其ノ田ヲ一不レ取ラ。漢南⑯ノ帰スル二西伯一ニ者四十国。皆以⑰お為もヘラク、⑱「受命之君ナリト。」三二分シ天下ヲ一、有⑲たもツ二其ノ二ヲ一。（十八史略）

書下し文　受命《じゅめい》の君《きみ》　西伯徳《せいはくとく》を修《おさ》め、諸侯之《しょこうこれ》に帰《き》す。虞《ぐ》・芮田《ぜいた》を争《あらそ》うて、決《けつ》する能《あた》わず。乃《すなわ》ち周《しゅう》に如《ゆ》く。界《かい》に入《い》り、畊《たがや》す者皆畔《ものみなあぜ》を遜《ゆず》り、民俗皆長《みんぞくみなちょう》に譲《ゆず》るを見《み》る。二人《ふたりは》慙じ、相謂《あいい》いて曰《いわ》く、「吾《わ》が争《あらそ》う所《ところ》は、周人《しゅうひと》の耻《は》ずる所《ところ》なり」と。乃《すなわ》ち西伯《せいはく》に見《まみ》えずして還《かえ》り、倶《とも》に其《そ》の田《た》を譲《ゆず》りて取《と》らず。漢南《かんなん》の西伯《せいはく》に帰《き》する者《もの》四十国《しじっこく》。皆以為《みなおも》えらく、「受命《じゅめい》の君《きみ》なり」と。天下《てんか》を三分《さんぶん》し、其《そ》の二《に》を有《たも》つ。

語釈　①〔西伯〕「伯」は、かしら。西方諸侯の首長の意。のちの文王のこと。②〔帰〕ここでは心をよせること、帰順すること。「帰」の本義は「おちつくべきところにおちつく」ことで、そこから「かえる」という意味が派生した。だから漢文では、「かえる」ことは、「還」または「返」と書くことのほうが多い。③〔虞・芮〕ともに山西省にあった小さな国の名。ここではその君主たちのこと。④〔乃〕そこで、という意味をあらわす助字。⑤〔如〕目あての場所へ行く意味に用いる。⑥〔見〕目につく。見ようと思って見たのではなく、下に書いてある状況が目にはいってきたのである。見ようとして見たときには、「視」と書く。例文一の語釈⑳（一〇一ページ）参照。⑦〔畊〕「耕」に同じ。⑧〔遜〕自分をおさえて、他人をたてること。⑨〔民俗〕民間の風習、または民衆の気風。⑩〔長〕年長者。⑪〔慙〕はずかしく思う。はじいる。下の「耻」も、この文章では同様の意味に使われているように見えるが、こちらは本来は「恥辱であると考える」意味。⑫〔相謂〕話しあう。日本語として考えると、「謂《い》いて曰《いわ》く」という表現は重複しているようだが、漢文の文法では、こう書かないと完全な文にはならない。日本語で「…と言った」と書くとき、漢文では「曰（または云）、…」と書くのが原則であって、「謂、…」と書くと、間接話法的な書きかたになるか、もしくは「…と思った」の意味となる。⑬

〔所レ争〕争っていることがら。「所」は下の動詞を名詞化するはたらきを持つ助字。⑭〔周人〕周の国民。漢文訓読では、「人」の上に国名または王朝名がつくときには、その「人」は訓で「ひと」と読むのが昔からの慣習である。だから李白・杜甫《とほ》などの唐代の人は「唐人《とうひと》」という。「唐人《とうじん》」というのは、中国人、ないしは外国人の総称である。江戸時代の長崎出島の唐人屋敷や、唐人お吉を思い出してもらえばよい。⑮〔見〕ここでは、会うこと。この意味の場合には、訓読では「まみゆ」と読む。⑯〔漢南〕揚子江の支流である漢水の南の地方。⑰〔以為〕二字で「…と思う」の意味になるので、訓読では二字を合わせて「おもえらく」と読む。時には、「以」または「為」だけで「…と思う」の意味に使うこともある。⑱〔受命之君〕天から天子となるべき命令を受けている君主。⑲〔有〕保有する。

通釈　西伯は（君主の）徳の修養を積んだので、諸侯はかれに帰順した。その頃、虞と芮という二つの国の君主が、田地の境界を争い、解決することができなかった。そこで、（西伯に解決してもらおうと思って）周へ出かけた。周の国境にはいると、耕している者がみな互いに田の境界を譲り合い、人々の気風はみな年長者に万事を譲っているのを見かけた。二人は恥じ入って、次のように話し合った。

「吾々が争っていることがらは、周の人達にとっては恥とすべきことなのだ」

そこで西伯に面会しないで引き返し、たがいにその田地を譲り合って取らなかった。
漢水以南では西伯に帰順する諸侯が四十国にもなった。そして皆が、（西伯を）天子たるべき天命を授けられた君主であると考えた。（かくして）西伯は天下の土地を三等分したとき、その二を領有するほどになった。

解説

これは西伯（文王）が殷《いん》の末期において、すでに大きな勢力を持っていたことを示す一つのエピソードである。西伯が天下の三分の二を領有していたのだから、殷の紂王は、王とはいいながら、実質上はもはや中国全土に君臨する資格を失っていたわけである。ただし、虞・芮の君主の話は、史実ではなく、おそらく伝説であろう。その伝説は、周の王室が文王の徳をたたえようとして語ったものの上に、**儒教の思想**がかぶせられてできたものと思われる。儒教については、第五章の思想のところであらためて書くが、その思想の根本をなすものの一つに、**君主が国家を統治するのは徳の力によるべきで、武力や警察力によるべきではない**という主張があった。西伯は徳を修《おさ》めたから、その徳が国民全体に反映して、平和な国ができた。それを慕って、他の諸侯も西伯に「帰し」た。紂王の権力も、西伯の徳にはかなわなかったのである。

だから、西伯の子の武王が武力によって、すなわち放伐の方法で周王朝を樹立したのは、儒教的な考えかたからすれば、困ったことなのである。そこで、周王朝の建設を正当化するために、西伯がすでに中国の実質的な統治者だったことを強調する必要があった。天子とは文字どおり「地上の支配者になれと天から命令されてきた、天の子供」のことであり、それがすなわち「受命の君」である。人々が西伯を「受命の君」と言ったのは、西伯が天子となることが一般に承認されていたことを示す。しかし、殷の紂王は西伯に「禅譲」しなかったので、かれは天の意志に対する反逆者となった。**武王が紂を討伐したのは当然だという論理**が、ここから生まれてくるわけである。

現在の研究では、夏王朝の存在はまだ確認されておらず、禹《う》の話にも、神話的な部分が多い。殷については、その都のあととされる現在の河南省安陽の附近から、殷代の遺物がたくさん発掘されたので（四〇ページ参照）、この王朝からが、歴史の中にはいるわけである。ただし、紂王が暴君で、文王・武王・周公が聖人だったというのは、周王朝になって作られた伝説が含まれているらしい。ちょうど日本の明治維新のあと、徳川幕府の武士を悪者とし、薩長の志士を英雄化する傾向があったようなものである。

夏・殷・周の三つの王朝をあわせて、「**三代**《さんだい》」という。

周ははじめ、鎬京《こうけい》（今の陝西《せんせい》省西安《せいあん》の附近）に都をおいていた。ところが前七七一年、幽《ゆう》王のとき、西方の異民族が侵入して来て王を殺したため、王室の一族は東へ逃げて、以前から副都としていた洛邑《らくゆう》（今の河南省洛陽《らくよう》）を都とした。これ以後を**東周**、以前を**西周**とよぶ。

東周を通じて王室の権威はおとろえ、各地の**諸侯**が独立国のようになって、たがいに勢力を争った。諸侯とは、周王室の一族または周に服従した大部族の長で、王室から爵位

（公・侯・伯・子・男の五段階）と土地を与えられ、自治権を認められていた人々である。

諸侯の中で武力・政治力にすぐれている人は、他の諸侯をおさえつけ、服従を誓わせた上で、その支配権を周王室に承認させようとした。このような実力者を覇者《はしゃ》とよび、斉《せい》の桓《かん》公・晋《しん》の文公などが、代表的なものである。

こうして諸侯の間に抗争がくりかえされた前七七〇年から前四〇〇年ごろを、春秋時《しゅんじゅう》代とよぶ。「春秋」という歴史書（四〇七ページ参照）に書かれているのが、ほぼこの期間だからである。

そのうち、諸侯の権威もおとろえて、諸侯をたすけて国の政治をおこなっていた卿《けい》・大《たい》夫《ふ》とよばれる人々が、実権を握る傾向が出てきた。

このため前四〇三年に、春秋時代の大国だった晋が韓《かん》・魏《ぎ》（梁《りょう》ともいう）・趙《ちょう》の三国に分裂したが、これ以後、前二二一年までを戦国時代とよぶ。

戦国時代は弱肉強食のありさまで、小国はしだいに滅亡し、七雄または七国とよばれる大国の争いとなった。それは秦《しん》・斉《せい》・楚《そ》・燕《えん》・韓・魏・趙の七つである。そして周王室の権威は全く失われ、春秋時代には「斉の桓公」などと、王より一段下の「公」という名称を使っていた諸侯が、「燕の昭《しょう》王」というように、「王」の称号を勝手に使う事態も発生した。

［例文四］　先従隗始

①昭王弔②死問生、卑③辞厚幣、以④招賢者。問郭隗⑤曰、「斉⑥因⑦孤之国乱、而襲⑧破燕。孤極知燕小不⑨足以報⑩。誠⑪得賢士、与⑫共国、以雪⑬先王之恥、孤之願也。先生視⑭可者。得⑮身事之。」隗曰、「古之君、有以千金使⑯涓⑰人求⑱千里馬者。涓人曰、『死馬且⑲買之、況⑳生者乎。馬今至矣㉑。』不期㉒年、千里馬至者三。今王必欲致㉓士、先㉔従隗始。況㉕賢於隗者、豈㉖遠千里哉。」於是、昭王為隗改築宮㉗、師事之。

（十八史略）

書下し文

先《ま》ず隗《かい》より始《はじ》めよ　昭王死《しようおうし》を弔《とむら》い生《せい》を問《と》い、辞《じ》を卑《ひく》くし幣《へい》を厚《あつ》くし、以《もっ》て賢者《けんじゃ》を招《まね》く。郭隗《かくかい》に問《と》うて曰《いわ》く、「斉《せい》は孤《こ》の国《くに》の乱《みだ》れしに因《よ》りて、襲《おそ》いて燕《えん》を破《やぶ》る。孤《こ》極《きわ》めて燕《えん》の小《しょう》にして以《もっ》て報《むく》ゆるに足《た》らざるを知《し》る。誠《まこと》に賢士《けんし》を得《え》て、与《とも》に国《くに》を共《とも》にし、以《もっ》て先王《せんのう》の恥《はじ》を雪《すす》がんこと、孤《こ》の願《ねが》いなり。先生可《せんせいか》なる者《もの》を視《しめ》せ。身之《みこれ》に事《つか》うるを得《え》ん」と。隗曰《かいいわ》く、「古《いにしえ》の君《きみ》に、千金《せんきん》を以《もっ》て涓人《けんじん》をして千里《せんり》の馬《うま》を求《もと》めしめし者有《ものあ》り。死馬《しば》の骨《ほね》を五百金《ごひやくきん》に買《か》いて返《かえ》る。君怒《きみいか》る。

涓人《けんじん》曰《いわ》く、『死馬《しば》すら且《か》つ之《これ》を買《か》う、況《いわ》んや生《い》ける者《もの》をや。馬今《うまいま》に至《いた》らん』と。期年《きねん》ならずして、千里《せんり》の馬至《うまいた》る者三《ものさん》。今王必《いまおうかなら》ず士《し》を致《いた》さんと欲《ほっ》せば、先《ま》ず隗《かい》より始《はじ》めよ。況《いわ》んや隗《かい》より賢《けん》なる者《もの》、豈《あ》に千里《せんり》を遠《とお》しとせんや」と。是《ここ》に於《おい》て、昭王隗《しょうおうかい》の為《ため》に宮《きゅう》を改築《かいちく》し、之《これ》に師事《しじ》す。

語釈 ①〔昭王〕燕《えん》の昭王。燕は今の河北省の一帯を領有していた国で、はじめは小国であったが、昭王などの努力によって、しだいに強大となった。②〔弔レ死問レ生〕戦争で死んだ者を厚くとむらい、遺家族をねんごろに慰問する。一説に家来の中で死者があればとむらい、出産があればお祝いに行く。いずれにしても、臣下の幸不幸に心をくばることをいう。③〔卑レ辞厚レ幣〕へりくだっていねいな言葉を用い、贈物を十分にする。④〔以〕この文のような位置にある「以」は、上の句と下の句とを接続するはたらきを持つ。したがって「而」とほとんど同じだが、「以」が用いられている場合には、「そのようにして」「それによって」という意味を含むことが多い。⑤〔郭隗〕当時の賢者の一人で、以前から昭王につかえ、国政の顧問となっていた人物。⑥〔斉〕春秋・戦国時代の大国の一つ。今の山東省一帯を領有した。⑦〔孤〕諸侯の自称。諸侯が臣下に対して「わたくし」というときには、「孤」または「寡人《かじん》」という。⑧〔襲破レ燕〕昭王の父は政治をすべて宰相にまかせたため、国中に混乱がおこり、それにつけこんだ斉が燕に侵入して、昭王の父と宰相とを殺してひきあげた。昭王はそのあとで王位についた。⑨〔足以〕…するのに十分である。⑩〔報〕報復する。⑪〔誠〕「もしも、ほんとうに…となったら（…することができたら）」という、強い願望をあらわす助字。⑫〔共レ国〕いっしょに国の政治をとること。本来、国をおさめるのは昭王の権限であるが、ここでは賢者に対し謙遜して、「いっしょに」と言った。⑬〔先王〕亡くなった父の王。「先」はすでに死亡していることを示す語。「先考（または先父）」といえば、「亡父」の意味である。

⑭「視二可者一」ここの「視」は見せる、または提示すること。「可者」は条件にかなった人物。適当な人。⑮「得」ぜひ…したい。⑯「使」…させる。使役の意味をあらわす助字。⑰「涓人」官名。君主の身のまわりの雑用をする係。「涓」は「清潔」のことで、清掃などをする人という意味。⑱「千里馬」一日に千里を行くという駿《しゅん》馬《め》のこと。⑲「且」「…でさえも」という意味をあらわす助字。⑳「況生者乎」「生者」は生きているもの、ここでは生きている馬。「況…乎」の構文は、「いわんや…をや」と読み、上の文章を受けて、「まして…はなおさらのことだ」という意味をあらわす。㉑「矣」文の終末におかれる助字で、文法上の機能は「也」とひとしい。ただし、「也」が「…である」という、文の結びかたとして、ごく普通の場合に用いられるのに対し、「矣」には筆者（もしくは話し手）の感情ないし主観的な判断がこめられる。だから「矣」で結ばれる文には、「…だよ」という、念をおすような気持ち、「…だ！」「…だった！」という、詠嘆の気持ち、あるいは「…だろう」という、筆者もしくは話し手の推測を示す場合がある。ここは推測を示すケースで、「そのうちに馬が来るでしょう」という、涓人の推測をあらわす。㉒「期年」まる一年。㉓「致」手もとへ来させる。招き寄せる。㉔「従」「…から」という意味をあらわす助字。「自《より》」に同じ。㉕「況賢二於隗一者」「於」は比較をあらわす助字。「A二於B一」は「BよりもAだ」という意味になる。この一句の構文は、「況」に導かれる文の特殊な例で、本来は「いわんや隗より賢なる者をや」となるべきところだが、その「隗より賢なる者」が下の文の主語となっているため、「をや」が省略されたのである。㉖「豈遠二千里一哉」千里の道を遠いと思うことがあるものか。千里の道でも遠いなどと思わずに、やって来る。「豈…哉」は反語をあらわす構文で、「どうして…のことがあろうか」、「決して…のことはない」という意味になる。㉗「宮」屋敷。日本では通常、宮殿の意味に用いるが、本来の意味は人間の住む建物、家屋の意味である。ここでは郭隗の住宅をさす。

通釈

燕の昭王は戦死者を弔い、遺族を慰問し、ことばをていねいにし、進物を手厚くして、それによって賢者を招いた。（そして）郭隗にたずねていうには、

「斉は私の国が乱れているのにつけこみ、襲って来て、燕の国を攻め破りました。（しかし）私は、燕が小国で、かたきを討つに十分な力がないのを、よく知っています。もしもほんとうに、賢《かしこ》い人を見つけ出し、いっしょに国の政治をとり、そして死んだ父の恥をすすぐことができたら、それこそ私の望むところなのです。先生、どうか適当な人をみたてて下さい。私はぜひとも自身で、その人におつかえしたいと思います」

隗が答えた。

「むかしある王さまが、側近の者に千金を持たせて一日に千里を走る名馬を買いにやらせたところ、死んだ馬の骨を五百金で買って戻って来ました。そこで王さまが怒りました。すると側近の者は、『死んだ馬でさえも買うほどですから、まして生きているのは、もちろん高く買うにきまっています。（皆がそう思うので）そのうちに生きた名馬がやって来るでしょう』と答えました。（はたして）一年もたたないうちに、名馬が三頭も参りました。いま、王さまが、ぜひとも賢人を招きたいとお考えなら、まずこの私からおはじめ下さい。（私でさえ厚く待遇されるのですから）まして私よりも賢い人は、千里の道を遠いとも思わずやって来るにちがいありません」

そこで昭王は、隗のために家を改築してやり、先生として教えをあおいだ。

解説　戦国時代の諸侯は、自分の国を強大にするため、優秀な人材を獲得しようと努力した。これに応じて集まる人材は、諸国の貴族階級である卿《けい》・大夫《たいふ》と、庶民との中間に位置する士《し》の階級に属する人々だったので、「賢士」はその出身国を問わず、諸侯の間で奪いあいとなった。また、士のほうでも諸国をめぐり、賢明な君主あるいは待遇のよい国を選んで身を落ちつけようとしていた。こうして、諸侯から生活を保証され、そのかわりに国政の顧問となり、または国家の危急に際して働く士のことを、**食客**《しょくかく》という。食客が多いのは諸侯のじまんになることで、斉の宣王の弟の**孟嘗君**《もうしょうくん》などは、**食客数千人**と称された。燕の昭王も、このあとで多くの士が集まったため、黄金台というりっぱな館を建てて、そこに住まわせた。

郭隗が昭王に語った涓人の話は、たぶん作り話であろう。自分を死馬の骨にたとえ、自分自身はつまらない人間だが、それに大金を出して見せれば、天下の名馬、すなわち賢士は、自分はもっとよい待遇を受けると思って、進んで集まって来ると教えたのである。このように、**わかりやすいたとえ話を使って諸侯を説得するのが、食客の一つの技能**となっていた。

「先ず隗より始めよ」というのは、有名なことわざとなって後世にもしばしば用いられた。ただし、本来は「身近なものから手をつけろ」という意味だったが、日本では多く「言いだした人が先ずやりなさい」という意味に使われている。

秦は今の陝西省《せんせい》にあった国だが、歴代の君主が富国強兵につとめた結果、他の六国を攻め亡ぼして、前二二一年に天下統一を完成した。

秦の君主は天子の地位について始皇帝《しこうてい》と称し、咸陽《かんよう》（鎬京の附近）に都をおき、天下を三十六の郡に分けて、天子の任命した官僚が、地方行政をつかさどることにした。ここにはじめて、朝廷を中心とする**中央集権制**が成立したわけで、周代のように各地の諸侯が自治権を持つ制度を**封建制**《ほうけんせい》、秦がおこなった中央集権制を**郡県制**とよぶ。

しかし、秦の改革はあまりにも急激だったし、きびしい法律を作って国民を弾圧したり、**万里の長城**を築くために人民を徴発したりしたので、国民の不満が増大し、各地で反乱がおこった。その中で、戦国時代の楚の将軍の子孫であり、楚王の子孫を総大将にかついだ項羽《こうう》の軍隊がもっとも強大だった。そして、その部下の将軍となっていた**劉邦**《りゅうほう》（沛公《はい》という称号をもらっていた）が咸陽の都を攻め落とし、秦の第三代王子嬰《しえい》を降服させた。これが前二〇六年で、秦はわずか三代十五年で滅亡したのである。

その後は、天下を取ろうとする項羽と劉邦との争いになったが、前二〇二年、項羽が垓《がい》下《か》の戦いに敗れて自殺し、劉邦が天子の位《くらい》について、**漢王朝**を建設した。したがってかれを、**漢の高祖**とよぶ。国都は長安《ちょうあん》（咸陽の附近）におかれた。

漢は郡県制を推進し、統一帝国の組織を整備することに努力したが、**武帝**（在位前一四一―前八七）の時代になってから、周辺の異民族を征伐して領土を拡大し、国内の産業を開発し、儒教を教育の基本とする（四七三ページ参照）など、積極的な政策をとったため、強大な帝国が完成された。しかし、この結果、国家財政に大きな負担がかかり、武帝の死後は、漢の国力は下り坂となって行った。

紀元後八年、政治の実権を握っていた大臣の**王莽**《おうもう》が平帝を毒殺して、帝位につき、**新**《しん》という王朝の樹立を宣言した。漢王朝は、ここで一度滅亡したわけである。しかし、新王朝に対する反乱はすぐに続発し、王莽は紀元二三年に殺されて、その王朝は十五年しか続かなかった。そして反乱軍のうち、漢帝室の一族である**劉秀**《りゆうしゆう》が最も強大となって、天下を統一し、紀元二五年に劉秀が帝位について、都を洛陽に移した。漢王朝はここに再興されたわけだが、王莽に帝位を奪われるまでを「**前**《ぜん》**漢**」または「西漢」、劉秀以後を「**後**《ご》**漢**」または「東漢」といい、秀は後漢の**光武**《こうぶ》**帝**とよばれる。

農耕図（漢画像石・四川省徳陽県出土）
田は四角に区切られ，種まきととり入れが同時に描かれている。

四　魏晋南北朝

後漢末期は、皇后の一族（外戚《がいせき》という）や宦官《かんがん》（天子の身のまわりの世話・皇后や後宮の女性との連絡にあたる、本来は身分の低い職）が政治の実権を握って、天子の権力はおとろえ、各地の豪族の勢力も増大したし、農民の暴動も続発した。

このころ、将軍として手腕を見せた曹操《そうそう》は、後漢の宰相となり、政治を独占するようになった。これに対して、江南には地方豪族の孫権《そんけん》が勢力を持ち、漢帝室の一族と自称する劉備《りゅうび》は、蜀《しょく》（今の四《し》川《せん》省）の地方をおさえていた。

二二〇年に曹操が死ぬと、息子の曹丕《そうひ》は後漢の献《けん》帝を脅迫して、形式だけは禅譲の手続きをとり、天子の位についた。これで後漢は滅亡し、魏《ぎ》王朝が始まったわけで、曹丕は魏の文帝、曹操は武帝とよばれる。魏の都は、やはり洛陽におかれた。

曹丕が帝位につくと、これに対抗して、劉備も二二一年に天子を名のって蜀漢王朝の樹立を宣言し、都を成都《せいと》においた。続いて孫権も、二二九年に建業《けんぎょう》（今の南京《なんきん》）で帝位につき、呉《ご》王朝をたてた。こうして天下は三国に分裂したわけである。通常は、

魏の文帝（曹丕）

後漢から帝位を譲られた魏を正式の王朝とするが、また、後漢滅亡の二二〇年から天下が統一された二八〇年までを、**三国時代**ともよぶ。

蜀漢の二代目の天子劉禅《ぜん》（後主《こうしゅ》）は、二六三年、魏に攻められて降服し、蜀漢王朝は滅亡した。しかしこのころ、魏帝室の権威はおとろえ、政治の実権は大官の司馬昭《しばしょう》に握られていた。そして二六五年、司馬昭の子の炎《えん》は魏の天子に位を譲らせて自分が天子となり、**晋**《しん》**王朝**をたて、都を洛陽においた。司馬炎は武帝とよばれる。

二八〇年、呉の四代目の天子孫皓《そんこう》（帰命《きめい》侯）は晋に降服し、これで天下は統一された。しかし、晋は北方・西北方からの異民族の圧力に悩み、ついに異民族の一つである匈奴《きょうど》（フン族）の子孫で、中国に帰化していた**劉曜**《りゅうよう》が、三一六年に晋を攻め亡ぼした。

しかし、晋帝室の一族である司馬睿《えい》（元帝）が建業で帝位につき、晋の再興を宣言した。ただ北方は劉曜に占領されており、元帝の統治権はほぼ淮河《わいが》以南の地方に限られ、天下は二分された。劉曜に亡ぼされるまでの晋を**西晋**、元帝以後を**東晋**とよんで、区別する。

晋帝室が南に移ったあと、北部中国、いわゆる中原《ちゅうげん》の地方を中心とする一帯は、さまざまな異民族が侵入して国をたて、たがいに争った。これらを総称して、**五胡**《ごこ》**十六国**という。

五胡十六国の乱世は、四三九年、拓跋《たくばつ》という部族がたてた**北魏**（後《こう》魏ともいう）**王朝**によって統一された。しかし、北魏朝廷の内部に分裂がおこり、五三四年、権力者の高歓《こうかん》に擁《よう》立された孝静《こうせい》帝は、元氏と改姓し、洛陽に都を定めた。これを**東魏**という。一方、鮮卑《せんぴ》族

国号	種族	都	年数
前涼	漢	姑臧	七六
後涼	氐	姑臧	一八
南涼	鮮卑	楽都	一八
北涼	匈奴	張掖	三九
西涼	漢	(初)敦煌 (遷)酒泉	二二
前趙(漢)	匈奴	(初)平陽 (遷)長安	二六
後趙	羯	(初)襄国 (遷)鄴	三三
前秦	氐	長安	四四
後秦	羌	長安	三四
西秦	鮮卑	枹罕	四七
前燕	鮮卑	(初)大棘 (遷)鄴	六四
後燕	鮮卑	中山	二六
南燕	鮮卑	(初)滑台 (遷)広固	一三
北燕	漢	昌黎	二八
夏	匈奴	統万	二五
成漢	氐	成都	四六

五胡十六国一覧表

の実力者宇文泰《うぶんたい》は、翌年、文帝を立てて長安に都をおいたが、これを**西魏**とよぶ。

東魏は五五〇年、高歓の一族の高洋によって帝位を奪われ、滅亡した。高洋のたてたのが、**北斉《ほくせい》王朝**である。また西魏も五五七年、宇文泰の子の宇文覚《かく》に亡ぼされ、宇文覚は**北周王朝**をたてた。そして五七七年、北周は北斉を亡ぼして、北部中国を統一したが、五八一年には大臣の**楊堅**《ようけん》に帝位を奪われ、滅亡した。楊堅のたてたのが**隋《ずい》王朝**であり、かれは文帝とよばれる。

異民族の支配下におかれた北部中国に対し、淮河以南の地方では、漢民族の王朝が続いた。先ず東晋の将軍だった劉裕《りゅうゆう》が、恭《きょう》帝から帝位を奪って宋《そう》王朝をたてたのが四二〇年。この宋は、のちにもう一つ同名の王朝ができたため、帝室の姓をかぶせて「劉宋」とよばれる。

しかし劉宋も、四七九年に大官の**蕭道成**《しょうどうせい》に帝位を奪われ、道成は**斉《せい》王朝**をたてた。北方にも「北斉」王朝があったため、こちらは「南斉」とよんで区別する。その南斉は、五〇二年、将軍の蕭衍《しょうえん》に帝位を奪われ、衍は梁《りょう》王朝をたてた。そして梁も、五五七年、将軍の陳覇先《ちんはせん》に帝位を奪われ、覇先は陳王朝をたてた。

宋・斉・梁・陳の四つの王朝は、みな建業（南京《なんきん》）に都をおいた。これに、同じく南京に都した三国時代の呉と東晋の二つを加え、六朝《りくちょう》とよぶ。だから六朝とは、本来は中国の南半分を領有した諸王朝のことだが、後世では、東晋以後隋による天下統一までの期間を、六朝時代とよぶことが多い。つまり六朝とは、北半分を領有した諸王朝をも含めた名称となったのである。

また、北魏から北周までの北方の諸王朝を北朝、東晋から陳までの南方の諸王朝を南朝ともよび、合わせて南北朝という。南北朝時代は短命な王朝が次々と交代した、政治的には不安定な時代だったが、一方では門閥《もんばつ》貴族による支配体制が確立され、ことに南朝では、貴族を中心とする文化が、大いに栄えた。

五　隋唐五代

さっき書いた楊堅は、五八一年に北周を亡ぼして隋王朝を建設し、北朝の支配者となったが、続いて五八九年には南朝の陳を攻め亡ぼし、これでようやく、天下はふたたび統一された。そして秦・漢の故都である長安に都をおき、のちにはその近くに新都を建設して、大興《だいこう》と名づけた。

しかし、隋の支配力はまだ不安定であり、ことに二代目の煬帝《ようだい》は独裁的な君主だったので、国民の間に反感が強まった。その結果、隋の将軍だった李淵《りえん》が反乱をおこし、煬帝は野心家の大臣宇文《うぶん》化及《かきゆう》に殺された。

李淵は六一八年に長安で帝位につき、唐《とう》王朝の樹立を宣言した。隋は天下統一後、わずか二十九年で滅亡したわけである。そして李淵（高祖）は、息子の李世民《せいみん》（太宗）の協力によって、しだいに天下を平定し、内政を整備していった。太宗の治世は六二六年から六四九年に至るが、内政・外交・軍事のすべてにわたって、長い中国の歴史の上でも指折りの黄金時代が築きあげられた。年号を貞観《じょうがん》というので、**貞観の治**とよばれる。

唐の太宗（在位 626〜649）

［例文五］　守成之難、方与二諸公一慎レ之

唐ノ太宗嘗《かつテ》問フ①二侍臣一ニ、「創②業ト③守成ト④孰《いづレカ》難《かたキト》。」房⑤玄齢曰ク、「草⑥昧《まい》之初メ、群雄並《ならビ》起リ、⑦角シテレ力ヲ而後臣トスレ之ヲ。創業難シト⑧矣。」⑨魏《ぎ》徴曰ク、「自《より》レ古

帝王、莫⑩シレ不ルハ下⑪得テ二之ヲ於艱《かん》難ヨリ一、失ハ中之ヲ於安⑫逸ヨリ上。守成難シト矣。」⑬上曰ク、
「玄齢ハ与レ吾共ニ取ル二天下ヲ一。出⑭デテ二百死ヲ一得タリ二一生ヲ一。故ニ知ル二創業之難キヲ一。徴ハ
与レ吾共ニ安ンズ二天下ヲ一。常ニ恐ル下⑮驕《けう》奢《しや》ノ生ジ二於富貴ヨリ一、禍乱ノ生ズルヲ中於所ヨリ上⑯忽《ゆるがせ》ニスル。
故ニ知ル二守成之難キヲ一。然レドモ創業之難キハ往ケリ矣。守成之難キハ、⑰方《まさ》ニ与ニ二諸⑱
公一慎《つつし》マントレ之ヲ。」

（十八史略）

書下し文

守成《しゆせい》の難《かた》きは、方《まさ》に諸公《しよこう》と之《これ》を慎《つつし》まん　唐《とう》の太宗《たいそう》嘗《かつ》て侍臣《じしん》に問《と》う、「創業《そうぎよう》と守成《しゆせい》と孰《いず》れか難《かた》き」と。房玄齢《ぼうげんれい》曰《いわ》く、「草昧《そうまい》の初《はじ》め、群雄《ぐんゆう》並《なら》び起《おこ》り、力《ちから》を角《かく》して後之《のちこれ》を臣《しん》とす。創業《そうぎようかた》難し」と。魏徴《ぎちよう》曰《いわ》く、「古《いにしえ》より帝王《ていおう》、之《これ》を艱難《かんなん》より得《え》て、之《これ》を安逸《あんいつ》より失《うしな》わざるは莫《な》し。守成難《しゆせいかた》し」と。上《しよう》曰《いわ》く、「玄齢《げんれい》は吾《われ》と共《とも》に天下《てんか》を取《と》る。百死《ひやくし》を出《い》でて一生《いつしよう》を得《え》たり。故《ゆえ》に創業《そうぎよう》の難《かた》きを知《し》る。徴《ちよう》は吾《われ》と共《とも》に天下《てんか》を安《やす》んず。常《つね》に驕奢《きようしや》の富貴《ふつき》より生《しよう》じ、禍乱《からん》の忽《ゆるがせ》にする所《ところ》より生《しよう》ずるを恐《おそ》る。故《ゆえ》に守成《しゆせい》の難《かた》きを知《し》る。然《しか》れども創業《そうぎよう》の難《かた》きは往《ゆ》けり。守成《しゆせい》の難《かた》きは、方《まさ》に諸公《しよこう》と之《これ》を慎《つつし》まん」と。

語釈　①［**侍臣**］側近の臣下。②［**創業**］一つの事業を始めること。何かを創立すること。ここでは王朝を樹立することをいう。③［**守成**］できあがったものを維持すること。ここでは樹立された王朝を維持していくことをいう。④［**孰**］「どちらが」「どれが」という疑問をあらわす助字。⑤［**房玄齢**］唐の高祖・太宗が天下を取るのを補佐した功臣。⑥［**草昧**］ものごとの初めの、混沌《こんとん》とし

た状態。「草」は初め、「昧」は暗いという意味。⑦「角レ力」力くらべをする。「角」は「較」と同じで、くらべあうこと。⑧「矣」ここでは「創業難」が房玄齢の主観的な判断であることを示している。例文四の語釈㉑参照。⑨「魏徴」途中から太宗につかえたが、太宗を補佐して、唐王朝の基礎をきずいた名臣。⑩「莫レ不」否定をあらわす助字を二つかさねた、二重否定の構文。「…しないものはない」「すべて…する」という意味をあらわす。⑪「得二之於艱難一」艱難辛苦の中から天下を獲得する。「之」は天下をさす。「於」は「…から」という意味をあらわす助字。「艱難」は困難な問題、障害物。⑫「安逸」のんびりとして、なまけていること。⑬「上」天子をいう語。⑭「出二百死一得二一生一」百のうち百（つまり一〇〇パーセント）死ぬという危地から脱出して、たった一パーセントの生きるチャンスをつかむ。日本語では通常、「九死に一生を得た」という。これも同じ意味だが、九と一をたして十割になるのだから、数学的にはこのほうが正確なわけである。⑮「驕奢」気ままで、ぜいたくなこと。⑯「忽」いいかげんにすること。気をひきしめないこと。⑰「方」いまこそ。いまちょうど。⑱「諸公」侍臣たちはみな高位高官の人物であるから、敬称を使って、「公」と言った。このように、臣下に対してむやみにいばらないのが、名君の資格の一つである。

通釈　唐の太宗が、あるとき、側近の臣下に「王朝を創立するのと、樹立された王朝を維持するのと、どちらがむずかしいであろうか」とたずねた。（すると）房玄齢が言った。「世の中がまだ混沌として定まらない初期には、多くの英雄たちが各地に並立しており、（創業をする人は）力くらべをしたのちに、かれらを臣下として服従させるのです。王朝を立てるほうがむずかしいと思います」

魏徴が言った。

「昔から帝王は、すべて、困難な状況の中から天下を獲得し、のんびりとなまけることから天下を失うものです。王朝を維持するほうがむずかしいと思います」

太宗は言った。

「玄齢はわしと協力して天下を取ったものだ。（その過程では）どう見ても助からないという危地を脱出して、わずかな生きる機会をつかんだ。だから王朝を樹立することの困難さを知っている。徴はわしと協力して天下を安定させようとしているものだ。いつも、わがままでぜいたくな気持ちが富貴の身分から発生し、世の乱れが気のゆるみから発生することを恐れている。だから、王朝を維持することの困難さを知っている。しかし、王朝を樹立する困難は、もう過ぎ去ったのだ。王朝を維持することの困難は、いまこそ、諸公といっしょに気をつけよう」

解説　**唐の太宗**は中国史上最高の明君の一人にかぞえられるが、その理由は、この文章に見えるような自戒《じかい》を、言葉のうえだけではなく、実行した点にあったろう。太宗は質素を守り、常に慎重な方針をとっていた。三百年続いた唐王朝の基礎は、こうして築かれたのである。

しかし、貞観の時代が過ぎると、三代目の高宗のときには、皇后の武氏（則天武《そくてんぶ》后《こう》）が政治の実権を握り、高宗の子の中宗を退位させて自分が帝位についた。武后の晩年にクーデターがおこり、中宗が復位したが、政治の実権は皇后の韋《い》氏に握られ、韋后は中宗を殺して、自分が帝位についた。**則天武后**の時代には、内政面でいろいろと大胆な革新的政策が実施されたが、ともかく朝廷内が乱れているので、唐帝室の権威は失われてしまった。

このとき、皇族の李《り》隆基《りゅうき》がクーデターをおこして、韋后とその一族を亡ぼし、自分の父の李旦《たん》（睿《えい》宗。中宗の弟にあたる）を帝位につけた。そして七一二年、睿宗から位を譲られて、天子となった。これが玄《げん》宗である。玄宗はすぐれた政治力を持ち、帝室の権威をとりもどすとともに、国力を復興させたので、その治世は開元《かいげん》・天宝《てんぽう》の治とよばれる。しかし玄宗は派手ごのみな人物で、国家財政を浪費したし、晩年には美人の楊貴《ようき》妃《ひ》を愛して、自分では政治をとらなくなったため、不満分子がふえた。そして七五五年、漁陽（今の河北省薊《けい》県）の節度《せつど》使《し》だった安禄山《あんろくざん》が反乱をおこし、たちまちのうちに長安を占領したので、玄宗は蜀（今の四《し》川《せん》省）へと逃げた。その途中、長安西方の馬《ば》嵬《かい》で、護衛の兵士たちの不満をなだめるために楊貴妃を殺し、また自分は退位して皇太子（粛《しゅく》宗）に戦争の指揮をまかせた。

長安を占領したあと、安禄山は帝位についたが、すぐ反乱軍の中に仲間割れがおこり、七五七年、禄山は息子の安慶緒《けいしょ》に殺された。そこで唐の軍隊も勢いをもりかえし、同年に長安を奪回して、粛宗も都に帰ったが、このとき一度降服した安禄山の部将史思《しし》明《めい》が、翌年にまた反乱をおこし、治安がゆるんだ地方には農民暴動も続発して、いつまでも動乱が続いた。そこで安禄山の反乱を、史思明の乱をもあわせて安史《あんし》の乱ともいう。

このあと、帝室の権威はおとろえ、朝廷では宦官、地方では節度使が実権を握り、官僚の中では派閥争いが絶えなかった。ついに九〇七年、節度使の**朱全忠**《しゅぜんちゅう》が唐の昭宣《しょうせん》帝（哀《あい》帝）を退位させて自分が帝位につき、唐王朝は滅亡した。朱全忠のたてたのが**後梁**《こうりょう》**王朝**であり、かれは太祖とよばれる。

後梁は唐代に副都だった洛陽《らくよう》に都を定めたが、朱全忠と仲が悪かった将軍**李克用**《りこくよう》の息子の李存勗《そんきょく》（荘宗）が、九二三年に後梁を亡ぼし、**後唐**《こうとう》**王朝**をたてた。しかし、九三六年には後唐の節度使だった**石敬塘**《せきけいとう》（高祖）が、北方の異民族である契丹《きったん》（キタイ族）の後援によって帝位を奪い、**後晋**《こうしん》**王朝**をたてた。その結果、後晋は常に契丹の圧迫を受け、契丹人は九四六年に後晋の都だった大梁《だいりょう》（今の河南省開封《かいふう》）に侵入し、出《しゅつ》帝を捕虜にして去った。このとき、後晋の大官だった**劉知遠**《りゅうちえん》（高祖）は出帝を援助せず、契丹人が去ったあとの大梁にはいって、帝位につき、**後漢**《こうかん》**王朝**をたてた。だが九五〇年には後漢の大官の**郭威**《かくい》（太祖）が反乱をおこし、翌年、帝位について、**後周**《こうしゅう》**王朝**を樹立した。それもまた、九六〇年には臣下の将軍だった**趙匡胤**《ちょうきょういん》に帝位を奪われた。

後梁の建国から後周の滅亡まで、五十三年の間に、五つの王朝が樹立されては滅亡したわけである。この時期を**五代**《ごだい》とよぶ。五代の五つの王朝は、順次に唐のあとを継承した正

国名	所拠地	年数
呉	淮南	四六年
前蜀	四川	三五
南漢	南海	六七
閩	福建	五五
呉越	両浙	八四
楚	湖南	五六
南平	荊南	五七
後蜀	四川	四一
南唐	江南	三九
北漢	山西	二九

十国一覧表

式の王朝と認められているが、直接の支配権はだいたい中原の地方に限られ、中国の全土には及ばなかった。そして各地には、それぞれに独立した小政権が王朝を自称して、五代の王朝と同盟を結んだり、反抗したりしていた。これらの小政権を偏覇《へんぱ》と総称する。また、その中で主要なものが十あったので、十国ともいい、五代とあわせて五代十国ともよぶ。

六　宋元明清

五代後周の将軍だった趙匡胤《ちょうきょういん》が、後周の恭帝を退位させ、汴京《べんけい》（今の河南省開封）で帝位についたのは、九六〇年である。かれのたてた王朝を宋《そう》、かれを太祖とよぶ。南朝の劉宋と区別するために、「趙宋」とよぶこともあるが、こちらのほうが劉宋よりは強大な帝国なので、ふつうは「宋」といえば、趙宋を意味することになっている。

宋は唐・五代の諸王朝が節度使の専横によって滅亡したことを反省し、各地の偏覇を攻め亡ぼしたり帰順させたりしたあとは、軍隊の統帥《とうすい》権を天子に直属させ、さらに武よりも文を国策の基本とする方針を立てた。だがこの結果、宋の軍事力は弱まって、異民族の圧力に対抗しかねるようになってしまった。

そのころ勢力が強かったのは、さっき書いた契丹族で、九四七年には遼《りょう》という国をたて、今の外蒙古《がいもうこ》から河北省北部・満州へかけての地域を領有した。宋の太祖は十国の一つの北漢を攻撃したとき、その背後から援助していた遼と衝突し、勝利をおさめられなかったこともある。以後、遼はときどき中国に侵入して来た。そこで三代目の真宗のとき、宋と遼との間に不可侵協定が結ばれた。これを**澶淵《せんえん》の盟《めい》**とよぶが、宋の大譲歩によって妥結したものであった。

また、中国の西北方、今の甘粛《かんしゅく》・寧夏《ねいか》省のあたりには、北朝時代から中国本土にはいっていた**拓跋《たくばつ》氏**の一族が勢力を持っていて、一〇三八年には**大夏《だいか》**という国をたてた。中国ではこれを**西夏《せいか》**とよんでいる。西夏ははじめ、遼と同盟を結んでその指揮を受け、しばしば中国に侵入した。

ところがその後、満州に住んでいた女真《じょしん》(ジュルチンまたはジュセン)族の中から**阿骨打《アクダ》**という英雄があらわれ、部族を統合して遼から独立し、**金《きん》**という国をたてた。阿骨打は太祖とよばれる。遼は金を攻めたが大敗し、一一二二年に金は遼の首都**燕京《えんけい》**を攻略して、西夏へ逃げようとする遼の天子を一一二五年に捕虜とし、遼を亡ぼした。

金が遼を攻めたとき、宋は金と同盟を結んで南から遼を攻撃したが、遼の滅亡後は、占領した土地の分割問題で争いがおこり、遼が完全に滅亡した一一二五年、金軍は宋へと侵入を開始した。その翌年、宋の首都汴京は陥落し、天子の欽《きん》宗・上皇の徽《き》宗をはじめ、皇族・皇后・後宮の女性たちは、すべて捕虜となって、金の本拠である北方へと連れ去られた。このときの年号を靖康《せいこう》といったので、この事件は**靖康の変**とよばれる。

これで宋王朝は一度滅亡したわけだが、一一二七年、河南省南部にいた皇族の趙構《ちょうこう》(高宗）が帝位につき、都を臨安《りんあん》（今の浙江省杭州《せっこうしょうこうしゅう》）に定めて、宋王朝の継続を宣言した。都が南方に移ったので、これを**宋の南渡《なんと》**といい、それまでの宋を**北宋**、以後を**南宋**とよんで区別する。

こうして、南北朝時代と同様に、淮河《わいが》を境として中国が二分される状態ができた。だがそのうちに、金と西夏の背後にあたる北方では**蒙古族**が強大になり、**成吉斯汗《チンギスカン》**に率《ひき》いられた蒙古軍は、一二二七年に先ず西夏を攻め亡ぼし、一二三四年には成吉斯汗のあとを継いだ**窩闊台《オゴタイ》**（太宗）が、金を亡ぼした。

南宋朝廷では蒙古と同盟を結んで金を攻撃したが、金を亡ぼしたあとの蒙古はそのまま中原にいすわり、しだいに国家としての体制をととのえて、一二七一年には**元《げん》**という国をたてた。そして一二七六年、元の天子**忽必来《フビライ》**（世祖）の軍隊は南下して臨安を攻略し、南宋王朝はついに滅亡した。

その後、中国全土の支配者となった**元王朝**は、中国の伝統文化に対してあまり敬意を払わず、漢民族を強権によって弾圧する政策をとった。しかし王朝の末期には朝廷内部に紛争がおこって統制力がゆるみ、また経済政策の失敗によってインフレーションが進行したため、異民族支配に反対する漢民族の抵抗運動が、各地に続発した。

その中で最も勢力の強かったのが、**朱元璋《しゅげんしょう》**の率いる軍団であった。元璋は孤児で、寺に拾われて養われ、僧となっていた人であり、このように低い身分から天下を取ったのは、かれのほかには漢の高祖劉邦《りゅうほう》があるだけである。

　朱元璋は一三六八年に金陵《きんりょう》（今の南京《なんきん》）で帝位につき、明《みん》王朝を樹立した。かれは太祖とよばれる。その一方、太祖が派遣した軍隊は元の首都大都《だいと》（今の北京《ぺきん》）を攻略し、元の天子は北方へと逃げた。元王朝はこれで滅亡したわけである。

　元の末年には、蒙古族の朝廷もかなり中国化して、中国の伝統的な制度も少しずつ復活されるようになっていたが、明王朝はさらに、科挙（一四七ページ参照）を整備するなど、漢民族の伝統に従って、内政をととのえる方針をとった。

　太祖が死ぬと、長孫の恵《けい》帝が位を継いだ。このとき、朝廷では天子の権力を強めるため、皇族の勢力を削減しようとした。すると、太祖の四男で燕《えん》王に封ぜられ、北平《ほくへい》（今の北京）にいた朱棣《しゅてい》（成祖、永楽帝《えいらくてい》）がこれに反対して兵をおこし、金陵へ攻めこんだ。この軍隊を靖難《せいなん》の師という。金陵は一四〇二年に陥落し、恵帝は行方不明となり、朱棣は反対派の方孝孺《ほうこうじゅ》らを殺して、自分が帝位についた。それから北平を北京と改め、都をここに移したので、以後は北京が首都、金陵が南京とよばれて、副都となった。

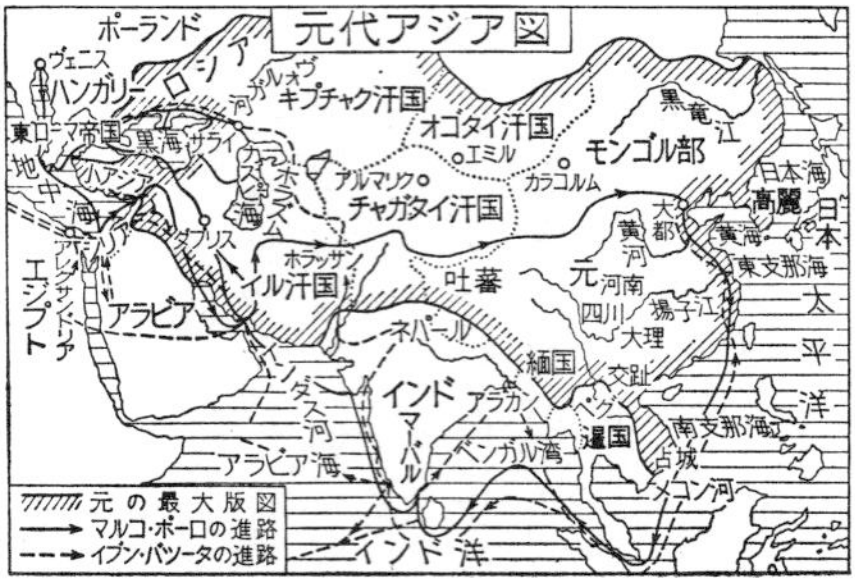

成祖は武力で帝位についたのだが、政治力を発揮して、明王朝の基礎を築いた。しかし、明も末期になると、宦官が政治の実権を握り、これに反対する知識階層との間に、激しい争いが続けられるようになった。

このころ、さきの金王朝と同じ女真族の中の愛親覚羅《アイチンギヨロ》氏から、努爾哈赤《ヌルハチ》（太祖）という英雄があらわれ、満州一帯を支配下におさめて、一六一六年に後金《こうきん》という王朝をたてた。その子の皇太極（太宗）は一六三六年に国号を清《しん》と改め、朝鮮を征服し、さらに明へと攻めこんだ。

明と清の間には激しい交戦がおこなわれ、明王朝が西洋から輸入した大砲が威力を発揮して、一六四三年に清の太宗は戦死した。しかしその翌年、明王朝の混乱に乗じて各地に兵をあげた反乱軍の一つで、李自成《りじせい》という大将が北京へ攻めこんだため、明の思《し》宗（崇禎《すうてい》帝）は皇居の裏の万寿山に登って自殺し、明王朝は滅亡した。ただ、明の将軍の鄭成功《ていせいこう》が台湾へ渡って全島を征服し、明王朝を継承すると称したが、成功から三代目のとき、一六八三年に清軍の攻撃を受けて降服した。

清の太宗のあとを継いだ世祖《せいそ》（順治《じゅんち》帝）は、一六四四年、北京を占領したばかりの李自成を追いはらい、ここを首都と定めた。ふつうにはこのときを、清王朝の第一年とかぞえている。

清は異民族支配の王朝で、漢民族の民族主義的な抵抗運動をきびしく弾圧したが、一方では中国の伝統文化を尊敬し、二代目の聖祖（康熙帝《こうき》）以下、世宗《せいそう》（雍正帝《ようせい》）・高宗（乾隆帝《けんりゅう》）の三代にわたり、反清的な傾向を持たぬかぎりにおいて、学問・文化に対するあつい保護政策をとった。

しかし清末に近づくと西洋諸国の中国侵略が始まった。そのはじめは、英国船によるアヘンの輸入を朝廷が禁止し、英国商人の持っていたアヘンを焼き捨てた事件から起った**アヘン戦争**（一八四〇—一八四二）である。清は、この戦争に負けて南京条約を結び、香港《ホンコン》を英国に譲った。これがいとぐちになって、フランス・ドイツ・ロシア、さらに日本も、それぞれに口実を作って利権を獲得したため、中国は列強の植民地のようになってしまった。

一方、一八五〇年にキリスト教信者の**洪秀全**《こうしゅうぜん》という人が天帝の啓示を受けたと称し、農民を集めて、広西省で暴動をおこした。翌年には**太平天国**《たいへいてんごく》という国をたて、一八五三年には南京を占領して、ここを都と定めた。そしてかなり革新的な政策をしき、討伐に来た清軍を撃退したが、その勢力が伸びるにつれ、外国が獲得していた利権と衝突をおこし、イギリス・フランスは清を助けて、太平天国を撃滅しようとした。こうして一八六四年、南京が陥落し、洪秀全は自殺して、十四年にわたった暴動は終結したが、これは朝廷の無能力をはっきりと示したことになった。

そこで、清王朝の内部を改革し、なんとかして列強に対抗できるだけの態勢をととのえようとする運動が次々とおこったが、すべて失敗し、結局は満州族による支配を倒し、共和政体を樹立しなければならぬという声が高まった（一九一一年、五〇三ページ参照）。そして一九一二年、清の宣統帝《せんとう》（溥儀《ふぎ》）が退位し、清王朝はついに滅亡した。一九一一年は辛《かのと》亥《い》にあたるので、辛亥革命《しんがい》という。

七　現代

辛亥革命の中核となったのは、孫文《そんぶん》（五〇三ページ参照）の率いる同盟会だった。一九一二年、中華民国が樹立されたとき、孫文が臨時大総統の地位についた。しかし辛亥革命が成功したのは、実は清の総理大臣だった袁世凱《えんせいがい》が宣統帝に退位を強要したためで、袁はその代償として大総統の地位を要求し、孫文は辞任して同盟会を改組し、国民党と名づけて、その首席となった。

袁世凱は自分が帝位につく野心を持っていたので、国民党をはじめ、共和政体を主張する人々を弾圧した。そして一九一五年、翌年から帝制を復活するむねを布告したが、国内の反対ばかりでなく、日本・イギリス・フランスなどからも布告を取消せという勧告を受け、翌一九一六年にしぶしぶ帝制の中止を宣言したが、同年に死んだ。

袁世凱の死後、民国政府は段祺瑞《だんきずい》らの軍閥勢力によって動かされ、国民党は華南の地域を占めて、これに反対する形勢が続いた。一方、一九一四年に第一次世界大戦がおこり、中国は英仏などの連合国に加わってドイツに宣戦したが、山東省の青島《チンタオ》など、ドイツが利権を持っていた土地を攻略した軍隊の主力は、やはり連合国に参加した日本であった。

　そこで一九一九年のヴェルサイユ平和会議のとき、中国代表は中国におけるドイツの利権を返還してもらいたいと要求したが、日本の圧力のため、会議決定は、この点については日中両国の協議にまかせることとなった（そして結局、ドイツの利権はそのまま日本が継承した）。この情報が中国に伝わると、一九一九年五月四日に北京の学生を中心として、政府に反対するデモがおこなわれ、たちまち全国に波及した。これを**五四《ごし》運動**とよぶ。

　五四運動は政府の外交方針に反対しておこったものだが、同時に日本をはじめとする諸外国の侵略を排除しようとする、民族主義の主張をもあらわしていた。そのためには中国を強力な近代国家に生まれ変らせる必要があり、学生たちの批判は当然、儒教を中心とする伝統文化への攻撃に向けられた。したがって五四運動は、精神革命・文化革命のいとぐちということができる。この影響のもとで、一九二一年には**中国共産党**が結成された。

五四運動を描く
天安門前を行進する学生たち・周令釗筆

この間にも、民国政府の上層部では、**呉佩孚**《ごはいふ》・**馮玉祥**《ふうぎょくしょう》・**張作霖**《ちょうさくりん》らの軍閥が、勢力争いをくりかえしていた。そのうちに一九二五年、上海《シャンハイ》の紡績工場でストライキがおこったとき、応援の学生たちと取締りにあたったイギリス人警官隊（上海市は日・英・仏などの諸国が治外法権を持つ租界《そかい》に分割され、その中ではそれぞれの国が警察権を持っていた）とが衝突し、学生が負傷したことから、**排英運動**がおこり、全国にひろまった。事件のおこりが五月三十日だったので、**五三十事件**《ごさんじゅう》とよぶ。

孫文は広東《カントン》に革命政府を樹立していたが、一九二四年、国民党と共産党との協力によって北方の軍閥を倒し、革命を完成させようとする方針を立てた。これを**国共合作**という。その翌年に孫文は死んだが、後継者の**蔣介石**《しょうかいせき》は一九二六年に武装革命を開始し、北方へ進軍した。これを**北伐**《ほくばつ》とよぶ。革命軍はたちまち武漢《ぶかん》（湖北省）を占領し、武漢政府を樹立したが、北伐軍は日本の干渉によって、進軍を停止させられた。

蔣介石はさらに東へ向かって南京を占領したあと、クーデターをおこして、党内から共産党勢力を追い出した。このため、武漢政府は共産党と国民党左派との連合政権となったが、まもなく後者が南京の蔣介石政権と合流してしまったため、武漢政府は崩壊し、国共合作も破れた。

一九二八年、蔣介石はまた北伐を開始し、ついに北京を占領して、全国統一を完成した。そして南京を首府とし、**国民政府**を樹立して、その主席に就任した。これ以後、国民党と共産党との対立は激しくなり、共産党は江西省を中心とする地方に勢力をひろげて、瑞金《ずいきん》に人民政府を樹立したが、国民政府の弾圧を受け、一九三四年に長途の旅を続けて、陝西《せんせい》省延安《えんあん》に移った。

ところが一九三一年におこった満州事変のあと、**日本軍の中国侵略**が続いて、一九三六年からは日華事変がおこり、全面的な交戦状態にはいった。このために蔣介石は不本意ながら共産党と協力して日本軍に抵抗する方針をとり、**第二次国共合作**が成立したが、両者とも相手を信用せず、共同作戦は不完全であった。

日華事変はやがて太平洋戦争に発展し、一九四五年、**日本の敗戦**によって終ったが、一九四七年には共産党が満州に**人民政府**を樹立した。

それからは国共の内戦が続き、ついに共産軍は北京を占領して一九四九年に**中華人民共和国**の成立を宣言した。蔣介石は台湾へ渡り、ここに**中華民国政府**をおいている。

第二節　中国史の知識

中国の歴史は長く、その中ではぐくまれたいろいろな制度・慣習には、西洋はもちろん、日本とも違った、かなり特殊な点がある。そのすべてを理解するのは容易なことではないし、ほんらい歴史学の領分なのだが、ここでは漢文教科書に出てくる用語で、中国史の知識がないとわかりにくいものだけについて説明しておこう。

一　朝廷の組織

殷・周の国家形態は、各地に部族ごとの集団があり、全集団の中で最も実力のあるものが他の集団に対する支配権を獲得して、王朝を作り、その君主は王とよばれた。他の集団はそれぞれに国とよばれ、集団の長は諸侯とよばれる。

王は諸侯の中に相続の問題がおこったとき、国が自主的に決定した相続者に対して形式的な承認を与えるが、内政には干渉しない。諸侯は王室に祭祀・戦争などの重要問題があれば、一定の比率で資金・人員を提供する義務を負う。したがって、殷・周の朝廷は、実質上はその部族内の行政をあつかうだけの、小規模なものだった。

しかし秦・漢の統一帝国になると、中央集権制にかわったので、朝廷は国家全体の問題を処理することとなり、機構はしだいに大きく、複雑となっていった。

だいたい官制は、時代とともに変るもので、明治以後の日本を考えても、たとえば鉄道院が鉄道省になり、さらに運輸省と変ったように、名前も変れば所管事項も変る。長い中国の歴史について、官制の変遷を一々説明することは不可能だし、古い時代の役職には、職務内容のはっきりしないものもある。ただ漢文教科書の範囲で考えれば、官制が問題になるのはほぼ漢から宋までに限定され、ことに唐、宋が中心になるといってよかろう。そこでこの本も、それらの時代を対象として、朝廷の官職についてのあらましの説明をしておく。

朝廷において、天子に次ぐポストは、漢・魏のころまでは**丞相**《じようしよう》とよばれ、以後は**宰相**《さいしよう》とよばれるようになった。現在の内閣総理大臣に相当する職と考えてよいが、丞相・宰相は立法・司法・行政の三権を握っているうえに、軍の統帥権をも持つので、日本の総理大臣よりもっと権力が大きい。

ただし、宰相の定員は、原則として複数であり、二名ないし三名、ときにはそれ以上の宰相がいて、合議制で事務をとる。権力が一人に集中するのを防ぐためである。

唐では、あとに書く三省の長官と、**同中書門下平章事**《どうちゆうしよもんかへんしようじ》という長い名前の職に任命された人が、宰相として執務した。宋では同中書門下平章事二名ないし三名が宰相、参知政事二名が副宰相となった。

宰相は全官僚を統率するわけだが、官僚は文官と武官とに大別される。中国には伝統的に**文官優位の原則**があって、武官は政治について発言力を持たないのが常である。したがって武官には上将軍・大将軍・将軍・参軍事・都尉などの官があるけれども、ひどい乱世でないかぎり、文官にくらべてさほど重要視されない。そこで、以下には文官の機構について説明する。

官僚機構がまだ素朴な段階にあった漢・魏のころまでは、だいたい次のような三つの機関がおかれていた。

❶司馬《しば》（大尉《たいい》と改称されたこともある）官僚の監督・国家の祭祀および軍事を管掌する。
❷司徒《しと》　国民の戸籍・教育・厚生などを管掌する。
❸司空《しくう》　築城・水利などの建設事業を管掌する。

しかし、世が進むにつれて官僚機構も複雑化し、唐になると、三省六部《りく》とよばれる制度ができあがった。以下に省と部の名前・職務の内容・それぞれに配属される官名を書いておく。

(1)尚書省《しょうしょ》　行政官庁である。尚書令一名（長官）・左僕射《さぼくや》および右僕射《う》各一名（次官。ただし実際には尚書令はほとんど任命されたことがなく、この二人が長官の職を代行した）・左丞《じょう》および右丞各一名など。この省の中が、次の六部に分かれる。

ⓐ吏部　官僚の人事に関する事務。
ⓑ戸部《こ》　国家の財政・民衆の戸籍や租税に関する事務。
ⓒ礼部　国家の儀礼・祭祀・宗教および教育に関する事務。
ⓓ兵部　武官の人事・防衛施設・交通などに関する事務。
ⓔ刑部　法律・刑罰に関する事務。
ⓕ工部　建設事業・農地・狩猟地・水運・漁業などに関する事務。

六部とも、それぞれに尚書一名（長官）・侍郎一名（次官）などがおかれる。また、六部の中はそれぞれ四つの部局に分かれており、合計二十四の部局がある。これらの部局の長を郎中《ろうちゅう》、次席を員外郎《いんがいろう》という。

(2)門下省《もんかしょう》　法令の発布や国政の基本方針の立案。侍中《じちゅう》二名（長官）・門下侍郎《じろう》二名（次官）・左散騎《さ　さんき》常侍《じょうじ》二名・左諫議《かんぎ》大夫《たいふ》二名・給事中《きゅうじちゅう》四名・左補闕《ほけつ》六名・左拾遺《しゅうい》六名など。

(3)中書省《ちゅうしょ》　門下省と同様の事務をあつかうほか、帝室に関する事務を管掌する。中書令二名（長官）・中書侍郎二名（次官）・中書舎人《しゃじん》六名・右散騎常侍二名・右諫議大夫二名・右補闕六名・右拾遺六名など。

以上の三省六部のほかに、なおいろいろな官庁があるのだが、主なものを二つだけあげておく。

御史台《ぎょしだい》　司法府であり、裁判および検察をおこなう。御史大夫一名（長官）・御史中丞《ちゅうじょう》三名（次官）のほか、官僚をとりしまる侍《じ》御史六名、皇居内をとりしまる殿中侍御史《でんちゅうじ》九名、地方の裁判や検察を監督する監察御史十五名などがある。

国子監《こくしかん》　国立学校。首都長安と副都洛陽とにおかれた。どちらにも祭酒《さいしゅ》一名（校長）・司業《しぎょう》二名（副校長）がある。国子監の中は、さらに国子監・太学《たいがく》・広文館・四門館などに分かれており、それぞれに博士・助教・直講などの教官がいる。

また天子直属の機関に翰林院《かんりん》があり、詔勅の原稿を作った。ここに勤務する人を翰林待詔《たいしょう》または翰林供奉《ぐぶ》、のちには翰林学士とよんだ。はじめは文章の上手な人が選ばれたが、詔勅の内容についても天子から相談を受けるようになり、しだいに重要なポストとなっていった。

宋では三省六部が廃止されて、中書省が行政の中心となり、財政を管掌する機関として塩鉄部・度支部《たくし》・戸部などの機関や、軍政を担当する枢密院《すうみつ》ができた。また翰林院は政策の立案にも関与する重要な機関となり、翰林学士承旨《しょうし》・翰林学士・知制誥《ちせいこう》などの官がおかれた。

二　地方制度

秦が天下を三十六郡に分けたことは、前に書いた。漢もこれを継承して、地方制度をさらに整備させた。漢の制度では、地方行政の最も大きな単位は、国と郡とであった。「国」をおさめるのは王である。王になるのは、天子（帝）の兄弟、つまり親王《しんのう》であった（例外として、漢初の一時期だけ、建国の功臣を王としたことがある）。国の中では王の自治権が認められる。しかし、王に失政があったり、あと継ぎがなかったりしたときは、朝廷に国を没収されるので、国の数はあまり多くはならなかった。

「郡」は朝廷から派遣された太守《たいしゅ》（長官）・丞《じょう》（次官）・長史・都尉《とい》などの官僚がおさめる。ただし、都の長安を含む郡の長官は、とくに京兆尹《けいちょういん》とよぶ。

広い中国のことだから、一つの郡の面積は、日本の県よりもずっと大きい。ただ、昔から「何郡」というときには、その面積全部ではなく、郡をおさめる役所の所在地（「郡治《ぐんち》」という）をさすことがあった。漢文教科書の注に「何郡は今の何省何県」と書いてあることが多いが、それは郡治をさしているのであって、実際の「何郡」は、もっと広い行政単位なのである。

のちには郡の上に、さらに州がおかれたこともあった。州の長官は刺史《しし》という。

郡の中は、いくつかの**県**に分かれる。日本とは逆で、郡のほうが県よりも大きいのである。県は令（長官）・丞（次官）・尉《い》などの地方官によって統治される。

県は城壁にかこまれた町（県城とよぶ）と、その周辺の部落から成る。郡の場合と同様に、「何県」というときは、県城をさすことが多い。

このほか、主要な街道には十里（約四キロメートル）ごとに宿場をおき、**亭**《てい》とよんだ。亭をおさめる役人を**亭長**という。

南北朝時代には、中国全土を支配する王朝がなかったので、完備した地方制度は作れなかった。唐になって、朝廷の制度と同様、地方制度も整備され、複雑になった。

唐では、先ず天下を十の**道**《どう》に分け、道の中を**州**に分ける。州のうち、とくに重要な地方は、**府**と名づけられる。州には刺史《しし》（長官）・別駕《べつが》（次官）・長史・司馬《しば》など、府には尹《いん》（長官）・少尹（次官）・参軍などの官がおかれる。

郡の名前も残されてはいたが、これは漢代の制度を残しただけで、郡の役所はない。実際には州と郡とは常に同じであって、州の役所がすべての事務をあつかった。

府・州の中は、**県**に分かれる。県には令（長官）・丞（次官）・主簿《しゅぼ》・尉《い》などの官がある。

このほか、辺境地帯は部落の状態も中国本部とは違うし、行政と軍事とをあわせた統治方式が必要となる。そこで、州のかわりに**都督府**《ととくふ》・**都護府**《とご》がおかれた。都督府には都督（長官）・長史（次官）・司馬など、都護府には大都護（長官）・副大都護（次官）・副都護などの官があった。

これらの地方官の勤務状態や施政の適否、または地方警備の状況を監督するため、道または州ごとに、専門の官僚がおかれた。その官名はたびたび変ったが、だいたい按察使《あんさつし》・観察使・経略使《けいりやく》などとよばれていた。

さらに、地方警備のためにいくつかの州を合わせて、藩鎮《はんちん》とよぶ軍事上の単位が作られた。その長官は節度使《せつどし》で、節度使の役所を幕府といった。節度使は地方に駐屯する軍隊の指揮をする職だったが、しだいに観察使などをも兼任するようになって、行政権をも握り、大きな勢力を持った。唐の玄宗のときに大反乱をおこした安禄山は、北方の節度使だったのである。

以上は唐代の地方制度の概観である。宋になると、大綱は唐と変わらないが、地方官僚を監督する機構はさらに複雑となって、経済関係および水運をあつかう転運使《てんうんし》、裁判や刑罰をあつかう提点刑獄《ていてんけいごく》などの官ができた。

また、府の太守・州の刺史・県の令は、それぞれ知府・知州・知県ともよばれた。

三　科挙

ここまでに書いてきた中央・地方の官僚は、どのようにして選ばれ、任命されるか。その方法を、これから書く。

およそ役人は、大きく二段階に分かれる。上級官僚は、何かの方法によって選抜された人がなるのだが、悪いことをしないかぎりはだんだんに昇進して、宰相にまで出世することもできる（むろん、そこまで行くためには、当人の手腕のほかに、皇帝や大官のきげんをとったり、金を使ったりする必要もあるわけだが）。これを**官**という。下級官僚は、官職が世襲制になっていて、親がある職についていれば、息子がそのあとを継ぐ。これは一つの権利になっているから、息子が継ぎたくなければ、権利を売ることもできる。それを買った人は、その職を自分の子孫に伝えることができるわけである。そのかわり、世襲するのは一つの職だけで、在職中にどれほど功績があっても、昇進させてはもらえないし、もちろん「官」になれる希望はない。これを**吏**といい、二つを合わせて**官吏**という。

前に書いたたくさんの官名は、ほとんど全部、官である。実際には、その下に大勢の吏がいて、職務をとる。吏は先祖代々同じしごとをしているのだから、実務にかけては、官よりもよほど熟達している。だから、なまけものの官ならば、役所の事務は吏にまかせきりで、自分は酒ばかり飲んで遊び暮らすことにもなる。また地方官庁の場合は、吏はその土地の生えぬきの人間だし、官は定期に異動があって、遠い土地の出身者が任命されることもある。そうなれば、官としては吏をうまく使わないかぎり、その土地の実情に合った施策はできない。この辺が、地方官の腕の見せどころになる。

そこで、吏のほうは世襲制だから問題ないとして、**官の選抜方法**だが、これが時代によって、大きく変った。

先ず漢代では、地方長官が所轄の地域から人材を選び出して中央に推薦し、それにもとづいて中央が官に任命する方法がとられた。この方式およびそれによって推薦された人を、孝廉《こうれん》とよぶ。

孝廉と並行して、後漢からは、天子または大官が見こんだ人材を個人ごとに呼び出し、官職を授ける方法もおこなわれた。これを辟召《へきしょう》とよぶ。孝廉も辟召も、きわめて主観的な方法である。大官たちが公平に人物を調査すればよいが、現実には、かれらの個人的な打算や好ききらいに左右される場合が多い。朝廷では人物評価の基準をきめ、それにもとづいて推薦させるようにしたこともあったが、その基準も抽象的なものなので、あまり効果はなかった。

そこで、孝廉は地方豪族が地方長官と結託し、自分の一族を朝廷の官僚に任命させるルートとなった。また辟召によって任命された官は、自分を見こんでくれた大官を親分とすることになるから、朝廷内に派閥を生む結果となった。

魏晋南北朝は貴族政治の時代といわれるが、それは、このようなところから始まった。豪族は孝廉・辟召の制度を使って、自分たちの一族で高級官僚のポストを独占し、その権力によって、自分たちの荘園を確保し拡大させていった。この結果、ことに南朝の貴族たちは、皇帝よりも大きな経済力を持つようになってしまったのである。

北朝にも貴族はあったが、南朝ほど強大ではなかった。そしてここでは、試験によって官僚を選抜する方法が、部分的におこなわれていた。北朝から出て天下を統一した隋が、この方法を継承し、唐になって、それが制度として完備された。

唐の官僚選抜方法は、二本立てである。一つは南朝貴族（唐代でも、まだ大きな勢力を持っていた）との妥協によるもので、特定の貴族の子弟は、無条件で官僚に任命される権利を持つ。この制度によって官僚となった人を任子《にんし》とよぶ。もう一つは、家がらを問わず、試験に及第した人を官僚に任命する。これを挙子《きょし》とよぶ。任子と挙子とは、たがいに派閥を作って対抗した。

試験にはいくつかの種類があり、一つ一つを科《か》とよぶ。これらを総合して科挙《かきょ》というわけである。科の中には法律・数学などの専門職の試験もあって、これらに合格するのは比較的やさしいが、たいした出世は期待できない。一般職の試験を進士《しんし》の科といって、百人に一人か二人という激しい競争であり、最もむずかしい試験だったが、それだけに合格すれば宰相にも至る道が開けている。そこで優秀な人物はすべて進士の科を受験したので、科挙といえば進士の科だけが意識されるようになった。

科挙を受けるには、家がらや財産は問題ではないが、一定の資格を必要とする。それを得るには二つの方法がある。一つは国子監その他の学校の学生となること。もう一つは各府・州の長官の推薦を得ること。実際には、府・州ごとに予備試験をおこない、合格者に長官が推薦状を与えていた。

　進士の科についていえば、地方長官の推薦状を持つものを進士といい、進士の科に合格したものをも、やはり「進士」といった。双方を区別する場合には、前者を郷貢《きょうこう》の進士という。しかし後世では、進士の科の合格者だけを進士とよぶようになった。

　進士の科の試験科目は、儒教の経典である経書《けいしょ》についての知識を試問する帖経《じょうけい》、詩と賦（二一八ページ参照）を作らせる詩賦、時事論文を書かせる時務策の三つであった。しかし帖経と時務策は、書く内容がだいたいきまってしまうので（時務策で現実の政治を批判したら、合格はおぼつかない）、及落をきめるのは詩賦となり、受験生はその勉強に熱中する傾向があった。

唐の官僚像（洛陽出土）

　科挙は高級官僚の地位を全国民に開放したことになるのだが、実際には受験勉強のための時間と経済力とが必要なので、誰でも志願できるわけではなかった。だから受験者は、貴族階級の次の階層、いわば中小地主の子弟に限定された。唐代の有名な文学者たち、たとえば杜甫《とほ》・韓愈《かんゆ》・柳宗元《りゅうそうげん》・白居《はくきょ》易《い》らは、すべてこの階層の出身で、進士の科を受験した人々である。ただし杜甫だけは、最後まで及第できなかった。試験官の中には任子出身の官僚があり、自分たちの好みに合うものしか合格させようとしない傾向があったからである。

しかし、唐末から五代へかけての戦乱のうちに、貴族階級はすべて没落したので、宋では任子の制度をとる必要がなくなり、科挙一本の官僚採用制度がしかれた。試験科目も少しずつ変っていったが、唐の制度の大筋は動かなかった。そして、明・清になると制度はさらに整備して複雑化されたし、答案の文体にも一定の型ができて、それに合わせて書かないと合格できないようになった。この文体を八股文《はっこ》という。

四　家族と個人

中国では伝統的に大家族制が維持され、徐々に崩壊しながらも、最近まで名残《なご》りをとどめていた。大家族制の社会では、家系が重視される。ことに貴族制が続いた唐代までは、家系によって高級官僚の地位が得られるわけだから、系譜は重大な意味を持っていた。

一つの家族は、姓の下に氏の字をつけてあらわす。王氏・張氏・李氏などというわけである。ただし、同姓の家族もあるので、区別のため、その家族の出身地の郡名をつける。太原《たいげん》の王氏・河東《かとう》の張氏などとよぶわけである。この場合、太原・河東などの郡名は、一族の祖先が住んでいた、いわゆる発祥の地であって、現在の居住地とは関係がない。現代の日本でいえば本籍地にあたるわけだが、勝手に変更することはできない。このような郡名を郡望《ぐんぼう》または籍貫《せきかん》という。

唐代までは、籍貫によって家がらの格がきまった。清河《せいが》の崔《さい》氏・范陽《はんよう》の盧《ろ》氏といえば、唐では帝室以上に家格を誇ったものである。だが、そうなると家がらを高めるため、系図に細工をするものも出てくる。その筆頭が唐の帝室で、家系ははっきりしないのだが、李氏であるところから、貴族の一つである隴西《ろうせい》の李氏を名のり、系図を作ってしまった。また、低い家がらから出て有名になった人の中には、家系がはっきりしないものもある。たとえば唐の詩人杜甫《とほ》は、京兆《けいちょう》の杜氏とも、襄陽《じょうよう》の杜氏ともいわれる。どちらにつながるのか、系図がないので、わからないのである。

さて、一族の家系を図示すると、次のようになる。

高祖━曽祖━祖━考━◎━子━孫━曽孫━玄孫━来孫━昆《こん》孫━仍《じょう》孫━雲孫

高祖から上は、五世の祖・六世の祖などとよぶ。また、祖父は単に祖、父は考という。ただし考とは、原則として父が死んだあとのよびかたで、同様に死んだ母に対しては、妣《ひ》とよぶ。

兄弟の間では、むろん年長が兄、年少が弟だが、また伯・叔というよびかたもある。兄弟が三人あれば伯・仲・叔、四人なら伯・仲・叔・季となる。したがって父の兄、つまりおじは伯父、父の弟は叔父とよぶ。逆におい、は姪《てつ》という。女ヘンがつくが、女性ではない。

いとこの関係には、従の字がつく。自分より年長のいとこは、従兄とよぶわけである。

また、従伯父などというよびかたもある。これは父のいとこで、父より年長の人をさす。

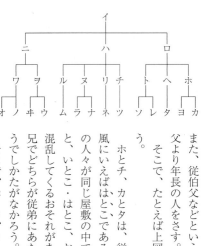

そこで、たとえば上図のような、**複雑な近親関係**を考えてみよう。

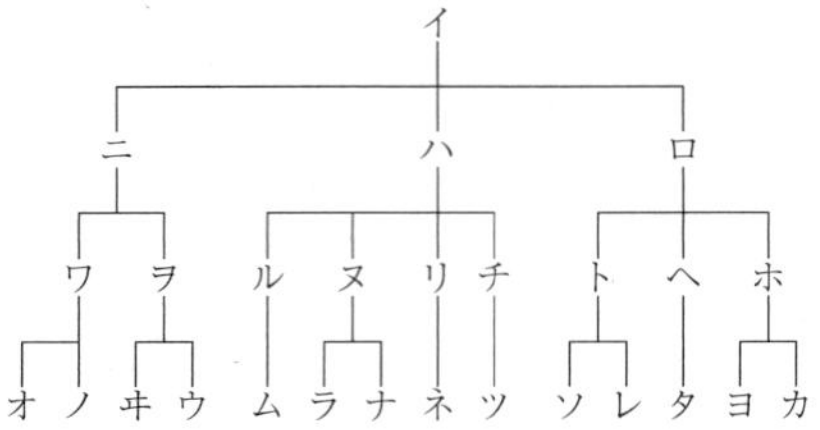

ホとチ、カとタは、従兄・従弟の関係にある。カとツは、日本風にいえばはとこである。問題なのは、大家族制だから、これらの人々が同じ屋敷の中で生活する場合もおこるわけで、そうなると、いとこ・はとこ、おじ・おいの関係が、当人どうしの間でも混乱してくるおそれがある。ことにカ～オの間では、どちらが従兄でどちらが従弟にあたるのか、一々考えていたのでは、めんどうでしかたがなかろう。

そこで、ホ～ワ、カ～オの同じ世代の間では、生まれた順に通し番号をつけて整理する。一番上だけは「大」とよび、二番目からは二・三・四……となるわけである。もし、この家が王という姓で、カが一番年長、次がタ、次がツ、次がウ、次がネという順序だとしたら、カを王大、タを王二、ツを王三、ウを王四、ネを王五とよぶ。カ～オの世代は十四人いるから、王十四まであることになる。

このような数字を、**排行**《はいこう》または**輩行**という。大家族になれば、二十・二十五などという数字が出るのも、珍しくはない。有名人を例にとれば、唐の李白《りはく》の排行は十二、杜甫は二で、それぞれ李十二、杜二とよばれた。

ここまで、男性を中心に書いたが、昔の中国では（日本でもそうだったが）女性はきわめて軽視される。ある人の伝記に「三人の子があった」と書かれていれば、それは男子のことで、女の子は勘定に入れない。女の子まで入れるときは、「子が三人、女が二人あった」と書く。

娘が成長して嫁に行くと、日本ならば姓が変るのが通常だが、中国では絶対に変らない。たとえば李清照という娘が趙なにがしの妻となったときは、趙清照とはならず、やはり李清照のままである。この人のことを、記録の上では、ふつう「趙なにがしの妻の李氏」と書く。むろん、二人の間に生まれた子は、男でも女でも、趙姓を名のる。皇后の場合も、同じことである。楊という家の娘が、唐の玄宗の愛を受け、貴妃という位《くらい》を授けられて、楊貴妃となった。それから皇后に立てられたが、そうなれば楊皇后または皇后楊氏とよばれる。

中国には同姓不婚という原則があって、同じ姓の間では、どんなに縁が遠くても、結婚できない。そこで、異姓の間に婚姻関係が結ばれれば、二つの家が姻戚になる。姻戚関係を示すには、外という字をつける。たとえば、妻の祖父は夫にとっては外祖である。外兄といえば、夫から妻の兄を、妻から夫の兄をさすことになる。ただ、夫または妻の両親をいうときは、妻も夫も、舅《きゆう》・姑《こ》とよぶ。

さて、このような家族の一員である個人について、考えてみよう。

実例をあげるのが、いちばん説明しやすい。漢文教科書によく書かれている例をとってみよう。次のような文章があるはずだ。

白居易《はくきよい》　字《あざな》は楽天、香山と号した。太原の人。

書きかたは教科書によって少しずつ違うだろうが、だいたい、このようなことが書かれているにちがいない。

先ず、「太原の人」とは、籍貫を書いたのであって、白居易が太原の白氏の一族であることを示す。出生地でもないし、居住地でもない。かれが生まれたのは河南省の新鄭《しんてい》、屋敷があったのは長安だった。太原へ行ったことは、おそらく一度もなかったろう。

次に、白が姓であることは言うまでもないとして、居易は名だが、正式には諱《いみな》という。原始民族に共通の風習だが、自分の名前を他人に教えてはならないというタブーがあった。名を知られることは、こちらの魂をあずけたのと同じことで、相手の言うなりにならなければならぬと信じられたからである。中国ではそのタブーの形式だけが残って、自分で自分の諱を言うのはかまわないが、他人の諱を言ったら、たいへんな失礼とされた。

そこで、字《あざな》が必要になる。字は、言わば他人用の名前で、他人が白居易をよぶときは、白楽天君と言うわけである。

そのほかに、号がある。諱と字は、通常は生まれたときに、ひとまとめにして父親などがつけてくれる。号は自分が好《この》みに応じてつけるもので、したがって号のある人とない人とがある。

ついでに言うと、日本では徳川家康の孫が家光で、以後は代々、家の字が名前につく。しかし中国では、親の諱を口にするだけでも重大な親不孝になるのだから、親の名の一字をもらうなどという現象は、絶対におこらない。ただし息子たちに名前をつけるとき、一字の名ならば兄弟全部同じヘンまたはツクリにするとか、二字の名ならば一字を共通にするとかいうことは、普通におこなわれた。

そこで、中国では他人をよぶときに、いろいろな方法が使われる。

(1) **字・号**でよぶ。これが最もオーソドックスな方法である。

(2) **排行**でよぶ。李白を李十二君とよぶわけで、一族や親しい友人の間に限られる。

(3) **籍貫**でよぶ。たとえば韓愈《かんゆ》は昌黎《しょうれい》（河北省）の韓氏の一族なので、韓昌黎とよばれる。ただしこれは、少しかたい感じのするよびかたである。

(4) **官名**でよぶ。韓愈は吏部侍郎となったので、韓吏部ともよばれる。杜甫を杜工部というのは、工部員外郎の職をもらったためである。地方官の場合は、その地方の名がつく。たとえば柳宗元は柳州刺史《しし》になったので、柳柳州とよばれる。

(5) **居住地**でよぶ。たとえば唐の詩人杜牧《とぼく》は、長安南方の樊川《はんせん》に別荘を持ち、晩年はそこに住んだため、杜樊川とよばれる。

(6) **斎《さい》名**でよぶ。知識人はたいがい、自分の書斎に○○斎、○○亭などという名をつけており、これを「斎名」または「斎号」と総称する。たとえば清《しん》の蒲松齢《ほしょうれい》は、自分の書斎を聊斎《りょうさい》と名づけたので、聊斎先生などとよばれる。

さて、これらのよびかたを持つ人が死ぬと、高官または国家に功労があった場合には、皇帝から名が授けられる。これを**諡**《おくりな》という。韓愈は文という諡をもらったので韓文公、宋の欧陽脩《おうようしゅう》は文忠をもらったので欧陽文忠公とよばれる。また、大勢の弟子を持つ人の場合は、弟子たちが相談して、自分たちの間だけに通用する諡を贈ることもある。これを**私諡**《しし》という。

皇帝自身にも諡がある。漢の武帝、唐の太宗などというのは、皇帝が死んだあとに贈られたもので、生前には武帝・太宗などとは言わない。太宗の在世中は、文武大聖大広孝皇帝という長い名前でよばれていた。

第三節　歴史書

一　上古の歴史書

中国人は歴史をたいせつにするので、歴史記録は古い時代から作られている。上古の王や大臣の言葉を記録した「**書経**《しょきょう》」（四〇六ページ参照）は、広い意味での歴史と言えるし、

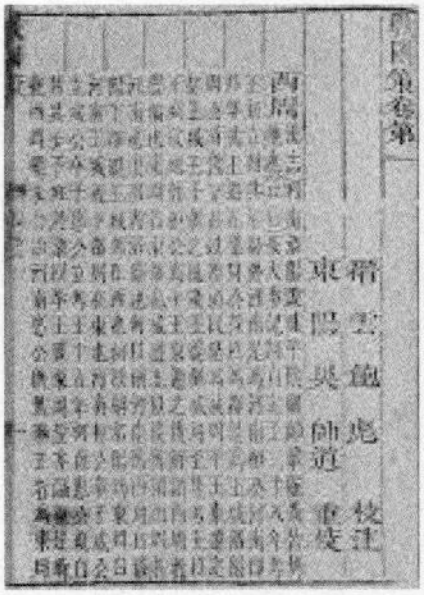

「戦国策」の一節

春秋時代では魯《ろ》の国の公式記録である「春秋」（四〇七ページ参照）が残っており、それを解説した「春秋左氏伝《さしでん》」（四〇八ページ参照）は、史実をかなり詳しく叙述している。

また、「春秋左氏伝」の著者左丘明《きゅうめい》の作と伝えられる「国語」が、現代に伝わっている。これは春秋時代の史実を、国ごとに分類して編集したものである。同様に、漢の劉向《りゅうきょう》が戦国時代の記録を国ごとに編集した本があり、これは「戦国策」とよばれる。このほかにも、まだ幾つかの歴史記録が作られたらしいのだが、現在では完全になくなってしまったものもあり、一部分しか残っていないものもあって、原形をとどめている書物は、ごく少ない。また、それらの中にも後世の偽作ではないかと思われるものもあって、十分には信用しかねる。

さらに、以上の書物は、歴史書として見るときには、まだ不十分な点が多い。「春秋左氏伝」は事実の記録に重点がかかりすぎているし、「国語」「戦国策」は当時の諸侯や大夫、または諸国を遊説する弁士たちの議論の記録が中心であって、その弁論にはおもしろい話も多いが、これらを読んで歴史を通観するというわけにはゆかない。ほんとうの歴史書は、次に書く「史記」から始まると言ってよいのである。

二　史記

周の王室および春秋・戦国時代の諸侯の宮廷には、**史官**という職があった。国の公式記録を作るほか、暦《こよみ》・天文をも管掌する任務を持つもので、専門的な知識と技術を必要とするから、世襲制になっていたらしい。さっきの「春秋」も、魯《ろ》の史官が作った記録に、孔子が手を加えたものである。

前漢の中ごろに、**司馬遷**《しばせん》（前一四五、一説には前一三五—前八六？）という史官があった。司馬氏は周代から続く史官の家で、父の司馬談《だん》のときから、漢の史官になっていた。

司馬談はかねてから、「春秋」のあとに続く歴史を書きたいと考えていたが、実現できないうちに死んだ。その臨終のとき、息子の遷をよんで、自分の志を継ぐように遺言したので、遷は武帝の元封《げんぽう》三年（前一〇八）に父のあとを継いで太史に任命されたのち、歴史を書く準備をはじめた。

ところが、武帝がおこした匈奴《きょうど》（フン族）征伐の戦争が進行するうち、漢の将軍の**李陵**《りりょう》が、数倍の敵に包囲され、八日間奮戦したすえ、ついに降服するという事件がおこった。天漢《てんかん》二年（前九九）のことである。漢の朝廷では、降服した李陵の官位を剝奪《はくだつ》し、その家族をも処刑しようとしたが、このとき司馬遷は、武帝に向かって李陵を弁護し、李陵の平素の戦功と、降服したときの戦況とを考えれば、罪にはならないと主張した。しかし、孤立無援で戦った李陵を弁護すれば、いきおい、全体的な作戦計画を批判することになり、李陵の上官である大将軍の責任が追及されるわけで、政治問題に発展する。司馬遷の主張は却下されたばかりでなく、李陵から賄賂《わいろ》をもらっているのではないかという疑いまでかけられて、かれは投獄されてしまった。しかもその後、降服した李陵が匈奴の軍隊を訓練し、漢軍に対抗する戦術を教えているといううわさが伝わったので、李陵の家族は殺され、司馬遷も死刑になるところを、減刑されて、宮刑の処分を受けた。宮刑とは男子の生殖器を切り取る、当時最も恥とされた処刑である。

司馬遷は獄中で、人間の不幸と不正、不幸な人間に対する他の人間の冷淡さ、人間のみにくさについて、怒り、悲しんだ。その間にも、かれの情熱は念願とする歴史書の執筆にそそがれ、太始《たいし》元年（前九六）に釈放されて太史に復職したあとも、なお継続された。そして完成したのが「**史記**」百三十巻である。「史記」に書かれたのは、五帝から始まって、司馬遷の時代に至る、中国の通史である。五帝の前の三皇を書かなかったのは、その時代に関する史料はあまりに神秘的な話が多く、とうてい事実とは認めがたいためであって、このように司馬遷は、当時においては最も**科学的な方法と判断**によって、

司馬遷

歴史を書いた。

ただし「史記」は、平板な事実の記録ではない。不幸な境遇におちいった司馬遷の、運命に対する懐疑・不正な人間やゆがんだ社会への怒りが、鋭く表現されている。たとえば周初の伯夷《はくい》・叔斉《しゅくせい》の伝記では、正しい道を守りぬこうとした二人がついに餓死したことを書いて、天ははたして正義に味方するのかという疑問を提出しているし、楚《そ》王に父を殺され、呉《ご》へ亡命して父の仇を討った春秋時代の伍子胥《ごししょ》の伝記では、人生における「怨恨」の意味を、全体のテーマとして考えようとする。だから「史記」は、こまかな史実を超越して、人間のあらゆる姿を描き出した書物となったのであった。

司馬遷の筆は、自分がつかえる漢の朝廷に対しても、遠慮しない。漢の高祖と天下を争った項羽《こうう》は、漢帝室の史官の立場から見るならば王朝の敵であり、悪者として書くべきところであろう。しかし司馬遷は、項羽の欠点について批判はするけれども、やはり一代の英雄だったとして、その悲劇的な末路については、同情的な書きかたをしている。

〔例文六〕　天之亡レ我、我何渡為

於テレ是ニ①項王乃チ欲ス三東ノカタ渡ラント二②烏江ヲ一。烏江ノ③亭《てい》長④檥《ぎ》シテレ船ヲ待ツ。謂ヒテ二項王ニ一曰ク、「⑤江東雖⑥《いへど》モレ小ナリト⑦、地方千里、衆数十万人、亦足ルレ王タルニ也。願ハクハ大王急ギ渡レ。今独《ひとり》臣ノミ有リレ船。漢軍至ルトモ⑧、無ケント二以テ渡ルコト一。」項王笑ヒテ曰ク、「天之亡《ボスニ》レ我《ヲ》、我何⑨《ソ》渡《ルコトヲ》為《サン》。且《かツ》⑩籍与《と》二江東《ノ》子⑪弟八千人一、渡⑫《リテ》レ江《ヲ》而西《ス》。
今無《シ》二一人《ノ》還《かヘルモノ》一。縦⑬《たとヒ》江東《ノ》父兄、憐《あはレンデ》而王《トストモ》レ我《ヲ》、我何《ノ》面目《アッテカ》見《ン》レ之《ヲ》。縦《ヒ》彼不《トモ》レ言《ハ》、籍独⑭《リ》不《ラン》レ愧《はヂ》二於心《ニ》一乎《やト》。」乃《チ》謂《ヒテ》二亭長《ニ》一曰《ク》、「吾知《ル》二公《ノ》⑮長者《タルヲ》一。吾騎《のルコト》二此馬《ニ》一五歳、所《ノ》レ当《タル》無《シ》レ敵。嘗《テ》一日《ニ》行《クコト》千里《ナリ》。不レ忍《ビ》レ殺《スニ》レ之《ヲ》。以《テ》賜《ハント》レ公《ニ》。」乃令《チ》⑯《メ》二騎⑰《ヲシテ》皆下《リ》レ馬《ヨリ》歩行《セ》一、持《シテ》⑱二短兵《ヲ》一⑲接《ス》戦。独《リ》
項王《ノ》所《ノ》レ殺《ス》漢軍数百人。項王身《モ》亦被《かうむレリ》二十余創《きずヲ》一。顧⑳《ミテ》見《テ》二漢騎司《ノ》㉑馬呂㉒《りよ》馬童《ばどうヲ》一曰《ク》、「若㉓《なんぢハ》非《ズ》二吾《ガ》故人㉔《ニ》一乎《やト》。」馬童面㉕《そむキ》レ之《ニ》、指《サシテ》㉖二王翳《えいニ》一曰《ク》、「此項王也《ト》。」項王乃《チ》曰《ク》、「吾聞《ク》、『漢購㉗《あがなフト》二我頭《ガヲ》千金・邑㉘《いふ》万戸《ニ》一。』吾為《ニ》レ若《ノ》徳㉙《セシメント》。」乃自《ラ》㉚刎《くびはネテ》而死《ス》。
（史記、項羽本紀）

書下し文

天《てん》の我《われ》を亡《ほろ》ぼすに、我何《われなん》ぞ渡《わた》ることを為《な》さん　是《ここ》に於《おい》て項王乃《こうおうすなわ》ち東《ひがし》のかた烏江《うこう》を渡《わた》らんと欲《ほっ》す。烏江《うこう》の亭長船《ていちょうふね》を檥《ぎ》して待《ま》つ。項王《こうおう》に謂《い》いて曰《いわ》く、「江東小《こうとうしょう》なりと雖《いえど》も、地《ち》方千里《ほうせんり》、衆数十万人《しゅうすうじゅうまんにん》あり、亦王《またおう》たるに足《た》る。願《ねが》わくは大王急《だいおういそ》ぎ渡《わた》れ。今独《いまひと》り臣《しん》のみ船有《ふねあ》り。漢軍《かんぐん》至《いた》るとも、以《もっ》て渡《わた》ること無《な》けん」と。項王笑《こうおうわら》いて曰《いわ》く、「天《てん》の我《われ》を亡《ほろ》ぼすに、我何《われなん》ぞ渡《わた》ることを為《な》さん。且《か》つ籍江東《せきこうとう》の子弟八千人《していはっせんにん》と、江《こう》を渡《わた》りて西《にし》す。今一人《いまひとり》の還《かえ》るもの無《な》し。縦《たと》い江東《こうとう》の父兄《ふけい》、

憐《あわ》れんで我《われ》を王《おう》とすとも、我何《われなん》の面目《めんぼく》あってか之《これ》を見《み》ん。縦《たと》い彼言《かれい》わずとも、籍独《せきひと》り心《こころ》に愧《は》じざらんや」と。乃《すなわ》ち亭長《ていちょう》に謂《い》いて曰《いわ》く、「吾公《われこう》の長者《ちょうじゃ》たるを知《し》る。吾此《われこ》の馬《うま》に騎《の》ること五歳《ごさい》、当《あ》たる所敵無《ところてきな》し。嘗《かつ》て一日《いちにち》に行《ゆ》くこと千里《せんり》なり。之《これ》を殺《ころ》すに忍《しの》びず。以《もっ》て公《こう》に賜《たま》わん」と。乃《すなわ》ち騎《き》をして皆馬《みなうま》より下《くだ》り歩行《ほこう》せしめ、短兵《たんぺい》を持《じ》して接戦《せっせん》す。独《ひと》り項王《こうおう》の殺《ころ》す所《ところ》の漢軍数百人《かんぐんすうひゃくにん》。項王《こうおう》も身《み》亦十余《またじゅうよ》の創《きず》を被《こうむ》れり。顧《かえり》みて漢《かん》の騎司馬呂馬童《きしばりょばどう》を見《み》て曰《いわ》く、「若《なんじ》は吾《わ》が故人《こじん》に非《あら》ずや」と。馬童《ばどう》之《これ》に面《そむ》き、王翳《おうえい》に指《ゆび》さして曰《いわ》く、「此《こ》れ項王《こうおう》なり」と。項王乃《こうおうすなわ》ち曰《いわ》く、「吾聞《われき》く、『漢我《かんわ》が頭《こうべ》を千《せん》金《きん》・邑万戸《ゆうばんこ》に購《あがな》う』と。吾若《われなんじ》の為《ため》に徳《とく》せしめん」と。乃《すなわ》ち自《みずか》ら刎《くびは》ねて死《し》す。

語釈　①［項王］項羽のこと。この文章は、項羽が高祖との戦いで決定的な敗北をこうむり、敗走して行くところから始まる。②［烏江］今の安徽《あんき》省にある、揚子江の渡し場。③［亭長］街道筋の宿場を管理する役人。一四六ページ参照。④［檥］船を出す準備をととのえること。⑤［江東］揚子江の下流域一帯をいう。項羽が最初に兵をあげた土地である。⑥［雖］「…であるが」または「…であっても」の意味をあらわす助字。前者は既定、後者は仮定の場合になるわけで、前後の関係から、どちらかに解釈し分けなければならない。ただし、どちらにもとれる場合もある。ここがその例で、一句を「江東は小さな地方だが」と解釈してもよいし、「江東がいくら小さいとしても」と訳しても、意味は通ずる。実際には、江東は決して小さな地方ではないが、天下の王を目ざした項羽にしてみれば、もちろん小さい。亭長は項羽の身になって、こう言ったわけで、江東が天下よりも小さいのは既定の事実だから、純粋な仮定法の文章にはならないが、「あなたにとっては小さいかもしれないが」という意味がこめられていると考えれば、仮定法的な文になる。通釈では後者の意味にとっておくが、前者の訳でも誤訳とはいえない。なお、「雖」に始まる文は、しばしば下に「亦」に始まる文を持つ。

この「雖A亦B」の構文は、「AだがＡ（Aであっても）Bだ」という意味をあらわす。ここの文章は、「江東雖㆑小」と「亦足㆑王也（王となるのに十分の値うちがある）」とが対応し、その中間に「地方千里、衆数十万人」という、「王たるに足る」理由を示す句が挿入されている、やや複雑な構文なのである。⑦［地方千里］「地方」ではなく、「地」が主語で、「土地は千里平方」の意味。この千里は非常に長いことを意味するのであって、「千」という数字は、実際の長さをあらわしているのではない。⑧［無以］二字で「…しようがない」という意味をあらわす。「無し」が推量の意味を帯びるときは、訓読では「無けん」と読む。⑨［何渡為］どうして渡ったりしようか。渡ったところでしかたがない。通常ならば「何為渡」と書くところだが、「渡」を強調するために前に出したもの。⑩［籍］項羽の名。「羽」は字《あざな》である。⑪［子弟］若者たち。⑫［渡㆑江而西］項羽が江東で兵をあげ、大軍をひきいて秦を伐つために進発したことをいう。⑬［縦］かりに…だとしても、という意味をあらわす助字。⑭［独不㆑愧㆓於心㆒乎］どうして心の中で恥じないことがあろうか。恥ずかしいことだ。この場合の「独」は「ただ…だけ」の意味ではなく、「豈」などと同じく、「乎」と呼応して反語の構文を形成する。⑮［長者］ここでは徳のある人の意。⑯［令］「使」と同じく、使役をあらわす助字。⑰［騎］騎馬武者。⑱ここでは項羽の部下をさす。

［短兵］短い武器。「兵」は兵器。弓などの「長兵」に対して、刀剣類をいう。⑲［接戦］敵と接近して戦うこと。今の日本語で使う「一対一の大接戦」の「接戦」とは意味が違う。⑳［顧］ふりかえる。㉑［騎司馬］武官の名。騎兵の隊長。㉒［呂馬童］項羽の死に立ちあったことで歴史に名をとどめた人であるが、そのほかの事跡はあまり知られていない。㉓［若］二人称代名詞。おまえ。㉔［故人］昔なじみ。ふるくからの友人。㉕［面］ふつうは顔を正対させる意味だが、ここでは逆に、顔をそむける意味に用いてある。㉖［王翳］これも呂馬童と同様、歴史上の重要人物ではない。㉗［購］金で買うこと。ここでは賞金をかけること。㉘［邑万戸］一万の戸数のあ

る村または町。㉙[徳] ここでは道徳の「徳」ではなく、日本語の「損をする、トクをする」の「トク」にひとしい。㉚[刎] 首を斬りおとすこと。

通釈 そこで項羽は、東の方の烏江の渡しで長江を渡ろうとした。（そこに）烏江の亭長が船の準備をして待っていた。（そして）項羽に向かって言った。

「江東は小さな地方だといっても、土地の広さは千里四方、民衆は数十万あって、王となられるには十分です。どうか王様、急いでお渡り下さい。今、私だけが船を持って居ります。漢の軍がやって来ても、渡るすべはありますまい」

項羽は笑って答えた。

「天が私をほろぼすというのに、渡ってどうしようぞ。それに、私は江東の若者八千人と、揚子江を渡って西へ進発したが、今は誰ひとり帰るものがない。（みな戦死してしまった。）たとい、江東の（若者たちの）父兄が、私をあわれんで王としてくれようとも、私は何の面目があって彼らに会えようぞ。たとい、彼らの方で口に出さずとも、私のほうでは心中恥ずかしく思わずにいられようか」

そこで、（また）亭長に向かって言った。

始皇帝暗殺を図る荆軻（左）（漢代の武氏祠画像石）

「私にはあなたが情け深い人だとわかった。私はこの馬にのること五年、向かうところ敵がなかった。一日に千里を走ったこともあった。この馬は殺すにしのびない。あなたに授けよう。」

そこで、部下の騎兵を全部馬からおりて歩かせ、刀を持って白兵戦をいどんだ。項羽ひとりで殺した漢軍の兵は数百人にのぼった。（だが）項羽自身も十カ所余りの傷を受けた。（それから）ふり返ると、漢の騎司馬の呂馬童が見えたので言った。

「お前は私の昔なじみではないか」

馬童は（項羽から）顔をそむけ、味方の王翳に、項羽を指さしながら言った。

「これが項王だ」

そこで項羽は言った。

「聞くところによれば、漢軍は、私の首に千金と一万の戸数を持つ領地との懸賞をかけているとか。お前のためにもうけさせてやろう」

それから、われとわが首をはねて死んだ。

解説

司馬遷はこのように、項羽の英雄的な、みごとな最期《さいご》を描いた。この一節のすぐあとには、項羽が死んだとたん、懸賞金をもらおうとする漢の将兵が項羽の死体に殺到して、同士討ちまで始めたことをしるしている。これによって平凡な将兵たちを卑小に描くとともに、項羽の存在が偉大であったことを浮き出させているのである。

また春秋・戦国以来、遊侠とよばれる一群の人物があり、定職を持たず、義を重んじて、そのためには殺人もするし、自分の生命も捨てた。法律などは無視するので、中央集権による官僚支配を強化しようとする漢の朝廷では、その弾圧に乗り出していたのだが、司馬遷は義のために生命を捨てる人間の精神の尊さを、秦の始皇帝を暗殺しようとして失敗した戦国時代の遊俠荊軻《けいか》の伝記などを書くことによって表現した。

三　編年体と紀伝体

司馬談が遺言したのは「春秋」に続く歴史を書くことだったが、司馬遷は方針を変えて、上古からの歴史書を作った。そればかりではなく、「史記」は体裁においても、「春秋」とは全く違っている。

「春秋」は、時間の流れに沿って事実をしるしている。たとえば、

〔例文七〕　元年、春、王正月

①元年、春、②王③ノ正月。三月、④公⑤及《と》二⑥邾《しゅ》儀父《ほ》一⑦盟《ちかフ》二⑧于⑨蔑《べつ》ニ一。夏五月、⑩鄭《てい》伯⑪克《かツ》二⑫段ニ于⑬鄢《えん》ニ一。秋七月、⑭天王ノ使ヒ⑮宰晅《けん》来《きたリ》、⑯帰《おくル》二⑰恵公・仲子之⑱賵《ばうヲ》一。九月、及《と》二⑲宋人一盟《ちかフ》二于⑳宿ニ一。冬㉑十有二月、㉒祭伯来ル。㉓公子益師㉔卒《しゅつス》。

（春秋）

書下し文

元年《がんねん》、春《はる》、王《おう》の正月《しょうがつ》。三月《さんがつ》、公《こう》、邾儀父《しゅぎほ》と蔑《べつ》に盟《ちか》う。夏五月《なつごがつ》、鄭伯《ていはく》、段《だん》に鄢《えん》に克《か》つ。秋七月《あきしちがつ》、天王《てんおう》の使《つか》い宰咺《さいけん》来《きた》り、恵公《けいこう》・仲子《ちゅうし》の賵《ぼう》を帰《おく》る。九月《くがつ》、宋人《そうひと》と宿《しゅく》に盟《ちか》う。冬十有二月《ふゆじゅうゆうにがつ》、祭伯《さいはく》来《きた》る。公子益師《こうしえきし》卒《しゅっ》す。

語釈

①「元年」「春秋」は魯《ろ》国の歴史なので、年号は魯の年号によって記載されている。ただし、大正・昭和などという元《げん》号《ごう》はまだ発明されていなかったため、諸侯の名をつけて、何公の何年というかぞえかたをする。ここの元年は隠《いん》公の元年で、前七二二年にあたる。②「春」当時の暦は陰暦なので、正月・二月・三月が春になる。当然、夏は四・五・六月、秋は七・八・九月、冬は十・十一・十二月になるわけである。このような暦はずっと後世まで続くので、漢文で二月といえば春のさかりを意味する。われわれが持つ二月の感じとは違うことに注意。③「王正月」王は周の天子のこと。現代では、四年に一度閏《うるう》年をおくことは国際協定できまっているが、それがなければ、各国が勝手に閏年を作り、あるいは二月を三十日にする国ができたりして、暦がばらばらになってしまうだろう。春秋時代の諸国でも、暦が不統一では不便なので、周の天子が定めた暦で統一することになっていた。だから暦を作製することは、天子の重大な権限の一つだったのである。ここでは周の天子が定めた暦に従っていることを意味する。この正月に、何か事件があれば、「正月」の下にそれが書かれるわけだが、事件がなかったので、ブランクになっているのである。④「公」隠公をさす。魯国の歴史なので、自分の国の君主は単に「公」とだけ書く。⑤「及」並列をあらわす助字。

春秋公羊傳巻一
漢諫議大夫司空掾任城何休學
明 後學 東呉金蟠訂
隱公
元年春王正月
傳元年者何 君之始年也
春者何 歳之始也

春秋公羊伝

「与」に同じ。⑥［邾儀父］邾は魯の属国で、儀父はその君主の名。⑦［盟］盟約を結ぶ。友好関係をかためる儀式をおこなうことをいう。諸国が対立していた春秋・戦国時代には、友好国とはたびたび盟約を結んで、親密な関係を強化しておく必要があった。⑧［于］「於」に同じ。場所を示す助字。「干《かん》」ではないことに注意。⑨［蔑］地名。魯国の中にあった。⑩［鄭伯］鄭国の君主。諸侯は周の天子から公・侯・伯・子・男の五種の爵位を授けられていた。鄭は伯爵だったので、鄭伯とよばれる。だから爵位はその国の格の上下を示すわけだが、昇進も下落も原則としてないので、長い年月のうちには、国の格と実力との間に差が生じた。たとえば魯は、周の王室と最も親しい関係にあったので侯爵だったが、弱小国であり、楚《そ》は子爵にすぎなかったが、春秋・戦国時代を通じて強大国だった。⑪［克］「勝」に同じ。⑫［段］人名。鄭伯の弟。鄭で君主の地位をめぐる争いがおこり、兄の鄭伯が弟を攻め亡ぼしたのである。⑬［鄢］鄭国内の地名。⑭［天王］天子。周王をいう。⑮［宰咺］人名。周王の臣。⑯［帰］ここでは物を贈ること。「帰」には「おちつく」（きスと読む。例文三語釈②参照）・「物を贈る」（おくルと読む）・「嫁入りする」（とつグと読む）、それから通常の「かえる」という意味がある。それぞれ、前後の文章の意味から考えて、読み分けなければならない。⑰［恵公・仲子］隠公の父母の名。ただし仲子は、生みの母ではなかった。⑱［賵］葬儀用の道具。恵公が死んだので隠公が君主の位につき、隠公元年となったわけで、隠公は恵公の葬儀をおこなわなければならない。恵公の夫人の仲子も、すでに死んでいたらしい。中国では、死んでからすぐに葬《ほうむ》るのは身分の低い人のすることで、諸侯の葬儀などは死後数カ月たってから執行されるのが習慣であった。その葬儀にあたり、周王が使者を魯へ送り、葬式用の道具をとどけさせたわけで、天子が香典を贈ったのである。⑲［宋人］宋国の人。魯と宋とが盟約を結んだのだが、どちらも君主は出席せず、使者の間でおこなわれたので、ここの文章には「公」という主語もなく、宋もただ「宋人」とのみ書かれている。

⑳［宿］当時の小国の名。㉑［十有二月］数をかぞえるときには、このように、一の位と十の位との間に「有」をはさむことがある。「二十有五年」「十有三歳」など。この場合の「有」は「又《ゆう》」と同じで、「そして」の意味。つまり「十と二月」というかぞえかたになるわけである。㉒［祭伯］祭国の君主。祭は伯爵を授けられていたが、小国であった。しかし、身分のある人が魯を訪問したので、記録にとどめたのである。㉓［公子益師］人名。上に「公子」がついているのは、諸侯の一族であることを示す。㉔［卒］死ぬ。士以上の身分の人が死んだときには「卒す」といい、諸侯の場合には「薨《こう》ず」といい、天子には「崩《ほう》ず」という。事件のおこった月日がわからないとき、または何かの理由で月日を省略したときには、このように月をしるさず、一年の最後に書く。

通釈 元年、春、天子の暦の正月。二月、公は邾の君主の儀父と蔑で盟約を結んだ。夏五月、鄭伯が鄢で（弟の）段を打ち破った。秋七月、天子の使者の宰咺が来て、恵公と仲子の葬儀に用いる道具を贈った。九月、宋の使者と宿で盟約を結んだ。冬十二月、祭伯が来訪した。公子益師がなくなった。

解説 ここにあげたのが、「春秋」の隠公元年一年間の記述である。ごく簡単なもので、事件がいつおこったかはわかるが、詳しい史実はわからない。そこで一つの事件ごとに、たとえば鄭伯と段との間にどのようなトラブルがあったのかを詳しく説明したのが、「春秋左氏伝」である。

また、「春秋」は簡単な記録だが、孔子が整理したものだけに、孔子の歴史批判が含まれていると信じられた。その点を重視して説明したのが「春秋公羊《くよう》伝」「春秋穀梁《こくりよう》伝」である。たとえば「鄭伯、段に鄢に克つ」は、本来は「鄭伯が反逆者を征伐した」と書くべきところだが、この事件がおこった原因は、鄭伯が弟を正しく指導しなかったためなので、鄭伯と段との対等の戦争のように「克つ」と書いた。また、段も京城という所に領地を持ち、京城の大叔とよばれた人なので、本来ならばそう書くべきところだし、せめて「弟」と書いてもよいのに、名前だけを書いたのは、兄にそむいたためである。このように、「段」「克つ」という簡単な記述が、鄭伯と段の両方を非難したことになるというのが、昔からの注釈家の説である。

さらに孔子の筆は、事実の表面だけにとらわれずに、事件の真の責任者をとらえて厳正な批判を加えたといわれた。不正な人間に対する書きかたは、君主が臣下を誅《ちゅう》する（処刑する）ときのようにきびしいので、**筆誅**《ひっちゅう》とよばれた。また、その書きかたが前述のように簡潔なので、これを**春秋の筆法**ともいう。

春秋時代の銅器（河南省出土）

春秋時代は孔子などが出て中国思想史のあけぼのとなった時期（386ページ参照）であったが，各地に出土する器をみても，これまでの実用的でない器形から実用的なものに変化している。また，技術の面でも進歩して装飾的にも工夫をこらしたものが多い。

「春秋左伝」も、記録されている史実をもっと詳しく説明したものだから、形はやはり「春秋」と変らない。このような体裁を**編年体**という。

編年体の歴史は、事件のおこった日づけが確実に記録されるわけだし、事件の展開する順序も、一目《ひとめ》でわかる。しかし一方では、一つの事件の発生から終結までを知ろうとするときには、不便なことが多い。たとえば三年も五年もかかって解決した事件は、その間にほかの事件が幾つもおこっているわけで、編年体ではそれらを時間の順序にしたがい、雑然とならべることになる。その中から一つの事件に関係する記事だけを拾って読むのは、手間《てま》のかかるしごとである。

これに対して、「史記」は独創的な体裁をとった。この書は、次の五つの部分に大別される。

❶**本紀**《ほんぎ》　歴代の帝王の伝記。五帝から始まって漢の武帝まで、全部で十二。

❷**表**　事件の年表・春秋戦国時代の諸国の興亡や漢代に王侯に封ぜられたり大官の地位についたりした人を図表化したもの。全部で十。

❸**書**　国家儀礼・法律・暦《こよみ》などの変遷をしるしたもの。全部で八。

❹**世家**《せいか》　春秋戦国時代の諸国と、漢代で王侯に封ぜられた家の歴史。ただし孔子だけは特に尊敬して、この中に入れてある。全部で三十。

❺**列伝**《れつでん》　個人の伝記。ただし「老子韓非列伝」のように二人を一つに合わせたもの、「儒林列伝」のように儒者の伝記をひとまとめにしたものも含まれる。また異民族の国についての記録も、「匈奴列伝」「朝鮮列伝」などとして、列伝の中にはいる。全部で六十九。

その次、つまり全書の末尾に司馬遷自身の家の歴史と、「史記」を書くに至った事情がしるされる。これは「太史公自序《たいしこうじじょ》」という題になっている。

「太史公自序」は、つまり「史記」の序文である。われわれの常識では、序文は書物のいちばんはじめにあるものだが、中国の古い書物では、おしまいに序文をつけるのが慣例だった。

このような書きかたを、本紀の「紀《き》」と列伝の「伝」をとって、紀伝体《きでんたい》という。紀伝体の歴史は一人の人間の伝記や、その人を中心としておこった事件の全貌、またはその事件の中における個人の行動を知るのに、きわめて便利である。だが一方では、たとえば同年同月に二つの事件がおこったとき、中心人物が違うと、別々の人の列伝の中に書かれるので、二つの間の関連がわかりにくくなる。また、一々の事実について、時間的な前後関係もわかりにくいという欠陥が生まれる。

あとで書くが、「史記」以後の歴史書は、紀伝体をとるのが正統とされて、編年体のものは少なくなった。ただ北宋の司馬光《しばこう》（一〇一九―一〇八六）が書いた「資治通鑑《しじつがん》」二百九十四巻は、周末から五代に至るまで、千三百余年の歴史を編年体でしるした労作である。紀伝体の歴史書をおぎなうものとして、中国でも重要視されたし、江戸時代の日本でも、政治家・学者の読むべきものとされた。

四　正史

後漢の班固《はんこ》（三二―九二）は学者・文学者として有名な人だったが、父が漢代の歴史を書こうとした遺志を継いで、前漢一代の歴史書を作り、「漢書《かんじょ》」と名づけた。したがって前漢の初めから武帝の時代までは、「史記」と重複する。班固は「史記」には幾つかの欠陥があるとして、書き直したわけなのだが、その欠陥の重要なものとしては、純粋な儒家の思想に立脚していないこと、さっき書いたが、漢王朝の敵である項羽や、社会を毒する遊侠に対して同情的な書きかたをしている点があげられた。これは後漢になって官僚支配の体制ができあがったことと、儒家の思想が国家の中心思想となったこと（四七三ページ参照）を示すものである。

「漢書」は紀伝体をとっているが、「史記」の世家を廃止して、漢の王侯の伝記はすべて列伝に繰り入れた。また、「史記」の書は、「志」と改めた。したがって**本紀・表・志・列伝という体裁**ができたわけで、これが後世の紀伝体の標準となった。

昔の中国では、歴史を書くのは史官の職務であり、その職にないものが歴史を書けば、不法行為として処罰された。司馬遷は史官だったからかまわないのだが、班固は史官ではなかったので、「漢書」を書いているうちに訴えられ、投獄されたこともある。しかし、のちにはかれの歴史家としての才能が認められて、朝廷から歴史を書くことを認可され、「漢書」も公認の歴史書となった。

このように、国家から公認された歴史書を**正史**《せいし》という。もちろん公認されない歴史記録もあるわけで、それらは**野**《や》**史・稗**《はい》**史**などとよばれる。

正史は原則として、一つの王朝について一つ公認される。ことに唐以後は、前王朝の正史を作ることが新王朝の義務と考えられ、国家事業として正史の編纂《へんさん》がおこなわれた。この結果、正史として認められたものに、次の**二十四の歴史書**がある。

	書名	巻数	著者
1	史記	一三〇	漢　司馬遷
2	漢書	一〇〇	後漢　班固
3	後漢書	一二〇	劉宋　范《はん》曄《よう》
4	三国志	六五	晋　陳寿
5	晋《しん》書《じょ》	一三〇	唐　房玄齢等
6	宋書	一〇〇	梁　沈《しん》約《やく》
7	南斉書	五九	梁　蕭子《しょうし》顕《けん》
8	梁書	五六	唐　姚《よう》思《し》廉《れん》等
9	陳書	三六	唐　姚思廉等
10	後魏書	一一四	北斉　魏《ぎ》収《しゅう》等
11	北斉書	五〇	唐　李百薬等
12	周書	五〇	唐　令狐《れいこ》徳棻《とくふん》等
13	隋書	八五	唐　魏徴等
14	南史	八〇	唐　李延寿
15	北史	一〇〇	唐　李延寿
16	旧《く》唐《とう》書《じょ》	二〇〇	後晋　劉《りゅう》昫《く》等
17	新唐書	二二五	宋　欧陽脩等
18	旧五代史	一五二	宋　薛《せっ》居《きょ》正《せい》等
19	新五代史記	七五	宋　欧陽脩
20	宋史	四九六	元　脱《トク》脱《ト》等
21	遼史	一一六	元　脱脱等
22	金史	一三五	元　脱脱等
23	元史	二一〇	明　宋《そう》濂《れん》等
24	明史	三三六	清　張廷玉等

二十四史

以上を総称して、**二十四史**とよぶ。著者が複数となっているものは、国家事業として何人かの歴史家を集め、協力して作られたものであって、ここに出したのは、代表者の姓名である。

また、14の「南史」は6～9の南朝諸王朝の歴史を総合したもの、15「北史」も同様に、10～13の総合であり、重複するわけだが、特別に正史として認められた。それから16「旧《く》唐書《とうじょ》」と17「新唐書」、18「旧五代史」と19「新五代史記」は、それぞれ前者のできばえが悪いというので、書き直して後者が作られた。したがって16と18は一度正史を取消されたわけだが、埋もれさせてしまうには惜しいというので、復活させられたのである。もう一つ、23「元史」もできが悪いとして、民国の柯劭忞《かしょうびん》が「新元史」を作った。これが民国政府から正史として公認されたので、加えて**二十五史**とするよびかたもある。なお民国政府は清朝の歴史を編纂したが、正史として公認されるに至らず、「清史稿《しんしこう》」という名で伝わっている。

正史を二十四史とするのは通常のよびかただが、必ずしも固定しているわけではない。「旧唐書」と「旧五代史」をはずして、**二十二史**とするよびかたもある。また、唐から明までは、もちろん現在の王朝以後の正史はできていないわけだから、かぞえかたも違ってくる。明代には二十二史から「明史」を除いて（「明史」は明の滅亡後にできたので、除くのが当然である）、**二十一史**といった。また、それから遼・金・元の三史を除いた**十八史**、さらに「宋史」をも除いた**十七史**というよびかたもあった。

しかし、二十四史はもちろんのこと、十七史でさえ、全部通読するのは容易でない。そこで、ダイジェスト版を作ることが考えられた。その中で有名なのが、前の例文にもたびたび引用した、曽先之《そうせんし》の「十八史略」である。

曽先之は元代の人で、字《あざな》を従野といい、郷貢の進士（一五〇ページ参照）になったという記録があるので、元代に科挙が復活された一三一三年ごろに生きていた人であることはわかるが、伝記ははっきりしない。科挙にも合格しなかったらしいので、たぶん郷里で寺子屋の師匠でもしながら、生計を立てていたのであろう。

「十八史略」は七巻、十七史に「宋鑑《そうかん》」などの宋代の記録をあわせて十八とし、上古から宋までの歴史を、正史にもとづきながら簡略にしるしたものである。中国史のあらましが手がるにおぼえられるし、故事成語もたくさん引用してあるので、元から明・清へかけて、寺子屋で子供に教えるときの教科書として使われた。そして日本にも輸入されたが、日本ではよほどの専門家でないかぎり二十四史を読む必要はないので、学者の中にも、中国史をこの本によって理解しようとする人が多かった。だから「十八史略」は本家の中国よりも、日本で評判の高かった書物と言うことができる。

練習問題

〔問題二〕

帝舜有虞《いうぐ》氏ハ、瞽瞍《こそう》之子ナリ。父惑ヒ二於後妻一ニ、愛シテ二少子象一ヲ、常ニ欲スレ殺サントレ舜ヲ。舜尽シ二孝悌《かうてい》之道一ヲ、烝烝《じよう》トシテ乂《をさ》メテ不レ格《いた》ラシメレ姦ニ。耕ス二歴山一ニ。民皆譲ルレ畔ヲ。漁ス二雷沢一ニ。人皆譲ルレ居ヲ。陶ス二河浜一ニ。器不二苦窳《ゆ》セ一。所レ居ル成シレ聚《しゆう》ヲ、二年成シレ邑ヲ、三年成スレ都ヲ。堯聞キ二之ガ聡《そう》明一ヲ、挙ゲテ二於畎《けん》畝《ぽ》一ヨリ、妻《めあは》スニ以テス二二女一ヲ。遂ニ相トシテレ堯ニ摂スレ政ヲ。（十八史略）

書下し文

帝舜有虞氏《ていしゆんゆうぐし》は、瞽瞍《こそう》の子《こ》なり。父後妻《ちちごさい》に惑《まど》い、少子象《しようししよう》を愛《あい》して、常《つね》に舜《しゆん》を殺《ころ》さんと欲《ほつ》す。舜孝悌《しゆんこうてい》の道《みち》を尽《つく》し、烝烝《じようじよう》として乂《おさ》めて姦《かん》に格《いた》らしめず。歴山《れきざん》に耕《たがや》す。民皆畔《たみみなあぜ》を譲《ゆず》る。雷沢《らいたく》に漁《ぎよ》す。人皆居《ひとみなきよ》を譲《ゆず》る。河浜《かひん》に陶《とう》す。器苦窳《きくゆ》せず。居《お》る所聚《ところしゆう》を成《な》し、二年邑《にねんゆう》を成《な》し、三年都《さんねんと》を成《な》す。堯之《ぎようこれ》が聡明《そうめい》を聞《き》き、畎畝《けんぽ》より挙《あ》げて、妻《めあわ》すに二女《にじよ》を以《もつ》てす。遂《つい》に堯《ぎよう》に相《しよう》として政《まつりごと》を摂《せつ》す。

語釈

○［瞽瞍］人名。二字とも「目の見えない人」の意味。○［悌］兄弟仲よくすること。○［烝烝］徐々に進行するさま。○［乂］もとは、草を刈ること。ここでは、雑草を取るように悪を除去して、善へと進ませること。○［河浜］黄河の岸辺。○［苦窳］もろかったり、ゆがんだりすること。○［畎畝］「畎」は田畑の間のみぞ。「畝」は田畑のうね。

設問

一　次の語句を口語訳せよ。

a　少子

b　不レ格レ姦

c　所レ居成レ聚、二年成レ邑、三年成レ都。

d　挙二於畎畝一

e　妻以二二女一

二　人々が舜に「畔を譲る」、「居を譲る」とあるのは、具体的にはどのようなことをしたのか。

三　この話では、りっぱな天子の条件として、どのような点が重要だといっているのか。簡単に説明せよ。

［問題二］

秦人恐喝《かつ》シ二諸侯ヲ一、求ムレ割《カンコトヲ》レ地ヲ。有リ二洛《らく》陽ノ人蘇《そ》秦トイフモノ一、遊説《ぜい》スレドモ二秦恵ノ王ニ一不レ用ヒラレ。乃チ往キテ説キ二燕《えん》ノ文侯ニ一、与レ趙《てう》従《しよう》親セシム。燕資シレ之ニ、以テ至ラシムレ趙ニ。説イテ二粛《しゅく》侯ニ一曰ク、「諸侯之卒ハ、十倍セリ二於秦ニ一。并《あは》セテレ力ヲ西ニ向カハバ、秦必ズ破レン矣。為ニ二大王ノ計ルニ一、莫《な》シトレ若《し》クハ二六《りく》国従親シ、以テ擯《しりぞ》クルニレ秦ヲ。」粛侯乃チ資シレ之ニ、以テ約セシム二諸侯ニ一。蘇秦以テ二鄙《ひ》諺《げん》ヲ一説イテ二諸侯ニ一曰ク、「寧《むし》ロ為ルモ二鶏口ト一、無カレ為ル二牛後ト一。」於テレ是ニ六国従合ス。

（十八史略）

語釈

○［洛陽］地名。今の河南省にある。○［従親］諸国が南北に縦の同盟を結んで、西方の秦に対抗すること。○［資］もとでをあたえる。ここでは旅費などをあたえること。○〔粛侯〕趙の君主。○〔六国〕戦国時代の燕・斉・韓・魏・趙・楚の六国。○〔鄙諺〕民間のことわざ。○〔従合〕従親に同じ。

設問

一　次の語句を口語訳せよ。

a　求レ割レ地。

b　遊説

c　為二大王一計、莫レ若二六国従親、以擯レ秦。

二　次の文を全文ひらがなで書き下せ。書き下し文は現代かなづかいでもよい。

a　諸侯之卒、十二倍於秦一。

b　燕資レ之、以至レ趙。

c　寧為二鶏口一、無レ為二牛後一。

三　「寧為二鶏口一、無レ為二牛後一」とは、どのような意味か。また、それはこの場合、どのようなことをたとえたものか。

〔問題三〕

靖《せい》郭《くわく》君《くん》田《でん》嬰《えい》者《は》、斉《せいノ》宣王之庶弟也。封《ゼラル》二於薛《せつニ》一。有《リテ》レ子、曰《いフ》レ文《ト》。食客数千人《アリ》。名声聞《コユ》二於諸侯《ニ》一。号為《シテなス》二孟《まう》嘗《しやう》君《ト》一。秦《しんノ》昭王聞《き》二其《そノ》賢《ナルヲ》一、乃《すなはチ》先《まヅ》納《いレ》二質《ちヲ》於斉《ニ》一、以《もつテ》求《ム》レ見《まみエンコトヲ》。至《レバ》則《すなはチ》止《とどメ》囚《とらヘテ》、欲《ス》レ殺《サント》レ之《ヲ》。孟嘗君使《ム》下人《ヲシテ》抵《いたリ》二昭王《ノ》幸姫《きニ》一求《メ》上レ解《カンコトヲ》。姫曰《ク》、「願《ハクハ》得《ント》二君《ノ》狐《こ》白裘《きうヲ》一。」蓋《けだシ》孟嘗君嘗《テ》以《テ》献《ジ》二昭王《ニ》一、無《シ》二他《ノ》裘一矣。客《ニ》有《リ》下能《よク》為《ス》二狗《く》盗《ヲ》一者上。入《リ》二秦《ノ》蔵中《ニ》一、取《リ》レ裘《ヲ》以《テ》献《ズ》レ姫《ニ》。姫為《ためニ》言《ヒテ》得《タリ》レ釈《ゆるサルルヲ》。即《すなはチ》馳《はせ》去《リ》、変《ジ》二姓名《ヲ》一、夜半至《ル》二函《かん》谷《こく》関《ニ》一。関《ノ》法、鶏《にはとり》鳴《イテはじメテ》方出《ダス》レ客《ヲ》。恐《ル》二秦王《ノ》後悔《シテ》追《ハンコトヲ》レ之《ヲ》。客《ニ》有《リ》下能《ク》為《ス》二鶏鳴《ヲ》一者上。鶏尽《ことごとク》鳴《ク》。遂《つひニ》発《ス》レ伝《ヲ》。出《デテ》食頃《けいニシテ》、追《フ》者果《シテ》至《ルモ》、而不《リキ》レ及《バ》。（十八史略）

語釈　○〔庶弟〕腹ちがいの弟。○〔薛〕斉国内の地名。○〔質〕人質。○〔幸姫〕愛している女性。「姫」は君主の愛を受けている女で、正夫人でないものをいう。「おひめさま」ではない。○〔狐白裘〕狐のわきの下の白い毛で作った皮ごろも。非常に貴重なものとされた。○〔狗盗〕犬のようにそっとしのびこむことが上手な盗賊。あるいは、犬の鳴きまねをして人をだまし、しのびこむのだともいう。○〔函谷関〕秦の東方の国境にあった関所。○〔伝〕宿場から宿場へと乗りつぐ馬または馬車。ここでは孟嘗君の乗物をいう。○〔食頃〕食事をするくらいの短い時間。

設問

一　次の句を口語訳せよ。

a　先納二質於斉一、以求レ見。

b　願得二君狐白裘一。

c　姫為言得レ釈。

d　追者果至、而不レ及。

二　次の文を全文ひらがなで書き下せ。現代かなづかいを用いてもよい。

a　使下人抵二昭王幸姫一求上レ解。

b　客有下能為二狗盗一者上。

c　恐二秦王後悔追一レ之。

三　孟嘗君は昭王の幸姫から狐白裘を求められて、どのようにしてその要求に答えたか。本文を要約して説明せよ。

四　孟嘗君はどのようにして函谷関を脱出した――か。本文を要約して説明せよ。

【問題四】

武王載セ二木主ヲ一、号シテ為シ二文王ト一、東ノカタ伐ツレ紂《ちう》ヲ。伯夷・叔斉叩《ひか》ヘテレ馬ヲ而諫《いさ》メテ曰ク、「父死スルモ不レ葬ラ、爰《ここ》ニ及ブ二干戈《かんくわ》ニ一。可ケン謂《い》フレ孝ト乎《や》。以テレ臣ヲ弑《しい》スレ君ヲ。可ケン謂フレ仁ト乎。」左右欲スレ兵セントレ之ヲ。太公曰ク、「此《これ》義人也ト。」扶《たす》ケテ而去ラシムレ之ヲ。武王已《すで》ニ平ラゲ二殷《いん》ノ乱ヲ一、天下宗トスルモレ周ヲ、而伯夷・叔斉恥ヂレ之ヲ、義トシテ不レ食《は》マ二周ノ粟《ぞく》ヲ一。隠レ二於首陽山ニ一、采《と》ツテレ薇《び》ヲ而食ラフレ之ヲ。及ンデ二餓《う》ヱテ且《まさ》ニレ死セントスルニ一、作ルレ歌ヲ。其ノ辞ニ曰ク、

登リ二彼《か》ノ西山ニ一兮　采ラン二其ノ薇ヲ一矣

以テレ暴ヲ易《か》ヘレ暴ニ兮　不レ知ラ二其ノ非ヲ一矣

神農・虞《ぐ》・夏　忽焉《こつえん》トシテ没ス兮　我安《いづ》クニカ適帰セン矣

于《あ》嗟《あ》徂《ゆ》カン兮　命之衰ヘタルかなト矣

遂ニ餓二死セリ於首陽山ニ一。

（史記、伯夷列伝）

語釈 ○[武王] 周の武王。○[載二木主一] 位《い》牌《はい》を自分の車にのせた。○[紂] 殷の紂王。○[干戈] 戦争。○[弑] 臣下が君主を殺すこと。○[兵] 兵器で殺すこと。○[太公] 武王の軍師。○[扶] 両わきからささえること。○[宗] 本家とする。ここでは王とあおいで服従すること。○[粟] 穀物の総称。○[首陽山] 今の山西省にある山。○[薇] わらび。○[辞] 歌の文句。○[西山] 首陽山のこと。○[兮] 歌詞の中に含まれる、調子をととのえることばで、意味は持たない。発音は「けい」。○[神農・虞・夏] 虞は舜、夏は夏《か》の禹《う》王。聖天子。九八ページ・一〇五ページ参照。○[忽焉] たちまちのうちに。あっというまに。○[適帰] 出かけて行って、身をおちつけること。○[命之衰] 天命が（義と不義とを分別せぬ程）衰えた。

設問

一 次の文を口語訳せよ。

a 父死不レ葬、爰及二干戈一。可レ謂レ孝乎。

b 義不レ食二周粟一。

c 及二餓且レ死、作レ歌。

d 以レ暴易レ暴兮 不レ知二其非一矣

e 我安適帰矣

二 武王が「木主を載せ、文王となし」たのは、どのような意図があったためか。

三 伯夷叔斉は武王が殷を攻撃するのに、二つの点から反対した。その二点を要約してしるせ。

四 「命之衰矣」とは、具体的にどのようなことを言っているのか。簡単に説明せよ。

［問題五］

蘇武曰ク、「武ノ父子無キニ二功徳一、皆為リテ三陛下ノ所ト二成就スル一、位シ二列将ニ一、爵シ二通侯ニ一、兄弟親近セラル。常ニ願フ二肝脳塗《まみ》レンコトヲレ地ニ。今得バ二殺シテレ身ヲ自ラ効《いた》スヲ一、雖モ二斧鉞《ふえつ》湯鑊《くわく》ト一、誠ニ甘ンジテ楽シマンレ之ヲ。臣之事フルハレ君ニ、猶《なほ》ごとキ二子之事フルガレ父ニ也。子ハ為ニレ父ノ死ストモ、無シレ所レ恨ム。願ハクハ勿カレト二復《ま》タ再ビ言フコト一。」李陵与レ武飲ムコト数日、復タ曰ク、「子卿壱ニ聴ケト二陵ガ言ニ一。」武曰ク、「自ラ分トスルコト二己《おのれ》ガ死ヲ一久シ矣。王必ズ欲セバレ降サントレ武ヲ、請フ畢《を》ヘテ二今日之驩《くわん》ヲ一、効サント二死ヲ於前ニ一。」陵見二其ノ至誠ヲ一、喟《き》然トシテ歎ジテ曰ク、「嗟《あ》乎《あ》、義士ナリ。陵ト与二衛《ゑい》律《りつ》一之罪ハ、上通ズト二於天ニ一。」因リテ泣《なみだ》下リテ霑《うるほ》スレ衿《えり》ヲ。

（資治通鑑）

語釈 ○［蘇武］漢の武帝のときの人。漢の使者となって北方の異民族である匈奴《きようど》へおもむいたが、匈奴は武を抑留して、匈奴の臣下となることを強制した。しかし武は拒否し続け、さまざまな苦労をしたすえに、漢へ帰ることができた。この文章は、武が抑留されている間の一事件の記録である。○［功徳］てがらや徳行。○［成就］りっぱにしあげる。ここでは高い地位につけること。○［爵二通侯一］通侯の爵位を授けられる。「通侯」は漢代の爵位の一つ。○［効］実行する。実現する。ここでは平生の願いを実現すること。○［斧鉞湯鑊］おの・まさかり・湯を入れた大釜。いずれも処刑の道具。○［李陵］もと漢の将軍で、匈奴に捕虜となり、降服して匈奴から王に封ぜられていた人物。蘇武とは昔からの友人で、武が匈奴の臣下になるようにと説得する役目をさせられていた。○［子卿］蘇武の字《あざな》。○［分］思いさだめる。○［驩］「歓」に同じ、歓楽。○［喟然］ためいきをつくさま。○［衛律］やはり漢の武将で、匈奴に降服していた人物。

設問

一　次の文を口語訳せよ。

a　臣之事レ君、猶二子之事一レ父也。

b　雖二斧鉞湯鑊一、誠甘楽レ之。

c　願勿二復再言一。

d　陵与二衛律一之罪、上通二於天一。

二　次の文を全文ひらがなで書き下せ。

a　今得二殺レ身自効一

b　子為レ父死、無レ所レ恨

三　「肝脳塗レ地」とは、どのようなことを言っているのか。

四　「今日之驩」とは、何をさしているか。

五　蘇武はなぜ匈奴の臣下になれないと言っているのか。簡単に説明せよ。

第三章　詩文

第一節　詩の形式

一　詩の意義

詩とは、本来は民間の歌謡で、楽器の伴奏にあわせてうたうものだったが、しだいにうたわれなくなり、多少の調子をつけて吟誦するだけのものになった。そこで、広い意味ではうたうものも吟誦するものも、全部を総括して詩とよぶが、狭い意味では、吟誦するだけのものを詩といい、伴奏をつけてうたうものは、歌《か》・歌行《かこう》・曲《きょく》などとよぶ。また、民間の歌謡は楽府《がふ》ともよばれるが、これについては後に説明する（二三四ページ）。

二　韻

詩は、どのような形式のものでも、必ず韻《いん》をふむ（このことの意味は、すぐあとに説明する）。逆に言えば、韻をふまないものは、詩ではない。

中国語では、一つの漢字の発音は、必ず一つの子音と一つの母音との組合せから成る（ただし、子音はないこともある）。たとえば、「馬」はma、「土」はtuである。この母音を韻という。

しかし、中国語の韻には、日本語の母音とくらべて、二つの大きな相違点がある。一つは、たとえば「家 jia」「未 wei」のように、二つの母音がつながったり、「陽 yang」「寒 han」「葉 yep」のように、母音のあとにn・ng・p・t・kの音がついたりするものがあることである。前者は複合母音といって、二つで一つの母音の役割をする。後者では、ang, an, ep などを、一つの母音と認めるわけである。

もう一つの相違点は、中国語に四声《しせい》があることで、これについては前に書いた（六三ページ）。

そこで、母音も同じで四声も同じ字を、韻が同じだというわけである。詩を作るとき、一句の最後の字を同韻の字でそろえることを、**韻をふむ**といい、漢語では**押韻**《おういん》という。すべての漢字を韻によって分類し、一つの本にまとめたものを、**韻書**という。中国のように歴史の長い国では、時代とともに発音も変化するし、土地も広いので、方言の種類も多い。だから標準的な韻をきめておかなければ、作者は韻をふんでいるつもりでも、別の人が読むと、韻が違うという場合もおこる。韻書にしたがって詩を作れば、このような混乱は防げるわけである。

韻書の体裁は、まず全体を平・上・去・入の四声に大別してある。ただし平声は漢字の数が多いので、上平声・下平声の二つに分ける。つまり全体が五部に分けてあるわけだ。

そして、それぞれの声の中で、同じ母音の字が集められ、こうしてできた漢字のグループの中で、代表的な字を一つ選び、グループを代表する名前とする。たとえば、平声でongの母音を持つ漢字には東・同・中・宮・紅などがあるが、それらを東で代表させ、「東韻」とよぶ。去声のungならば送・貢《こう》・仲・洞などがあり、送で代表させて、「送韻」とよぶ。そしてグループには順序がきまっており、ナンバーがつく。東韻は上平声の第一番目なので「上平一東の韻」、同様に送韻は「去声一送の韻」とよぶわけである。これを**韻目**《いんもく》という。

韻目の数は、韻書によって少しずつ違いがある。もちろん、発音の微細な差を神経質に区別すれば、韻目の数は多くなるわけだし、それほどこまかく区別しなければ、数は少なくてすむわけだ。そして、韻目の数が多いと、一つの韻目に属する文字の数はそれだけ少なくなるから、詩が作りにくい。少ない文字の中から選択して押韻しなければならないからである。といって、むやみに韻目の数をへらし、一つの韻目に属する文字をふやすわけにもいかない。

韻書のはじまりは隋《ずい》の陸法言《りくほうげん》の「**切韻**《せついん》」で、六〇一年に作られた。したがって、それまでの詩は韻書なしに作られたわけであって、作者が自分の発音にしたがって押韻したのである。そのために六朝《りくちょう》までの詩の押韻法は、後世の韻書から見ると韻の分けかたがあらいのだが、その中にも自然と一つのルールができていて、でたらめにはなっていない。

	平声		上声	去声	入声
1		一 東《トウ》	一 董《トウ》	一 送《ソウ》	一 屋《ヲク》
2		二 冬《トウ》	二 腫《ショウ》	二 宋《ソウ》	二 沃《ヨク》
3		三 江《カウ》	三 講《カウ》	三 絳《カウ》	三 覚《カク》
4	上	四 支《シ》	四 紙《シ》	四 寘《チ》	
5		五 微《ビ》	五 尾《ビ》	五 未《ビ》	
6		六 魚《ギョ》	六 語《ギョ》	六 御《ギョ》	
7		七 虞《グ》	七 麌《グ》	七 遇《グウ》	
8		八 斉《セイ》	八 薺《セイ》	八 霽《セイ》	
9		九 佳《カ》	九 蟹《カイ》	九 泰《タイ》	
10		十 灰《クワイ》	十 賄《ワイ》	十 卦《クワ》	
11	平	十一 真《シン》	十一 軫《シン》	十一 隊《タイ》	四 質《シツ》
12		十二 文《ブン》	十二 吻《フン》	十二 震《シン》	五 物《ブツ》
13		十三 元《ゲン》	十三 阮《ゲン》	十三 問《ブン》	六 月《ゲツ》
14		十四 寒《カン》	十四 旱《カン》	十四 願《グワン》	七 曷《カツ》
15		十五 刪《サン》	十五 潸《サン》	十五 翰《カン》	八 黠《カツ》
16		一 先《セン》	十六 銑《セン》	十六 諫《カン》	九 屑《セツ》
17		二 蕭《セウ》	十七 篠《セウ》	十七 霰《サン》	
18		三 肴《カウ》	十八 巧《カウ》	十八 嘯《セウ》	
19		四 豪《ガウ》	十九 皓《カウ》	十九 効《カウ》	
20	下	五 歌《カ》	二十 哿《カ》	二十 号《ガウ》	
21		六 麻《マ》	二十一 馬《バ》	二十一 箇《カ》	
22		七 陽《ヤウ》	二十二 養《ヤウ》	二十二 禡《バ》	十 薬《ヤク》
23		八 庚《カウ》	二十三 梗《カウ》	二十三 漾《ヤウ》	十一 陌《ハク》
24		九 青《セイ》	二十四 迥《ケイ》	二十四 敬《ケイ》	十二 錫《セキ》
25		十 蒸《ジョウ》		二十五 径《ケイ》	十三 職《ショク》
26		十一 尤《イウ》	二十五 有《イウ》	二十六 宥《イウ》	
27	平	十二 侵《シン》	二十六 寝《シン》	二十七 沁《シン》	十四 緝《シフ》
28		十三 覃《タン》	二十七 感《カン》	二十八 勘《カン》	十五 合《ガフ》
29		十四 塩《エン》	二十八 琰《エン》	二十九 艶《エン》	十六 葉《エフ》
30		十五 咸《カン》	二十九 豏《カン》	三十 陥《カン》	十七 洽《カフ》

平水韻韻目表

唐・宋の詩の韻は、北宋の陳彭年《ちんぼうねん》が勅命によって編集した「広韻《こういん》」(一〇〇八年)を見ればわかる。これは韻目を二〇六に分けているが、あまりにこまかすぎるので、詩を作るときには、その中の特定の韻目の間では同韻として韻をふんでよいという規則が作られた。「広韻」の韻目がこまかすぎるというので、金《きん》の劉淵《りゅうえん》が、併合して一〇七(実用上では一〇六韻)韻にした韻書を作った(一二二〇年)。これを**平水韻**《へいすいいん》という。平水韻はかなり便宜的な方法で併合をおこなったため、理論的にはおかしな点があるのだが、元以後、科挙に出題される詩は平水韻によって韻をふむことと規定されたので、みながこれを使って詩を作るようになった。

いまでも日本で漢詩を作る人は、平水韻にもとづいているし、漢和辞典で漢字の下に韻目をのせているものがあるが、それも平水韻である。理屈から言えば、唐宋の詩の韻をしらべるときには「広韻」を使うのがほんとうだし、六朝以前の詩については、平水韻を使うのはナンセンスである。だが実際には、そのような区別をするのはめんどうなので、漢詩の参考書でも注釈書でも、時代をかまわずに平水韻の韻目で韻を示しているものが多い。専門の学者でないかぎり、それでさしつかえのおこることは、ほとんどない。ただ、この本では以下にあげる例の韻目は、「広韻」で示すことにした。

三　対句

韻は詩を作るときの発音の問題だが、詩（それに文も）を読むにはもう一つ、修辞（レトリック）上の問題を知っておかなければいけない。それが対句である。

ならんでいる二つの句が、字数が全く同じであり、文法上の構成も全く同じ場合、これを**対句**《ついく》という。たとえば、

国破《レテ》山河在《リ》
城春《ニシテ》草木深《シ》

は、まずどちらも五字であり、国―城の主語、破―春の述語（この場合の「春」は、「春になった」という動詞である）、山河―草木の主語、在―深の述語が、完全に対応する位置にある。同様に

万里ノ悲秋常ニ作《なり》レ客ト
百年ノ多病独リ登ルレ台ニ　（杜甫、登高）

も、万里と百年、悲秋と多病（修飾語＋名詞の形）、常と独（副詞）、作と登（動詞）、客と台（名詞）が、完全に対応する。

対句を訓読で読むときには、双方の文法的構成が同じなのだから、返り点も同じ形になるのが原則である。しかし、中国語と日本語の文法は同じでないので、同じ返り点がつけられない場合、すなわち中国語としては二つの句が同じ文法的構成であっても、日本語として訓読する場合には文法的構成の違ってくる場合が、少数ではあるが存在する。

対句の作りかたは、前の句に名詞があれば、次の句の同じ位置に名詞を持ってくればよいというような、単純なものではない。一つの名詞に対して、ある名詞は対《つい》になるが、別のある名詞は対にならないという区別がある。だがその区別をつけるのは言語感覚の問題であって、口では説明しにくい。

たとえば、「明月」に対して「銀河」ならば対になるし、「暗雲」でもよい。しかし「白馬」では対にならない。つまり「明月」と何かの意味で連想のある言葉ならば対になるのだといえよう。だ

が、詩を作るときには、明月―暗雲のような、誰でも連想を持つ言葉で対句を作ったら、月並《つきなみ》だと批評されることになる。むしろ、ふつうなら思いつかないような言葉を対に使って、しかもその詩の中では明らかに連想がかよい、誰が見ても対になっているとうなずかせる点に、作者の腕の見せどころがある。たとえば

三五夜中明月色
二千里外故人心（白居易）

「明月」と「故人」とは、ふつうならば対にならない。しかしここでは、作者が明月を見ながら、遠く離れた故人（昔からの友人）のことを思っているのだから、みごとに対を構成したわけである。

四　詩の種類

清代以前の詩（これを日本では「漢詩」と総称する）は、すべて定型詩であり、その型によって、幾つかの種類に分かれる。

種類の分けかたには、次の二つの基準がある。

❶一句の字数によるもの。

この分けかたによると、次のような種類ができる。

a　四言《ごん》詩　一句が四字から成る。

b　五言詩　一句が五字。

c　**六言詩**　一句が六字。

d　**七言詩**　一句が七字。

e　**雑言詩**　一句の字数が不定。

このうち、四言詩は遠い上古の歌謡に多いが、後世ではほとんど作られなくなった。また六言詩は、唐・宋以後の詩の中に、いくらか見られるが、数も少ないし、有名な作品もない。だから**詩の中心は**、**五言詩と七言詩**だと言ってよい。雑言詩は、古い歌謡の中に多いが、唐以後では一首の中に五言と七言を混用したり、ほとんどが七言の句で作られながら、一、二句が八字から十字という構成になっているものも見られる。この場合は、一括して七言詩の中に入れてしまう分類法もある。

❷詩の構成法によるもの。

詩を作るときの規則によって、まず次の二つの種類ができる。

a　**古詩**

b　**近体詩**（今体詩とも書く）

近体詩は六朝の末から唐の初期にかけて成立したもので、それ以前の詩は、すべて古詩である。そして近体詩が成立したあとは、古詩と近体詩とが並行して作られた。そこで、近体詩成立以前の詩を古詩、以後の古詩を**古体詩**とよんで、区別する人もある。

古詩と近体詩の規則については、すぐ次に書く。

近体詩はさらに、次の二つに区分される。

Ⅰ**律詩**　「律」とは規則のことで、規則のきびしい詩という意味である。この詩形は一首が八句を原則とするが、十二句・十六句ないし五十句といった、長い律詩が作られることもある。八句よりも多い句数の律詩は、**長律**または**排律**とよばれる。長律には五言詩が多く、七言詩はほとんどない。

そして律詩は二句をひとまとめにして、**聯**《れん》と名づける。通常の律詩は四聯から成るわけであり、それを最初から、首聯（または起聯）・頷《がん》聯・頸《けい》聯・尾《び》聯と名づける。

Ⅱ**絶句**　一首が四句から成る、最も短い詩形である。ふつうに絶句の名は、律詩の八句を半分に「絶《た》ち切った」ことから生まれたと説明されてきたが、これは誤りで、絶句という名の発生は、律詩よりも古い。古詩の時代から、すでに絶句という題の詩が作られ、やはり四句から成っていた。古詩は四句でひとまとめとなる傾向があるので、その最小単位で絶《た》ったものを絶句とよんだのである。だから絶句は、本来は古詩のものもあったのだが、近体詩の成立以後はすべてその規則に合わせて作られたため、絶句は近体詩の一つとされるようになった。

絶句の四句は一句ずつ最初から、**起**《き》**句**・**承**《しょう》**句**・**転**《てん》**句**・**結**《けつ》**句**とよばれる。

五　古詩の規則

古詩は古い詩形なので、規則は総体にルーズである。まず韻のふみかたに、二つの種類がある。

❶一韻到底格《いちいんとうていかく》　はじめから終りまで、同じ韻を使う詩をいう。韻をふむ場所は、古い時代の歌謡の中には多少の例外もあるが、だいたいは偶数番目の句ときまっている。つまり、2・4・6・8……番目の句の最後の字を、同じ韻の文字でそろえるわけである。そのとき、奇数番目の句の最後の字は、韻のところとは違った四声の文字を使わなければならない。つまり韻が平声ならば、1・3・5・7……番目の句の最後の字は、上・去・入の三声のどれかに限られるわけである。これをふみおとしという。

❷換韻格《かんいんかく》　途中で韻が変る詩をいう。たとえば十二句の詩で、最初の四句は平声の東韻、次の四句は入声の屋韻、次の四句は上声の養韻というように変ってゆく。韻を変える場所は、規定はないのだが、四句ごとにするものが最も多い。その場合、意味の上でも四句がひとかたまりになることが多いので、これを解《かい》とよぶ。十二句の詩は三解から成るわけである。古詩の長いものは、一韻到底格よりも、こちらの形で作るほうが普通である。

ふみおとしの規定は、❶と変らない。ただし、韻を変えたとき、変った次の第一句は、特に韻をふむのが原則である。五言古詩を例にとれば、次のようになる。

○○○○×（ふみおとし）
○○○○◎（韻）
○○○○×
○○○○◎」（換韻）
○○○○△（韻）」（ここは奇数句だが、特に韻をふむ）
○○○○△
○○○○×
○○○○△

さっきも書いたように、韻目の分類は、近体詩にくらべればあらい。たとえば近体詩では、平声の真韻と文韻は厳格に区別されるが、古詩ではいっしょにして韻をふむこと（これを通押《つうおう》という）が許される。

古詩の規則は、この程度のものである。しかし近体詩が成立したあとの古詩には、近体詩の規則がきびしいため、「近体詩の規則からはずれていること」という規則ができてしまった。そうでなければ、古詩とも近体詩ともつかぬものができるからである。古詩は本来が自由な詩形のはずだったが、こうなると、それほど自由に作るわけにもゆかなくなったわけである。

六　近体詩の規則

近体詩の規則はたくさんあるのだが、重要なものだけをあげる。

❶平仄《ひょうそく》の規則　最も重要な規則である。他の規則は時おり破られることもあるが、この規則を破ったら、近体詩ではなくなる。

この規則では、先ず五言詩のときには一句の二字目と四字目の平仄（六六ページ参照）が違っていなければならない。これを**二四不同**という。また七言詩のときには、四字目と六字目の平仄が違わなければならない。つまり二字目と六字目の平仄が同じになるわけで、これを**二六対《つい》**という。

❷韻の規則　古詩にあった換韻は許されず、必ず同じ韻で通すことになる。韻をふむのは偶数番目の句の最後の字だが、七言詩にかぎり、第一句の最後の字も、韻をふむことが許される。実際には、韻をふむことのほうが多い。したがって奇数番目の句（七言詩ならば第三句目以下の）の最後の字がふみおとしとなるわけだが、古詩と違って、韻の字と違う平仄の字を使えばよく、四声を考える必要はない。現実には、近体詩の大部分は平声の韻を使うので、ふみおとしは仄声ということになる。

そこで、平仄と韻の規則を図示すると、次のようになる。平声は○、仄声は●、どちらでもよい字は×、韻は◎であらわす。五言・七言とも律詩を例にとる。

	五言	七言
1	×●×○●	×●×○×●◎
2	×○×●◎	×○×●×○◎
3	×○×●●	×○×●×○●
4	×●×○◎	×●×○×●◎
5	×●×○●	×●×○×●●
6	×○×●◎	×○×●×○◎
7	×○×●●	×○×●×○●
8	×●×○◎	×●×○×●◎

この例の場合、第一句の二字目が仄声なので、これを「仄起《そくおこ》り式」という。ここが平声ならば、「平《ひょう》起り式」というわけで、右の図の平仄は、全部逆になる。仄起り・平起りともに、図のように第四句と第五句の間を軸にして左右対称になるのが正式の形である。絶句ならば、第二句と第三句の間が対称軸になる。しかし、この形はときどき破られるのであって、第一句と第三句、第二句と第四句が同じ平仄の排列になる形式のものも、変形として許容される。

❸**対句の規則**　律詩の場合、中央の二聯、すなわち頷聯と頸聯は、それぞれ対句でなければならない。首聯と尾聯は、その必要はないが、対句で作ってもよい。四聯全部がそれぞれに対句となっている詩を、「全対《ぜんつい》」という。長律は、何十句あっても、さっき書いた平仄の韻の図式を長くのばした形のものであるほか、最初の聯と最後の聯を除いて、あとの聯は全部対句になっていなければならない。ただしこの規則は律詩だけのもので、絶句には適用されない。絶句の場合、起句と承句、または転句と結句が対句になっていてもかまわないが、対句にしなければならぬという規則はないわけである。

❹**用字の規則**　一首の詩の中で、**同じ文字を二度使ってはならない**。七言絶句なら全部で二十八字、二十句の五言長律なら百字あるわけだが、たとえば「山」という字をその中のどこかで使ったら、あとはもう使えない。つまり二十八字・百字が、全部違った文字で構成されなければならないわけである。ただし、「山山」とか「洋洋」など、同じ字を二つかさねて一つの意味をなす言葉の場合は、例外として許容される。

以上の四つのほかに、なおこまかい規則がある。たとえば、一句の終りの三字が全部平声になったものを平三連、五言詩の二字目・七言詩の四字目が平声で、その上下の二字がともに仄声である場合を**孤平**《こひょう》、逆に平声が仄声をはさんだ形になるものを**孤仄**《こそく》といい、いずれも避けるべき形とされる。この三つの場合は、読んだときに調子が悪くなるので禁止されているのだが、これを守らない詩は、ことに唐詩においては、かなり多い。

［例文八］

①早《つと》ニ発ス二②白帝城ヲ一　　李白

朝ニ辞ス白帝③彩雲ノ間　千里④江陵一日ニシテ還ル

両岸ノ⑤猿声⑥啼イテ不ルニレ住ラ　軽舟⑦已ニ過グ⑧万重ノ山

書下し文

早《つと》に白帝城《はくていじょう》を発《はつ》す　李白《りはく》

朝《あした》に辞《じ》す白帝彩雲《はくていさいうん》の間《かん》　千里《せんり》の江陵一日《こうりょういちじつ》にして還《かえ》る

両岸《りょうがん》の猿声《えんせいな》啼いて住《とどま》らざるに　軽舟已《けいしゅうすで》に過《す》ぐ万重《ばんちょう》の山《やま》

語釈　①［早］早朝。②［白帝城］揚子江が四川省を出ようとする前、三峡の険の最上流である瞿唐峡《くとう》にのぞむ城。前漢末の乱世に、公孫述《こうそんじゅつ》という英雄がこの城に拠り、三国時代には、蜀の劉備も居城としたことがある。③［彩雲］美しくいろどられた雲。ここでは朝やけ雲。④［江陵］白帝城から揚子江ぞいに約三百キロ下流にある都会。⑤［猿声］三峡のあたりの山は、猿がことに多く住むところである。⑥［啼不レ住］なきやまない、絶えずないていること。「啼不尽」（なき声が終らない）となっている本もある。⑦［已］もう。とっくに。⑧［万重山］数多く重なり合った山。

通釈　朝早く、白帝城にたなびく朝やけ雲のあたりを出で立って、千里をへだてた江陵まで、一日のうちに到着した。両岸に聞こえる猿の声が、絶える間もなく続くと思ううち、舟足の早い小舟は、急流にのって、幾重にも重なる山々の間を、もう通り過ぎていた。

解説　七言絶句。平起り式。「広韻」では間・山は上平二十八山韻、還は上平二十七刪韻（この二つは通押することが許される。平水韻ならば上平十五刪韻）の詩。鮮明な印象的表現の第一句、第二句以下の急流を下る軽舟の感じがリズムの上にもよくあらわれており、数字の多用も少しも耳ざわりでない。作者が二十五歳で、故郷の四川省を出て揚子江を下った旅の途中での作だという説と、作者が晩年、西方の辺地へ流罪になり、揚子江をさかのぼって行ったが、途中で罪をゆるされ、引返すときの作だという説とがある。題は「白帝城より江陵に下る」となっている本もある。

［例文九］

送ル二友人一ヲ　　李白

青○山○横二○タハリ北①●郭一●ニ　白②●水●遶二●ル東○城一◎ヲ

此●ノ地●一●タビ為レ○サバ別●レヲ　孤③○蓬○万○里○ニ征◎カン

浮○雲○遊④○子●ノ意●　落●日●故⑤●人○ノ情◎

揮⑥○ッテレ手●ヲ自レ●リ茲去●レバ　蕭⑦○蕭○トシテ班⑧○馬●鳴◎ク

書下し文

友人《ゆうじん》を送《おく》る　李白《りはく》

青山北郭《せいざんほっかく》に横《よこ》たわり　白水東城《はくすいとうじょう》を遶《めぐ》る

此《こ》の地《ち》一《ひと》たび別《わか》れを為《な》さば　孤蓬万里《こほうばんり》に征《ゆ》かん

浮雲遊子《ふうんゆうし》の意《い》　落日故人《らくじつこじん》の情《じょう》

手《て》を揮《ふ》って茲《ここ》より去《さ》れば　蕭蕭《しょうしょう》として班馬《はんば》鳴《いなな》く

白帝城附近

李白が「両岸に猿声啼いて……」とうたったところ。

語釈　①［北郭］ここは郭の北側の意。下の「東城」も同じで、町の東側のこと。「郭」は城壁の外の聚落のこと。②［白水］日光に白く輝く川の流れ。③［孤蓬］「孤」はひとりぼっち。「蓬」は華北に多く産する植物で、秋になって枯れると、根本が切れ、球状となって、風の吹くままにころがって行く。行方さだめぬ旅人の身にたとえられることが多い。ここも、一人旅の身の上を「孤蓬」と表現したもの。④［遊子］旅人のこと。ここでは友人をさす。「遊」とは、故郷を離れていることをいう。⑤［故人］昔からの友人。ここでは門出を見送る友人、つまり作者李白をさす。⑥［揮手］手をあげて振る。別れのあいさつの動作。⑦［蕭蕭］ものがなしいさま。ここは馬のいななきの形容。⑧［班馬］仲間から別れた馬。また前へ進まない馬という説もある。ここでは両方をふまえて、別れを惜しんで進みかねている馬。

通釈　青黒い山なみは町の北側に横たわり、白くかがやく川の流れは、町の東側にそってめぐる。この土地、このさびしげな自然の中で、別れのことばをかわしてしまえば、君はもう、風に吹かれる根なし草のように、万里の道をさすらう一人旅の身の上だ。空を流れるちぎれ雲は、行方さだめぬ旅人である君の心。そして山の端にたゆとう落日は、別れを惜しむ旧友である私の気持。しかし、もうこれでお別れだ。手をあげて遠ざかるとき、馬も別れを惜しむのか、さびしくいななきの声をあげる。

解説 **五言律詩。平起り式。**「広韻」では城・征・情は下平十四清韻、鳴は下平十二庚韻（通押が許されている。平水韻では下平八庚韻）の詩。蕭条とした郊外の光景を述べる首聯から、馬がかなしげにいななくという尾聯まで、全体が、直接に惜別の情を表現せずに余情を含んだいい方になっており、送られる友人の名も別離の場所も明らかでないが、友人はこれからあてもない長途の旅に出るもののようである。旅行そのものが楽しみの対象になることは、当時ほとんどないことだから、たぶん衣食の道、ないしは仕官の道を求めて、放浪の旅に出ようとしたのであろう。

第二節　文の形式

一　文の意義

「文学」という言葉は、むかしの中国では、「文章と学問」という意味に用いられた。現在のわれわれが使っている「文学」、つまり英語の literature に相当する言葉は、通常は「文」もしくは「文章」といわれた。

だから「文」とは、本来、詩と散文の両方を含む、意味の広い言葉である。「文人」「文士」と言うときには、単に散文作家だけではなく、詩人をも含めたことになる。ただし、以上は広義の「文」である。むかしの中国にも「詩文」という言葉があって、その場合の「文」は、「詩」と対立させて考えられている。これは狭義の「文」になるわけで、これからあとの説明は、狭義の「文」にかぎって書くことにする。

詩が韻をふむのに対し、文は大部分が韻をふまない。「大部分」と書いたのは、文の中にはあとに書く辞賦という形式があって、これが不規則ながら韻をふむからである。だがそれは、例外と考えればよいので、文とは韻をふまないものとして、まずさしつかえはない。

文の形式には、時代によって変遷があった。それを整理すると、だいたい次の四つになる。

二　駢文

遠い上古の人たちがものを書くときには、自分が見たり聞いたりしたこと、または思ったことを、そのまま文章にして、それで満足していた。しかし、同じ書くなら、できるだけ美しく、読者に感動を与えるような文章にしようとする欲求がおこるのは、当然のことである。中国ではその動きが後漢のころからおこり、六朝で極点に達し、宋の初めごろまで続いた。そして美しい文章が一つの型となって固定し、その型にはまっていなければ美文ではないと考えられるようになってしまった。この型の文章を**駢《べん》文**という。

駢文はまた、「駢儷《べんれい》文」「四六《しろく》文」「四六駢儷文《しろくべんれいぶん》」などともよばれる。これらの名前が、この文章形式の特質を説明しているのだが、まず**駢文を書くための条件**をあげよう。

❶一句が四字または六字を中心として構成されていること。すなわち、4—4—6—6とか、4—6—4—6となるのが、基本的な形式である。**四六文**という名は、ここから出た。ただ、四字と六字だけでは単調になるので、ところどころに独立した一字または二字をはさんだり、六字を3—3と分けたりする。

❷全体が対句で構成されていること。**駢儷文**の名は、ここから出た。「駢」とは二頭だての馬の意味で、「儷」とは人が二人ならぶこと、つまり夫婦の意味である。だから駢文では、二句ずつ一組の対句になっていなければならない。4—4—6—6の形なら、むろん4と4、6と6とが対句になる。4—6—4—6でも同様で、この場合は一句をへだてた同士が対句になる。このような対句を、**隔《かく》句《く》対《つい》**という。

以上の二つが、**駢文として必要な条件**である。このほかに、用語はなるべく**華麗**なこと、**故事をふくむ言葉を多用する**ことなどという条件がつく。また、詩のほうで**平仄《ひょうそく》**がうるさく言われはじめるにつれて、駢文でも平仄が問題とされるようになった。その場合の規則は、詩と同じく、四字の句ならば二四不同、六字の句ならば二四不同・二六対を守らなければならない。こうなってしまうと、文とはいいながら、**韻をふまないだけ**で、**詩にきわ**

めて接近するわけである。

［例文一〇］

春夜宴スルノ二①桃李園ニ一②序　　李白

③夫《そ》レ天地者《は》④万物之⑤逆《げき》旅ニシテ⑥、光陰者《は》百代之過客⑦ナリ。而《しか》うシテ⑧浮生ハ若《ごと》シレ夢ノ、為スコトレ歓ヲ⑨幾《いく》－何⑩《ばく》ゾ。古人秉《と》リテレ燭《しよく》ヲ夜遊ブ、⑪良《まこと》ニ⑫有ルレ以《ゆゑ》也。⑬況《いは》ンヤ⑭陽春⑮召《まね》クニレ我ヲ以テシ二煙景ヲ一、⑯大塊⑰仮スニレ我ニ以テスルヲヤ⑱二文章ヲ一。（下略）

書下し文

春夜《しゆんや》桃李園《とうりえん》に宴《えん》するの序《じよ》　李白《りはく》

夫《そ》れ天地《てんち》は万物《ばんぶつ》の逆旅《げきりよ》にして、光陰《こういん》は百代《ひやくだい》の過客《かかく》なり。而《しこう》して浮生《ふせい》は夢《ゆめ》の若《ごと》し、歓《かん》を為《な》すこと幾何《いくばく》ぞ。古人《こじん》燭《しよく》を秉《と》りて夜遊《よるあそ》ぶ、良《まこと》に以有《ゆえあ》るなり。況《いわ》んや陽春《ようしゆん》我《われ》を召《まね》くに煙景《えんけい》を以《もつ》てし、大塊我《たいかいわれ》に仮《か》すに文章《ぶんしよう》を以《もつ》てするをや。

語釈　①［桃李園］庭園の名であろうが、持主についてはわからない。固有名詞ではなく、桃や李《すもも》の咲いている園という意味だとする説もある。②［序］序文のことだが、われわれが通常考える序文とは、少し違う。宴会などのとき、参会者が一人ずつ詩を作り、それを集めて、記念として保存するのが当時のならわしだった。いわば一つの詩集を作るわけで、その初め（または末尾）に、一座を代表する一人が、宴会のいわれ・会の状況などを書く。これが序である。詩そのものは失われて、序だけが後世に残る場合も、すくなくない。③［夫］そもそも。文章を書きおこすときに使う助字。

④［者］「…は」と、主語をとくに強く提示するはたらきを持つ助字。⑤［逆旅］旅館。ここの「逆」は迎えること。ふつうは呉音でギャクと読むが、逆旅と熟したときには漢音でゲキと発音する。「旅」は旅人。天地を、生滅変化する万物をとめる永久不変の旅館にたとえた。⑥［光陰］光とかげのことだが、光のほうに重点がある。光は速度の速いものだから、時間がすみやかに経過することにたとえる。⑦［過客］旅人。「客」は郷里を離れて、よその土地にいる人のこと。だから、本来は旅人とはかぎらずに、たとえば地方の出身者が長安の都へ出て役人をしているときにも、やはり「客」とよぶ。⑧［浮生］はかない人生。⑨［幾何］どれだけ。どのくらい。ここでは、どのくらいの時間という意味。⑩［古人秉レ燭夜遊］昔の人は、夜なかにもともしびを手にして遊んだ。「秉」は手に持つこと。昔は照明が発達していなかったから、夜は早く寝るのがふつうで、あかりをつけて夜ふけまで遊ぶのは、特殊の場合に限られていた。なお、この一句は「文選《もんぜん》」（二五七ページ参照）にはいっている「古詩十九首」という作者不詳の詩に、「昼は短かく夜の長きに苦しむ、何ぞ燭を秉りて遊ばざる」とあるのをふまえている。⑪［良］ほんとうに。いかにも。⑫［有レ以］理由がある。もっともだ。「以」は理由をあらわす助字として用いられるが、ここでは「理由」という意味の実字になっている。⑬［況］上の文を受けて、「まして…」と下の文を強調するはたらきをもつ助字。⑭［陽春］陰気の盛んな冬に対して、陽気の盛んな春という意味。うららかな春のこと。⑮［召レ我以二煙景一］煙景（かすみたなびく春げしき）によって（それを見せて）、私（もしくは、われわれ）をまねく。「召」は「招」に同じ。「以」は手段・方法などをあらわす助字。「AがBによってCをDする」というとき、漢文では「ADレC以レB」という構文になるのがふつうである。この場合、訓読では「A、CヲDスルニBヲ以テス」と読むので、「以」が動詞のように見えるが、実際は助字であって、英語のbyなどと同じ機能を持つわけである。また、「煙」はかすみ・霧・もや・けむりなど、気体をなしているものの

総称。物を焼いて出るけむりとはかぎらない。⑯[大塊] 大地。大地は万物を生みだすので、造物主の意味にも用いられる。⑰[仮] ここでは「貸」と同義。かし与えること。⑱[文章] ここでは文章を作る才能のこと。またこの語の本義は「あや」「かざり」のことなので、ここでは天地自然の美しい景色のこととする解釈もある。

通釈 そもそも天地とは、万物を迎えては送る旅館のようなものであり、月日とは、いつの代にも、永遠に旅する旅人のようなものである。そして、はかない人生は夢のようなもので、楽しいことをする時間はどれだけあろう（いくらもないのだ）。（だから）古人があかりをともして夜までも遊んだのは、ほんとうにもっともなことだったのだ。まして、うららかな春は、かすみたなびく春景色でもって、私たちに（遊べと）誘いかけるし、造物主は、私たちに詩文を作る才能を貸し与えてくれたではないか。

解説 この文章は駢文の一例だが、六朝のころの駢文にくらべると、いくらか形が崩れ、規格に合わないところができている。まず文章の構造から考えると、

夫天地者万物之逆旅　1 ）対句
　光陰者百代之過客　2 ）
　而浮生若レ夢　3
　為レ歓幾何　4
　古人秉レ燭夜遊　5
　　良有レ以也　6
況陽春召レ我以二煙景一　7 ）対句
　大塊仮レ我以二文章一　8 ）

このように、夫・而・況などの助字をおいて、文章のリズムに変化をつけるのが、駢文の作りかたの原則である。ただ、「古人」のような実字をおくのは、あまり普通ではない。

右の文字を除いた部分は、二句ずつ字数がそろっている。1・2が八字ずつ、7・8が七字ずつなのは、四字と六字を基調とする**駢文の原則**からすれば、**破格の作りかた**である。もっとも、やはり文章のリズムに変化をつけるため、破格の句法が時には用いられることもある。

3・4と5・6は、ほんとうは対句になるべきところだが、なっていない。この部分が、駢文の型を最も崩したところである。また平仄の排列も、あまりととのってはいない。

六朝の駢文にくらべると、唐代のそれには、とかく型の崩れたものがある。しかも李白は自由を愛した人で、形式に拘泥することをきらったから、いよいよ駢文としては崩れたものを書くことになったのであろう。


駢文が最も栄えたのは六朝の時代だが、もちろんすべての文章が、この形式で書かれたわけではない。たとえば歴史・記録は、事実をしるすものだから、駢文のように装飾的な文体では書けない。そこで駢文発生以前の、たとえば「史記」のような文体で書かれたわけだが、それを駢文に対して**散文**といった。だからむかしの中国で「散文」というときは、文章の一つの形式を意味するのであって、現在のわれわれが使う散文という言葉、つまり英語の prose とは、意味が違う。

三　古文

駢文は技巧を重視する文章なので、読んだときには調子がよいのだが、内容のほうは、とかく二の次にされる。そこで、文章は形式よりも内容のほうがたいせつだという、しごく当然な論議が、北朝の末期からおこり、唐代中期の**韓愈**《かんゆ》・**柳宗元**《りゅうそうげん》（二九五、二九六ページ参照）によって大成された。

これらの人々の主張は、駢文が発生する前、つまり前漢以前の古い文章が持つ簡潔さと力強さ、そして明快さこそ、文章の理想だとする点にある。したがってかれらの主張を**古文復興・古文運動**などとよび、かれらの文章を**古文**という。

古文は宋代になって、完全に駢文を圧倒した。ただし唐・宋の社会は、むろん前漢以前よりも複雑になっているから、唐・宋の人たちが前漢以前の文体をまねして書くのは、「古事記」の文体で現在の政治問題を論じようとするようなもので、できることではない。したがって唐・宋の古文家の文章は、古文の精神を生かしたものではあるが、文体の上では、古代の文章とは微妙な差がある。そこで、前漢以前の古文を「秦漢古文」または「先秦古文」、唐宋の古文を「唐宋古文」とよんで区別することもある。

古文には、駢文のような規則はない。**事実や自分の意見を、そのままに書く**のが、古文の理想である。しかし技巧を全く否定するわけではないので、適当なところに対句を使ったり、故事をふくむ言葉を入れたりすることは、さしつかえがない。また、中国語の性質として、漢字二字がひとかたまりになり、それが二つ集合して一句を作ろうとする傾向がある。したがって古文も、駢文ほどに整頓された形式は持たないが、四字の句が最も多く、それにさまざまのヴァリエイションをつけて構成されると見てよい。

［例文一一］

①**雑説**　韓愈

世ニ②有リテ二③伯楽《はくらく》一、然④ル後ニ有リ二⑤千里ノ馬一。千里ノ馬ハ常ニ有レドモ、而伯楽ハ⑥不二常ニハ有ラ一。故ニ⑦雖モレ有リト二名馬一、⑧祇《ただ》⑨辱シメラレ二於奴隷《どれい》人之手ニ一、⑩駢《べん》死シ二於⑪槽櫪《さうれき》之間ニ一、不ル下以テ二千里ヲ一⑫称セラレ上也。馬之千里ナル者ハ、一食ニ⑬或ハ尽ス二⑭粟《ぞく》一⑮石ヲ一。今⑯食《やしなフ》レ馬ヲ者ハ、⑰不ル下知リテ二其ノ能ク千里ナルヲ一而食ハ上也。是⑱ノ馬也《や》、⑲雖モレ有リト二千里之能一、食不レバレ⑳飽カ、力不レ足ラ、才㉑ノ美不二外ニ㉒見《あらハレ》一。且㉓欲《しばらク》下与二常馬一等シカラント上、不レ可カラレ得。安㉔ンゾ求メン二其ノ能ク千里ナルヲや一也。㉕策《むちうツニ》レ之ヲ不レ以テセ二其ノ道ヲ一、食《やしなフニ》レ之ヲ不レ能ハレ尽サシムル二其ノ材ヲ一、㉖鳴ケドモレ之ニ而不レ能ハレ通㉗ズル二其ノ意ニ一。執リテレ策ヲ而臨ミテレ之ニ曰ク、「天下無シトレ馬。」嗚呼、其㉘レ真ニ無キレ馬邪《か》。其レ真ニ不ルレ知ラレ馬ヲ邪。

書下し文

雑説《ざつせつ》　韓愈《かんゆ》

世《よ》に伯楽《はくらく》有《あ》りて、然《しか》る後《のち》に千里《せんり》の馬《うま》有《あ》り。千里《せんり》の馬《うま》は常《つね》に有《あ》れども、伯楽《はくらく》は常《つね》には有《あ》らず。故《ゆえ》に名馬《めいば》有《あ》りと雖《いえど》も、祇《ただ》奴隷人《どれいじん》の手《て》に辱《はずか》しめられ、槽櫪《そうれき》の間《かん》に駢死《べんし》し、千里《せんり》を以《もっ》て称《しょう》せられざるなり。馬《うま》の千里《せんり》なる者《もの》は、一食《いっしょく》に或《あるい》は粟一石《ぞくいっこく》を尽《つく》す。今馬《いまうま》を食《やしな》う者《もの》は、其《そ》の能《よ》く千里《せんり》なるを知《し》りて食《やしな》わざるなり。是《こ》の馬《うま》や、千里《せんり》の能有《のうあ》りと雖《いえど》も、食飽《しょくあ》かざれば、力足《ちからた》らず、才《さい》の美《び》外《そと》に見《あら》われず。且《しばら》く常馬《じょうば》と等《ひと》しからんと欲《ほっ》するも、得《う》べからず。安《いずく》んぞ其《そ》の能《よ》く千里《せんり》なるを求《もと》めんや。之《これ》を策《むちう》つに其《そ》の道《みち》を以《もっ》てせず、之《これ》を食《やしな》うに其《そ》の材《ざい》を尽《つく》さしむる能《あた》わず、之《これ》に鳴《いなな》けども其《そ》の意《い》に通《つう》ずる能《あた》はず。策《むち》を執《と》りて之《これ》に臨《のぞ》みて曰《いわ》く、「天下《てんか》馬無《うまな》し」と。嗚呼《ああ》、其《そ》れ真《しん》に馬無《うまな》きか。其《そ》れ真《しん》に馬《うま》を知《し》らざるか。

語釈　①［雑説］自分の意見を述べた文章だが、特に一つの題をつけにくいようなとき、または内容にいろいろな問題が含まれているときには、この題をつける。同様に、詩の場合にも「雑詩」と題することがある。この文章は、作者の言おうとしていることは明瞭だが、全文がたとえを使ってあり、結論が文章の表面には出ていないので、こう題したのであろう。②［有］ここでは、あるようになる、つまり、あらわれることをいう。③［伯楽］もと星の名で、天上界の馬をつかさどる役目を持つとされた。春秋時代の人孫陽《そんよう》は、馬の鑑定が上手だったので、星の名をとって伯楽と呼ばれた。これから、馬をよくみわける名人のことを、こう呼ぶようになった。④［然後］そこではじめて。⑤［千里馬］一日に千里も走るというほどの名馬。⑥［不㆓常有㆒］いつもあるわけではない。たまにはあらわれることはあるが、常にいることはない。この構文は、「常有（いつもある）」を「不」で否定するので、右のような意味になる。これを**部分否定**という。もしも語順を変えて「常不ニ㆑有ラ」としたら、「常」が「不」を修飾する形になるので、「常にない」「一度もあったためしはない」の意味となる。この構文を**全面否定**という。訓読では、部分否定は「…ニハ…ズ」、全面否定では「…ニ…ズ」と読みわけて、区別をつける。⑦［雖］ここは、「…としても」の意味をあらわす助字。（例文六の語釈⑥を参照）⑧［祇］「ただ…だけ」という意味をあらわす助字。「只」などと同じ。⑨［辱二於奴隷人之手二］奴隷などの手によって辱かしめを受ける。受身の句法。「先発《ニスレバ》 則《チ》制《シ》レ人《ヲ》、後発《ニスレバ》 則《チ》制《セラル》二 於《ニ》人二」のように「於」が用いられて、受身を示す場合がある。「奴隷人」は奴隷のような身分の低い人間。⑩［駢死］「駢」は馬が二頭並ぶこと。ここではふつうの馬と首をならべて死ぬことをいう。⑪［槽櫪之間］「槽」はまぐさ桶。「櫪」は桶であるともいい、また仕切りの板・棒であるともいう。いずれにしても馬小屋の中のことをいう。⑫［称］ほめたたえること。ここでは前後の関係から、受身に読む。⑬［或］今の日本語の「あるいは」と同じ意味に使われることもあるが、ここでは「…することもある」という意味をあらわす助字。したがって、訓読では「あるいは…」と読むが、現代語の訳としては、「粟一石を尽くすこともある」と訳したほうが、わかりやすい日本語になる。⑭［粟］穀物の総称。⑮［石］重さの単位。一石は一二〇斤で、約七〇キログラム。⑯［食］ここでは、食べさせる、飼うという意味。⑰［不下知二其能千里二而食上也］その馬が千里を走るということを知ったうえで、飼っているのではない。この構文を、かりに「知二其能千里一而不レ食也」と語順を変えても、訓読ではやはり「其の能く千里なるを知りて食わざるなり」と変らないが、意味は大きく変る。前者では「不」が一句全体にかかるが、後者の「不」は「食」だけにかかるので、「その馬が千里を走ることは知っているくせに、飼わない」という意味になる。だから、書き下し文だけを見ていたのでは、とんでもない誤訳をすることがあるわけで、原文の語順によく注意しなければいけない。⑱［是馬也］こんな馬（千里の馬）は。ここの「也」は句の結びを示すのではないから、「なり」とは読まずに、「や」と読む。主語を強く提示するはたらきを持つ助字である。⑲［雖］さきの⑦と違って、既定の意味である。「千里の能（能力）はあるけれど」ないし「いくら千里の能があっても」という意味。⑳［飽］腹いっぱい食べること。㉑［才美］才能・素質のすぐれた点。㉒［見］ここでは「現」に同じ。古くは「現」を単に「見」と書くこともあった。㉓「且」「しばらく」と読む助字だが、「ちょっとの間」の意味ではない。その意味のときは、漢文では「暫《しばら》く」と書く。「且」のときは、「ともかく」「まあまあ」、ないし「いいかげんに」の意味になる。ここでは、それらの意味からさらにすすんで、「せめて…しても」あるいは、「…することさえも」と訳すべきところである。㉔「安…也」どうして…できようか。とても…できはしない。これは反語をあらわす構文で、このときも「也」は「や」と読む。㉕「策レ之不レ以二其道一」この馬を正しい方法でむち打つこと(調教すること)をしない。「策」はむち、またはむちで打つこと。「其道」は正しい、または適切な方法。この構文は、例文一〇の語釈⑮で説明した構文に否定形が加わって、複雑化したもの。㉖「材」才能。「才」と同じ意味。㉗「通二其意一」馬の気持がよくわかること。㉘「其…邪、其…邪」…であろうか、それとも…であろうかという意味で「邪」は疑問をあらわす助字。

通釈　世の中に伯楽があらわれて、そこではじめて千里の馬があらわれるものだ。(ところで)千里の馬はいつでも世に存在するのだが、伯楽はいつでもあらわれるわけではない。だから、名馬がいたとしても、下僕などの手で打たれるような侮辱を受け、馬小屋の中につながれたままで、ふつうの馬と共に一生を終えることになり、千里を行く名馬であるという評判は立たずに終るのである。

千里を行く名馬は、一食に一石の穀物を食べてしまうこともある。ところが今、その馬を飼う人のほうでは、千里を行く力があると知って飼っているわけではないのである。(だから)この名馬は、いくら千里を行く能力があっても、十分な食料を与えられないので、力も十分には出せず、すぐれた才能が外にあらわれない。せめて、ふつうの馬と同じぐらいの働きをしようと思っても、それさえできない。これでは千里を行く本来の力を要求できるわけがないのだ。(それなのに)飼い主は、千里を行く名馬にふさわしい方法で笞《むち》をあてることもせず、食物を与えるときも、その才能を完全に発揮できるような与えかたをせず、名馬が主人にむかっていななないてみても、その気持を理解することができない。(それでいて)むちを手にしながら、馬の前に立っては、「天下に名馬はいない」という。ああ、一体ほんとうに名馬がいないのであろうか、それとも、ほんとうに名馬が見わけられないのであろうか。

解説　これが**代表的な古文の書きかた**である。駢文にくらべれば、装飾的な表現は少ないし、一句の字数もふそろいである。だが、この文章には**簡潔な力強さ**があり、しかも言いたいことを十分に言いきっている。

この文章は終始馬のことを書いているが、もちろん**比喩《ひゆ》**であって、「千里の馬」とは、すぐれた才能を持つ人物をたとえたものである。高位高官にある人たちは、よく「天下に人材がない」などとこぼすが、実際には、かれらは「伯楽」ではないので、すぐれた人材を見わける目を持たず、人材があっても凡人と同じようなあつかいかたをする結果、せっかくの人材を殺してしまう。韓愈は自分がすぐれた人材だと自負していたのに、当時の大官たちから認めてもらえず、いつまでもうだつのあがらない生活をしていたので、この文章を書いて鬱憤《うっぷん》を晴らしたのである。

なお、この文章の中に「奴隷人」という語が見えるが、当時は奴隷が存在した。ただし、アメリカの黒人奴隷などとは少し性質の違うもので、奴隷という言葉も当時はなく、奴婢《ぬひ》などと――――よんでいた。「奴隷人」とは、そのような人々を総称した言葉である。

四　時文

時文《じぶん》とは、現代ふつうに使われている文章という意味で、古文と対立する言葉である。そして文章は時代とともに変遷するから、時文の内容も、時代につれて変った。時文という言葉が多く使われるようになったのは、明代からである。そのころは、科挙（一四七〜一五二ページ参照）の答案が八股文《はっこ》という特殊な文体で書かれたため、それを時文といった。また、清代末期から中華民国へかけて、官庁の公文書や新聞の文章が、古文よりはくだけてわかりやすく、しかし純粋な口語よりはかたい、独特な文体で書かれたため、それを時文といった。

要するに時文とは、ある種の実用性を持った文体で、これを使って文学を作るというものではない。したがって、時文が漢文教科書に顔を出すことは、まずないと言ってよかろう。

五　白話文

中国では口語体のことを白話《はくわ》、文語体のことを文言《ぶんげん》という。したがって白話文《はくわぶん》とは、口語体で書かれた文章のことである。中国ではむかしから、文言で文章を書くのが原則だった。白話文は、現在残っている限りでは唐代からはじまり、宋以後にさかんとなっている。その中心をなしたのは**戯曲・小説**であり、「**水滸伝**《すいこ》」「**三国志演義**」「**西遊記**《さいゆう》」のような小説は、すべて白話文で書かれている。

白話文も文言文も、同じ中国語の文章だから、根本的には同じものである。しかし日本語でも文語体と口語体とでは違うように、使用される言葉や文法上のこまかな点では、相違がある。そして**日本人が発明した訓読法は、文言文を読むためのもの**であり、白話文に適用することも不可能ではないが、それで読んだ結果は、妙な日本語になってしまう。したがって漢文教科書の範囲で言えば、詩文の中に白話、つまり当時の俗語が時おり顔を出すことはあるが、純粋な白話文が出てくることは、まずないと言ってよい。

第三節　辞賦の形式

一　辞賦の意義

辞賦《じふ》とは、「**楚辞**《そじ》」（二二九ページ参照）から発生した、特殊な韻文である。もとは民間の歌謡だったが、しだいにうたわれなくなり、ただ朗誦するだけの、かなり長編の文学となった。たんに辞または賦というのだが、この二つはよびかたの上での相違にすぎず、実際には同じものである。ただ、「辞」のほうが比較的古い名称だが、後世の作品にも辞と称しているものがあって、いちがいに新旧の別はつけられない。この二つを合わせて、辞賦と総称する。

辞賦は歌謡として発生したものであり、韻をふむのだが、あとで書くように、韻の規則はきわめてルーズである。そこで、詩文という分類を立てるときは、辞賦は文のほうに入れるのが通例となっている。

二　辞賦の規則

辞賦には、あまり厳格な規則はないが、だいたい次の条件をみたすことが要求される。

❶韻をふむこと。ただし、韻をふむ場所については、規定がない。だから一句ごとに韻をふんでもよいし、あるいは五、六句おいたところで、思い出したように韻をふんでも、かまわない。

❷一句の字数についても規定はないが、同じ字数の句が二つ続くこと、または一句おきになることが望ましい。のちには、4―4―6―6、4―6―4―6、または3―3―4―4などという形が、ふつうに使われるようになり、かつそれらが、対句で構成されるようにもなった。

つまり辞賦とは、韻をふむという条件を除外すれば、駢文と同じことになる。というよりも、歴史的に言えば、駢文とは辞賦の技法を文章の上に適用することによって成立したものなのである。

だから、駢文が古文に圧倒された宋代になると、辞賦もおとろえるのだが、一方では古文のスタイルを使った辞賦が作られるようにもなった。これは古文をなるべく調子よく書き、適当なところで韻をふんだ形式のもので、これも辞賦には違いないが、漢から六朝へかけての辞賦とは、かなり感じの変ったものとなっている。宋の蘇軾《そしょく》の「**赤壁《せきへき》の賦**」は、そうした辞賦の中で傑作とされているものである。

〔例文一二〕

前赤壁ノ賦

蘇軾

①壬《じん》戌《じゅつ》之秋、②七月既③望、④蘇子与レ客⑤泛《う》カベテレ舟ヲ、遊ブ二於⑥赤壁之下ニ一。⑦清風徐《おもむろ》ニ来タリ、水波不レ興ラ。⑧挙ゲテレ酒ヲ⑨属《しよく》シレ客ニ、誦《しよう》シ二⑩明月之詩ヲ一、歌フ二⑪窈《えう》窕《てう》之章ヲ一。⑫少《しば》焉《らく》シテ月出デ二於東山之⑬上《ほとり》ニ一、⑭徘《はい》徊《くわい》ス二於⑮斗牛之間ヲ一。⑯白露⑰横タハリレ江ニ、⑱水光接スレ天ニ。⑲縦《ほしいまま》ニシテ二⑳一葦《ゐ》之所ヲ一レ㉑如《ゆ》ク、㉒凌《しの》グ二㉓万頃《けい》之㉔茫《ばう》然タルヲ一。㉕浩《かう》乎トシテ如ク二㉖憑《よ》リレ虚ニ㉗御シテレ風ニ、而不ルガレ知ラ二其ノ所ヲ一レ止マル、㉘飄《へう》飄乎トシテ如シ二㉙遺《わす》レテレ世ヲ㉚独立シ、

羽㉛化シテ而登仙スルガ一。

書下し文

前赤壁《ぜんせきへき》の賦《ふ》　蘇軾《そしょく》

壬戌《じんじゅつ》の秋《あき》、七月既望《しちがつきぼう》、蘇子《そし》客《きゃく》と舟《ふね》を浮《う》かべて、赤壁《せきへき》の下《もと》に遊《あそ》ぶ。清風《せいふう》徐《おもむろ》に来《き》たり、水波《すいは》興《おこ》らず。酒《さけ》を挙《あ》げて客《きゃく》に属《しょく》し、明月《めいげつ》の詩《し》を誦《しょう》し、窈窕《ようちょう》の章《しょう》を歌《うた》う。少焉《しばらく》して月《つき》東山《とうざん》の上《ほとり》に出《い》で、斗牛《とぎゅう》の間《かん》を徘徊《はいかい》す。白露《はくろ》江《こう》に横《よこ》たわり、水光天《すいこうてん》に接《せっ》す。一葦《いちい》の如《ゆ》く所《ところ》を縦《ほしいまま》にして、万頃《ばんけい》の茫然《ぼうぜん》たるを凌《しの》ぐ。浩浩乎《こうこうこ》として虚《きょ》に憑《よ》り風《かぜ》に御《ぎょ》して、其《そ》の止《とど》まる所《ところ》を知《し》らざるが如《ごと》く、飄飄乎《ひょうひょうこ》として世《よ》を遺《わす》れて独立《どくりつ》し、羽化《うか》して登仙《とうせん》するが如《ごと》し。

語釈

①[壬戌] 中国では年月日をあらわすのに、たとえば昭和四十一年四月十日というように数字で書くのと、この壬戌のように、「干支《かんし》」で書く方法とがあった。「干」は甲《こう》・乙《おつ》・丙《へい》・丁《てい》・戊《ぼ》・己《き》・庚《こう》・辛《しん》・壬《じん》・癸《き》、「支」は子《し》・丑《ちゅう》・寅《いん》・卯《ぼう》・辰《しん》・巳《し》・午《ご》・未《び》・申《しん》・酉《ゆう》・戌《じゅつ》・亥《がい》で、つまり十干と十二支との組合せで年月日を示すわけである。日本では十干を「きのえ・きのと・ひのえ・ひのと・つちのえ・つちのと・かのえ・かのと・みずのえ・みずのと」、十二支を「ね・うし・とら・う・たつ・み・うま・ひつじ・さる・とり・いぬ・い」と読む。だから「丙午」は「ひのえうま」になり、「壬戌」は「みずのえいぬ」になる。そして壬戌の翌年は癸亥、その翌年は甲子、次は乙丑となるので、六十年めにもとの干支の組合せにもどるのである。月・日についても同じことで、たとえば壬戌の年の乙卯の月の庚子の日というようなよびかたをする。ここの壬戌は宋の神《しん》宗の元豊《げんぽう》五年（一〇八二）にあたる。

②[七月] 陰暦では、七月は秋の初めである。例文七語釈②参照。

③［既望］陰暦の十六日。陰暦では満月の日を十五日とし、「望」という。「既《すで》に望がすぎた」という意味で、十六日を既望とよぶ。④［蘇子］「子」は男性に対する敬称で、ここでは「蘇先生」というほどの意味。作者の蘇軾自身のことだが、この賦は全体に自分を三人称で書いてある。⑤［泛］水にうかべること。ここでは舟を漕ぎ出すこと。⑥［赤壁］揚子江中流にある名勝。作者はこのころ、政争のために左遷されて、湖北省黄州（今の武漢市の東方）におり、赤壁はその近くにあった。⑦［下］漢文で「下」というときは、上下の下の意味のほかに、「附近」の意味を持つことがある。ここもその意味で、赤壁の真下というよりも、赤壁のあたりのことである。

⑧［挙レ酒］酒をとりあげる。酒宴を始めることをいう。⑨［属］物を人にわたしたり、あずけたりすること。ここでは酒をつぐこと。⑩［明月之詩］「詩経」（二二五ページ参照）の中にある「月出」という詩のこと。「月が出て、さえた光を放つ」という句に始まる。⑪［窈窕之章］「窈窕」は女性をほめる言葉で、しとやかで美しいことをいう。やはり「詩経」の「関《かん》雎《しょ》」の詩の中に「窈窕たる淑女は君子の好逑《こうきゅう》（よい相手）」という句がある。その句を含む一節を「窈窕の章」という。さっきの「月出」の詩では、月を美人にたとえているので、美人を求める意味を持つ「窈窕の章」をうたったのは、月の出を待つ心を表現したもの。また、一説によれば、「月出」の詩に「窈糾《きゅう》（なまめかしい）」という言葉があるので、ここは「窈糾の章」とあるべきところを、作者がまちがえたのだとする解釈もある。⑫［少焉］しばらくして。「焉」は上の言葉を副詞化するはたらきを持つ助字で、上の「少」は、ここでは時間の短いことをいう。訓読では二字を合わせて「しばらく」と読む。⑬［上］これもさっきの「下」と同様、附近・ほとりの意味。⑭［徘徊］歩きまわること。ここでは月が天空を移動することをいう。⑮［斗牛］中国古代の天文学では、天空を二十八に分割して、それぞれに名をつけた。これを「二十八宿」という。斗と牛はその宿の名で、隣りあっている。東山から出た月が天空を移動して、斗宿と牛宿のあた

りまで行ったのである。⑯［白露］陰暦七月、秋の初めにおりる露。⑰［横レ江］ 揚子江の上にまたがって広がる。昔の中国人は露も雨のように天から降って来るものと考えたので、秋の夜霧は、露になるべきものがまだ空中に浮かんでいる状態と思い、これをも露とよんだ。だから、われわれの常識では川の上いちめんに霧がかかっているのを、露が川の上にひろがると表現したのである。⑱［水光接レ天］ 月に照らされた水面が空と接続する。つまり、どこまでが水面でどこからが天か、区別がつかなくなることをいう。⑲［縦］ 勝手にする。自由にする。ここでは勝手にさせて、まかせておくこと。

⑳［一葦］ 小舟のこと。「詩経」の衛風河広《かこう》の詩に「誰か謂《い》ふ河《か》は広しと、一葦もてこれを杭《わた》らん」とあるのにもとづく。「詩経」の注釈では、「一葦」とはひとたばの葦《あし》で、それを筏のようにして渡るのだと説明してあるが、この言葉を後世の人が引用するときには、ひとひらの葦の葉のような小舟の意味に使うことが多い。㉑［如］ ここでは動詞で、行くこと。「往」に同じ。㉒［凌］ 越えて行く。進む。㉓［万頃］「頃」は面積の単位で、一頃は約三・六ヘクタール。ここでは「万」の数字は実際の面積ではなく、非常に広大な面積という意味をあらわす。㉔［茫然］ ひろびろとして際限がないこと。

㉕［浩浩］ これも、ひろびろとした状態をあらわす語。㉖［憑レ虚］ 空へとのぼる。「憑」はのぼること。「虚」は虚空《こくう》。大空。㉗［御レ風］ 風に乗る。「御」は馬をあやつる意味から、乗物に乗る意味に用いられる。㉘［飄飄乎］ ふわふわと浮かぶ状態をあらわす語。「乎」は「然」などと同じく、上の語を副詞化するはたらきを持つ助字。㉙［遺レ世］ 俗世のことを忘れる。㉚［独立］ ただ一人だけ存在する。㉛［羽化而登仙］ 羽根が生えて、仙人の世界へのぼって行く。昔から、仙人になった人は羽根が生え、天へとのぼると信じられていた。

通釈 壬戌《みずのえいぬ》の年の秋、七月十六日、蘇先生は客といっしょに舟を出して、赤壁のあたりを遊覧した。すがすがしい風が静かに吹いて来て、波は立っていない。（蘇先生は）酒をとって客につぎながら、「明月」の詩を吟じ、「窈窕」の一節をうたった。しばらくするうちに、月が東の山の上に出て、斗宿から牛宿のあたりへと動いて行く。白露《しらつゆ》は川いちめんにひろがり、水面の輝きは空とつらなっている（ので、空と水との境もわからないほどである）。葦の葉のような小舟の流れるにまかせ、ひろびろと果てもなくひろがる水面を進み行く。どこまでもはるばると、大空へのぼり、風に乗って、どこで停止するのかもわからないかのような感じがするし、ふわふわとして、俗世を忘れて天下に自分一人だけしかなく、羽根が生えて仙界へ登って行くかのように思われる。

解説 この賦は四字と六字の句が多く、朗誦すればリズムはととのっているが、漢から南北朝へかけての賦ほどには、整然とした作りかたにはなっていない。「羽化而登仙」のような五字句がはいっているために、リズムに乱れが生じているのである。作者は賦の**伝統的な作りかたに反抗**して、わざとこんな句をおいたのであろう。

対句の用いかたが少ないのも、伝統的な賦の形式を破っている。唐までの賦ならば、全部の句が対句になっているべきなのに、たとえば「縦㆓一葦之所㆑如」と「凌㆓万頃之茫然㆒」とは、対句のように見えるが、実はそうでない。「如《ゆ》く所」は「所＋動詞」、「茫然」は「副詞＋然」で、文法的な構成が違うからである。このように、もう少し細工すれば対句になるところを、わざと対句をはずして書いてある点にも、伝統を破ろうとする作者の意欲が認められる。

韻は、先ず望・興・章の三字で、「広韻」では望と章が下平十陽、興が下平十六蒸の韻である。近体詩では陽韻と蒸韻ははっきり別のものとされるが（日本語の音よみでも陽はヤウ、蒸はジョウである）、かなり発音の似た母音なので、古詩や賦では同じ韻としてあつかわれる。「少焉」から以下は韻がかわって、間・天・然・仙が韻になる。このうち、間は上平二十八山、天は下平一先、然と仙は下平二仙の韻で、これも母音の発音が近いため、通押されている。

なお、赤壁とは、三国時代に魏《ぎ》の曹操《そうそう》と呉の周瑜《しゅうゆ》が戦い、魏の大軍が敗北した古戦場である。蘇軾はそこで、ここに引用した文章よりあとの部分では、三国時代の昔をしのぶ気持を書いている。しかし、実は赤壁には二カ所あって、彼が遊んだのは古戦場の赤壁ではなく、それは揚子江のもっと上流にあった。蘇軾はとんだ思い違いをしていたわけである。

第四節　先秦の詩文

一　詩経

どの民族でも同じことだが、文学史のごく初期の段階には、素朴な民謡があった。中国の古い民謡を集めた最初の詩集が、「詩経《しきょう》」である。ただしこの本は、民謡集というには、もう少し複雑な要素を持っている。

伝説によれば、上古の中国の宮廷には、采詩《さいし》の官という職があった。「采」は「採」と同じで、地方をめぐって民謡を採集することを任務とする。**民謡は民衆の生活感情の反映**だから、民衆が幸福に暮らしていれば楽しい歌が、苦しんでいれば悲しい歌がうたわれる。そこで天子や大臣たちは、采詩の官が集めて来た民謡を聴いて、地方の実情を知る材料にしたのだという。

この制度がどこまで実施されたかは怪しいし、そもそも采詩の官が実在したかどうかも、はっきりしない。しかし上古の民謡は文字を知らなかったので、民謡が記録されて伝えられるためには、上層階級の力を借りなければならないのは、当然だった。おそらく春秋時代の諸侯の宮廷が、娯楽のために民謡を集め、それが一つのまとまりになって、「詩経」の原型を作ったのであろう。その原型に手を加え、現存する「詩経」の形にしたのは、**孔子**だという。しかし、この点にも疑問を持つ学者があって、確実なことは、わかっていない。

「詩経」の内容は次の三部に分けられている。

1**風**　「国風」ともいう。各地の民謡だが、だいたい黄河流域の地帯に限られている。地方別に分類してあり、全部で十五に分かれているため、「十五国風」ともよばれる。

2**雅**　小雅・大雅の二つに分かれる。周王朝の儀式・祭祀《さいし》・宴会などにうたわれた歌が集められているが、小雅の中には民謡風の作品もはいっている。

3**頌**《しょう》　周頌・商頌・魯頌の三つに分かれる。宮廷で祖先神を祭るときの歌。

以上の三部を合計して、「詩経」におさめられている歌の数は三百五、作者も制作年代もほとんどわからないが、ほぼ前六〇〇年から前一〇〇〇年ごろまでの歌と推定されている。どの歌も四言の詩形を中心とし、くりかえしの形が多いのは、原始歌謡の素朴な作りかたをあらわしたものである。

宮廷の歌には、荘厳《そうごん》なひびきを持ったものが多く、中には王室の祖先の伝説をうたった、物語形式のものもある。しかし現代のわれわれから見て興味のある歌は、国風の中に多い。そこには上古の民衆の生活感情・恋愛の悩みや喜び・出征兵士の故郷を思う歎き・農村の四季の行事などが、**強い情熱と飾り気のない言葉**によって、感動的に表現されている。

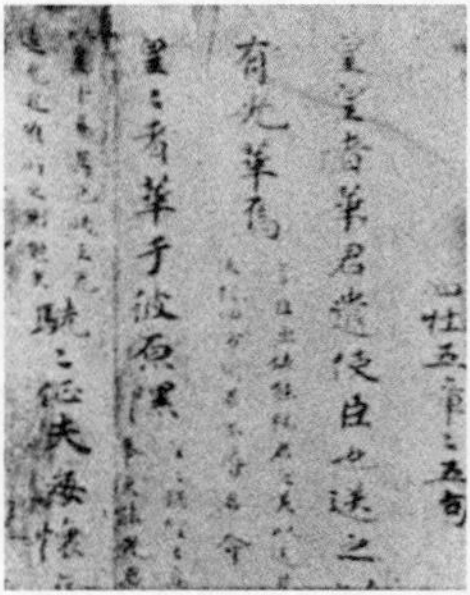

詩経（小雅）
六朝時代の写本

［例文一三］ 桃夭①

桃之夭②夭タル　灼③《しやく》灼タリ其ノ華《はな》　之④《こ》ノ子⑤于《ここ》ニ帰⑥《とつ》グ　宜⑦《よろ》シカラン二其ノ室⑧家ニ一
桃之夭夭タル　有リ二蕡⑨《ふん》タル其ノ実一　之ノ子于ニ帰グ　宜シカラン二其ノ家室ニ一
桃之夭夭タル　其ノ葉蓁⑩《しん》蓁タリ　之ノ子于ニ帰グ　宜シカラン二其ノ家⑪人ニ一　（詩経、周南）

書下し文

桃夭《とうよう》　桃《もも》の夭夭《ようよう》たる　灼灼《しやくしやく》たり其《そ》の華《はな》　この子于《ここ》に帰《とつ》ぐ　其《そ》の室家《しつか》に宜《よろ》しからん　桃《もも》の夭夭《ようよう》たる　蕡《ふん》たる其《そ》の実《み》有《あ》り　この子于《ここ》に帰《とつ》ぐ　其《そ》の家室《かしつ》に宜《よろ》しからん　桃《もも》の夭夭《ようよう》たる　其《そ》の葉《は》蓁蓁《しんしん》たり　この子于《ここ》に帰《とつ》ぐ　其《そ》の家人《かじん》に宜《よろ》しからん

語釈　①［**桃夭**］「詩経」の詩は、すべて第一句に出てくる文字をとって題としている。「関関タル雎鳩《しよきゆう》」が第一句ならば、題は「関《かん》雎」となるわけである。②［**夭夭**］若々しい美しさを形容する語。③［**灼灼**］あざやかで、あかるい状態の形容。④［**之子**］「之」は「此」と同じ。⑤［**于**］訓読では「ここに」と読むが、四字句の調子をそろえるために入れられた助字で、特別の意味はない。ただし、この字には「往《ゆ》く」という意味もあるので、「于き帰ぐ」と読み、「嫁入りに出かけて行く」と解釈する説もある。漢文教科書の中には、そう読むように訓点がついているものもあるだろう。⑥［**帰**］ここでは嫁入りするという意味。⑦［**宜**］よろしい。好ましい。ここではうまく行くだろうという意味。⑧［**室家**］夫婦によって構成される家庭のこと。後の「家室」も同じ。韻の関係で語順が逆になっているのである。⑨［**有㆓蕡其実㆒**］大きな実がなった。「有」は事態の出現を示す語で、「有るようになる」すなわち、実がなったの意味。「蕡」は実が大きくはちきれそうに充実しているさま。⑩［**蓁蓁**］きわめて盛んな状態をいう。⑪［**家人**］ここでは婚家の人たちをいう。

通釈　桃はわかわかしく、あざやかに美しい花の色。（その花のように美しい）この娘がお嫁に行く。うまく（先方の）家庭に調和してゆくだろう。

桃はわかわかしく、大きなその実をみのらせた。（その実のようにふくよかな）この娘がお嫁に行く。きっとその家庭にうまく調和してゆくだろう。

桃はわかわかしく、その葉はいっぱいに茂った。（その葉のように健康な）この娘がお嫁に行く。きっとその家の人とうまく調和してゆくだろう。

解説　**婚礼の祝賀の歌**である。「詩経」には儒教の立場からいろいろに道徳的な意味を結びつけた解釈がおこなわれているが、この詩などは、上古の民衆が嫁入りの行列を作りながら、または結婚の宴席でうたったものと、素直に解釈しておけばよい。桃はかれらの日常生活に親しい植物であり、それを若い娘にたとえた**比喩の手法**も、くりかえしの多い作りかたも、素朴な古代民謡の味わいを感じさせる。

　その比喩の手法を、さらに拡張して考えれば、「其の華」は花嫁の美しさをあらわしたものにちがいないが、「其の実」はやがて花嫁に健康な子どもができることを、「其の葉」は新夫婦に多くの子ができて一族が栄えることをあらわしたものと解釈することもできる。婚礼を祝う歌としては、そう解釈したほうがふさわしいかもしれない。

　形式からいうと、この詩は四言詩で、四句が一章を構成し、全部で三章から成る。各章は偶数句で韻をふみ、華と家、実と室、蓁と人が韻になる。第一章の終りの「室家」が、第二章の終りで「家室」と逆転しているのは、このためである。

二　楚辞

「詩経」は黄河流域の民謡を基礎としたものだが、南方の揚子江流域には、違った形の歌謡が伝えられていた。この地域を支配していたのは、春秋戦国時代を通じての強国**楚**《そ》（今の湖北省から湖南省へかけての地方を本拠としていた）であったが、戦国時代の末期に屈原《くつげん》という人が出て、南方歌謡の形式にもとづいた、新しい文学を作った。

屈原（前三四〇？―前二七八？）は楚の王室の一族で、三閭大夫《さんりよ》という職に任命されていた。楚の王室から分かれた氏族が三つあって、三閭大夫はそれらの氏族の監督にあたることを任務とする。

このころ、秦・斉・楚が三大強国であったが、楚は常に北方の秦の圧力に悩んでいた。そこで楚の宮廷は、斉と同盟を結んで秦と対抗すべきであるとする一派と、秦と不可侵条約を結んで国土を保全すべきであるとする一派とに分かれ、激しい争いが続けられていた。屈原は前者に属したが、後者の一派が楚王の信任を得たため、都から追放されてしまった。そして深い歎きと怒り、さらに楚国の前途に対する憂慮を胸に抱きながら、洞庭《どうてい》湖の沿岸地方を放浪したすえ、汨羅《べきら》江に身を投げて死んだ。

その放浪生活の間に、屈原は「**離騒**《りそう》」「**九章**」などの歌を作って、自分の悲しみや怒り

漁師とかたる屈原
（明　蕭雲従作）

を表現した。これらの歌は、楚の民間歌謡の形を用いているため、「詩経」の四言詩の形式とは大きな相違があり、一句の字数が不定であるという特徴を持つ。黄河流域と揚子江流域とでは、音楽に違いがあるので、その伴奏によってうたう歌詞にも、形式上の差が生じたわけである。

北方の歌謡が詩とよばれたのに対し、**南方の歌謡**は「**辞**」とよばれ、のちには「**賦**」ともよばれるようになった。二つのよびかたを合わせて「**辞賦**」ともいう。辞賦は漢代の宮廷で流行し、表現に洗練が加えられ、華麗な宮廷文学となったが、このことについては、次の第五節で説明する。また、屈原やその後継者の作品を集めた「**楚辞**」という本も、漢代に編集されて、広く読まれるようになった。

三　諸子の文章

古代の文章は、二種類に大別することができる。

1**記録的なもの**。「**書経**」（四〇六ページ）・「**春秋**」（四〇七ページ参照）は、歴史上の人物の発言の記録または事実の記録である。「**論語**」（三九一ページ参照）も、思想を述べた書物ではあるが、本来は孔子や弟子たちの言行を記録したものだから、この分類に含まれる。

2**論理的なもの**。墨子・荀《じゅん》子・荘子などの**諸子百家**《く》（四一四ページ参照）の書物は、著者の思想を論理的に述べたものである。「墨子曰」などと書いてあっても、墨翟《ぼくてき》という人の言行録ではない。

発生的には、もちろん1のほうが古い。しかし文章としては、表現力・説得力ともに、2のほうがすぐれている。戦国時代になって、思想家たちが自分の主張を人に語って説得しようとしたために、論争がさかんとなり、雄弁術の進歩をうながした。これが文章の技術の上にも影響を及ぼして、技術的にも進んだ、複雑な内容を持つ文章が書かれるようになったのである。

「論語」と「孟子」をくらべて見れば、その差ははっきりとわかるだろう。「論語」が孔子の短い言葉を記録しただけなのに対して、「孟子」では、あくまでも相手に理解させ、説得しようとする態度がある。思想の内容はともかくとして、表現技術の上では、「孟子」のほうが進んでいる。

表現技術の一つとして、「孟子」にはたとえ話が幾つも使われる。これが「荘子」「韓非子」になるといっそう徹底して、たとえ話をつみかさね、その中に自分の主張を織りこもうとした部分がある（四四〇ページ参照）。読者はたとえ話をおもしろがって読むうち、しだいに著者のペースに引きこまれて、その主張を理解し、受け入れるようになってしまう。これも、雄弁術から影響を受けた技巧上の大きな進歩であった。

技巧の進歩はあったが、先秦の文章は、まだ技巧におぼれてはいない。総体には古代風の剛健さ、簡潔さが支配していた。だから唐代以後の文人からは、中国の文章の故郷として絶えず回顧されるようになったのだが、当時においては、諸子の文章は思想家の論文なのであって、文学とは意識されていない。それよりもむしろ、次に続く漢代においては、文学とは美しいものとする考えかたが発生しはじめた。

第五節　漢魏の詩文

一　辞賦

秦王朝は短命に終ったので、文学の上では、あまり大きな成果は見られない。その次の漢・魏では、辞賦が文学の中心となった。

さっきも書いたように、辞賦は楚の民謡から始まって、宮廷文学として成熟するようになったものだが、武帝のときに司馬相如《しばしょうじょ》という大家が出たことによって、大きな進歩をとげた。

司馬相如（前一七九―前一一七）は字《あざな》は長卿《ちょうけい》、成都（四川省）の人。若いころは俠客のような生活を送り、成都の金持ちの娘で未亡人だった卓文君《たくぶんくん》と恋をして、駆落ちしたこともある。しかし一方では読書が好きで、「子虚《しきょ》の賦」を作ったのが武帝の目にとまり、召し出されて宮廷詩人となった。それまでの賦には、とかく遊戯的なものが多かったのに対し、相如は「子虚の賦」「上林の賦」の連作において、天子のぜいたくをいましめることを主題にするなど、内容のある作品を書いたし、その表現にも、非常に洗練された字句を使用した。

しかし司馬相如のあと、辞賦は表現の美しさだけを求める方向に向かった。宮廷文学はおもに天子の命令によって作られるもので、内容はだいたい限定されているため、作者の手腕は、表現の美しさによって示すほかはなかったのである。だから前漢末の揚雄《ようゆう》（前五三—後一八）は、はじめは賦の大家として知られたが、のちには制作をやめて、辞賦とは小手さきの技巧を誇るものにすぎず、りっぱな人間のすることではないと主張した。しかし、かれの批判にもかかわらず、後漢以後の辞賦は、ますます華麗さを増すようになる。

二　楽府

「詩経」に見られる北方系の民謡は、春秋時代にはまだうたわれた形跡があるものの、しだいに下火《したび》となったらしく、新しい歌が作られたという記録は見られない。そのかわり、全国的に流行しはじめたのが「楚辞」と同じ南方系の歌謡で、その傾向は漢代になると、いっそう明瞭になった。

だいたい、秦王朝が倒れたのちに天下を争った漢の高祖と項羽は、どちらも楚の出身である。項羽は楚の将軍の子孫だし、高祖の出身地の沛《はい》は、戦国時代には楚の領土であった。だから二人とも楚の民謡を愛した、と言うよりも、教養のなかった二人は、それ以外の文学は知らなかったわけである。ただ、「楚辞」が宮廷文学となってしまったので、二人がうたったのは、もっと民衆的な、屈原がその形式を借りた民謡の原形に近いものだった。これを楚歌とよぶ。項羽が垓下《がいか》で包囲され、「四面楚歌」を聞きながらうたった「垓下の歌」、高祖が天下を取ったあと、郷里へ帰って、土地の故老と宴会をしたときに作った「大風の歌」は、いずれも楚歌の形式をとっている。

〔例文一四〕　垓下歌①

力抜《キ》レ山《ヲ》兮②気《ハ》③蓋《おほフ》レ世《ヲ》　時不レ利《アラ》兮騅④《すい》不レ逝《ゆカ》⑤

騅不レ逝《カ》兮可《キ》⑥二奈何《いかんス》一　虞《ヤ》⑦兮虞《ヤ》兮奈⑧レ若《なんぢヲ》何《セン》

書下し文

垓下《がいか》の歌《うた》

力《ちから》山《やま》を抜《ぬ》き　気《き》は世《よ》を蓋《おお》う　時《とき》利あらず　騅逝《すいゆ》かず

騅逝《すいゆ》かず　奈何《いかん》すべき　虞《ぐ》や虞《ぐ》や　若《なんじ》を奈何《いかん》せん

語釈　①〔垓下〕地名。安徽省にある。②〔兮〕音は「ケイ」。歌の調子をととのえるための言葉で、意味はない。日本の民謡でいえば、「木曽のナー、なかのりさん」の「ナー」にあたる。だから、中国語で読むときは、この字があると調子がよいけれども、訓読では意味のない言葉なので読まない。③〔気〕気概。気力。④〔騅〕項羽が常に乗っていた愛馬の名。⑤〔逝〕日本語では「逝去」などと、死ぬときに用いる動詞だが、本来は「往」「去」などと同じ意味。⑥〔可二奈何一〕反語の句形。「不レ可二奈何一」と同じ。どうすることができようか、どうにもならぬの意味。⑦〔虞〕項羽の愛人の名。⑧**〔奈㆑若何〕**「若」は二人称代名詞。虞をさす。おまえをどうしよう、どうすることもできぬの意味。「奈何」に目的語がはさまれている形。「奈何若」と書いてもよさそうなものだが、そうは書かないのが漢文の原則である。

通釈　私の力は山さえ抜くほどに強く、私の意気は、世界をおおいつくすほどに雄大である。けれども時の運は私にとって不利で、名馬の騅までが進もうとしない。騅の進まないのをどうすることができよう。虞よ、虞よ、最愛のおまえをどうしたらよかろう。（もはや私の力ではどうすることもできない）

解説　項羽が垓下で、漢の軍隊に追いつめられ、いわゆる「四面楚歌」の中で、愛する虞美人と最後の宴を開いたとき、**即興的に作った歌**である。このあと、項羽は城外に出撃して、壮烈な死をとげた。（例文六参照）。

この歌は即興的に作られたものだし、項羽は専門の詩人ではないから、歌としては単純なものである。七言の四句から成っているが、このように一句の字数がそろっているのは、楚歌としてはむしろ特殊な例で、七字の句があったり八字の句があったりして、不そろいなもののほうが多い。いずれにしても、「詩経」の四言詩とは形式が違い、複雑なリズムを持つのが、**南方系の歌謡の特徴**である。

こうして楚歌は、長安の宮廷から、全国に流れ出た。もちろん地方ごとに多少の変形は加えられながら、新しい民謡を形成したわけである。そして**漢の武帝**は、宮廷に音楽係の役所を設置し、当時の民謡を採集しようとした。「詩経」の起源と伝えられる采詩の官を復活したことになるわけだが、一方には派手ごのみの皇帝が、宮廷音楽を民謡の導入によって豊富にしようとしたことも原因になっている。この役所は楽府《がくふ》とよばれた。役所としての楽府は、武帝の死後、まもなく廃止になった。不要不急の機関と認められて、行政整理の対象となったためである。しかし、楽府によってよびおこされた民謡への関心と興味は、役所がなくなったのちにも継続したらしい。現在、漢代の民謡がかなり伝えられており、民謡の常として制作年代はわからないのだが、多くは後漢の作品と思われる。それらが記録され、伝えられた原因の一つは、ここにあったのであろう。

そこで、楽府という役所が存在したら、そこに記録されるような歌、つまり民謡のことを、やはり「楽府《がふ》」とよぶようになった。さらに、純粋な民謡ではないが、詩人たちが民謡風のスタイルで作った歌をも、楽府とよんだ。役所としての楽府はついに復活されなかったので、単に楽府というときは、歌のほうをさすのが通例である。

楽府は楽器の伴奏によってうたうもので、この点、あとに書く五言詩以下の詩とは、性格が違っている。ただし、現在のわれわれの常識の中にある歌謡とは違って、歌詞に合わせて作曲するのではない。曲のほうが先にあって、それに合わせて歌詞を作る。曲の種類はきまっていて、一つ一つに名前がついているから、それに合わせた歌詞は、曲の名前を題とすることになる。

例をあげて説明しよう。「折楊柳行《せつようりゆうこう》」という歌がある。旅だつ人を見送るとき、楊柳の枝を折って贈る風習があったので、たぶん別れのときに演奏された歌なのであろう。ところで「折楊柳行」は、曲の題名である。この曲に合わせて、別の歌詞が次々と作られるのだが、すべて「折楊柳行」という題がつけられる。そして、あとから作られる歌詞は、「折楊柳行」のメロディに乗ればよいのであって、内容は拘束されない。もちろん、その曲が悲しい旋律の場合には、陽気な歌詞は作りにくいわけだが、そうした条件を除けば、歌詞の内容は自由だと言ってよい。したがって、「折楊柳行」という題で、別離とも楊柳の木とも関係のない歌詞が作られることがある。つまり楽府の場合、題の意味と内容とは、関係のないことが多いと考えたほうがよい。

「折楊柳行」のような題を**楽府題**という。そして楽府題には、「行」「歌」「曲」などという字のつくことが多い。この場合の「行」とは、歌という意味で、「行く」という動詞とは関係がない。

ただし、音楽には変遷があり、一つの時期に流行しても、まもなく忘れられてしまう曲もある。音譜というもののない昔のことなので、一度忘れられてしまうと、復活はむずかしい。したがって楽府題の中には、早くからうたわれなくなってしまったものもある。しかし詩人たちが楽府のスタイルを真似て作った歌謡の中には、うたうことをはじめから念頭におかず、ただ形式のおもしろさや、題名への興味から、すでにうたわれなくなった楽府題を使って作詞することもあった。だから楽府は、**楽器に合わせてうたうのが原則**ではあるが、専門詩人の作品の中には、例外の含まれることがある。

[例文一五]

①子夜呉歌《しやごか》　李白

②長安一③片ノ月　万戸④擣《う》ツノレ衣ヲ声　秋風吹⑤キテ不レ尽キ
⑥総《す》ベテ是レ⑦玉関ノ情　何《いづ》レノ日カ平ラゲテ二⑧胡《こ》虜《りよ》ヲ一　⑨良人ハ⑩罷《や》メン二遠征ヲ一

書下し文

子夜呉歌《しやごか》　李白《りはく》
長安《ちようあん》一片《いつぺん》の月《つき》　万戸《ばんこ》衣《ころも》を擣《う》つの声《こえ》
秋風《しゆうふう》吹《ふ》きて尽《つ》きず
総《す》べて是《こ》れ玉関《ぎよくかん》の情《じよう》　何《いず》れの日《ひ》か胡虜《こりよ》を平《たい》らげて
良人《りようじん》は遠征《えんせい》を罷《や》めん

語釈

①「子夜呉歌」これが楽府題である。晋《しん》のころ、呉（今の江蘇省）の地方に子夜《しや》という女性があり、そのうたう歌が非常に流行したので、この題ができたという。現在でも「子夜歌」「子夜四時歌」などと題する歌は、かなりたくさん残っている。その楽府題を使って唐の李白が作詞したのが、この作品である。②「長安」唐代の都。今の陝西省《せんせい》西安。③「一片月」一つの月。「一片」はひとかたまりになっているもの、いちめんに平らなものに使う言葉で、「片われ」の意味ではない。④「擣レ衣声」きぬたの音。布を仕立てて着物にするときは、まず布を石などの上におき、木のつちでたたいて、やわらかくした。これを「衣を擣つ」という。「声」は物音、人間や動物の声などを総称する言葉で、ここでは音の意味。秋になると、冬着のしたくが始まるので、どこの家でも「擣衣」を

始める。だから「擣衣声」は秋がたけたこと、冬が近いことをあらわすものとして、詩にしばしばうたわれた。⑤「吹不㆑尽」吹けども吹けども尽きない。また、「吹き尽くさず」と、「尽」を他動詞に読む解釈もある。この場合は下の「玉関情」が目的語になって、「いくら吹いても、玉関の情を全部吹きはらってしまうことはできない」という意味になる。初めの解釈のほうがよいと思うが、あとの解釈にしたがって送りがなをつけた教科書もあるだろう。なお、「不㆓吹《キテ》尽《キ》㆒」とも書けるわけで、訓読すれば「吹不㆑尽」と同じことになるが、意味は違う。前者は単に「吹いて尽きない」の意味だが、後者は「いくら吹いても尽きることがない」の意味になる。同様の例をあげると、「不㆓説《キ》尽《クサ》㆒」は「全部は言いきらない」、「説《キ》不㆑尽《クサ》」は「いくらしゃべっても、語りつくすことができない」の意味である。⑥「総是」二字で「全部ひっくるめて」「結局のところ」の意味をあらわす。⑦「玉関情」「玉関」は玉門関の略称で、今の甘粛《かんしゅく》省の西北端にあった関所。これを西北に出れば、異民族の領地になるので、唐から見れば国境守備の最前線にあたる。その「情」とは、玉関にいる兵士が故郷を思う心のこと。しかし、上の句を「吹き尽くさず」と読めば、「玉関にいる兵士のことを思う心」の意味となる。⑧「胡虜」蛮人ども。「胡」は北方・西北方の異民族の総称。「虜」は異民族を軽蔑《けいべつ》したり、ののしったりするときに使う言葉。⑨「良人」夫。⑩「罷」おしまいにする。

通釈　長安の空には、月だけがただ一つ、さえわたっている。(その下では)どこの家でも、(冬着のしたくのために)きぬたを打つ音がしている。秋風はあとからあとからと、いくら吹いても尽きずに吹きよせる。(西の方から吹いて来る)秋風がもたらすのは、結局のところ、(西北の辺地の)玉関を守る兵士たちの、故郷を思う心なのだ。いつの日に、蛮族どもを討ち平らげて、わが夫は遠征に終止符を打ち、帰って来ることであろうか。

解説

楽府題の詩は、作者自身の体験をうたう必要はなく、まったくの空想で作られることが多い。この詩も出征兵士の妻が、秋の夜に、おそらく戦線にある夫へおくる冬着のしたくをしながら、孤独の淋しさを歎く気持ちをうたっている。李白の時代には、西北の国境地帯はかなり緊張した状態にあったので、徴兵もしきりにおこなわれた。だから、この詩にうたわれた女性の歎きは、どこの家にもあったことだろう。それらの女性の共通の感情を、李白は民謡風の調子でうたったのである。このような楽府では、作中の女性が実際にはどんな人で、李白とどのような関係にあったかなどと考えるのは、意味がない。詩人は大勢の人々の代弁者として、詩を作っているのだから。

詩形についていえば、楽府題の作だから当然古体詩であり、声・情・征が韻をふむ。三字とも下平十四清韻（平水韻ならば庚《こう》韻）に属する。

また、新しい曲ができれば、新しい楽府題もできるわけである。だいたい六朝末から唐の初めを境にして、それ以後にできた楽府題を「新楽府」、以前のものを「古楽府」と名づけて、区別することもある。

三　五言詩の成立

後漢のころに作られた楽府の中には、五言詩の形をとったものが、かなり多い。楽府は曲に合わせて作るので、旋律のぐあいによって一句の字数が不そろいになる傾向を持っていたのだが、おそらく後漢のころの楽曲には、五言の整頓された形を持つ歌詞を要求するものが多かったのだと思われる。

一方、文人たちの中にも、五言の形を行って詩を作るものが、少しずつあらわれ始めた。その作品は楽府題を使わずに、詩の内容を題としているから、うたうことを目的として作られたものではないと思われる。むろん、作品ができたあとから、既製の楽曲の一つをあてはめてうたうことは、可能だったにちがいないけれども。

そして後漢王朝の最末期である建安（一九六―二一九）の時代になると、魏王朝の始祖となった**曹操**《そうそう》（武帝）は、政治家・将軍としてすぐれた手腕を持つ人であったが、文学を愛好し、大勢の文士を招いて、経済上の援助をあたえた。その子の**曹丕**《そうひ》（文帝）・**曹植**《ち》（「そうしょく」とも読む。陳思王）の兄弟もすぐれた詩人であり、皇帝・王の地位にありながら、文学の上では文士たちと対等に交際した。この親子三人のもとに集まった文人の中では、**孔融**《こうゆう》・**陳琳**《ちんりん》・**王粲**《おうさん》・**徐幹**《じょかん》・**阮瑀**《げんう》・**応瑒**《おうとう》・**劉楨**《りゅうてい》の七人が有名であり、**建安の七子**とよばれる。

これらの人たちは、五言の詩形を使って、自分たちの感動・感情を表現する、**抒情詩**《じょじょう》を作った。それは従来の楽府のように素朴なものではなく、当時のすぐれた知識人たちの、内心の告白となっている。五言古詩は、このようにして確立された。

古くからの伝説では、匈奴にとらわれた漢の将軍李陵（一六〇ページ参照）と、匈奴へ使者に立って抑留された蘇武《そぶ》とが出会って、うたいかわした詩が、五言古詩のはじめだとされている。その詩は現在も残っているが、明らかに後世の偽作であって、五言古詩の成立を李陵のときまでさかのぼらせることはできない。

［例文一六］

送ル二応①氏ヲ一　曹植

歩ミテ登リ二北②芒《ばう》ノ坂ヲ一　遥カニ望ム二洛③《らく》陽ノ山ヲ一
洛陽何④ゾ寂⑤寞タル　宮⑥室尽ク焼⑦焚《ふん》セラル
垣⑧《ゑん》牆《しやう》皆頓⑨《とん》擗《ぺき》シ　荊⑩《けい》棘《きよく》上リテ参《まじ》ハルレ天⑪ニ
不レ見二旧《きう》耆⑫《き》老ヲ一　但⑬ダ覩⑭《み》ルノミ二新少⑮年ヲ一
側⑯《そばだ》ツルニレ足ヲ無ク二行径⑰一　荒《くわう》疇⑱《ちう》不⑲二復《ま》タ田《た》ツクラ一
遊⑳子久シク不レ帰ラ　不レ識ラ二陌㉑《はく》ト与ヲレ阡《せん》一
中㉒野何ゾ蕭㉓条タル　千里無シ二人㉔煙一
念《おも》ヒ二我㉕ガ平㉖常ノ居ヲ一　気㉗結ボレテ不レ能ハレ言フコト

書下し文

応氏《おうし》を送《おく》る　曹植《そうち》

歩《あゆ》みて北芒《ほくぼう》の坂《さか》を登《のぼ》り　遥《はる》かに洛陽《らくよう》の山《やま》を望《のぞ》む
洛陽《らくよう》何《なん》ぞ寂寞《せきばく》たる　宮室《きゆうしつ》尽《ことごと》く焼焚《しようふん》せらる

垣牆《えんしょう》皆《みな》頓擗《とんぺき》し　荊棘《けいきょく》上《のぼ》りて天《てん》に参《まじ》わる
旧耆老《きゅうきろう》を見《み》ず　但《た》だ新少年《しんしょうねん》を覩《み》るのみ
足《あし》を側《そばだ》つるに行径《こうけい》無《な》く　荒疇《こうちゅう》復《ま》た田《た》つくらず
遊子《ゆうし》久《ひさ》しく帰《かえ》らず　陌《はく》と阡《せん》とを識《し》らず
中野《ちゅうや》何《なん》ぞ蕭条《しょうじょう》たる　千里《せんり》人煙《じんえん》なし
我《わ》が平常《へいじょう》の居《きょ》を念《おも》い　気《き》結《むす》ぼれて言《い》うこと能《あた》わず

語釈　①［応氏］曹植の部下で、有名な詩人であった応瑒《とう》・応璩《きょ》の兄弟。この詩は、曹植が父の曹操の軍隊に従って西方へ討伐に出たとき、洛陽まで来て、別行動をとる応氏兄弟との別れに贈った作である。②［北芒］洛陽の東北にある山。北山とも芒山ともいい、昔から墓地として知られる。③［洛陽山］実際は洛陽の町を見おろしているのだが、町の背景にある山をも含め、洛陽の全景という意味で、「山」といった。ここは韻をふむところで、「山」以外に適当な字がないためでもある。④［何］ここでは「なんと…なことか」という意味をあらわす助字。⑤［寂寞］ひっそりしたさま。⑥［宮室］家・屋敷。「宮」は日本ではもっぱら宮殿の意味に使われるが、本来の意味は「家」「建物」である。⑦［焼焚］焼きはらう。洛陽は後漢の都だったが、戦乱のために焼野原となり、都は東北の鄴《ぎょう》へ移っていた。⑧［垣牆］かきねと土塀。⑨［頓擗］「頓」は崩壊する。「擗」は破裂する。⑩［荊棘］いばら。⑪［参ㇾ天］天にとどくほどである。⑫［耆老］老人。⑬［但］「ただ…だけ」という意味をあらわす助字。⑭［覩］見る。意味はほぼ「見」に同じ。⑮［少年］若者。⑯［側ㇾ足］つまさきで歩く。道が荒れているのでふつうの歩き方では通れないのである。⑰［径］小道。⑱［疇］田の畔《くろ》。⑲［不㆓復田㆒］さっぱり耕作していない。ここの「田」は動詞で、田をたがやすこと。「不復…」の構文は、「どうも…しない」「さっぱり…しない」「それきり…しない」といった意味をあらわす。「復」は訓読では「また」と読むが、「不復…」の構文のときは、「ふたたび…しない」という意味になることは非常に少ないのであって、「不」の打消を強めるはたらきを持つ助字と考えたほうがよい。⑳[遊子] 郷里を離れている人。旅人。ここでは応氏兄弟をさす。㉑[陌与レ阡] 東西に通ずる道を陌といい、南北のものを阡という。ここでは両方を合わせて、道路の意味。㉒[中野] 野原の中央。㉓[蕭条] うらさびしいさま。㉔[人煙] 人間が立てる煙。炊事の煙など。「煙」は気体の総称だから（例文一〇語釈⑮参照）、そのなかで人間によって発生する煙という意味。それが無いとは、人間が住んでいないことをあらわす。㉕[我] 曹植自身。また、曹植が応氏にかわって言ったもので、応氏をさすとする説もある。㉖[平常居] ふだんのすまい。曹植の家は、もとは洛陽にあった。㉗[気結] 胸がいっぱいになること。

通釈　歩いて北芒の坂道を登り、遥かかなたに洛陽の山々をみわたす。洛陽の町は、なんとさびしいことか。住宅はすべて焼き払われ、垣も塀もみな倒れくずれてしまい、（荒地に生える）いばらだけが生い茂って、天にもとどくばかりである。昔なじみの老人の姿は見あたらず、近ごろ住みついた若者たちの姿を見かけるだけである。つまだちして歩こうにも、歩けるような道もないし、荒れほうだいの畑は、いっこうに耕されていない。君たちは他郷に旅して、長い間帰らなかったので、どの方角へ行くにも、道が見わけられないことだろう。野原の中は、なんとうらさびしいことか。千里四方にわたって、人が立てる煙も見えない。私がふだん住んでいた屋敷を思うと、胸がいっぱいになって、ことばも出ない。

解説 荒野と化した古き都を悲しむ、痛切な感情のこめられた詩である。表現も内容も、もはや民謡の素朴さからぬけ出している。詩形は完全な五言古詩で、偶数句が整然と韻をふみ、**一韻到底**の形になっている。押韻は、天・年・田・阡・煙が下平一先の韻だが、山は上平二十八山、焚は上平二十文、言は上平二十二元と、三字だけ近体詩では許されない通押がしてある。このようなことは、中国語の発音の歴史について多少とも専門的な知識を持っていなければ十分な理解はできないのであって、高校の漢文学習では、日本語で読んだときにサン・フン・テンなど、おしまいにnの音がつくから韻をふんでいるのだ、という程度に理解しておけばよい。

ただし、それなら第一句の「坂」も、nがつくから韻をふんでいるではないかということになりそうだが、この字は上声二十阮《げん》の韻で、たしかに言など近い音なのだが、四声が違うから、韻をふんだことにはならない。これも、字づらだけいくら見たところで、わかるはずのない問題なのだ。結局、押韻ということは詩を鑑賞するのにたいせつなことにはちがいないのだが、高校の漢文学習では、よほど特別の興味を持つ人でないかぎり、韻にこまかく頭を使う必要はない。使ったところで、しろうと考えではむだな努力に終ってしまうのである。

四　駢文の成立

賦は、何よりも華麗さを生命とする文学だった。そういう文学がもてはやされ、文学の中心的地位を占めたのは、当時の文壇の中心地だった宮廷の人々の好みに合ったからである。そのような好みは、もちろん賦だけではなく、他の文学形式にも及んでくる。詩も、やがては同じ傾向を持つようになるのだが、それはあとで書こう。漢魏の詩は、さっき書いたように、まだ五言詩の成立過程の段階にとどまっていたからである。

詩よりも一歩早く、文章が、後漢のころから華麗な方向へと足を踏み出しはじめた。つまり、駢文が発生してきたのである。これもやはり、いつごろ、誰によって作り出されたと言えるようなものではない。先ず宮廷の中で使われる文章、たとえば天子が発する詔勅とか、天子に差出す上奏文とかが、なるべく形式のととのった、調子のよい文体と華麗な表現を持つものになった。その手本になったのが辞賦であって、要するに辞賦から韻を省いた文章が、宮廷の中で通用するようになったのである。

そうなれば、前漢の時代に書かれた「史記」などは、内容は別として、文体の上では先秦の散文を引きついだものだから、まだ素朴であり、野暮くさい。誰もが新しくて気のきいた駢文を書くことに熱中するようになり、駢文は宮廷を出て、当時の貴族・大官をはじめ、かれらの周囲に集まる人々の間で、広く通用した。そして次の六朝になって、さらに成熟する。

第六節　六朝の詩文

一　六朝の詩文

中国が南北朝に分かれたあと、北朝の治下では、異民族による支配なので、文学はあまり栄えなかった。ただ北朝の民衆の間にうたわれた楽府が、北方の雄大できびしい自然や、その中に生きる人々の感情を詠じた秀作を残している程度である。

［例文一七］　勅勒歌

①勅勒ノ川　②陰山之下《もと》　天ハ似テ二③穹廬《きゆうろ》ニ一　④籠《ろう》二レ蓋《がい》ス⑤四野ヲ一
天ハ⑥蒼《さう》蒼　野ハ⑦茫《ばう》茫　風吹キ草⑧低《た》レテ見ル二牛羊ヲ一

書下し文

勅勒歌《ちよくろくか》
勅勒《ちよくろく》の川《かわ》　陰山《いんざん》の下《もと》　天《てん》は穹廬《きゆうろ》に似《に》て　四野《しや》を籠蓋《ろうがい》す
天《てん》は蒼々《そうそう》　野《の》は茫々《ぼうぼう》　風《かぜ》吹《ふ》き草《くさ》低《た》れて牛羊《ぎゆうよう》を見《み》る

語釈　①［勅勒］陰山山脈の北方、バイカル湖の南に至る一帯の平原の名。②［陰山］中国と蒙古との境界をなす山脈。③［穹廬］円形のテント。遊牧民族の住居で、パオとよばれる。「穹」はアーチ形、「廬」は住居の意味。④［籠蓋］籠をかぶせたように、すっぽりと上からおおうこと。⑤［四野］四方の野原。⑥［蒼蒼］「蒼」は日本の訓では「あお」だが、ブルーの色ではない。もっと濃色で、黒味がかるくらいに見える青のこと。また、灰色に近い青をいうこともある。よく晴れた空を見るとき、深い紺青で、むしろ暗い色のような感じを受けることがあるだろう。「蒼」とは、そのような色をいうのである。⑦「茫茫」はてしなく広がるさま。⑧「低」ここでは動詞で、低くなること。

通釈 勅勒の大平原を流れる川のほとり、陰山のふもとのあたり。（そこでは）大空は丸い天幕のように、四方の原野におおいかぶさる。天はどこまでも青く、野はひろびろとはてしない。風が吹き過ぎれば草がなびいて、（放牧されている）牛や羊の姿があらわれる。

解説 この詩は勅勒のあたりを遊牧していた鮮卑《せんぴ》という種族の間でうたわれていたもので、当然、鮮卑語だったのを、北斉の斛律《こくりつ》金《きん》という人が中国語に訳したものだという。つまり翻訳詩なのだが、北方の**大草原の中に生きた人々の姿**を思わせる、壮大な感じの名作である。

完全に民間から生まれた歌なので、表現は素朴であり、一句の字数も一定しない。韻はまず下と野、それから換韻して、蒼・茫・羊が韻になる。こうした押韻法は不規則なもので、いっそうこの歌の素朴さを感じさせる。

北朝の人たちも、文学に関しては、南朝にコンプレックスを感じていたらしい。六朝末期に、梁の一流詩人だった**庾《ゆ》信《しん》**が北周へ使者に行き、抑留されてそのまま北周に帰化したときは、北周の詩人たちが争って庾信に指導を仰いだという。

だから南北朝の文学は、南朝に中心をおいて見なければならない。そして南朝では、詩を作ることが身分のある人のたしなみとされ、詩は辞賦とならんで、文学の中心を占めるようになった。

しかし、南朝の貴族社会の中では、詩人たちの態度にも、自然と一つの偏向が生ずる。だいたい、建安の七子や曹丕《そうひ》・曹植らの五言詩は、楽府のように大衆的なものではなく、かれらの間で観賞することを目的としていたから、内容も表現も、楽府よりは格段にむずかしくなっていた。それが南朝の貴族社会にはいると、いっそう度を強めて、**貴族たちのエリート意識を満足させるためのもの**となってしまった。すなわち、貴族たちの間の文学は、教養をじまんにして、わざとわかりにくい表現をしてみたり、故事をたくさん引用したりする。また気のきいた表現や、しゃれた思いつきなどが、高く評価されるようにもなった。

そして詩の題材も固定した。日本でも、平安朝の公卿たちが作った和歌には、花鳥風月だの雪月花だのといって、風雅な題材をうたったものが多い。中国でも同じことで、なるべく風流で上品な詩を作ろうとするために、誰の詩を読んでも、同じような題材ばかりがたくさん出て来るのである。

だから**南朝の詩人たち**は、詩の内容よりも、**表現のほうに力をそそいだ**。内容は誰でも同じようなものしかうたわないのだから、優劣の差は、表現技術によってきまるわけである。このために、六朝を通じて詩を作る技術は非常に発達したが、内容はどれも大差がなく、後世の人から、六朝の詩は外側ばかりで中味は空《から》だと悪口を言われるようになってしまった。

むろん、六朝においても、謝霊運《しゃれいうん》・謝朓《しゃちょう》・鮑照《ほうしょう》など、すぐれた詩人がなかったわけではない。その中で特に有名なのが、陶潜《とうせん》である。

陶潜（三六五？—四二七）は字《あざな》は淵明《えんめい》。一説には、淵明を諱《いみな》とし、字を元亮《げんりょう》とする。潯陽《じんよう》（今の江西省九江）の人。諱と字について二説あるのは、かれについての伝記がはっきりしないためで、それはまた、かれが確実な伝記を残されるほどの、格式のある家がらの出身ではなかったことを示す。

もっとも、かれの曽祖父にあたる陶侃《とうかん》は、西晋の名将とうたわれた人物で、大将軍にも任命され、貴族社会の一員だった。だがそれも、陶侃一代で獲得した地位であり、いわば成りあがりものなので、ほかの貴族たちからは、あまり尊敬されなかったし、陶侃の死後はまた没落してしまったらしい。

陶潜（淵明）

だから陶潜は、曽祖父の遺産として残されたわずかの土地を潯陽に持つ、小地主であった。その土地から得られる収入だけでは、かれの一家（大家族制のもとでは、相当の人数があったと思われる）の生計をささえきれなかったらしい。

そこでかれは官僚になり、月給を取ろうとした。官界での履歴もはっきりしないが、江《こう》州（潯陽は県名で、江州に属する）の主簿《しゅぼ》などの地方官となり、また、帝位をうかがう野心を持っていた将軍桓玄《かんげん》の幕僚となったこともある。しかし、どの職も長続きしなかった。かたくるしい官僚生活が、かれの性格に合わなかったためであろう。

四十一歳のとき、かれは郷里に近い彭沢《ほうたく》県の令となった。しかし、わずか八十日あまりで辞職し、郷里へ帰ってしまう。このときに作られたのが、有名な「帰去来《ききょらい》の辞」である。かれ自身の説明によると、妹が死んだため、すぐに駆けつけようとして辞職したのだというが、これは辞職の動機として十分なものとは思えない。一説によると、郡の上官が視察に来たので、県令は盛装して出迎えなければならない規則になっていたが、陶潜は「吾《われ》五斗米の為《ため》に郷里の小人に事《つか》ふること能《あた》はず（おれはわずかな月給をかせぐために、郷里の小僧〔郡の上官をさす〕などに頭を下げることはできない）」と言い、即座に辞職したのだともいう。これは伝説であるが、あるいはそのような事実があったのかもしれない。

以後、かれは郷里の家にひきこもったきり、貧乏だが自由な生活を送った。そして農村の生活や、自分の貧乏なくらしを、自由な態度で詩に作った。しかしかれは、ただの世捨て人ではなかった。かれが五十六歳のとき、東晋王朝は滅亡して劉宋王朝にかわったのだが、かれの詩の中には、東晋末の乱世に対する嘆きや、東晋を亡ぼした劉宋に対する怒りと抗議を表現したものがある。かれは**政治と社会に対する強い関心**を抱き続けていたのであった。
　こんなわけで、陶潜の詩には、当時の貴族たちの風流な詩から見れば、型破りな点が多い。だからかれは、当時の詩壇においては、風変りな詩人としてしか認められなかった。梁の鍾嶸《しょうこう》の「詩品」は、漢以後の詩人を上・中・下の三クラスに分けて評論したものだが、陶潜は中の部に入れられている。かれの詩が第一級のものと評価されるようになったのは、唐の李白・杜甫が出て以後であり、さらにその評価が固定したのは、宋にはいってからであった。

〔例文一八〕

責ムレ子ヲ　　　陶潜

白髪①被《かうむり》二両鬢《びん》ニ一　肌《き》膚不二②復《ま》タ実ナラ一
③雖モレ有リト二五男児《じ》一　④総《すべ》テ不レ好マ⑤二紙筆ヲ一
⑥阿《あ》舒《じよ》ハ⑦已ニ⑧二八ナルニ　⑨懶《らん》惰⑩故《もと》ヨリ⑪無シレ匹《たぐひ》
阿宣ハ⑫行《ゆくゆく》⑬志学ナルニ　而モ不レ愛セ⑭二文術ヲ一
雍《えう》ト端ハ年十三ナルモ　⑮不レ識ラ二六ト与《と》ヲ一レ七
通子ハ⑯垂《なんなん》トスルモ⑰二九齢ニ一　但《た》ダ⑱覓《もと》ム二梨ト与レ栗《くり》ヲ一

⑲天運　⑳苟《いやし》クモ如《ごと》クンバレ此《か》クノ　㉑且《しばら》ク㉒進メン二杯中ノ物ヲ一

書下し文

子《こ》を責《せ》む　陶潜

白髪《はくはつ》両鬢《りょうびん》に被《こうむ》り　肌膚《きふ》復《ま》た実《じつ》ならず
五男児《ごだんじ》有《あ》りと雖《いえど》も　総《す》べて紙筆《しひつ》を好《この》まず
阿舒《あじょ》は已《すで》に二八《にはち》なるに　懶惰《らんだ》故《もと》より匹《たぐい》無し
阿宣《あせん》は行《ゆ》くゆく志学《しがく》なるに　而《しか》も文術《ぶんじゅつ》を愛《あい》せず
雍《よう》と端《たん》とは年十三《としじゅうさん》なるも　六《ろく》と七《しち》とを識《し》らず
通子《つうし》は九齢《きゅうれい》に垂《なんな》んとするも　但《た》だ梨《なし》と栗《くり》とを覓《もと》む
天運《てんうん》苟《いやし》くも此《か》くの如《ごと》くんば　且《しばら》く杯中《はいちゅう》の物《もの》を進《すす》めん

語釈

①［被］おおう。かぶさる。②［不二復実一］さっぱり充実していない。「不復」は例文一六語釈⑲参照。③［雖］ここは「…けれども」の意味。④［総］総じて。みんな。⑤［紙筆］学問のための道具、ひいては学問のこと。⑥［阿舒］陶潜の息子の名。ただし「舒」が本名で、「阿」は名前の上につける愛称で、男女ともに用いる。日本語ならば、民子をお民といったり、良夫を良ちゃん・良坊などという言いかたに相当する。⑦［已］もう。とっくに。同じく「すでに」と読むが、「既」との相違は、例文二〇語釈②参照。⑧［二八］十六歳。⑨［懶惰］なまける。⑩［故］前から。もともと。⑪［無レ匹］ならぶものがない。「匹」はなかま。同類。⑫［行］そのうち。いずれ。この意味の場合、訓読では「ゆくゆく」と読む。ふつうならば「ゆく」と読むべき字を、ダブらせて

読むのだから、「行」の右下に「と」の印をつけて、そのことを示す。「看ㇳ——みすみす」なども、同じ例である。つまり「ㇳ」は訓読の便宜上つけた符号だが、レや一・二の返り点とは違い、これがなければ訓読できないというほどのものではない。漢文教科書の中には、この印を使わないものもある。⑬[志学] 十五歳のこと。「論語」に「吾十有五ニシテ而志ス二於学ニ一」とあるのにもとづく。⑭[文術] 文章や学問。⑮[不レ識二六与一レ七] 六と七との見わけもつかない。「識」は見わけること。六と七との足し算がわからないとする説もある。⑯[垂] …になりそうだ。いまにも…しようとしている。⑰[九齢] 九歳。⑱[覓] たずね求める。さがし求める。「求」が要求を意味するのとは、少し違う。⑲[天運] 天がさだめた運命。⑳[苟] 強い仮定をあらわす助字。もしもほんとうに…なら。㉑[且] ひとまず。まあまあ。例文一一語釈㉓参照。㉒[進二杯中物一] 酒を飲む。「杯中物」は、さかずきの中にあるものの意味で、酒のこと。「進レ酒」は酒を手にとること、つまり酒を飲むこと。

通釈 私はもう白髪が両方の耳のきわにかぶさり、皮膚もすっかりたるんでしまった。五人の男の子をもうけたけれども、みんな勉強ぎらい。舒坊はもう十六歳だというのに、小さい時からの無類のなまけもの。宣坊はやがて十五になろうとするのに、(学問に志すどころか)文学・学問が大きらい。雍と端とは十三歳だが、六と七の区別もわからない。通はもうすぐ九つなのに、梨や栗ばかりさがしまわっている。天のさだめた運命が、ほんとうにこうしたものだとするのなら、まあまあ、酒でも飲むとしようか。

解説 こうした日常生活の中から詩の題材を選んでいるのが、陶潜の詩の特色である。すこしも風流な題材ではないから、当時の貴族たちの目から見れば、およそ詩らしくない詩と評価されたわけである。しかし陶潜は、他人がどう言おうと、自分の見たままを、または言いたいことをそのままに、詩にうたった。

詩形は五言古詩で、偶数句が一韻到底の形で押韻してある。

上古から六朝末までの詩を集めた本は、たくさん作られているが、清《しん》の沈徳潜《しんとくせん》の**「古詩《こし》源《げん》」**十四巻、清の張玉穀《ちょうぎょくこく》の**「古詩賞析《しょうせき》」**二十二巻が最も手ごろなので、よく読まれた。二つとも専門家むきのものではなく、入門書・教科書として編集されたものだが、歴史の部の「十八史略」と同様に、日本では専門の漢学者の間でも愛読された。このほかに、あとで書く**「文選《もんぜん》」**は専門的な本だが、漢魏以後の詩を選んである。また、梁の徐陵《じょりょう》が作った**「玉台《ぎょくだい》新詠集」**は、主として六朝末期の甘美な詩を選んでいる。

二　六朝の賦と駢文

賦も駢文も、六朝にはいっそう栄え、華麗をきわめたものとなった。詩のところで書いたように、六朝の貴族社会においては、こうした傾向が生まれるのは当然のことだったし、その結果、賦も駢文も外側の飾りばかりに気をとられて、中味のほうはいいかげんになってしまったのも、詩と同様である。しかし、こうした文学を作っていた人々の間には、**文学とは美しいものでなければならない**、読者に美感をあたえるものでなければならないという理論が、強く信じられていたのである。

だから、かれらの間では、駢文《べん》（二〇五ページ参照）は芸術だが、散文は芸術ではないと考えられていた。この考えかたにしたがえば、「史記」「漢書」の伝統を継ぐ歴史書は、散文で書いてあるので、芸術ではないということになってしまう。つまり、文学の芸術性は、外観によって決定されるわけであった。

これは妙なことのようだが、現在でもわれわれは、新聞にのっている小説を文学だと考えるけれども、政治・経済の記事やスポーツ記事・社会面の記事を、文学とは言わない。それならば、文学と文学でないものとの境界はどこかと言われたら、たぶん答えに困る人が多いだろう。六朝人はそこをはっきりと割切って、駢文という規格にはまっていれば文学、そうでなければ文学でないと、きめたわけである。

こうした立場によりながらも、文学とは単に外形だけで評価されるものではなく、内容もたいせつなのだということを考慮して編集されたのが、梁の蕭統《しょうとう》の「文選《もんぜん》」である。

蕭統（五〇一―五三一）は梁の初代の天子武帝の長男として生まれ、皇太子となったが、帝位につかないうちに若死にした。諡《おくりな》を昭明《しょうめい》太子という。文学が好きで、東宮御所の中に館《やかた》を建て、当時の有名な文人を集め、詩文を作りあった。「文選」はこれらの文人の協力を得て編集したものらしく、全部で三十巻（唐代に注ができ、六十巻にふえた）、古来の賦・詩・文の名作を内容別に分類して集めてある。六朝以前の文学の選集では最もすぐれたものとして重要視され、研究者の数も多く、「文選学」という学問までできたほどだった。日本でも、平安朝の公卿《くげ》の間で広く読まれた。

清少納言も、「文は、文集《もんじゆう》。文選。博士の申文《もうしぶみ》。」（枕草子）と言っている。文集とはあとに書く「白氏文集」（五四一ページ参照）、申文とは官位の欠員があったとき、それに任じてもらいたいと朝廷に申請する文書のことで、これらが読むべき文章だというのである。

三　近体詩の成立

六朝末期までの詩は、ほとんど全部、**五言古詩**《ごごんこし》だったといってよい。楽府の中には七言のものもあり、詩人がその詩形を使って七言古詩を作ったこともあったが、数はきわめて少なかった。

一方、詩の表現技術が進歩するにつれて、文字の使いかたや、一句の中の平仄《ひょうそく》の排列について一定の規則を作ろうとする動きがおこった。それをまとめたのが、梁の**沈約**《しんやく》の「**四声八病**《しせいはっぺい》**の説**」である。この内容は専門的な問題になるので省略するが、主として平仄・韻に関し、八つの禁止規定を作って、これに違反すると詩の調子が悪く、読みづらくなるとしたものであった。

四声八病の説は、ほかの詩人たちによって、すぐに守られたわけではない。しかし、詩の調子をよくしようというのは、詩人すべての念願だったから、同じような規定がほかでも作られるようになった。それらの規定の中で、大勢の詩人によって守られ、自然に固定したものが、近体詩の規定である。もちろん、そうなるには長い年月を必要とするのであって、近体詩がはっきりした形をとるようになるのは、沈約から二百年ほどおくれた、唐の沈佺期《しんせんき》・宋之問《そうしもん》らの時代であった。そこで、この二人は律詩の元祖といわれているが、二人がはじめて律詩を作り出したわけではない。それまでの詩人たちの努力が、この二人になって、実を結んだわけである。

そして七言詩は、近体詩においては五言詩と肩をならべる重要な詩形となった。七言詩は五言詩とくらべて、韻律も複雑であり、一句の字数が多いために、複雑な事象・感情も表現できる。したがって唐・宋以後、七言詩の比重はしだいに増大していった。

第七節　唐の詩文

一　初唐の詩人

唐は北朝の系統を引く王朝で、政治の面ではかなり北朝の制度を採用したが、文学は前にも書いたように、南朝のほうが進んでいたので、唐初の文学は南朝出身の人々に主導権を握られ、貴族風な文学が、まだ継続した。

唐の詩は、初唐・盛唐・中唐・晩唐の四期に区分される。初唐は唐の初めから玄宗の即位までの約百年間で、六朝詩の延長線上にありながらも、それに北朝の剛健さを加えた、新しい詩風が芽ばえた時期であった。

その詩風を代表する詩人としては、王勃《おうぼつ》・楊炯《ようけい》・盧照鄰《ろしょうりん》・駱賓王《らくひんのう》の四人があって、初唐の四傑《しけつ》とよばれる。いずれも名門の出身ではなく、官僚としてはあまり出世できなかったが、詩壇に新風をおこした。また初唐後期では、沈佺期《しんせんき》・宋之問《そうしもん》・蘇頲《そてい》らの宮廷詩人が、華麗な作品を残した。さっき書いたように、沈・宋の二人のころから近体詩、ことに律詩が形をととのえてきたので、二人は律詩の創始者といわれる。

宋之問の舅になったのが、「代㆘悲㆓白頭㆒翁㆖」などの七言古詩によって知られる劉希夷《りゅうきい》（六五一―六七九？）である。字《あざな》は庭芝《ていし》（一説には諱《いみな》が庭芝）。進士にはなったが、酒が好きで、放縦な生活を送った。「代㆘悲㆓白頭㆒翁㆖」の中にある「年年歳歳花相似、歳歳年年人不㆑同」の句を宋之問が読んで感心し、自分にゆずれと言ったが、希夷は拒絶した。之問は腹をたてて、下男に命じ、希夷を土嚢《どのう》でおし殺させたという。

［例文一九］

①代《ル》㆘悲《シム》㆓白頭《ヲ》㆒翁《ニ》㆖　　劉希夷

洛陽城②東桃③李《ノ》花　　飛《ビ》来《リ》飛《ビ》去《ツテ》落《ツル》㆓誰《たガ》家《ニカ》㆒

洛陽《ノ》女児惜④《シミ》㆓⑤顔色《ヲ》㆒　　⑥行ゝ《ゆくゆく》逢《ヒテ》㆓落花《ニ》㆒⑦長歎息《ス》

今年花落《チテ》⑧顔色改《マリ》　　明年花開《クモ》⑨復《タ》誰《たれカ》在《ル》

已ニ見ル松⑩柏ノ摧《くだ》カレテ為ルヲレ薪《たきぎ》ト　更ニ聞ク桑⑪田ノ変ジテ成ルヲレ海ト
古人無⑫クニ復タ洛城ノ東ニ一　今人還⑬《まタ》対スニ落花ノ風ニ一
年年歳歳花相似タリ　歳歳年年人不レ同ジカラ
寄⑭スレ言ヲ全盛ノ紅顔子　応⑮《まさニ》ベシレ憐レム半死ノ白頭翁
此ノ翁白頭真ニ可シレ憐レム　伊⑯《こレ》昔紅顔ノ美少年
公⑰子王孫芳樹ノ下　清歌妙舞落花ノ前
光⑱禄ノ池台開⑲キニ錦繡《しゅう》ヲ一　将⑳軍ノ楼閣画クニ神仙ヲ一
一㉑朝臥《ふシテ》レ病ニ無クニ相㉒識一　三㉓春ノ行楽在ルニ誰ガ辺ニカ一
宛㉔《えん》転タル㉕蛾《が》眉《び》能ク幾時ゾ　須㉖《しゅ》臾《ゆ》ニシテ㉗鶴髪乱レテ㉘如シレ糸ノ
但㉙ダ看ル古来歌舞ノ地　惟《た》ダ有ルノミニ黄㉚昏鳥雀ノ悲シム一

書下し文

白頭《はくとう》を悲《かな》しむ翁《おきな》に代《かわ》る　劉希夷《りゆうきい》

洛陽城東桃李《らくようじようとうとうり》の花《はな》　飛《と》び来《きた》り飛《と》び去《さ》って誰《た》が家《いえ》にか落《お》つる
洛陽《らくよう》の女児《じよじ》顔色《がんしよく》を惜《お》しみ　行《ゆ》くゆく落花《らくか》に逢《あ》いて長歎息《ちようたんそく》す
今年花落《こんねんはなお》ちて顔色改《がんしよくあらた》まり　明年花開《みようねんはなひら》くも復《ま》た誰《たれ》か在《あ》る

已《すで》に見《み》る松柏《しょうはく》の摧《くだ》かれて薪《たきぎ》と為《な》るを　更《さら》に聞《き》く桑田《そうでん》の変《へん》じて海《うみ》と成《な》るを
古《こ》人《じん》復《ま》た洛城《らくじょう》の東《ひがし》に無《な》く　今人《こんじん》還《ま》た落花《らくか》の風《かぜ》に対《たい》す
年年歳歳花相似《ねんねんさいさいはなあいに》たり　歳歳年年人同《さいさいねんねんひとおな》じからず
言《げん》を寄《よ》す全盛《ぜんせい》の紅顔《こうがん》の子《こ》　応《まさ》に憐《あわ》れむべし半死《はんし》の白頭翁《はくとうおう》
此《こ》の翁白頭真《おうはくとうしん》に憐《あわ》れむ可《べ》し　伊《こ》れ昔紅顔《むかしこうがん》の美少年《びしょうねん》
公子《こうし》王孫芳樹《おうそんほうじゅ》の下《もと》　清歌《せいか》妙舞落花《みょうぶらくか》の前《まえ》
光禄《こうろく》の池《ち》台錦繡《だいきんしゅう》を開《ひら》き　将軍《しょうぐん》の楼閣神仙《ろうかくしんせん》を画《えが》く
一朝病《いっちょうやまい》に臥《ふ》して相識無《そうしきな》く　三春《さんしゅん》の行楽《こうらく》誰《た》が辺《へん》にか在《あ》る
宛転《えんてん》たる蛾眉《がびよ》能く幾時《いくとき》ぞ　須臾《しゅゆ》にして鶴髪乱《かくはつみだ》れて糸《いと》の如《ごと》し
但《た》だ看《み》る古来歌舞《こらいかぶ》の地《ち》　惟《た》だ黄昏鳥雀《こうこんちょうじゃく》の悲《かな》しむ有《あ》るのみ

語釈　①［代㆘悲㆓白頭㆒翁㆖］ふつうに読むと、「白頭を悲しむ翁にかわって、作者が作ってやった詩」という意味になりそうだが、ほんとうは、そうではない。古詩または楽府で、題の最初に「代」または「擬《ぎ》」の字がつくものが多く、それは先行する作品があって、その詩意に感じて新しく同様の詩を作ったときにつける題名である。たとえば「明月何ソ皎《こう》皎《こう》タル」という題の古い詩があり、晋の詩人陸機がその詩の主意をまねて作った詩は、「擬明月何皎皎」と題されている。この場合も、「悲㆓白頭㆒翁」という題の詩がすでに存在していたので、それを学んで作ったものということになるのだが、ただ「悲㆓白頭㆒翁」という先行作品は、見つかっていない。楽府題に「白頭吟」というのがあるので、あるいはそれを、こう言いかえたのかとも思われる。②［**洛陽城**］洛陽の町。城壁にかこまれた町を「城」という。日本の「しろ」とは違う。③［桃李］桃とすもも。中国では桜はなかったので、桃李が春を象徴する花であった。④［惜］今の日本語の意味とは違って、たいせつにする、心からかわいがる、といった意味。⑤［顔色］これも「かおいろ」というよりは、容貌、かおつきの意味に使われることのほうが多い。⑥［行］ここでは「歩きながら」の意味。例文一八語釈⑫の「行」が時間の経過をあらわすのとは違う。⑦［長歎息］長いためいきをつく。⑧［顔色改］顔つきが変る。年をとって、容色がおとろえることをいう。⑨［復］ここでは下の疑問詞「誰」を強め、「いったい誰が」という意味をあらわす助字。⑩［松柏］中国ではこの二種類の木を墓のわきに植える風習があった。ただし「柏」はカシワではなく、針葉樹で、日本ではコノテガシワという木にあたる。⑪［桑田変成レ海］桑畑が海に変ってしまう。中国の古い伝説に、ある人の家へ仙人たちが来て宴会をしたが、かれらが話しあうのを聞けば、「久しく君に会わないうちに、桑畑が海になり、また桑畑になる変化を、三度くりかえすのを見た」と語った、というのがある。仙人は永遠の生命を持つものだから、その目から見ると、俗世は絶えず変化しているものなのである。これから「滄桑《そうそう》の変」という成語ができた。滄（海）が桑畑になるような大変事という意味である。⑫［無復…］前の「不復」（例文一六語釈⑲）と同じく、「もはや…ない」という意味で、「復」は強調をあらわす。⑬［還］これも訓読ではやはり「また」と読むが、「やはり」「なお」といった意味をあらわす助字。⑭［寄レ言］言葉をおくる。申しあげますよ、と念をおすような気持を持つ言葉。⑮［応］たぶん…だろう、おそらく…にちがいない、という意味をあらわす助字。同じく「まさに…べし」と読む助字で「当」があるが、これは「…すべきだ」「…にちがいない」という意味で、「応」よりも語調が強い。⑯［伊］三人称代名詞で、「彼」または「彼女」のこと。ただし、強調の意味を持つ助字とも解釈できる。⑰［公子王孫］身分のある人の子弟。実際に「公の子」や「王の孫」でなくとも、名門や富豪の子弟を、こう呼んだ。

⑱[光禄池台]光禄は官名。漢の光禄大夫だった王根《おうこん》は、皇后の一族で、ぜいたくな生活を送り、邸内の池に台を築き、華麗な建物をその上に作った。ここでは、その王根の池に築いた台のような、みごとな台という意味。⑲[開二錦繡一]「錦」はにしき、「繡」は縫いとりをした絹。それをひろげて、豪華な宴会をすること。⑳[将軍楼閣画二神仙一]後漢の大将軍梁冀《りょうき》は皇后の兄で、ぜいたくな生活をし、大きな屋敷を建てて、その壁に神仙の像を描かせたという。「楼」は展望のために作った高い建物、「閣」は大邸宅。「神仙」は神々や仙人。㉑[一朝]ひとたび。㉒[相識]顔見知りの人。知人。㉓[三春]春の三カ月。正月・二月・三月のこと。㉔[宛転]くねくねと曲がったさま。美人のしなやかな姿態の形容によく使われるが、ここでは美しい曲線の形容。㉕[蛾眉]美人の眉、ないしは美人そのものをさす。もっとも、なぜ蛾が美人の眉にたとえられるのか、昔からいろいろと説があって、一定しない。蛾の触角がふさふさして美しいからだともいい、「蛾」は実は「娥(美人)」の誤りだともいう。㉖[須臾]たちまちのうちに。あっというまに。㉗[鶴髪]鶴の毛のように白い髪。しらが。㉘[乱如レ糸]もつれた糸のように乱れる。㉙[但看]見れば、…だ。㉚[黄昏]たそがれ。夕方。

通釈　洛陽の町の東に咲く桃や李《すもも》の花は、飛んで来たかと思うとまた飛び去って、どこの家に舞い落ちるのであろうか。洛陽の若い娘は(若さにあふれた美しい)わが容顔をいとおしむので、道を歩きながら花の散るのに会い、長いためいきをつく。今年の花が散れば(春が過ぎれば)、それだけ容色はおとろえてゆく。来年、また花が咲いても、いったい誰が健在だと保証できるだろうか。(墓に植えられた)松や柏も、伐採されて薪《まき》になってしまうことは、もうわれわれが経験していることだ。そのうえ、聞くところでは、桑畑も海に変ってしまうのだという。(落花をながめた)昔の人は、もはや洛陽の町の東にはいない。そして現代の人が、やはり同様に、花を散らす風と向かいあっている。年ごとに咲く花の姿は同じようだが、年ごとにそれを見る人間は違っているのだ。私は言いたい、いまが人生の最盛期にある、紅顔の若者たちよ。君たちはたぶん、半分死にかかったような白髪《しらが》あたまの老人をあわれに思うだろう（ここは、「あわれに思いなさい」と解することもできる）。（この老人の白髪あたまは、ほんとうにかわいそうだ。だが、この人も昔は、紅顔の美少年だったのだ。りっぱな家がらの子弟にまじって、かぐわしい花の咲く木の下に立ち、花の散る前で、清らかにうたい、みごとに舞った。光禄大夫の家のような美しい池台で、錦や絹をひろげたみごとな宴会を開き、大将軍の邸宅のような楼閣を建てて、神仙の像を描かせたものだった。だが（その人が）いったん病気の床につくと、もうつきあってくれる知人もなくなり、春三カ月間の行楽も、誰のところへ行ってしまったのか（もうこの老人のところにはない）。だいたい、美しい眉をほこる（若さの）時期は、どれだけ続かせることができるであろうか（いくらも続かないのだ）。あっというまに、白髪が糸のように乱れてほつれかかるのだ。見れば、昔から歌舞がおこなわれた遊楽の地は（人かげもなく荒れはてて）、夕暮れになれば、雀などの鳥が悲しげにさえずっているのが見えるだけである。

解説　華麗な言葉をつらね、甘美なムードをただよわせながら、全体には人生無常という、さびしい感傷が流れている。初唐の詩風の一面を代表する名作である。

詩形は典型的な七言古詩で、複雑な換韻法をとる。すなわち、花・家」色・息」改・在・海」東・風・同・翁」憐・年・前・仙・辺」時・糸・悲（」のところで換韻）となっており、同じ韻の部分が意味上でも一つのグループを形成している。

初唐の詩人たちは、程度の差はあっても、六朝風の華美・甘美な詩風を持っていたが、その中で一人だけ、男性的で力強い詩を作った詩人がある。**陳子昂**《ちんすごう》（六六一―七〇二）、字は伯玉《はくぎょく》で、四川省の金持ちの子であり、若いころは任俠のむれの中にはいっていたが、のちに学問を始め、詩人として知られるようになった。しかし官僚としては出世せず、辞職して郷里へ帰ったところ、かれの財産に目をつけた県令が言いがかりをつけて金をまきあげた上、逮捕したため、かれは獄中で病死した。

二　盛唐の詩人

盛唐は**玄宗**・**粛宗**の治世、約五十年間である。この時代にはすぐれた詩人たちが続々とあらわれて、唐代独自の詩風を樹立した。その最高峰が、李白と杜甫である。

李白（七〇一―七六二）は字《あざな》は太白《たいはく》。隴西《ろうせい》の人、山東《さんとう》の人などというが、いずれも確実ではない。生まれたのは四川省の青蓮《せいれん》（清廉とも書く）郷で、父は西方の異民族と貿易する商人だった。

李白も陳子昂と同様に、若いころは剣術が好きで、任俠の仲間にはいり、一方ではまた、山中にこもって本を読んだりしていた。二十五歳のとき、天下に名をあげようという大望を抱いて故郷を離れ、揚子江を下って江南の地方を放浪し、さらに北方へと足をのばした。四十二歳になって長安の都へのぼり、天子の信任があつかった賀知章《がちしよう》と交際し、その推薦によって玄宗に目どおりができた。玄宗は李白の才能を認めて、翰林供奉《かんりんぐぶ》に採用したが、窮屈な役人生活はかれの性格に合わず、玄宗側近の人たちと衝突をおこして、とうとう朝廷から追い出されてしまった。

伝説によれば、玄宗が宮中で楊貴妃と牡丹の花をながめているうち、貴妃と花の美しさを題にした詩を作らせようと、李白をよびにやらせた。李白は町で酒を飲み、泥酔していたところで、玄宗の前に出てもふらふらしており、当時権勢の大きかった宦官《かんがん》の高力士《こうりきし》が李白の靴をぬがせ、楊貴妃が墨をすると、李白は大あぐらをかきながら、「清平調《せいへいちょう》」三首を作った。それがみごとなできばえだったので、玄宗は喜んだが、高力士は李白に侮辱されたと腹をたて、「清平調」の中には楊貴妃の悪口を言った部分があると、貴妃に告げ口をした。そこで貴妃が玄宗に訴え、李白を朝廷から追い出したのだという。

李白はそれから、各地をまた放浪していたが、ちょうど安徽《あんき》省宣城《せんじよう》にいたとき、**安禄山の乱**がおこった。このとき皇族の永王（粛宗の弟）が江南で安禄山討伐の軍をおこしたので、李白はその幕僚として参加した。

李白

しかし、永王は安禄山を倒して自分が帝位につくつもりだったため、玄宗から帝位を譲られた粛宗と衝突をおこし、とうとう朝敵として討伐され、殺されてしまった。幕僚の李白も朝敵の一味として、夜郎《やろう》（今の貴州省遵義《じゅんぎ》）へ流されることになったが、途中で大赦にあい、揚子江を下って江南を放浪するうちに死んだ。

　伝説によれば、かれは揚子江に舟をうかべて酒を飲むうち、水にうつった月をとらえようとして、舟から落ち、溺れ死んだという。

李白は、なにものにも拘束されない、自由な生活を愛した。それは当時の貴族たちのとりすました生活や趣味に対する、大きな反逆だった。かれは自然を愛したが、それも六朝詩に見るような風流ではなくて、自然と自分との、心の底からの一帯感にささえられていた。その一方で、かれは「詩経」に見られる古代の剛健な精神を復興することを、自分の使命としていた。それは若いころに任俠を愛したかれの性格に根ざすものだったといえよう。

［例文二〇］

月下独酌　　李白

花間一壺《コノ》酒　独酌《ひとりくムニ》無《シ》二相親《シムモノ》一

挙《あゲテ》レ杯《ヲ》①邀《むかヘ》二明月《ヲ》一　対《シテ》レ影《ニ》成《ス》二三人《ヲ》一

月既②ニ不レ解③セ飲ヲ　影④徒《いたづらニ》随《したがフ》ニ我ガ身ニ一
暫《しばラク》⑤伴《ナヒ》ニ月⑥将《とヲ》レ影　行楽《らく》⑦須《すべカラク》シレ⑧及《ブ》レ春ニ
我歌《ヘバ》月⑨徘徊《はいくわいシ》　我舞《ヘバ》影零⑩乱ス
醒《ムル》時《ハ》⑪同《ジク》交歓シ　酔《ヒテ》後《ハ》各《と》分散ス
永《ク》結《ビ》ニ⑫無情《ノ》遊《ヲ》一　相⑬期《ス》⑭邈《はるカナル》ニ雲漢《ノ》一

書下し文

月下《げつか》独酌《どくしやく》　李白《りはく》

花間《かかん》一壺《いつこ》の酒《さけ》　独《ひと》り酌《く》むに相親《あいした》しむもの無《な》し
杯《さかずき》を挙《あ》げて明月《めいげつ》を邀《むか》え　影《かげ》に対《たい》して三人《さんにん》を成《な》す
月既《つきすで》に飲《いん》を解《かい》せず　影徒《かげいたず》らに我《わ》が身《み》に随《したが》う
暫《しば》らく月《つき》と影《かげ》とを伴《とも》ない　行楽《こうらく》すべからく春《はる》に及《およ》ぶべし
我歌《われうた》えば月徘徊《つきはいかい》し　我舞《われま》えば影零乱《かげれいらん》す
醒《さ》むる時《とき》は同《おな》じく交歓《こうかん》し　酔《よ》いて後《のち》は各《おの》おの分散《ぶんさん》す
永《なが》く無情《むじょう》の遊《ゆう》を結《むす》び　相期《あいき》す雲漢《うんかん》の邈《はる》かなるに

語釈　①［邀］こちらからもとめて迎える。招きよせること。②［既］「…であるうえに」「…である以上」という意味をあらわす助字。同じく「すでに」と読む「已」が時間の経過を示すのに対して、こちらは既定の条件を示す。③〔解〕当時の俗語で、「能」と同じく、可能の意味をあらわす。④〔徒〕むだに。ただ…するばかり。⑤〔伴〕なかまにする。連れにする。⑥〔将〕…と。「与」と同じ。⑦〔須〕ぜひ…すべきだ。ぜひ…したい。…する必要がある。⑧〔及レ春〕春にまにあうようにする。春が行ってしまわないうちに、(行楽)する。⑨〔徘徊〕ぶらぶらすること。歩きまわること。ここでは降りそそぐ月光がきらきらと、流動するように見えることをいう。月が天上で動きまわる(酔った目には、そう見える)ことと解釈する説もある。⑩〔零乱〕散り散りに乱れること。⑪〔同〕いっしょに。⑫〔無情遊〕世俗の人情を離れた交友関係。ここでは月との交友をいう。⑬〔相期〕約束する。ことに、会う約束をすること。⑭〔邈二雲漢一〕天の川のかなたの、遠い所。「雲漢」は天の川。中国の中央部を流れて揚子江にそそぐ漢水は、大きな川だが、雲の上の漢水という意味で、天の川をこう言う。

通釈　春の夜、咲き乱れる花の下で、一つの酒壺に入れた酒をひとりで飲むのだが、(つきあってくれる)親しい人もいない。そこで杯を高くあげて、明月を客に招き、自分の影法師と向かい合って、三人の仲間を作った。しかし月は酒が飲めないうえに、影はただ私が動くのにつれて、動くだけ。(相手としては物足りないが)しばらくは月と影とをなかまにして、春の去らぬうちに行楽を味わわなければなるまい。私が歌うとそれにつれて、月もさんさんと光を降らせ、私が舞うと、影もふらふらと(おどり出して)形を乱す。酒がさめているうちは、一緒にたのしみあっているが、酔いつぶれてしまったあとは、月は沈み影も消えて、めいめい散り散りに分かれてしまう。こうしていつまでも、俗世間の人情などは無視した月との交友を結び、(やがては）遠くはるかな天の川のかなたで、月と会うことを約束したい。

解説 さっきの「代$_{下}$悲$_{二}$白頭$_{一}$翁$_{上}$」と比較すれば、この詩の爽快さは、誰でも感じとることができよう。李白は、人間世界のこせこせした生活から、超越したいと願っている。かれの飲む酒もそのためなので、「酔後各分散」といった、さっぱりしたつきあい、つまり「無情遊」がかれの理想だった。

詩形は五言古詩の換韻で、親・人・身・春」乱・散・漢が韻になっている。

かれは酒を愛し、生涯、奔放な生活を送った。だから詩においても、規則のうるさい近体詩は、かれの性格に合わない。かれの傑作は、古詩・楽府に多いのである。しかしかれは、政治や社会に無関心ではなかった。永王の軍隊に参加したのも、自分の力で乱れた世をおさめてみせようという、大きな理想のあらわれだった。その理想が、現実の社会では達成されなかったために、かれは酒と旅とに生涯を送った、超俗的な詩人といわれるようになってしまったのである。

杜甫《とほ》（七一二―七七〇）は字《あざな》は子美《しび》。襄陽《じょうよう》（湖北省）の人というが、これは籍貫《せきかん》（二五三ページ参照）で、杜甫自身はこの地とは関係がない。自分では長安郊外の少陵《しょうりょう》を郷里と称していた。生まれたのは鞏県《きょう》（河南省）で、父は地方官であり、田舎の中地主だったらしい。杜甫は若いころから詩を作り、二十歳ごろから旅に出て、天下をめぐり歩き、その間に李

杜甫

白とめぐり合って、親交を結んだ。李白や杜甫が若いころに旅に出たのは、学問・文学の腕をみがく目的もあったが、もう一つ、名門の出身でないかれらは、各地をめぐって有名な文人や大官に名を知られるほかに出世のいとぐちはなかったし、それがまた、生計を立てる手段ともなったわけである。この場合、科挙に及第すれば、家がらを問わず官僚になれるので、天下をめぐる必要はないのだが、李白には受験勉強をする気はなかったし、杜甫は何度か受験したが、全部落第して、このルートによる出世の望みがなくなっていたのである。

杜甫は三十五、六歳のころに長安へ出て、大官たちの屋敷に出入りし、官僚に就職する運動を続けたが、なかなか成功しなかった。こうした失敗が続いた最大の原因は、交際が下手なかれの性格にあったと思われる。就職ができないので、貧乏に苦しんだかれは、妻子を長安の東北の奉先《ほうせん》にあずけ、都で一人ぐらしをしていたが、四十四歳のとき、ようやくかれの才能が玄宗の目にとまって、右衛率府冑曹《ちゅうそう》参軍に任命された。

喜んだ杜甫は、さっそく妻子を迎えに奉先へと出発したが、その数日後に、**安禄山の乱**が勃発したのである。かれは妻子を連れて北へと逃げ、鄜《ふ》州三川《さんせん》県に着いて、それから単身で粛《しゅく》宗の軍隊へ加わろうとする途中、安禄山軍につかまり、長安へ連れもどされて、市内から外へ出てはならぬという処置を受けた。「春望」「哀江頭」などの詩は、このときの作である。

翌年、かれは変装して長安を脱出し、西方の鳳翔《ほうしょう》に駐屯《ちゅうとん》していた粛宗の軍隊までたどり着いた。その忠誠によって、かれは左拾遺《さしゅうい》に任命され、長安が奪回されると、皇帝の供《とも》をして都に帰った。しかし、まもなく朝廷内部の争いに巻きこまれて、長安東方の華州の刺《し》史《し》に左遷された。そして四十八歳のとき、この地方に大飢饉がおこって、地方官では生計が立たないため、職を捨てて家族とともに秦州《しん》(今の甘粛省《かんしゅく》天水)に移住し、さらに四川省へ移って、成都におちつき、この地方の節度使だった友人の厳武《げんぶ》の保護を得て、工部員外《いんがい》郎《ろう》の職を授けられ、郊外の浣花《かんか》草堂に住んだ。しかし厳武の死後、また旅に出て、しばらく夔《き》州(今の四川省奉節)に住み、さらに揚子江を下って、武昌・岳陽などの地方を放浪した。その間、何度か故郷へ帰ろうとしたが、安史の乱ののち、各地に反乱が続発したため、南北の交通が途絶して、帰ることができない。とうとう揚子江から洞庭湖に入り、南から流れこむ湘《しょう》水を旅する船の中で死んだ。

伝説によると、湘水沿岸の地方官が、杜甫の船が来たと聞いて、牛肉と酒を贈ってくれた。貧乏に悩んでいた杜甫は大喜びで、ずんぶんに飲んだり食べたりしたが、その夜のうちに死んでしまったという。

杜甫の詩には常に、一生を逆境に終始したかれの嘆きと怒りとがこめられている。ただかれは、それを自分個人のものとせずに、当時の**民衆すべての嘆きと怒り**としてうたった。かれも李白と同様、世の乱れを自分が正そうとする使命感を持っていたが、それが挫折した晩年の放浪生活では、絶望と、しかしいつかはすぐれた政治家が出て自分たちを救ってくれるという希望とが、交錯してうたわれる。

かれは古詩においても「兵車行」「石壕吏」などの名作を残したが、かれの詩の特徴は近体詩、ことに律詩にあった。律詩のきびしい規則の中に、かれの激しい情熱がこめられ、**形式と内容との合致したすぐれた作品**が生み出されたのである。

［例文二二］

春①望　　杜甫

国②破レテ山河在リ　城③春ニシテ草木深シ
感ジテハレ時ニ④花ニモ濺ギレ涙ヲ　恨⑤ンデハレ別レヲ⑥鳥ニモ驚カスレ心ヲ
烽⑦《ほう》火連⑧《つら》ナリ二三月ニ一　家⑨書抵⑩《あた》ル二万金ニ一
白⑪頭搔《か》ケバ更ニ短カシ　渾⑫《す》ベテ欲⑬スレ不⑭ラントレ勝《た》ヘレ簪《しん》ニ

書下し文

春望《しゅんぼう》　杜甫《とほ》
国破《くにやぶ》れて山河《さんが》在《あ》り　城春《しろはる》にして草木《そうもく》探《ふか》し

時《とき》に感《かん》じては花《はな》にも涙《なみだ》を濺《そそ》ぎ　別《わか》れを恨《うら》んでは鳥《とり》にも心《こころ》を驚《おどろ》かす
烽火《ほうか》三月《さんがつ》に連《つら》なり　家書万金《かしょばんきん》に抵《あた》る
白頭《はくとう》掻《か》けば更《さら》に短《みじ》かし　渾《す》べて簪《しん》に勝《た》えざらんと欲《ほっ》す

語釈　①[春望] 春のながめ。②[国破] 国家がめちゃめちゃになる。安禄山の反乱軍によって首都長安が占領され、唐帝室の統治権が破壊されたことをいう。この詩は、杜甫が占領されている長安において作ったものである。③[城] ここでは長安の町をさす。④[花濺レ涙] 美しい花を見ても、涙のたねとなるばかりなので、その花に涙をそそぎかける。「花も涙を濺ぎ」と読んで、花も泣いているようだ、の意味に解釈する説もある。⑤[恨レ別] 別離を悲しむ。離ればなれに生活している妻子のことを思って、悲しい気持になるのである。⑥[鳥驚レ心] 鳥が飛び立つ音、もしくは鳥の声にも、はっと心が驚く。「鳥も心を驚かす」と読んで、鳥もびくびくしているようだの意味に解釈する説もある。⑦[烽火] のろし。危急の事態、ないし戦争を象徴する。昔は通信の手段が発達していなかったので、首都その他の主要都市と辺地の守備隊との間を、いくつかの台で連絡し、前線で変事がおこったとき、台の上で火を焚くと、その煙を見た隣りの台がまた火を焚き、こうして変事の発生を迅速に都市へと伝えた。これを烽、烽火などとよぶ。⑧[連二三月一] 三カ月間続く。また、春も終ろうとする三月まで続くと解釈する説もある。⑨[家書] 家の者からの手紙。⑩[抵] 相当する。⑪[白頭掻更短] 白髪《しらが》あたまを掻くと、髪の毛は前よりもいっそう短かくなっている。つまり憂愁のため、髪が薄くなっているのである。頭をかくのは、中国では、どうにもしようがなくて、とほうにくれたときの動作。日本で「頭をかく」といえば失敗したときの動作になるわけで、同じ動作でも、民族によって意味が違うのである。⑫[渾] 何もかも、まるきり、という意味をあらわす助字。ここでは下の「不」と対応して、「まるきり」「てんで」の意味となる。⑬**〔欲〕**この字には「…したいと思う」「…したがる」の意味と、「…しそうだ」「…になりそうだ」の意味とがある。「ほっす」という日本語からは、前者の意味だけが考えられるが、実際には後者の意味に使われることがかなり多いので、注意を要する。ここも後者の意味。⑭**〔不㆑勝㆑簪〕**簪をさそうにも、させない。簪は訓では「かんざし」だが、昔は男も使った。官僚はみな冠をかぶったが、それを頭に固定させるため、冠の上から髪の毛の中へ簪をさしこんだ。「不㆑勝」は「…しきれない」の意味。ここでは髪が薄くなっているので、簪をとめるだけの力がないことをいう。

通釈　唐の国家はめちゃめちゃになってしまったが、山や川は少しも変らずに存在している。長安の町にも春が来て、草木は深く茂った。（私は）この乱れた時勢に悲しい感慨を抱いて、咲く花にも涙を落とすし、家族と別れ別れに暮らすことを嘆いて、鳥の羽音にも心を驚かせる。戦争を告げるのろしは、これで三カ月間、休むひまもなく続いており、家族からの手紙も絶えて、それが受け取れたら万金の価格にも相当するだろうと思われる。（どうするすべもなくて）白髪あたまをかけば、前よりもいっそう薄くなっているのに気がつく。こう薄くては、もうとても、（冠をかぶって）簪をさすことはできなくなりそうだ。

解説　「代㆘悲㆓白頭㆒翁㆖」と同じ春の詩だが、こちらはもちろん、**乱世の中に生きた詩人の痛切な感慨**がこめられている。第六句まで、混乱した国家全体を思う心と、別れている妻子の安否を気づかう心とが織りまぜられ、最後の二句で、わが身の老いを嘆く絶望的な気持ちが表現される。簪がさせないとは、つまり冠をかぶって官僚として勤務することができないことを言っており、この乱世を静めるべき使命が自分にあることを感じながら、現実には何もできないままで老いゆく自分を悲しんでいるのである。

詩形は厳格な五言律詩で、深・心・金・簪が韻になる。また頷・頸聯（一九五ページ参照）が対句なのは当然だが、首聯も対句であり、尾聯に至ってはじめて対句が破れる構成法になっている。

李・杜のほかに、自然に対して深い愛情をそそぎ、六朝末の自然詩のマンネリズムを破って、自然美を再発見した詩人に、王維《おうい》と孟浩然《もうこうねん》がある。

王維（七〇一？—七六一）は字《あざな》は摩詰《まきつ》、太原《たいげん》（山西省）の人。この人も名門の出身ではない。少年時代から都へ出て、早熟の天才として評判をとり、二十一歳で進士に及第、太楽《たいがく》丞《じょう》に任ぜられた。その後、右拾遺・監察御史《ぎょし》などを歴任し、給事中になったが、**安禄山の乱**がおこったとき、都から逃げおくれて、捕虜になった。杜甫と同じ運命におちいったのだが、王維は杜甫よりも官僚としては大物だったので、安禄山が作った朝廷につかえるように強制され、ついに承諾した。したがって粛宗が長安を奪回したとき、偽政府につかえた裏切者として死刑になるところだったが、安禄山の朝廷にいたとき、唐帝室を思う詩を作っていたことと、刑部侍郎だった弟の王縉《しん》の命乞《ご》いのために、降職されただけですんだ。それからまた昇進して、尚書右丞《じょう》に至った。

王維の経歴は、総体に李白・杜甫よりも恵まれている。かれは長安南方の終南山脈の中にある藍田《らんでん》に輞川《もうせん》荘という別荘を持ち、公務の余暇には、いつもそこで、自然の中にひたる生活を送っていた。また、かれは画家としても有名であり、琵琶《びわ》の演奏家としてもすぐれ、音楽に詳しかった。さらに、熱心な仏教信者でもあり、かれの字《あざな》の摩詰は、諱《いみな》と続ければ維摩詰《ゆいまきつ》（シャカと同時代の人で、「維摩経」という経がある）となる。つまり王維は、李・杜にくらべればはるかに風流な才子であり、当時の貴族たちの好みにも合う人物であった。

だから王維の詩には、李白のような壮大な理想や、杜甫のような鋭い現実描写は乏しい。しかしかれの詩は、**自然の中にひたった人間の純粋なよろこび**をうたう点で独自のものを持ち、在来の貴族風な詩とは違っていた。かれは三十歳ごろに妻をなくしたが、終生再婚しなかったという。これは当時の官僚としては、きわめて珍しいことで、やはりかれの純粋さを示すものといえよう。また、かれは監察御史として西北の辺塞《へんさい》（異民族との国境線地帯）へ出張したことがあるが、そのころの詩には、砂漠地帯の荒涼とした風景をうたった、スケールの大きな作品がある。

〔例文二二二〕

①鹿《ろく》柴《さい》　　王維

②空山不レ見レ人ヲ　③但ダ聞ク二④人語ノ響キヲ一

返⑤景入リ二深林ニ一　復⑥タ照ラス青苔《たい》ノ上

書下し文　鹿柴《ろくさい》　王維《おうい》

空山《くうざん》人《ひと》を見《み》ず　但《た》だ人語《じんご》の響《ひび》きを聞《き》く

返景深林《へんけいしんりん》に入《い》り　復《ま》た照《て》らす青苔《せいたい》の上《うえ》

語釈　①［鹿柴］王維の別荘のあった輞川の二十景の一つ。「柴」は木を組み合わせて作った柵、または生け垣のこと。ここでは鹿を飼うためにめぐらした柵らしいが、野鹿が作物や樹木をあらしに来るのを防ぐ柵だという説もある。②［空山］ひとけのない山。多くは秋・冬の、木々の葉が散り尽くして、がらんとした感じになった山をいう。③［但］ここは、前の例文にも何度かあった意味と同じく、「ただ…だけ」と解釈してもよいが、この字にはもう一つ、「しかし」「だが」の意味がある。その意味にとれば、上の句から続いて、「人の姿は見えないが、だが…」ということになる。通釈では後者の解釈をとるが、前者でも誤りとはいえない。④［人語響］人が何か話している声。どこで何を言っているのかはわからない、その遠い人声が静けさをひとしお感じさせるのである。⑤［返景］「景」は日ざし、沈みかかった夕日の斜めにさしこむ光線をいう。⑥［復］ここでは「而」と同じく、「そして」の意味。「もう一度」の意味ではない。

通釈　がらんとした山の中、人の姿は見えないが、ただ、人の話し声が聞こえてくる。夕日の日ざしは深い林の中へとさしこんで、そして、（林の奥の）青い苔の上に落ち、そこを照らし出している。

それがまた、静寂をいっそう深める効果を持つことをいうのである。また、静寂といっても、枯淡な境地とも少し違う。夕日の赤味を帯びた光線が林の中にさしこみ、スポットライトのように、青い苔を浮かびあがらせるのは、鮮かな色彩感覚だといえよう。
　詩形は五言絶句、響・上が韻になる。

手引き　王維の詩は「詩中に画あり」、またその絵は「画中に詩あり」と批評される。この詩は、**一枚の山水画のような描写**で、「詩中に画ある」作品の代表的なものである。また、この詩は「静中に動あり、動中に静あり」とも批評される。全体に静寂な山中の風物を描きながら、人声や移りゆく夕日の日ざしをうたい、

孟浩然《もうこうねん》（六八九―七四〇）は字《あざな》も浩然（一説に諱《いみな》は浩、字が浩然。なお、コウゼンと読んでもさしつかえないが、日本では昔から、コウネンと読みならわしてきた）。襄陽の人。杜甫同様、科挙に及第できなくて天下を放浪し、四十歳のとき都へ出て、王維と親交を結んだ。しかし官職にはつかず、宰相の張九齢《ちょうきゅうれい》（これも有名な詩人だった）が荊州（湖北省江陵）に左遷されたとき、その部下として招かれたが、まもなく辞任して、郷里へ帰った。
　孟浩然の詩では、「**春暁**」が最もよく知られるが、かれも李・杜と同様、**政治に対して強い関心**を持っていたので、単なる隠者ではない。その自然詩の中には、岳陽楼に登ったときの「気は蒸す雲夢《うんぼう》の沢《たく》、浪は撼《ゆる》がす岳陽城」といった力強いものもあり、これは杜甫の「登ル二岳陽楼ニ一」と肩をならべる名作といわれる。

〔例文二三〕

春暁《しゅんぎょう》　孟浩然

春眠不レ覚エレ暁ヲ　①処処ニ聞ク二②啼《てい》鳥ヲ一

③夜来風雨ノ声④　花落ツルコト⑤知ンヌ多少ゾ

書下し文

春暁《しゅんぎょう》　孟浩然《もうこうねん》

春眠《しゅんみん》暁《あかつき》を覚《おぼ》えず　処処《しょしょ》に啼鳥《ていちょう》を聞《き》く

夜来風雨《やらいふうう》の声《こえ》　花落《はなお》つること知《し》んぬ多少《たしょう》ぞ

語釈　①［**処処**］あちらでもこちらでも。いたるところ。②［**啼鳥**］さえずる鳥。ここではさえずる鳥の声。③［**夜来**］当時の俗語で、「ゆうべ」「昨夜」の意味。夜が来ることではない。④［**声**］ここでは物音のこと。例文一五語釈④参照。⑤［**知多少**］いったい、どのくらいかしら、という意味。「多少」には、上の「多」だけに意味があって、「たくさん」の意味になる場合と、「どのくらい」という疑問詞に使われる場合とがある。そして、疑問詞の上につく「知」は、「知る」という意味はなくなって、疑問を強調するはたらきを持つ。したがって、訓読では昔から「知んぬ多少ぞ」と読んでいるが、この読みから意味を引き出そうとすると、誤解がおこる。また、この結句全体を「花がたくさん散ったであろうことがわかる」と解釈する説もあるが、これも「知＋疑問詞」の文法構造を見落としたために生じた誤訳である。

通釈 春の心地よい眠りに、夜があけたのも気がつかず、うとうとしていると、あちらでもこちらでも、さえずる鳥の声が聞こえている。そういえば、ゆうべ（私が眠りにつくときには）風雨の音がしていたが、花はいったい、どれほど散ったかしら。

解説 春の朝のものうい気持ちをみごとに表現した詩である。「夜来の雨」が晴れあがった朝、花はどのくらい散ったか、さぞかしずいぶん散っただろうなどと思いながら、それでもすぐに起きあがって見に行こうとはせず、まだ床の中にもぐったままでいる。しかし、なまけものの不健康な感じはなくて、**平和な静かな生活**が、にじみ出ているように受けとれる。

詩形は五言絶句だが、前の王維の詩とは違って第一句も韻をふみ、暁・鳥・少が韻になる。

このほか、自然と限らず、抒情詩の世界に新しい面を開拓していった詩人は多い。

王昌齢（七〇〇?―七五五?）は字《あざな》は少伯、太原の人。進士に及第し、江寧《こうねい》（今の南京《なんきん》）の令となったが、官僚生活は性格に合わなかったらしく、素行がおさまらないという理由で、竜標《りゅうひょう》（今の湖南省黔陽《けんよう》）の尉に流された。安禄山の乱にあって郷里に逃げ帰ったが、そこの地方長官と衝突をおこして、殺された。かれの抒情詩における感情表現のこまかさと新しさには、独特のものがある。

崔顥《さいこう》（?―七五四）は汴《べん》州（今の河南省開封）の人。進士に及第し、司勲《しくん》員外郎になった。奔放な性格で、王維とは逆に、妻に飽きると離縁して美人と結婚し、四、五回も妻をとりかえたという。その「**黄鶴**《こうかく》**楼**」の詩は李白が絶讃したもので、李白もこの楼に登ったが、崔顥の作以上の詩はできないと言って、そのまま帰ったといわれる。

張謂《ちょうい》（生没年不明）は字は正言《せいげん》、河内《かだい》（今の河南省沁陽《しんよう》）の人。進士に及第し、節度使の幕下に加わって北方に従軍したが、無実の罪で免職になり、北方を放浪した。のちに復職し、七七〇年ごろには礼部侍郎にまで出世した。

盛唐の詩人の中には、王維や張謂のように、北方または西北の辺境へ行ったことのある人が多く、その地方の風物や、遠い辺地へ来た人の感慨をうたう詩が、たくさん作られた。それらを一括して辺塞詩《へんさいし》または塞外詩《さいがいし》とよぶ。中には想像だけで辺塞詩を作る詩人もあったが、実感のこもった名作は、盛唐に多い。この時期からあとは、唐の国威がおとろえ、国境線が中国本土に近づいたため、辺塞詩の痛切な感情は薄れた。

高適《こうせき》（正しくはコウセキと読むが、コウテキですませることが多い。七〇〇？—七六五）は字《あざな》は達夫または仲武。若いころは博奕《ばくち》うちの仲間にはいっており、推薦されて役人になったが、まもなく職を捨てて辺塞の地方をめぐった。将軍の哥舒翰《かじょかん》に認められて幕僚となり、何度も上官と衝突して左遷されながらも、しだいに出世して西川（四川省西部）節度使に至った。詩を作りはじめたのは五十歳以後だったが、すぐれた辺塞詩が多く、李白・杜甫と親しかった。

岑参《しんしん》（日本では語調をよくするため、シンジンと読むことが多い。七一五—七七〇）は字《あざな》は雲卿《うんけい》。進士に及第し、西北の辺塞地帯の藩鎮《はんちん》に長く勤務した。安禄山の乱ののちは各地の地方官を歴任し、最後は成都の旅館で死んだ。かれの辺塞詩は、みずからその地方を歩いたものでなければ得られない迫力に富んでいる。

右の二人のほか、**王之渙**《おうしかん》（六九五—?）・**王翰**《おうかん》（生没年不詳）は、ともに辺塞の風物・出征兵士の感情をうたった「**涼州詞**《りょうしゅうし》」の作者として有名である。二人とも豪放な性格で、王之渙は進士に及第できず、一生を在野の詩人として送り、王翰は進士に及第して任官したが、勤務ぶりがまじめでないため、流されて死んだ。「涼州詞」は唐代に涼州（今の甘粛省武威）のあたりで流行し、中国本土にはいった楽府《がふ》で、多くの詩人がこの題によって辺塞詩を作っているが、この二人の作が特に有名であり、ことに王之渙の作は、唐の七言絶句中で最高のものの一つとたたえられる。

【例文二四】

涼州詞　　王之渙

黄河遠ク上ル白雲ノ間　一①片ノ孤②城万③仞《じん》ノ山

羌④笛《きやうてき》何⑤ソ須《もちヒン》怨⑥《うらムヲ》二楊柳ヲ一　春光不レ度⑦《わたラ》玉⑧門関

書下し文

涼州詞《りょうしゅうし》　王之渙《おうしかん》

黄河《こうが》遠《とお》く上《のぼ》る白雲《はくうん》の間《かん》　一片《いっぺん》の孤城万仞《こじょうばんじん》の山《やま》

羌笛《きょうてき》何《なん》ぞ須《もち》いん楊柳《ようりゅう》を怨《うら》むを　春光《しゅんこう》度《わた》らず玉門関《ぎょくもんかん》

語釈　①[一片] ひとかたまりの。一個の。例文一五語釈③参照。②[孤城] ただ一つ点在している町。③[万仭]「仭」は高さ・深さの単位で、一仭は約一・八メートルだが、ここではもちろん、非常に高いことをいうので、「万」という数字は実際の値ではない。④[羌笛] 羌は中国の西方に住む異民族。その民族が使う笛で、一種の竹笛。⑤[何須…] どうして…する必要があろうか。…する必要はない。…するにはおよばない。⑥[怨二楊柳一] 楊柳はネコヤナギで、中国には特に多い。その楊柳の芽ぶくのが遅いと恨むこと。さらにもう一つ、笛の曲の名に「折楊柳」というのがあって、それをものがなしい調子で吹き鳴らすのも、「楊柳を怨む」という。ここでは、一つの言葉に以上の二つの意味をかけて言っているのである。⑦[度]「渡」に同じ。越える。通過する。⑧[玉門関] 中国の西北、昔の中国と異民族の領有する地方との境界線にあった関所。例文一五語釈⑦参照。

通釈　黄河の水源は遠く、白雲のたなびくあたりまでさかのぼっている。(そちらを望めば)ぽつんとただ一つ存在する町と、その町の上にそびえる万仭の高さの山とが見える。羌族の吹く笛よ、折楊柳のうらがなしいしらべをかなでる(そして、春の季節になったのに楊柳がまだ芽ぶかないのを恨む)必要はない。春の光は、玉門関を越えて、この辺地まではやって来ないのだから。

解説　**出征兵士の嘆きの歌**である。場所は遠い黄河の上流地帯で、つまり涼州のあたりということになるだろう。羌笛の音も、エキゾティックな気分をただよわせる。北方の辺地だから、暦の上では春になっても、木々が芽ぶくのは遅いわけである。ただし、地理のうえでは玉門関は涼州よりももっと西北の辺地で、春は中国本土の方から来るのだから、春光が玉門関を越えてこの地へ来るというのは、事実に反する。しかし、作者は厳密に辺地の地理を考えて作っているのではなく、ただ玉門関という地名で、辺境のムードを出しているにすぎない。

辺塞詩にはしばしばこのようなことがあって、地図とにらみ合わせながら考えると、ずいぶんおかしなこともある。

楽府題の作ではあるが、詩形はきちんとした七言絶句で、間・山・関が韻になる。

三　中唐の詩人

中唐は代宗から文宗までの約七十年をいう。盛唐は詩壇に新しい息吹きが生まれた時代であり、安史の乱によって、それは一層激発されたのだが、中唐にはいると、最初は静かで趣きの深い詩が好まれるようになった。

銭起《せんき》（生卒年不詳）は字《あざな》は仲文、進士に及第し、翰林《かんりん》学士に至った。中唐初期の代表的詩人で、その詩風は清奇淡遠と批評される。

韋応物《いおうぶつ》（七三七―八〇四？）は若いころは侠客の仲間にはいり、玄宗の護衛となったが、玄宗の死後は文学に志した。そして官僚としても出世したが、同僚にねたまれて、蘇州刺史に転出させられた。自然詩人として有名であり、その「**自**リ㆓**鞏洛**㆒**舟行**シテ**入**ル㆓**黄河**ニ㆒**即事**」（練習問題九参照）の頷聯《がんれん》は、唐の律詩中の対句では最高のものの一つに数えられている。

また柳宗元（二九六ページ参照）もすぐれた自然詩を多く残し、韋応物および盛唐の王維・孟浩然とあわせて、王孟韋柳とよばれる。

やがて中唐の詩壇は、二派に大別されることとなった。いずれも盛唐の李白・杜甫らの業績を継承することをスローガンとしたが、詩風には大きな相違がある。韓愈《かんゆ》（二九五ページ参照）は力強く雄大な詩を目標とし、わざと珍しい字を使って、ゴツゴツした感じの詩を作った。孟郊《もうこう》（字《あざな》は東野、七四三—八〇六）は韓愈より年長だったが、詩の上では愈の門下にはいり、賈島《かとう》（字《あざな》は浪仙《ろうせん》、七七九？—八四三）とならんで、一字一字を吟味し、練りあげた詩句を作ることに努力した。どちらも官僚になったが出世できず、生涯を貧乏ですごした。また、李賀《りが》（字は長吉《ちょうきつ》、七九〇—八一六）・張籍《ちょうせき》（字は文昌、生卒年不詳）の二人は、韓愈から目をかけられた才子で、どちらも楽府を得意とした。賀は独創的な詩を作って鬼才とうたわれたが若死にし、籍は進士に及第、愈の推挙によって国子司業に至った。

もう一つの派の代表者は、白居易《はくきょい》（七七二—八四六）である。字《あざな》は楽天《らくてん》、香山《こうざん》居士と号した。太原（山西省）の人だが、父が地方官をしていたので、任地の新鄭《しんてい》（河南省）で生まれた。十六歳のとき都へ出て、科挙の勉強を始め、二十九歳で及第、校書郎に任官、次いで盩厔《ちゅうちつ》（陝西《せんせい》省）の尉となった。「長恨歌」を作ったのはこの時代、三十五歳のときである。

このころ、憲宗が即位して、貴族・宦官・藩鎮の実力に対抗して天子の権力を増大する

白居易ゆかりの香炉峰

ため、進士出身の有能な官僚を朝廷に集めようとしたので、白居易も都へ召され、翰林学士から左拾遺に任命された。かれは感激して、詩によって時代の欠陥を除こうとし、「新楽府《しんがふ》」・「秦中吟」などの社会詩を作った。

その後、朝廷の弾圧策に対して藩鎮が反乱をおこしたとき、居易は徹底的な弾圧を主張したが、越権行為だとされて、江州（今の江西省潯陽《じんよう》）司馬として流された。四十四歳のときである。かれは附近にある廬《ろ》山の香炉《こうろ》峰の下に草堂を建てて住んだが、四十九歳のときに罪をゆるされて司門員外郎に復活し、以後は中書舎人・刑部侍郎などを歴任、途中で一時地方官に転出したことはあったが、だいたいは朝廷の高官の生活を送り、刑部尚書となって引退した。

白居易は、**詩人は民衆の代弁者**であり、民衆の苦しみや喜びを率直にうたって、政治家に反省の資料を提出すべきものだと考え、このような詩を諷諭《ふうゆ》と名づけた。「新楽府《しんがふ》」五十首は、諷諭詩の傑作である。これにくらべれば、「長恨歌」などは詩人の感傷をそのままにうたったものなので、詩の価値は落ちるものと、白居易自身は考えていた。しかし実際には、諷諭詩がしばしば大官たちから白い目で見られたのに反して、「長恨歌」は身分の上下をとわず、広く世人に愛誦された。
民衆の声を代弁する白居易の詩は、当然、韓愈の詩に見るようなむずかしい言葉ではなくて、やさしく、なだらかな表現を用いている。かれは一首の詩を作るたびに、町の老婆に読んできかせ、老婆にわからない部分があれば、書き直したという伝説が残っているほどである。したがってかれの詩には、韓愈の詩にくらべれば平静で緻密《ちみつ》な描写力があるのだが、そのかわり、簡潔さ・力強さや余韻には乏しい。

［例文二五］

売炭翁①　白居易

売炭翁
伐リレ薪ヲ焼クレ炭ヲ南山②ノ中
満面ノ塵《ぢん》灰煙③火ノ色
両鬢《びん》④蒼《さう》蒼トシテ十指黒シ
売リレ炭ヲ得テレ銭ヲ何⑤ノ所ゾレ営ム
身上ノ衣裳口中ノ食
可シレ憐レム身上衣正ニ単⑥ナルヲ
心ニ憂ヘ二炭ノ賤《やす》⑦キヲ一願フ二天ノ寒キヲ一
夜⑧来城⑨外一尺ノ雪
暁ニ駕《が》⑩シテ二炭車ヲ一輾《きし》⑪ラシム二氷轍《てつ》⑫ヲ一
牛困⑬シミ人飢ヱ日已ニ高シ
市⑭南門⑮外泥《でい》中ニ歇《やす》⑯ム
両騎翩《へん》⑰翩トシテ来ルハ是レ誰ゾ
黄⑱衣ノ使者白⑲衫《さん》ノ児

手ニ把《とッテ》二文書ヲ一口ニ称スレ勅ト　廻⑳ラシレ車ヲ叱シテレ牛ヲ牽イテ向ハシムレ北ニ
一車炭ノ重サ千余斤㉑　宮㉒使駆㉓《かり》将《ゆキテ》惜㉔シミ不レ得
半匹㉕ノ紅㉖紗《しや》一丈ノ綾㉗《りよう》　繋㉘ケテ二向牛頭ニ一充㉙《あッ》二炭ノ直㉚《あたひニ》一

書下し文

売炭翁《ばいたんおう》　白居易《はくきょい》

売炭翁《ばいたんおう》　薪《たきぎ》を伐《き》り炭《すみ》を焼《や》く南山《なんざん》の中《うち》
満面《まんめん》の塵灰煙火《じんかいえんか》の色《いろ》　両鬢蒼々《りょうびんそうそう》として十指《じっし》黒《くろ》し
炭《すみ》を売《う》り銭《ぜに》を得《え》て何《なん》の営《いとな》む所《ところ》ぞ　身上《しんじょう》の衣裳口中《いしょうこうちゅう》の食《しょく》
憐《あわ》れむべし身上《しんじょう》衣《い》正《まさ》に単《たん》なるを　心《こころ》に炭《すみ》の賤《やす》きを憂《うれ》え天《てん》の寒《さむ》きを願《ねが》う
夜来城外一尺《やらいじょうがいいっしゃく》の雪《ゆき》　暁《あかつき》に炭車《たんしゃ》に駕《が》して氷轍《ひょうてつ》を輾《きし》らしむ
牛困《うしくる》しみ人飢《ひとう》え日《ひ》已《すで》に高《たか》し　市《し》南門外泥中《なんもんがいでいちゅう》に歇《やす》む
両騎翩翩《りょうきへんぺん》として来《きた》るは是《こ》れ誰《た》ぞ　黄衣《こうい》の使者白衫《ししゃはくさん》の児《じ》
手《て》に文書《ぶんしょ》を把《と》って口《くち》に勅《ちょく》と称《しょう》す　車《くるま》を廻《めぐ》らし牛《うし》を叱《しっ》して牽《ひ》いて北《きた》に向《むか》わしむ
一車炭《いっしゃすみ》の重《おも》さ千余斤《せんよきん》　宮使《きゅうしか》駆り将《ゆ》きて惜《お》しみ得《え》ず
半匹《はんびき》の紅紗一丈《こうしゃいちじょう》の綾《りょう》　牛頭《ぎゅうとう》に繋《か》けて炭《すみ》の直《あたい》に充《あ》つ

語釈　①［売炭翁］炭売り（炭焼き）のじいさん。②［南山］終南山のこと。長安の南にある。③［煙火色］すすけた色。④［蒼蒼］ここでは灰色の状態。「蒼」は和訓「あお」だが、ブルーではない。例文一七語釈⑥参照。「蒼髪」といえば白くなりかけた髪をいう。⑤〔何所レ営〕何をしようとするのか。「営」は人間の行為を総称していう言葉。この疑問の答えが、すぐ次の句になる。⑥〔単〕ひとえの着物。うす着であることをいう。⑦〔賤〕価格がやすいこと。⑧〔夜来〕昨夜。例文二三語釈③参照。⑨〔城外〕長安の町をとりまく城壁の外側。そこに売炭翁の家があったのである。⑩〔駕〕牛や馬を車のかじ棒につなぐこと。⑪〔輾〕車をころがすこと。⑫〔氷轍〕氷のはったわだちの跡。⑬〔困〕つかれる。⑭〔市〕市場のこと、長安城内には東西に市があった。⑮〔門外〕木戸の外。長安城内には、市場にかぎらず、市街の一区画ごとに夜間の警備のため、木戸が設けてあった。⑯〔歇〕休息する。「休」の字は「やめる」意味に用い、休息の意味には「歇」「憩《けい》」「息」などを使うことが多い。⑰〔翩翩〕鳥がヒラヒラと飛ぶさまをいう。ここは、軽々と馬を走らせること。⑱〔黄衣使者〕黄色い服を着た宮中の使者。「黄衣」を着るのは勅使である。⑲〔白衫〕白いうわぎ。「衫」は短かい上着。⑳〔廻レ車〕車の向きをかえること。㉑〔斤〕重さの単位。一斤は約六百グラム。㉒〔宮使〕宮中からの使者。つまり「黄衣の使者」である。㉓〔駆将〕かりたてる。「将」は動詞の下につく助字で、特別の意味はない。㉔〔惜不レ得〕惜しんでも、どうにもならない。動詞の下に「不得」がつく構文は、「いくら…しようとしてもだめだ」「いくら…してもしきれない」の意味となる。語順を変えて「不レ得レ惜《シミ》」となれば、訓読すれば同じことになるが、「惜しむことができない」となって意味のニュアンスに相違が生じる。㉕〔匹〕布の長さ四丈を一匹という。当時、絹一匹の値が八百文、米一斗が千五百文であったという。㉖〔紅紗〕紅色のうすぎぬ。㉗〔綾〕あや織りの絹。㉘〔繫ニ向牛頭一〕牛の頭にくくりつける。「向」は「於」や「在」と同じ助字で、動詞の下について場所を示すはたらきを持つ。㉙〔充〕相当させる。ここでは代金とすること。㉚〔直〕ねだん。「値」と同じ。

通釈

炭売りのじいさんは、終南山の山中で薪をきり、炭を焼く。顔じゅうほこりと灰をかぶって、顔色はすすけ、左右のびんはしらがまじり、十本の指はまっくろになっている。こうして焼いた炭を売り、銭をもうけて、何にしようというのか。身につける着物、口にする食物のためなのだ。なんとまあ、じいさんの身につけているのは、ひとえ物が一枚だけ。でも、じいさんが気にするのは炭の値だんの安いことで、どうか気候が寒くなってくれるようにと願っている。おりしも、ゆうべから降り出した大雪は、城外では一尺もつもった。そこで、夜明けがた、炭を積んだ車に牛をつけ、氷のはったわだちの上を走らせて行く。牛はつかれはて、じいさんは腹ペコになり、そして町についたときは、もう日が高くなっていた。じいさんは市場の南の木戸の外、雪どけのどろんこの上でひとやすみする。その時むこうから、二人の騎士が、軽々と馬をとばしてやって来たが、あれは誰か。黄色い服を着た宮中のお使いと白い上着を着た若者だ。手にはかきつけを持ち、口では天子のみことのりであるといって、車のむきをかえさせると、牛にシッシッと声をかけ、北の方へとひっぱらせる。この牛車一ぱいの炭の重さは千斤あまりもあるのだが、宮中の使者はむりやり牛を追いたてて行くので、じいさんがいくら惜しんでも、どうにもならぬ。使者は紅色のうすぎぬ半匹とあや絹一丈とを牛の頭にくくりつけ、それが炭の代金だという。

解説

白居易の「新楽府」の中の一首で、炭売りのじいさんが、天子の命令をかさに着た勅使のために、ひどいめにあわされることをうたう。当時、宮中の宦官《かんがん》（天子や後宮の雑用をする、去勢された男性）が大きな勢力を持っていて、宮中の必要品を買うのに、民衆をおどかし、この詩にあるような安い代価で物資を買いとった。これを宮市（宮中のお買物）と称する。実際は強奪も同然なのだが、わずかでも代金を払っているので法律にはふれない。この詩は、宮市がどれほど民衆を苦しめているかを訴えるために作られたものである。

詩形は七言古詩、最初の一句だけが三字で、それが題になっている。白居易の新楽府は、みなこの形式である。韻は五回換韻され、翁・中」色・黒・食」単・寒」雪・轍・歇《けつ》」誰《すい》・児」勅・北・得・勅」となっている。

白居易は韓愈と違って、門人を持たなかったが、多くの親友を持っていた。その中で最も有名であり、居易と最も近い詩風を示したのは元稹《げんじん》（字《あざな》は微之《びし》、七七九―八三一）で、官僚としては何度も左遷されたが、ついには同中書門下平章事《べんしようじ》という、最高の地位に至った。また劉禹錫《りゆううせき》（字《あざな》は夢得《ぼうとく》、七七二―八四二）は柳宗元の友人でもあり、宗元と同時に流されたが（二九七ページ参照）、のちに都へ召喚され、検校《けんぎよう》礼部尚書（礼部尚書事務取扱という意味）に至った。

以上の詩人たちのほかに、張籍と並称される楽府《がふ》の名手としては王建《おうけん》（字《あざな》は仲初、生卒年不詳）、銭起の系統を引く淡遠な詩風を持った詩人には戴叔倫《たいしゆくりん》（字《あざな》は幼公、生卒年不詳）がある。王は侍御史に終ったが、戴は官僚としての手腕があり、容管（広西省東部）経略使に至った。かれの友人が張継《ちようけい》（字《あざな》は懿孫《いそん》、生卒年不詳）で、はじめは地方官を転々とし、晩年

白氏文集の一節（百錬鏡）と白居易

に朝廷へはいって、検校祠部郎中となった。その詩はあまり残っていないが「楓橋夜泊」だけが特に名高い。また**李益**《りえき》（字《あざな》は君虞《くんぐ》、？—八二七？）は、さきに書いた李賀の同族で、若いころは北方の辺塞をめぐり、中年以後に朝廷の官僚となって、礼部尚書に至った。その「夜上リテ㆓受降城㆒ニ聞ク㆑笛ヲ」（練習問題六参照）は、王之渙の「涼州詞」とならぶ辺塞詩の傑作といわれる。

四　古文運動

駢文が外形の美しさばかり求めた、内容は空虚なものだという反省は、南北朝の末ごろから、特に北朝の文人たちの間におこっていた。これを修正するためには、駢文発生以前の文体に復帰しなければならないとして、**古文復興**をとなえる文人もあったが、すべて失敗した。失敗の原因は、駢文をたいせつにする貴族階級の観念を打破することができなかったためもあるが、もう一つ、単に古い時代の文体をまねするだけでは、人々の文学的意欲を満足させるだけの文章が書けなかったことも原因になっていた。

しかし、中唐の韓愈と柳宗元は、前にも書いたように、古文の精神を継承しながら、単に古代の文体を模倣するだけではなく、新しい時代に適応した散文を作りあげることに成功した。しかも、文体の上だけではなく、文章はその内容によって評価されなければならないと主張して、人生や社会の諸問題に関する論文を、次々と書きあげた。これは李白・杜甫が詩において六朝の伝統を打破したのと同じく、**文章の上での革命**だったのである。

韓愈《かんゆ》（七六八―八二四）は字《あざな》は退之《たいし》、昌黎《しょうれい》（河北省）の人。南陽（今の河南省沁陽《しんよう》）で生まれたので、南陽の人とした伝記もある。早く父親に死なれ、兄のもとに引取られたが、兄もかれが十四歳のときに死んだので、貧乏に苦しみながら勉強した。二十五歳で進士に及第したが、吏部の試験には落第を続けたので任官できず、生計のために各地の節度使の幕僚となった。三十五歳でようやく四門館博士に採用され、しだいに昇進して刑部侍郎となったが、五十二歳のとき、長安西方の鳳翔《ほうしょう》の寺に釈迦《しゃか》の指の骨が祭ってあり、憲宗がそれを長安へ迎え入れて供養するという行事がおこなわれた。仏教ぎらいの韓愈は、「論ズルノ二仏骨ヲ一表」を上奏し、仏を信仰することの誤りを痛烈に指摘したため、憲宗の怒りを受けて、潮《ちょう》州（広東省）刺史に流された。しかし翌年には罪をゆるされ、また兵部侍郎から吏部侍郎になって引退した。諡《おくりな》を文公という。

韓愈は開放的な性格で、門人を大勢集め、自分の学説や文学論を教えこんだ。また、当

柳宗元

時の貴族官僚たちの気にさわるような文章も平気で書いたが、一方では政治性にも富み、中唐の政界に一つの地位を占めることともなったのである。

かれはまた、儒教の熱心な信奉者で、文学とは結局、儒教精神を世にひろめるための道具だと主張した。そのことがかれの文学をかたくるしいものとしたのだが、一方では六朝風の空虚な文学とは違った強いバックボーンを、かれの文学に与えている。

柳宗元《りゅうそうげん》（七七三―八一九）は字《あざな》は子厚《しこう》、河東（今の山西省永済）の人。二十一歳で進士に及第し、藍田《らんでん》（陝西省）県尉・監察御史裏行《りこう》（裏行は事務見習の意）を歴任して、有望な若手官僚と評判された。徳宗の末年、王叔文《おうしゅくぶん》らが派閥を作って皇太子と気脈を通じ、政治改革のプランを練っていたが、宗元もそれに参加して、皇太子（順宗）の即位と同時に礼部員外郎となった。しかし王叔文の新政はすぐに失敗して、順宗はわずか七カ月で退位し、憲宗が即位すると、王叔文の一派はすべて処罰され、宗元は永州（今の湖南省零陵）司馬に流された。

永州での宗元は、すぐれた自然詩や紀行文「永州八記」を作る一方、「捕蛇者説」などを書いて、政治に対する関心を示した。四十三歳のとき、罪を軽減されて刺史に昇進することとなったが、同じく王叔文の一派で流されていた劉禹錫《りゆううせき》が、老母がありながら辺境の刺史に予定されたのに同情して、自分の任地と交換することを願い出た。結局、禹錫は別の任地をもらい、宗元は柳州（今の広西省柳江）刺史となって、そこで死んだ。

韓愈と柳宗元は親友で、たがいに長所を認めあい、共同して貴族官僚からの攻撃に対抗した。しかし二人の性格はかなり違っているのであって、宗元は愈よりも冷静・緻密であり、その文章も、愈にはときどき論理の飛躍や大げさな表現があるのに対し、宗元はどこまでも平静に論理をおし進めようとする態度をとっている。

［例文二六］

捕蛇者《ノ》説

柳宗元

「①悍《かん》吏之来《ルヤ》二吾《ガ》郷《ニ》一、②叫《けう》‐囂《がうシ》二乎東西《ニ》一、③隳《き》‐突《シ》二乎南北《ニ》一、④譁《くわ》然《トシテ》而駭《おどろクこと》者、雖《いへどモ》二鶏《けい》狗《くト》一不レ得レ⑤寧《やすキヲ》焉。吾⑥恂《しゅん》恂《トシテ》而起《キ》、視《みテ》二其《ノ》⑦缶《ふヲ》一、而吾《ガ》蛇尚《なほ》存《スレバ》、則《チ》⑧弛《し》然《トシテ》而臥《ふス》。謹《つつしンデ》食《やしなヒ》レ之《ヲ》、⑨時《ニシテ》而献《ジ》焉、退《イテ》而⑩甘二食《シ》其《ノ》⑪土之有《ヲ》一、以《テ》尽《クス》二吾《ガ》⑫歯《よはひヲ》一。⑬蓋《けだシ》一歳之⑭犯《ス》レ死《ヲ》者《こと》二《タビニシテ》焉、其《ノ》余《ハ》則《チ》⑮熙《き》熙《トシテ》而楽《シム》。豈《あニ》若《ごとクナラン》二吾《ガ》⑯郷鄰之⑰旦旦《ニ》有《ルガ》レ⑱是《や》哉。今雖《モ》レ死《スト》二⑲乎此《ここニ》一、比《ブレバ》二吾《ガ》郷鄰之死《セルモノニ》一、則《チ》已《ニ》後《おくレタリ》矣。又《また》安《いづクンゾ》敢《あヘテ》⑳毒《トセンやト》耶。」

余聞《イテ》而愈《いよいよ》悲《シム》。孔子曰《ク》、「㉑苛《か》政《ハ》猛二於虎一《とらヨリモ》也《ト》。」吾嘗《かつテ》疑二《ヘリ》乎是一《ヲ》。今以二《テ》蔣氏一《ヲ》観レ《みルニ》之《ヲ》、㉒猶信《なほまことナリ》。嗚呼、㉓孰《たれカ》知下《ラン》㉔賦斂《れん》之毒、有中《ルヲ》甚二《ダシキ》是《ノ》蛇一《ヨリモ》者上乎。故《ニ》為二《つくリ》之《ガ》説一《ヲ》、以《テ》㉕俟下《まツ》夫《かノ》㉖観二《ル》人風一《ヲ》者《ノ》㉗得上《ンコトヲ》焉。

書下し文

捕蛇者《ほだしや》の説《せつ》　柳宗元《りゆうそうげん》

「悍吏《かんり》の吾《わ》が郷《きよう》に来《きた》るや、東西《とうざい》に叫囂《きようごう》し、南北《なんぼく》に隳突《きとつ》し、譁然《かぜん》として駭《おどろ》く者《こと》、鶏狗《けいく》と雖《いえど》も寧《やす》きを得《え》ず。吾恂恂《われしゆんしゆん》として起《お》き、其《そ》の缶《ふ》を視《み》て、吾《わ》が蛇尚存《へびなおそん》すれば、則《すなわ》ち弛然《しぜん》として臥《ふ》す。謹《つつし》んで之《これ》を食《やしな》い、時《とき》にして献《けん》じ、退《しりぞ》いて其《そ》の土《ど》の有《ゆう》を甘食《かんしよく》し、以《もつ》て吾《わ》が歯《よわい》を尽《つ》くす。蓋《けだ》し一歳《いつさい》の死《し》を犯《おか》すこと二《ふた》たびにして、其《そ》の余《よ》は則《すなわ》ち熙熙《きき》として楽《たの》しむ。豈《あ》に吾《わ》が郷鄰《きようりん》の旦々《たんたん》に是有《これあ》るが若《ごと》くならんや。今此《いまここ》に死《し》すと雖《いえど》も、吾《わ》が郷鄰《きようりん》の死《し》せるものに比《くら》ぶれば、則《すなわ》ち已《すで》に後《おく》れたり。又安《またいず》くんぞ敢《あえ》て毒《どく》とせんや」と。

余聞《よき》いて愈悲《いよいよかな》しむ。孔子曰《こうしいわ》く、「苛政《かせい》は虎《とら》よりも猛《もう》なり」と。吾嘗《われかつ》て是《これ》を疑《うたが》えり。今蔣氏《いましようし》を以《もつ》てこれを観《み》るに、猶信《なおまこと》なり。嗚呼《ああ》、孰《たれ》か賦斂《ふれん》の毒《どく》、是《こ》の蛇《へび》よりも甚《はなはだ》しき者有《ものあ》るを知《し》らんや。故《ゆえ》に之《これ》が説《せつ》を為《つく》り、以《もつ》て夫《か》の人風《じんぷう》を観《み》る者《もの》の得《え》んことを俟《ま》つ。

語釈

①[悍吏] 気の荒い下役人。冷酷な徴税吏。②[叫囂] うるさくわめきちらすこと。[囂] はやかましいこと。③[隳突] あたりちらして乱暴すること。④[譁然] がやがやさわがしいさま。⑤[寧] おちついている。のんびりする。⑥[恂恂] おそるおそる。⑦[缶] ほとぎ。素

焼きの茶壺のようなものをいう。⑧［弛然］ほっと安心して気のゆるむこと。⑨［時］しかるべき時期に。ここでは蛇をさしだす期日に。⑩［甘食］ほしいだけ食べること。⑪［其土之有］その土地で産出するもの。ここでは土地でとれる食物。⑫［歯］齢と同じ。年齢。寿命。⑬［蓋］つまり。以上に述べたことを総括して、筆者（ここでは話し手）の意見を述べるとき、冒頭におく言葉。⑭［犯レ死］命がけの危険をおかすこと。⑮［熙熙］なごやかで楽しいさま。⑯［郷鄰］郷里で隣り近所に住んでいる人々。⑰［旦旦］毎日毎日。⑱［有レ是］こんなことがある。ここでは、税のために無理な労働を強制され、死の危険をおかして働くことをいう。⑲［死二乎此一］このことで死ぬ。毒蛇をつかまえる作業中、あやまって嚙まれて死ぬこと。⑳［毒］ひどいことだと思う。苦痛に感じる。㉑［苛政猛二於虎一也］「礼記」（四〇七ページ参照）にある語。ひどい政治（重税をきびしくとりたてるような政治）は、虎よりも猛烈で、おそろしい。「於」は比較をあらわす助字で、「A於B」は「BよりもAだ」の意味となる。㉒［猶］ここでは「やはり」という意味をあらわす助字。㉓［孰知…乎］誰が…と知ろうか、誰も知らない。「孰」は「だれ」の意味で、ここでは反語の形に用いられている。㉔［賦斂］租税を割り当て、とりたてること。㉕［俟］まちのぞむ。期待する。㉖［観二人風一者］民衆の実情を観察する人。古代の朝廷では、民衆の状態をしらべることを職務として各地を巡回する役人があり、その報告にもとづいて、天子や大臣が政治の方針を定めたといわれる。唐代には、そのような役職はなかったが、民衆の状態を知るのは為政者にとってたいせつなことだから、必ずその点に気をつけてくれる地方官があるにちがいないという期待をこめて、こう書いたもの。㉗［得］手に入れる。ここでは、自分が書いたこの「説」を手にして、読んでくれること。読めばこれを中央へ報告して、政治のありかたを改めてくれるにちがいない、と期待しているのである。

通釈

「税をとりたてる凶暴な役人が、われわれの部落にやって来ると、東に西にわめきちらし、南に北にと荒らしまわるので、(村人が)がやがやと驚きさわぐことといったら、鶏や犬までも落ちついていられないほどです。でも私はおそるおそる起き出して、ほとぎの中をしらべ、捕えた蛇がまだ中に生きていると、ほっとしてごろりと横になります。この蛇を大切に養って、献上すべき時が来たら、(税金のかわりに)さし出し、それを済ませて家に戻れば、土地の産物を食べたいだけ食べ、自分の寿命が尽きるまで、こうしているのです。つまり、一年の間に死の危険をおかすことは二回、そのほかはいつも心楽しく過ごしています。近所の人々が、毎日毎日死の危険をおかしているのとは、まるきり違うのです。かりにいま、私が蛇取りのことで死んだとしても、近所の人々の死んでいったものにくらべれば、もうずっと長く生きたことになります。こんな生活をしているのに、なんで苦痛などと思いましょうか」

私はこの話を聞いて、ますます悲痛な思いにさせられた。孔子のことばに「むごい政治の害毒は、虎のそれよりももっと激しい」とある。私はかねがねそんなことがあるものかと疑問に思っていたのだが、いま、蔣氏のことから考えてみると、やはり真実なのだ。ああ、苛酷な徴税の害毒が、この毒蛇よりもひどいということを、いったい誰が知っているだろうか。だからこの文章をつづり、(いつかは)民情を視察する役人の手にはいることを期待するしだいである。

解説

この部分は、全体の後半で、省略されたところには、大体以下のような叙述がある。永州の野に、奇異な毒蛇がいて、その猛毒が不治の病の特効薬となったために、それを税のかわりとすることが許された。蔣氏という人が、三代にわたってそれを行なってきたが、祖父も父も蛇のために生命を失い、蔣氏自身も何度か危険に遭ったのに、税金をとり立てられることにくらべれば、その危険などは問題ではないのだと語る。彼は危険な蛇取りをする故に、かえって生きながらえているのである。

文体は簡潔だが、言いたいことを言いつくしていて、表面は美しい言葉をならべながら中味はたいしたことを言わない駢文とは、根本的に違っている。前にあった韓愈の「雑説」(例文一一)とあわせて読めば、古文の文章とはほぼこんなものだと、見当がつくだろう。

五　晩唐の詩人

文宗の治世から唐の滅亡までの約七十年を晩唐とよぶ。この時期には藩鎮と宦官の勢力がますます増大し、帝室の権威はおとろえ、王朝の運命が下り坂となったことは、誰の目にも明らかであった。したがって詩人たちも、白居易のように民衆の声を代弁すれば政治家が反省してくれるといったような、明るい希望は持てなくなる。そこで盛・中唐詩が獲得した表現力を駆使しながら、政治や社会とは無縁の美しい世界を描き出そうとする傾向が生まれた。

晩唐の詩人として有名なのは杜牧《とぼく》・温庭筠《おんていいん》・李商隠《りしよういん》の三人で、ことにあとの二人は「温李」とよばれ、晩唐詩の代表者とされる。

杜牧（八〇三―八五三）は字《あざな》は牧之《ぼくし》、京兆《けいちょう》（長安）の人。杜甫と同姓だが、関係はない。ふつう杜甫を大杜、杜牧を小杜とよぶ。名家の出身であるが、江南の地方官生活が長く、放蕩な暮らしをしていた。晩年は朝廷の官僚となり、長安南方の樊川《はんせん》に別荘をかまえて、勤務のひまにはそこで遊んだ。五十歳で中書舎人になったが、病気にかかり、自分で墓誌銘を作って、翌年に死んだ。

杜牧には乱世を嘆く詩もあるが、かれの本領は「江南春」のように、美しい風景を甘美に描き出す点にあった。また、かれの詩には滅亡したものへの同情をうたうことが多く、特に江南にいたころの作品には、南朝をしのぶ懐古の情が、しばしばうたわれる。

［例文二七］

泊ス①二秦《しん》淮《わい》ニ一　　杜牧

煙ハ②籠《こ》メ二寒③水ヲ一月ハ籠ムレ沙《すな》ヲ　夜泊シテ二秦《しん》淮《わい》ニ一近シ二酒④家ニ一

商⑤女ハ不レ知ラ亡国ノ恨ミ　隔テテレ江ヲ⑥猶《なほ》唱《うた》フ⑦後庭花

書下し文

秦淮《しんわい》に泊《はく》す　杜牧《とぼく》

煙《けむり》は寒水《かんすい》を籠《こ》め月《つき》は沙《すな》を籠《こ》む　夜秦淮《よるしんわい》に泊《はく》して酒家《しゅか》に近《ちか》し

商女《しょうじょ》は知《し》らず亡国《ぼうこく》の恨《うら》み　江《こう》を隔《へだ》てて猶唱《なおうた》う後庭花《こうていか》

語釈 ①[秦淮] 今の南京を流れている川の名。両岸に酒楼が立ち並んでいた。②[籠] すっぽりとおおうこと。③[寒水] さむざむとした水面。④[酒家] 料亭、妓楼《ぎろう》のこと。⑤[商女] 妓女。芸者。⑥[猶] ここでは「それでもなお」「やはり、まだ」の意味をあらわす助字。⑦[後庭花] 陳の後主（陳の最後の天子）の作った「玉樹後庭花」の曲。後主は、いつも宴会を催しては寵愛する女性にこの歌を歌わせ、酒にひたってばかりいて政治をかえりみなかったので、ついに隋に亡ぼされたという。

もやはさむざむとした川面《かわも》をおおい、月光は川岸の砂をおおって、白く輝く。こよい、

通釈 秦淮に舟をつけて一泊したが、そこは妓楼に近いあたりであった。（この南京に都した陳の）亡国のうらみを、妓女は知るはずもないのだが、それでもなお、（後主が作った）後庭花の曲を、川の向こう岸でうたっている。

解説 秦淮の川筋は南朝の諸王朝が南京に都したとき、歓楽街として栄え、唐代にも続いた。杜牧はこの川に船をとめ、にぎやかな絃歌の声に包まれながら、亡び去った陳のむかしを追憶しているのである。

詩形は七言絶句で、「籠」の字が重複して使われている。同じ字を二度使うのは、絶句では許されないことだが、これは作者が意識して用いた、破格の技法である。

温庭筠（字《あざな》は飛卿《ひけい》、生卒年不詳）・**李商隠**（字は義山《ぎさん》、八一二?—八五八）の二人は、ともに官僚としては出世できず、不遇な生涯を送った。二人の詩はきわめて美しいが、その中に

は一抹《いちまつ》の淋しさ、もしくは頽廃的なおもむきが含まれている。この点は、杜牧の詩の中にも共通するものがあって、晩唐詩の特色の一つとなっている。

六　唐詩の総括

以上にあげた唐代の詩人には貴族の出身がほとんどないことに、みなさんはもう気がついていることだろう。ことに、若いころは俠客だったという人が多かった。六朝《りくちょう》の時代ならば、とうてい詩人の仲間入りはできなかった人々が詩を作りはじめたところに、**唐詩の特色**があったのである。六朝では考えられなかった新しい詩風が生まれたのも、当然のことであった。

しかし唐代では、南朝から続く貴族たちの力が、まだ強い。かれらはまだ南朝風の詩文を書いていたので、社会的な勢力としては、その方が強かった。だから**李白・杜甫**の詩や**韓愈・柳宗元**の文章は、当時においては風がわりな文学としてしか評価されなかったのであって、それが最高の文学といわれるようになるのは、次の宋代を待たなければならない。

唐詩は数が多いので、その中から傑作を選んだ本が、昔からいくつも作られた。日本でもっとも有名なのは、明の**李攀竜**《りはんりよう》が編集したといわれる「**唐詩選**」である。ただしこれは、李攀竜一派の文学理論を示すために作られたもので、詩は男性的な力強さ・悲憤慷慨といった感情をあらわしたものが最高であり、それは盛唐詩を頂点として、中・晩唐以後は衰微するという前提のもとに、唐詩を選択している。だから中・晩唐詩から選ばれた数は非常にすくなく、白居易・杜牧は、一首もとられていない。したがって「唐詩選」は、一時は流行したが、李攀竜一派の文学論が勢力をなくすにつれて、読まれなくなった。ただ簡便に唐詩が読めるので、清になっても寺子屋の教科書には使われていた。

「唐詩選」の偏向を修正して、唐の各時期から公平に傑作を集めようとしたのが清末の孫《そん》洙《しゅ》(号は蘅塘退士《こうとうたいし》)の「唐詩三百首」で、はじめから寺子屋の教科書として編集されたものである。日本では明治から大正にかけて、かなり広く読まれた。

もっと古く、室町時代から江戸中期にかけて読まれたのは、宋の周弼《しゅうひつ》が編集した「三体詩」である。これは唐詩の中から五言・七言の律詩と七言絶句の三つの詩形のもの五百首を選んでいる。

第八節　宋以後の詩文

一　北宋の詩文

唐代に李白・杜甫や韓愈・柳宗元が作り出した新しい文学に対する障害となっていた貴族官僚は、五代の戦乱の中で没落してしまったのだが、北宋初期の文学は、まだ唐代貴族風の名残りをとどめていた。これに対して、李・杜の詩、韓・柳の文を理想とする文人たちが徐々に増大していったが、その傾向を決定づけたのが欧陽脩《おうようしゅう》である。

欧陽脩（一〇〇七―一〇七二）は字《あざな》は永叔《えいしゅく》、六一居士《りくいつこじ》と号した。廬陵《ろりょう》（今の江西省吉安）の人。早く父に死なれ、貧困の中で成長したが、二十四歳で進士に及第し、何度か政界の反対派と衝突して左遷されたが、ついには参知政事に至った。諡《おくりな》を文忠公という。

当時の政界には、保守派と進歩派とが対立していた。保守派は唐代貴族官僚の名残りをとどめていた人々であり、欧陽脩は先輩の**范仲淹**《はんちゅうえん》（字は希文、九八九―一〇五二）らとともに、進歩派に属した。そして進歩派の官僚は、文学の上では李・杜の詩、韓・柳の文を尊敬したが、それはかれらの文学が単なる文字の遊戯ではなく、人生や社会の諸問題と真剣にとりくんだと認めたからである。

欧陽脩は大官の地位につき、大勢の門人を集めて指導したので、かれの文学論は当時のインテリの間に広く行きわたった。

このころ、蜀（四川省）の眉山《びざん》に**蘇洵**《そじゅん》（字は明允《めいいん》、号は老泉、老蘇《ろうせん》とよばれる。一〇〇九―一〇六六）という文人があった。俠気に富む人で、郷里にこもったきり官職につこうとしなかったが、**蘇軾**《そしょく》（字は子瞻《しせん》、号は東坡《とうば》居士、大蘇とよばれる。一〇三六―一一〇一）・**蘇轍**《そてつ》（字は子由《しゆう》、小蘇とよばれる。一〇三九―一一一二）の二人の息子を連れて上京し、科挙を受験させた。そのときの試験委員長が欧陽脩であり、文章の技巧よりも内容のある答案に主眼をおいて採点したが、二人の兄弟はそろって合格した。このとき、欧陽脩の門人の曽鞏《そうきょう》（字は子固《しこ》、一〇一九―一〇八三）も合格した。

欧陽脩は蘇氏父子の実力を認め、蘇洵を特に推薦して校書郎に採用したが、洵はまもなく死んだ。軾・轍の二人は優秀な若手官僚として将来を期待されたが、そのころ、朝廷内部にはまた派閥争いがおこった。

欧陽脩に才能を認められていた一人に王安石《おうあんせき》（字は介甫《かいほ》、号は半山、一〇二一—一〇八六）があり、神宗の信任を得て、一〇六九年に同中書門下平章事《どうちゆうしよもんかべんしようじ》に就任すると、革新的な政策を施行しはじめたのである。これを新法という。

新法は官僚地主や大商人の権利を縮小して国家財政を豊かにし、国民皆兵制をしいて軍備を強化しようとするもので、当時としては必要な改革だったが、それだけに官僚地主からの反対も強く、しかも改革が急激にすぎたため、欧陽脩・司馬光《しばこう》（一七四ページ参照）らの有力な大官たちまで反対派にしてしまった。

蘇軾も司馬光と同じ反対派に加わった。かれと王安石とは、性格的にも合わなかったらしい。そこで権力を握っていた安石は、軾を地方官として朝廷から追い出し、江南を転々とさせたすえ、黄州（今の湖北省黄岡《こうこう》）に流した。ここは揚子江に近く、有名な「赤壁の賦」（例文一二参照）はこのときに作られた。

そのうちに、新法に対する非難がますます強くなり、一〇八五年に王安石はついに宰相の地位から追われて、翌年に死んだ。そして司馬光が宰相となり、新法を廃止するとともに、蘇軾を召還して礼部郎中から翰林学士に昇進させた。

しかし、司馬光も王安石と同年に死に、あとは朝廷内で新法党と旧法党の対立が激化した。そして一〇九四年に新法党が勝利をおさめ、蘇軾は海南島へ、蘇轍はその対岸の雷州半島へと流された。やがて一一〇〇年にはまた新法党が没落し、軾は罪をゆるされて都へ帰ろうとしたが、旅の途中で死んだ。轍は都へ帰って、門下侍郎に至った。

さきの曽鞏は官界での出世が遅く、地方官として各地をめぐった末、六十四歳でようやく中書舎人になったが、翌年継母に死なれ、喪のために引きこもったまま死んだ。

以上の人々は、政治上の立場は違っているが、文人としてはひとしく唐代の新しい文学を継承しようとつとめた。蘇軾は陶潜・李白・杜甫の詩、韓・柳の文の価値を力説したし、王安石も杜甫の遺作を集めて、完全な詩集を作ろうと努力している。これらの人々の力によって、陶潜や唐代のすぐれた文人たちの評価が定まり、現在までも伝わることとなったのである。のちに明《みん》の**茅坤**《ぼうこん》が唐宋の古文の大家八人の作品を選び、「**唐宋八大家文鈔**《はちたいかぶんしょう》」百六十四巻を作った。これを簡略化したのが清の**沈徳潜**《しんとくせん》の「**唐宋八大家文読本**」三十巻で、「唐宋八家文」と略称され、日本でも広く読まれた。その八家とは、韓愈・柳宗元・欧陽脩・王安石・蘇洵・蘇軾・蘇轍・曽鞏である。

もっとも、八人の文学観は基本的には一致しているが、作風はそれぞれに違っている。欧陽脩の詩文は韓愈に近いといわれるが、もっと緻密であり、「愈は陽剛、脩は陰柔」と批評される。その点を継承して、もっと綿密な文章を書いたのが曽鞏であった。蘇洵の詩文は豪放であり、王安石・蘇軾には才人らしい鋭さがある。

〔例文二八〕

①酔翁亭記　欧陽脩

環《めぐりテ》滁《ちよヲ》皆山也。其西南諸峯、林②壑《がく》③尤《もつとモ》美。望之蔚④然《ゐ》而深秀者、⑤琅《らう》琊《や》也。山行六七里、⑥漸聞水声。⑦潺《せん》潺而瀉《そそギ》出于両峯之間者、⑧醸泉也。峯回《めぐり》路転有亭、⑨翼然臨于泉上者、酔翁亭也。作亭者誰。山之僧智⑩遷《ち》也。名之者誰。⑪太守自謂也。太守与《と》客来飲于此。飲少⑫輒《すなはチ》酔。而年又最高。故自号曰酔翁也。酔翁之意、不在酒、在乎山水之間也。山水之楽、得之心而⑬寓之酒也。

書下し文　酔翁亭《すいおうてい》の記《き》　欧陽脩《おうようしゅう》

滁《じよ》を環《めぐ》りて皆山《みなやま》なり。其《そ》の西南《せいなん》の諸峯《しよほう》、林壑《りんがく》尤《もつと》も美《び》なり。これを望《のぞ》めば蔚然《いぜん》として深《ふか》く秀《ひい》でたる者《もの》は、琅琊《ろうや》なり。山行六七里《さんこうろくしちり》、漸《よう》やく水声《すいせい》を聞《き》く。潺潺《せんせん》として両峯《りようほう》の間《かん》に瀉《そそ》ぎ出《い》ずる者《もの》は、醸泉《じようせん》なり。峯回《みねめぐ》り路転《みちてん》じて亭有《ていあ》り、翼然《よくぜん》として泉上《せんじよう》に臨《のぞ》む者《もの》は、酔翁亭《すいおうてい》なり。亭《てい》を作《つく》る者《もの》は誰《た》そ。山《やま》の僧智遷《そうちせん》なり。これに名《な》づくる者《もの》は誰《た》そ。太守自《たいしゅみずか》ら謂《い》うなり。太守客《たいしゅきゃく》と来《きた》りて此《ここ》に飲《の》む。飲《の》むこと少《すこ》しくして輒《すなわ》ち酔《よ》う。而《しこう》して年又最《としまたもっと》も高《たか》し。故《ゆえ》に自《みずか》ら号《ごう》して酔翁《すいおう》と曰《い》うなり。酔翁《すいおう》の意《い》は、酒《さけ》に在《あ》らずして、山水《さんすい》の間《かん》に在《あ》るなり。山水《さんすい》の楽《たの》しみ、之《これ》を心《こころ》に得《え》て、之《これ》を酒《さけ》に寓《ぐう》するなり。

語釈　①[酔翁亭] 欧陽脩が滁州（今の安徽省滁県）の太守に左遷されていたとき、郊外の亭を買いとって、こう名づけた。②[林壑] 林や谷。③[尤] ことのほか。特に。最上級をあらわす「最」とは少し意味が違う。④[蔚然] さかんなさま。ここではさかんに茂っているさま。⑤[琅琊] 山の名。⑥[漸] しだいに。だんだんと。日本語で「ようやく」というときは、「ようやく完成した」などと、「やっと」の意味になることが多いが、漢文ではその場合には「纔」の字を使い、「漸」は使わない。⑦[潺潺] さらさらと流れるさま。⑧[醸泉] 泉の名。「醸」は酒を作ることで、泉の水がうまいため、この名がついたのであろう。⑨[翼然] 鳥が羽をひろげたように、左右にひろがっているさま。⑩[智遷] 僧の名。⑪[太守] 州の長官。欧陽脩自身をさす。⑫[輒] この助字には、上の文を受けて「そのたびごとに」の意味をあらわす場合と、「容易に」「すぐさま」の意味をあらわす場合とがある。ここは後者の場合。⑬[寓] ある場所に、かりに身を落ちつける、または物をあずけること。ここでは、山水の楽しみを、かりに酒というものによって表現したという意味。

通釈　滁州の周囲をとりまいているのは、すべて山である。そのうちで南西の峰々は、林も谷も、ことのほか美しい。遠くから望めば、よく木が茂って、山深く、高くそびえて見えるのは、琅琊山である。その山の中を行くこと六、七里で、しだいに川の音が聞こえだす。（その川の源の）さらさらと音をたてて二つの峰の間から流れ出るのは、醸泉である。峰にそってめぐり、道が曲がったところに亭があって、鳥がつばさをひろげたような形で泉のほとりにのぞんでいるのは、酔翁亭である。この亭を作ったのは、誰か。山中に住む僧の智遷である。この亭に名をつけたのは、誰か。滁州の太守が、自分でつけたのである。太守は客とこの亭へ来て酒を飲むが、すこし飲むと、簡単に酔ってしまう。しかも、年齢は（客たちの中で）いちばん高い。だから、自分で「酔翁」と号をつけているのである。（しかし）酔翁の意味は、酒にあるのではなくて、山や川の風景の中にある（酒に酔うのではなく、風景に酔うのである）。山や川の楽しみを、心の中で把握して、かりに酒によって表現したのである。

解説　欧陽脩が名づけた酔翁亭を記念する文章の、初めの部分である。このあと、亭の附近の行楽の描写があり、人々の行楽を見て、太守が楽しむという趣旨が書かれている。つまり、単に酒を飲んで酔うのではなく、美しい風景や、それを楽しむ民衆の姿を見て、それを楽しみに太守が酔うというのであり、風流を愛するだけではなくて社会全体の立場から考えようという、唐宋の古文に共通の態度が見られる。

欧陽脩の文章は、韓愈・柳宗元にくらべれば論理がこまかく、描写も詳しくなっており、それだけに力強さには乏しい。しかし彼自身は、簡潔な文章を書くことを念願としていた。この文章の第一句も、最初は滁州をめぐる山々について、東の方はどう、南はどう、といちいち描写しようとしたが、どれも気に入らず、ついに「環滁皆山也」の五字に圧縮して、やっと満足したという。

蘇軾は大勢の門人を持ったが、そのなかで最も傑出していたのが、黄庭堅《こうていけん》（字《あざな》は魯直《ろちょく》、号は山谷道人《さんこくどうじん》、一〇四五―一一〇五）である。師と同じく旧法党に属したため、何度も流され、官界では出世できなかったが、詩人として有名であった。ことに杜甫を尊敬し、小手さきの技巧でうまい詩を作るよりも、むしろ稚拙な中に雅趣を生み出すべきだと主張して、以後の詩壇に大きな影響を与えた。

二　南宋の詩文

南宋にはいると、唐の詩文を継承することはすでに確定して、文人たちはその上で独自の作風をあみ出そうとするようになった。ことに詩においては、楊万里・范成大・陸游の三人が有名であり、儒学者の**朱熹**《しゅき》（四八七ページ参照）も、すぐれた詩を残した。

楊万里《ようばんり》（一一二七―一二〇六）は字《あざな》は廷秀、号は誠斎、吉水（江西省）の人。官界では順調に出世し、国子監博士から宝文閣待制になったが、宰相と衝突し、憤慨のあまり病気になって死んだ。特に七言絶句にすぐれ、自然を独特の角度からながめた、清新な詩を作った。

范成大《はんせいだい》（一一二六―一一九三）は字《あざな》は致能《ちのう》、号は石湖《せきこ》、呉県（江蘇省）の人。参知政事・資政殿大学士という高位に至った。楊万里と同様に**清新な自然詩**を作ったが、農村の風物を描いた「四時田園雑興」は特に有名である。

陸游《りくゆう》（一一二五―一二〇九）は字《あざな》は務観《むかん》、号は放翁、山陰（浙江省紹興《しょうこう》）の人。靖康の変

（一三二ページ参照）ののち、抗戦派と和議派に分裂していた当時の政界において、かれは徹底的な抗戦派であり、そのために、官僚としては和議派の攻撃を受けて、地方官として田舎まわりをさせられたり、免職になって郷里にひきこもったりするのが、生涯の大部分であった。かれの詩には、激しい憂国の熱情と、郷里を中心とする農村の平和な風物に対する愛情とが、交錯してあらわれる。

［例文二九］

遊ブ㆓①山西ノ村ニ㆒　陸游

莫カレ㆑笑フ農家②臘《らふ》酒ノ渾《にご》レルヲ　豊年留ムルニ㆑客ヲ足ル㆓鶏豚㆒
③山重水複疑フ㆑無キカト㆑路　④柳暗花明又⑤一村
⑥簫《せう》鼓追随シテ⑦春社近ク　衣冠⑧簡朴ニシテ古風存ス
従《より》㆑今若シ許サバ㆓⑨間ニ⑩乗ズルヲ㆒㆑月ニ　⑪拄《つ》キ㆑杖《つゑ》ヲ無ク㆑時ト夜叩カン㆑門ヲ

書下し文

山西《さんせい》の村《むら》に遊《あそ》ぶ　陸游《りくゆう》

笑《わら》う莫《な》かれ農家《のうか》臘酒《ろうしゅ》の渾《にご》れるを　豊年客《ほうねんきゃく》を留《とど》むるに鶏豚《けいとん》足る
山重水複路無《さんちょうすいふくみちな》きかと疑《うたが》う　柳暗花明又一村《りゅうあんかめいまたいっそん》
簫鼓追随《しょうこついずい》して春社近《しゅんしゃちか》く　衣冠簡朴《いかんかんぼく》にして古風存《こふうそん》す

今《いま》より若《も》し間《かん》に月《つき》に乗《じょう》ずるを許《ゆる》さば　杖《つえ》を拄《つ》き時《とき》と無《な》く夜門《よるもん》を叩《たた》かん

語釈　①［山西村］陸游が住んでいた山陰（今の浙江省紹興）郊外の山の西側にある村。②［臘酒］年の暮に造った酒をいう。③［山重水複］山水重複と同じ。山が複雑に入りくみ、谷川も何度も屈折していること。④［柳暗花明］柳は茂っていて暗い感じがし、花は明るい色をしている。⑤［又］そのうえに。さらにまた。同じく「また」と読んでも、「亦」は「…もまた」と、二つ以上のものを並列していうときに用いられる。⑥［簫鼓］笛やたいこ。⑦［春社］立春からかぞえて第五の戊《いぬ》の日に行なう、豊年を祈願する祭り。⑧［簡朴］簡単で素朴なこと。⑨［間］閑に同じ。のんびりと。⑩［乗レ月］月見をしながら散歩すること。⑪［拄］つきたてること。

通釈　農家の自家製の、年の暮れにしこんだ酒は濁っているが、それを笑ってはいけない。今年は豊作で、来客を引きとめるに十分なほど、鶏だの豚だのがたっぷりあるのだもの。山は幾重にも重なり、川は何度も曲がっていて、もう道が無くなるのだろうかと思いながら歩いて行くと、暗くなるほど茂った柳の色と、ぱっと明るい桃李の花が見え、また一つ村里が見えてくる。笛や太鼓の音があとを追いかけあい、行列を作って続いている。春の祭りも近いのだ。村人の晴着の服や冠は、質素で古風な奥ゆかしさをそのまま今に伝えている。これからもし、のんびりと月見の散歩をする境遇が私に許されるならば、杖をつき、時を定めずに、ふらりと夜中に（農家の）門をたたくこととしよう。

解説　子規の句に、「柳多き花多き村に出でにけり」ともあるように、「柳暗花明」の句は、「山重水複」と対応して、春の農村の情景を写して巧みな点、とくに有名である。そして、こうした風景や、風俗、またそれと一体になって楽しんでいる作者の心を通して、春を迎えた**農村の平和な明かるさ**が、いきいきと語られているところに、この作品の特色がある。

詩形は七言律詩。陸游の詩は、とくに対句の作りかたがうまいと批評される。この詩でも頷・頸聯の対句の巧妙さに注意してほしい。

南宋の末期、元からの攻撃が激しくなるにつれて、また愛国的な文人が登場した。その代表者は、**文天祥**《ぶんてんしょう》（一二三六—一二八二）である。字《あざな》は宋瑞《そうずい》、号は文山、欧陽脩と同じ廬陵《ろりょう》の人。四十一歳のとき南宋の都臨安が元軍に包囲され、かれは宰相に任命されて、元との交渉にあたった。結局、臨安は陥落し、かれは元の捕虜となって北方へ送られたが途中で脱走し、南宋帝室の一族が福建省でたてた亡命朝廷に参加した。以後、主として江西省で抗戦に従事したが、四十三歳のとき元軍に捕えられ、北京に送られた。元の天子はかれを降服させようとしたが、かれは最後まで拒絶し続けて、斬られた。かれの詩には憂国の情熱があふれ、北京の獄中で作った長詩「**正気歌**《せいきノ》」や、元軍の捕虜となって南宋の亡命朝廷への降服勧告を書けと強要されたとき、拒絶の意思表示として作った「**過**《グ》二**零丁洋**《ヲ》一」は、ことに有名である。

謝枋得《しやぼうとく》（一二二六—一二八九）は字《あざな》は君直、号は畳山《じょうざん》、信州（江西省上饒《じょうじょう》）の人。文天祥と同時に進士に及第したが、当時の朝廷が元との講和を計画しているのを批判して流された。南宋の末期には郷里で民兵をひきい、元軍と戦ったが、敗れて福建省の山中に身を隠した。しかし南宋の滅亡後、発見されて元につかえることを強要され、北京へ護送されたが、途中から食物をいっさいとらず、衰弱して死んだ。かれの詩文も憂国の情に満ちているが、日本ではむしろ古文の選集である「文章軌範《ぶんしょうきはん》」七巻の編者として有名である。「文章軌範」は科挙の作文の参考書として編集されたもので、韓愈・柳宗元をはじめ、唐以後の名文を主として集めた、模範文例集である。中国では受験参考書として広く読まれたが、日本では作文の教科書とされたほか、編者が南宋の忠臣であり、編集の態度にも憂国の文章を重視した点が見えるので、一種の道徳教科書としての扱いをも受け、勤王の志士たちにも愛読されて、中国における以上に重要視された。

「文章軌範」が日本で流行したのは江戸時代の中期以後であり、室町時代から江戸期の初めまでに流行した古文の選本は、「古文真宝《こぶんしんぽう》」であった。この書は元初の黄堅《こうけん》が、やはり作詩・作文の参考書として編集したもので、前集十巻は詩をおさめ、後集十巻は文を内容別に分類してある。詩の選本はほかにもあるので、後集の方が広く読まれた。こうして、「唐宋八家文《はっかぶん》」「文章軌範」「古文真宝後集」の三つが、だいたい明治のころまでに日本人の間で読まれた古文の選集となったわけだが、三つとも本国においては、寺子屋の教科書または受験参考書なので、広くは読まれたものの、あまり重要視されてはいなかった。

三　詞

詩はもともとうたわれたものだが、しだいにうたわれなくなり、民間の歌謡だった楽府《がふ》も、唐になるとうたわれなくなったことは、前に書いた。歌謡は時代とともに変るもので、長い年月の間に一つの曲調がすたれてしまえば、古い歌詞は節《ふし》がわからなくなり、うたえなくなってしまうわけである。だがそのかわりに、必ず新しい曲調がおこる。前に「涼州詞」が唐代に西北の涼州から始まって全国的に流行した歌謡だと書いたが（二八四ページ参照）、同様に、唐代になって新しくできた歌曲は非常に多く、しかも西域の音楽の影響を受けて、中国の伝統的音楽とは、かなり性格が変っていた。

「涼州詞」の「詞」とは、**歌謡の歌詞**という意味である。はじめは一般的な名称だったが、唐も半ばを過ぎたころから、新しい歌曲に合わせて作られた歌詞が一定の形式を持つようになり、専門の詩人たちの間にもそれを作る人が出るようになると、「詞」はそのような歌詞を総合する、文学上の術語となった。

つまり、唐末以後に「詞」といえば、詩とは違って、一定の楽曲に合わせて作られた韻文をさすことになる。そして詩と比較した場合、**詞は次のような特色を持っていた**。

1　楽曲にはたくさんの種類があり、一つ一つに名前がついている。詞を作るときは、その楽曲の名を題にする。この点は楽府と同じである。

2　一句の字数が不そろいであり、韻のふみかたも詩のように整頓されてはいない。一つの楽曲ごとに、第一句は何字、第二句は何字で、どことどこが韻をふむという規定があり、作者はその規定にあわせて作詞する。

3　詩のなかには当時の俗語を部分的に使ったものもあるが、詞は本来が俗謡だから、俗語をいくら使ってもよい。極端な場合には、全部を当時の口語で作ってもかまわない。

宋になると、詞は民間だけでなく、高級官僚の間にも流行した。前に書いた宋の文人たちは、数の差はあるが、みな詞も作っている。だが**詞の専門家**として特に有名なのは、北宋では**柳永**《りゅうえい》（字《あざな》は耆卿《きけい》、生卒年不詳）、南宋では**辛棄疾**《しんきしつ》（字《あざな》は幼安、号は稼軒《かけん》、一一四〇―一二〇七）であった。ことに辛棄疾は陸游の友人であり、金を打倒して中原の地方を奪回しようという愛国の情熱を、詞の形でうたっている。

四　明の詩文

金・元にもすぐれた文人はあったが、異民族王朝のもとで、特に新しい文学運動がおこったわけではなく、元ではだいたい宋の作風を継承する人が多かった。漢文教科書ではこの時期の文人はほとんどとりあげられないので、ここでは省く。

明になると、元以来の風潮に反発して、詩の上では宋詩よりも**唐詩を模範**にしようとする人々があらわれた。その先頭に立ったのは**高啓**《こうけい》（一三三六―一三七四）である。字《あざな》は季迪《きてき》、号は青丘《せいきゅう》、長州（江蘇省蘇州）の人。早熟の天才といわれ、明の建国後に召し出されて「**元史**」の編集に参加し、戸部侍郎に至ったが、時の天子の太祖に憎まれ、辞職して郷里へ帰ったのち、無実の罪によって死刑に処せられた。かれの詩は、宋詩の淡泊さとは違って、漢・魏および盛唐の詩を模範とした、力強い情熱を持っている。

同じころ、蘇州を中心とした江南の地方には、高啓ほど明瞭な形はとらないが、盛唐詩に接近した作風を持つ詩人があった。**袁凱**《えんがい》（字は景文、松江《しょうこう》の人。生卒年不詳）もその一人で、やはり明の建国後に召し出されて御史《ぎょし》となったが、文人を軽視する太祖と合わず、辞職して郷里に帰った。

明の中ごろ、十六世紀の初めには、詩は盛唐、文は秦漢を模範とすべきだという主張がおこり、文壇はほとんどこの一派によって占領された。これを「擬古派」「古文辞派」などとよび、まもなく一時下火《したび》になったが、十六世紀の後半にまた復活した。「唐詩選」の編者**李攀竜**《りはんりょう》（字《あざな》は于鱗《うりん》、一五一四—一五七〇）は古文辞派の指導者の一人で、その主張を徹底させるために、盛唐詩を中心とした詩集を作ったわけである。

文は秦漢を模範とするとは、同様に秦漢の文を学んだ唐宋八家の古文を否定して、直接に古代へ帰ろうとすることを意味する。これに反対し、ほとんど孤立して唐宋八家の古文を尊重したのは**帰有光**《きゆうこう》（字《あざな》は熙甫《きほ》、震川《しんせん》先生とよばれた。一五〇六—一五七一）である。官僚としては出世できず、太僕丞《じょう》に終ったが、時文《じぶん》の指導がうまいというので、大勢の弟子が集まった。かれの古文は韓愈の文章の精神を正しく継承しており、明末に古文辞派が没落したあと、清代へかけて、かれの文章が古文の模範であるとして、高く評価された。

明末には、古文辞派に反対する文人があらわれたが、その中で最も有名なのは、袁宏道《えんこうどう》（字は中郎、湖北省公安の人。一五六八―一六一〇）である。兄の宗道・弟の中道とともに三袁とよばれ、白居易・蘇軾など、古文辞派が否定する文人の価値を主張して、平明で気のきいた詩文を作った。かれらの一派を公安派とよぶ。

五　清の詩文

清代には多くの文人が出て、前代までの詩文を継承しながら、それぞれに独自の作風を展開した。しかし漢文教科書の範囲では清代詩文があつかわれることはほとんどないので、ここでは代表的な作家一人だけをあげる。

王士禎《おうしてい》（一六三四―一七一一）は字《あざな》は貽上《いじょう》、号は阮亭《げんてい》または漁洋《ぎょよう》山人、新城（山東省）の人。官僚としても刑部尚書に至り、当時の文壇の指導的地位に立った。ことに詩においては、唐詩を中心としながら宋詩をもとり入れ、神韻《しんいん》説をとなえた。神韻とは、ちょっと見ただけではあっさりした詩のように見えながら、味わえば味わうほどおもむきが深くなる詩風のことで、かれはこのような詩こそ理想的なものだと考えたのである。

練習問題

〔問題六〕

尋ヌ二胡《こ》隠君ヲ一　　　　　　　　明　高啓

渡リレ水ヲ復タ渡リレ水ヲ　看レ花ヲ還《ま》タ看ルレ花ヲ

春風江上ノ路　不レ覚エ到ル二君ガ家ニ一

語釈　○「胡隠君」「胡」は人の姓。「隠君」は、宮に仕えず野に隠れ住んでいる人のこと。○「還」さらに、また。「復」と同じ。重複するので、いいかえたもの。

設問　一　作者はどのようにして胡隠君をたずねたのか。次にあげる文章の中から、最も適当と思うものを選べ。

a　川を泳いでいるうちに、胡の家の前に出た。

b　川を船で漕いで行って、胡の家の前に出た。

c　川から川へと連絡する船に乗って、胡の家の前に出た。

d　幾つも橋を渡り、川ぞいの道を歩いて、胡の家の前に出た。

二　「看レ花還看レ花」とは、どのようなことをしたのか、説明せよ。

三　「不レ覚到二君家一」を日本語に訳せ。

〔問題七〕

夜上リテ二受降城ニ一聞クレ笛ヲ　　　　唐　李益

回楽峰前沙似《タリ》レ雪《ニ》　受降城外月如レ霜
不レ知《ラ》何《いづレノ》処《カ》吹《ク》二蘆《ろ》管《ヲ》一　一夜征人尽《ことごとク》望《ム》レ郷《ヲ》

語釈　〇［回楽峰］受降城の近くにある山の名。〇［受降城］今の綏遠《すいえん》省にあった城の名。はじめは漢代の将軍公孫敖《こうそんごう》が異民族を防ぐために築いたもの。〇［蘆管］アシの葉を巻いて作った草笛。

設問
一　「受降城外月如レ霜」を全文ひらがなで書き下せ。
二　「不レ知何処吹二蘆管一」を平易な日本語に訳せ。
三　征人が「ことごとく郷を望んだ」のはなぜか、説明せよ。

［問題八］

望湖楼酔書　宋　蘇軾

黒雲翻《ひるがへシテ》レ墨《ヲ》未《ダ》レ遮《さへぎラ》レ山《ヲ》　白雨跳《をどラシテ》レ珠《ヲ》乱《レテ》入《ル》レ船《ニ》
巻《キ》レ地《ヲ》風来《タツテ》忽《たちまチ》吹《キ》散《ズレバ》　望湖楼下水如《シ》レ天《ノ》

語釈 ○［望湖楼］浙江省の西湖のほとりにあった楼。眺望にすぐれている。○［酔書］酔いにまかせて書いた作品ということ。○［白雨］ここでは、夕立ち、にわか雨のこと。

設問

一　次の語句と、表現上、対応している語句を示せ。

(a)　黒雲　(b)　遮　(c)　珠

二　「白雨跳レ珠乱入レ船」とは、どのような光景をうたったものか、説明せよ。

三　「忽吹散」とは、何を吹き散じたのか。それにあたる詩中の語をしるせ。

四　「水如レ天」とは、どのような状態をいっているのか、説明せよ。

五　この詩の詩形は何か。また、押韻してある文字をあげよ。

［問題九］

自二鞏洛《きようらく》一舟行《シテ》入《ル》二黄河《ニ》一即事、寄《ス》二府県《ノ》僚友《ニ》一　　唐　韋応物

夾《はさム》レ水《ヲ》蒼山路向《カヒ》レ東《ニ》　東南山豁《ひらケテ》大河通《ズ》

寒樹依微《タリ》遠天《ノ》外　夕陽明滅《ス》乱流《ノ》中

孤村幾歳《カ》臨《ム》二伊岸《ニ》一　一雁初《メテ》晴《レテ》下《ル》二朔風《ニ》一

為《ためニ》報《ぜヨ》洛橋遊宦侶《くわんりよ》　扁舟不レ繋《ガ》与レ心同《ジ》

語釈　○［鞏洛］今の河南省鞏県の附近。○［即事］即興的な詩。○［府県僚友］府県の役所につとめている同僚。○［依微］おぼろなさま。○［伊岸］伊水の岸。鞏洛からは伊水を通って黄河に出る。○［朔風］北風。○［洛橋］洛陽の天津橋。ここでは洛陽をさす。○［遊宦侶］役人生活をしているなかま。○［扁舟］小舟。

設問

一　「夕陽明滅乱流中」とは、どのような光景をうたっているのか、説明せよ。

二　「一雁初晴下㆓朔風㆒」を平易な日本語に訳せ。

三　「扁舟不㆑繋与㆑心同」とは、どのような心境をあらわしたものか。

四　この詩の中で、第何句と第何句とが対句になっているか。数字で示せ。

［問題一〇］

別歳　　蘇軾

故人行クモ㆓千里ニ㆒　臨㆑別尚遅遅
人ノ行クハ猶ホ可シ㆑復《かへル》　歳ノ行クハ那《なんゾ》可ケン㆑追フ
問フ歳安《いづくニカ》所ゾ㆑之《ゆク》　遠ク在リ㆓天ノ一涯ニ㆒
已ニ逐ヒ㆓東流ノ水ヲ㆒　赴イテ㆑海ニ帰ルニ無シ㆑時

東隣酒初熟《メテシ》　西舎彘《ぶた》亦肥《エタリ》
且《ク》為《シ》二一日《ノ》飲《ヲ》一　慰《メン》二此《ノ》窮年《ノ》悲《シミヲ》一
勿《カレ》レ嗟《なげク》旧歳《ノ》別《レ》　行《と》与二新歳一辞《セン》
去《ハ》去《ツテ》勿《カレ》二回顧《スルコト》一　還《サン》二君《ニ》老《ト》与《ヲ》レ衰

語釈 ○［別歳］大みそかの夜、親しい人たちが集まって宴をもよおし、去る年に名残りを惜しむ行事。○［窮年］年の暮。

設問

一 「臨レ別尚遅遅」の全文をひらがなで書き下せ。

二 「帰無レ時」を平易な現代語に訳せ。

三 「勿レ嗟旧歳別　行と与二新歳一辞」を平易な現代語に訳せ。

四 「還二君老与レ衰」の「君」は何をさしているか。それにあたることばを、文中から選んでしるせ。

五 この詩の大意を、作者の気持の変化に注意しながら八十字以内に要約してしるせ（句読点も一字として数える）。（東大）

［問題一二］

古之学《ブ》者《ハ》、必《ズ》有《リ》レ師。師者《は》所《ゆゑん》二以伝《ヘ》レ道《ヲ》授《ケ》レ業《ヲ》解《ク》レ惑《まどヒヲ》也。人《ハ》非《ズ》二生《マレ》而《ナガラニシテ》知《ル》レ之《ヲ》者《ニ》一。孰能無レ惑。惑《ヒテ》而不《ンバ》レ従《ハ》レ師《ニ》、其《ノ》為《たル》レ惑《ヒ》也《や》、終《つひニ》不レ解《ケ》矣。生《マレ》二乎吾《ガ》前《ニ》一、其《ノ》聞《ク》レ道《ヲ》也、固《ヨリ》先《ナラバ》二乎吾《ヨリモ》一、吾従《ヒテ》而師《トセン》レ之《ヲ》。生《マルルモ》二

乎吾《ガ》後《ニ》一、其《ノ》聞《ク》レ道《ヲ》也、亦先《ナラバ》二乎吾《ヨリモ》一、吾従《ヒテ》而師《トセン》レ之《ヲ》。

（韓愈「師説」）

語釈 ○［聞レ道］真理について聞き知る。真理を発見するのは、常人にはできないことなので、誰かに教わって知っていれば、師としての資格が十分あると考えているのである。

設問

一 「師者所三以伝レ道授レ業解レ惑也」を平易な日本語に訳せ。

二 「孰能無レ惑」を全文ひらがなで書き下せ。

三 「惑而不レ従レ師、其為レ惑也、終不レ解矣」を平易な日本語に訳せ。

四 次の二つの助字は、それぞれどのような意味をあらわしているか。

a 「固先二乎吾一」の「固」

b 「亦先二乎吾一」の「亦」

［問題一二］

窮居《シテ》而野処《シ》、升《リテ》レ高《キニ》而望《ム》レ遠《キヲ》。坐《シテ》二茂樹《ニ》一以《テ》終《ヘ》レ日《ヲ》、濯《すすギテ》二清泉《ニ》一以《テ》自《ラ》潔《きよクス》。採《レバ》二於山《ニ》一、美《ハ》可《ク》レ茹《くらフ》、釣《レバ》二於水《ニ》一、鮮《ハ》可《シ》レ食《フ》。(1)起居無《ク》レ時、惟《ダ》適《ニノミ》之レ安《ンズ》。(2)与二其有レ誉二於前一、孰三若無レ毀二其後一。与二其有レ楽二於身一、孰三若無レ憂二於其心一。是《レ》大丈夫之不《ル》レ遇《ハ》二於時《ニ》一者之所レ為《ス》也。

（韓愈「送《ルノ》三李愿《げんノ》帰《ルヲ》二盤谷《ニ》一序」）

設問 一 これは「時に遇はざる」大丈夫の処世のしかたを述べたものであるが、その大意を三十字以内でしるせ。

二 傍線(1)の部分を解釈せよ。

三 傍線(2)の部分を書き下し文にせよ。（名大）

［問題一三］

嗚呼、語《ニ》称《スラク》、君子《ハ》知《ルト》レ命《ヲ》。所謂命《ハ》其《レ》果《シテ》可《キ》レ知《ル》乎。貴賤窮亨、用捨進退、得失成敗、其《レ》有《リ》レ幸有《リ》二不幸一、或《ヒハ》当《ニ》レ然《ルベクシテ》而不レ然《ラ》、而皆不レ知下其所二以然一者上、則推二之於天一、曰レ有レ命。夫《レ》君子《ノ》所レ謂知《ルトハ》レ命《ヲ》者、知《ル》レ此《ヲ》而已。蓋小人《ハ》知《ル》レ在《ルヲ》レ我《ニ》。故《ニ》無《シ》レ所レ不《ル》レ為《サ》。君子《ハ》知《ル》レ有《ルヲ》レ命。故《ニ》能《ク》無《シ》レ所レ屈《スル》。凡《ソ》士之有《リテ》レ材而不レ用《ヒラレ》二於世《ニ》一、有《リテ》レ善而不レ知《ラレ》二於人《ニ》一、至《リテ》二於老死困窮《ニ》一而《モ》不《ル》レ悔《イ》者《ハ》、皆推《シテ》二之《ヲ》有《ルニ》一レ命、而不《ル》レ求《メ》二苟《クモ》合《スルコトヲ》一者也。

（欧陽脩「仲氏文集序」）

語釈 ○［窮亨］窮通、又は窮達に同じ。

設問 一 右の問題文の論旨は「君子は命を知る」ということの意義を明らかにす

るにある。ここにいう「命」は、右の文中に「推之於天、曰有命。」とあるところから考えると、「天命」という言葉におき換えてもよいであろう。ところで、中国思想において「天命」が論ぜられる時、場合によってその含む意義が異なる。この文に用いられた「命」の意義は、次の諸項のいずれだと思うか、その符号で答えよ。

(イ) 天より与えられた使命　(ロ) 避けることのできぬ運命　(ハ) 造物主の命令　(ニ) 天が与えた寿命　(ホ) 天が賦与した才性

二　傍線を施した個所を、書き下し文に改めよ。

(例。至於老死困窮而不悔。＝老死困窮に至りて、而も悔いず。)

三　「小人知在我」の正しい解釈は、次の諸項のいずれであるか。その符号で答えよ。

a　小人は、自我というものの実在することを知っている。

b　小人は、自己の中に勝手な欲望が存在するのを知っている。

c　小人は、幸不幸が自分のやりよう次第でどうにでもなるものだと思っている。

d　小人は、行為の自由が我に存在することを知っている。

四　「故能無所屈」の正しい解釈は、次の諸項の中のいずれであるか。その符号で答えよ。

a　だから何事にも卑屈な態度をとらずにおることができるのだ。

b　だから上手に柔軟な態度で世渡りをしようとしないのだ。

c　だから何事に対しても正しい道をまげずにおることができるのだ。

d　だから飽くまで天命に屈従しようとしないのである。

五　「不求苟合」の正しい解釈を、次の諸項の中からえらび、その符号で答えよ。

a かりそめに世間と折れ合ってうまくやろうなどとはしない。

b みだりに自己の行為を天命の方向に合致させようと努めはしない。

c いやしくも報いられるものは自己の才行にふさわしいものでなければならぬとは要求しない。

d それがまことに自分の考えどおりであることを求めない。

（阪大）

第四章　小説

第一節　小説の起源

一　神話と伝説

古い歴史を持つ民族ならば、必ず神話を持っている。中国にも、やはり神話があった。ただ中国神話は、ギリシア神話や北欧神話のように有名ではない。それは中国神話が非常に早く滅亡してしまったからである。

なぜ中国神話が早く滅亡したかは、専門の学者の間にいろいろと議論があって、簡単に要約することはむずかしい。それでも、中国神話が歴史の中へ組みこまれてしまったために、神話としての生命が失われたことが滅亡の原因の一つであることは、誰もが認めている。

これは日本神話においても同じだった。「古事記」は古代神話を書いたものだが、その内容を歴史的事実と考える風潮は、戦前まで続いていたのである。それでも「古事記」を読めば、あまりにも神秘的な話が多いので、事実ではないということが誰でもわかるだろう。中国神話の歴史化はもっと長い時間をかけ、もっと巧妙にできているので、ちょっと見ただけではわからない。
たとえば堯《ぎよう》・舜《しゆん》・禹《う》などの帝王（九八ページ以下参照）は、神話上の「神」だったのだが、完全に歴史上の人物として記載され、今世紀に至るまで、疑いを持った人はほとんどなかった。これは孔子以後の思想家たちが、自分らの思想を完全に体現した人物として堯・舜・禹を理想化するとともに、合理化された人物像を作りあげて、歴史の中へ送りこんでしまったためである。

それでも、古代神話の尻尾は、まだわずかに残っている。たとえば、禹に関する記録の中に、次のようなものがある。

［例文三〇］　①禹化為レ熊

禹治メ二②鴻《こう》水ヲ一、通ズルトキ二③轘轅《くわんゑん》山ヲ一、化シテ為ルレ熊ト。謂ヒテ二④塗山氏ニ一曰ク、「欲スルトキレ⑤餉《しやう》セント、聞カバ二鼓ノ声ヲ一乃チ来レト。」禹跳ネレ石ヲ、誤ツテ中タルレ鼓ニ。塗山氏往キテ見ルニ、禹ハ⑥方《まさ》ニ作レリレ熊ト。慙《は》ヂテ而去リ、至リ二⑦嵩《すう》高山ノ下ニ一、化シテ為ルレ石ト。方ニ生マントスレ啓ヲ。禹曰ク、「帰セト二我ノ子ヲ一。」石破レテ二北方ニ一而生ムレ啓ヲ。

（淮南子《ゑなんじ》）

書下し文　禹《う》化《か》して熊《くま》と為《な》る　禹《う》鴻水《こうずい》を治《おさ》め、轘轅山《かんえんざん》を通《つう》ずるとき、化《か》して熊《くま》となる。塗山氏《とざんし》に謂《い》いて曰《いわ》く、「餉《しよう》せんと欲《ほつ》するとき、鼓《つづみ》の声《こえ》を聞《き》かば乃《すなわ》ち来《きた》れ」と。禹《う》石《いし》を跳《は》ね、誤《あやま》って鼓《つづみ》に中《あ》たる。塗山氏《とざんし》往《ゆ》きて見《み》るに、禹《う》は方《まさ》に熊《くま》と作《な》れり。慙《は》じて去《さ》り、嵩高山《すうこうざん》の下《もと》に至《いた》り、化《か》して石《いし》と為《な》る。方《まさ》に啓《けい》を生《う》まんとす。禹《う》曰《いわ》く、「我《われ》の子《こ》を帰《かえ》せ」と。石北方《いしほっぽう》に破《やぶ》れて啓《けい》を生《う》む。

語釈 ①[禹] 中国古代の王。初め、堯舜二帝に仕え、洪水を治めて手がらを立て、舜から天子の位をゆずられた。一〇四ページ参照。②[鴻水] 洪水。③[轘轅山] 今の河南省偃師《えんし》県の東南にある山。④[塗山氏] 禹の妃。啓の母。塗山はもともと地名であるが、現在の何地方にあたるのか諸説あってさだまらない。⑤[餉] 田畑で働く人などに食事をとどけること。⑥[方]「ちょうどそのとき」という意味をあらわす助字。⑦[嵩高山] 嵩山。河南省登封県の北にある。

通釈 禹は洪水に対する治水工事をするため、轘轅山をぶちぬこうとしたとき、熊に姿を変えた。そして妻の塗山氏に向かって言った。「昼食をもってきたいと思ったときは、鼓の音が聞こえたなら、それから持って来い」。(ところが仕事の最中に) 禹は石をけとばしてしまい、(その石が) あやまって鼓に命中した。(鼓の音がしたので) 塗山氏が (昼食をもって) 行ってみると、禹はちょうど熊の姿になっていたところであった。塗山氏は恥ずかしくなって逃げだし、嵩高山の麓にたどりつき、石に姿を変えた。彼女はちょうど啓を生もうとしていたところであった。(追いかけてきた) 禹が、「わしの子を返せ」と言うと、石は北方に裂けて、啓を生んだ。

この話は正史の中には書かれていないので、あまり注目する人はなかったのだが、**中国古代神話の断片**の一つにちがいない。このような断片を拾い集めて中国神話を再構成するしごとが、専門の学者によって進められている。

こんなわけで、神話は早くから語られなくなってしまったが、伝説・昔話の類は、民間に広く伝わっていた。しかし、これらは口から耳へと伝えられるものだから、文献としては残りにくい。偶然に、誰かの手によって記録されるのを待つほかはなかった。たとえば、次のような例がある。

［例文三二］守株

①宋《そう》人ニ有リ二耕スレ田ヲ②者一。田ノ中ニ有リレ株③、兎《うさぎ》走リテ④触レレ株ニ、折リテレ頸ヲ而死ス。因リテ⑤釈《す》テテ二其ノ⑥耒《すき》ヲ一而守リレ株ヲ⑦、⑧冀《こひねが》フ二復タ得ンコトヲレ兎ヲ。兎不レシテ可カラ二復タ得一、而身⑨ハ為レリ二宋国ノ笑ト一。（韓非子、五蠹《と》）

書下し文

守株《しゅしゅ》　宋人《そうひと》に田《た》を耕《たがや》す者有《ものあ》り。田《た》の中《なか》に株有《かぶあ》り。兎走《うさぎはし》りて株《かぶ》に触《ふ》れ、頸《くび》を折《お》りて死《し》す。因《よ》りて其《そ》の耒《すき》を釈《す》てて株《かぶ》を守《まも》り、復《ま》た兎《うさぎ》を得《え》んことを冀《こいねが》う。兎復《うさぎま》た得《う》べからずして、身《み》は宋国《そうこく》の笑《わらい》と為《な》れり。

語釈

①［宋人］宋国の人。宋は河南省商邱附近に位置した春秋十二国の一。②［田］耕地のこと。水田も畑もふくむ。宋国があった黄河流域は、古くは水田がなかったから、ここは畑であろう。なお畠、畑は国字である。③［株］木の伐りかぶ。古い和訓では「くひぜ」と読む。④［触］ぶつかる。ぶつける。単なる接触の意味ではない。古代のある中国人が自殺したとき、頭を「触テレ樹ニ而死シ」と書いた記録がある。これも頭をはげしく木にぶつけたのである。⑤［釈］物を解放すること、

ゆるめることの意味に用いる。ここでは手から離すこと。「耒」をほうり出し、そっちのけにしたのである。もし「捨」と書いたら、わざわざ「耒」を捨てに行って来たことになる。⑥［耒］農具の一種。手で扱う「すき」の類。柄《え》の曲がった木の部分を耒《らい》といい、耒の端の刃を耜《し》という。⑦［守］番をする。⑧［冀］ぜひ…であってほしい、ぜひ…したい、と希望する。「願」も「ねがう」だが、これは、多く誰かに向かってお願いする意味に使う。⑨［身為二宋国笑一］彼自身は宋の国中の物笑いとなった。宋の国中の人たちから笑われた。「身為ル二宋国ノ所トレ笑フ」という受身の構文の省略された形。

通釈

宋の国に畑を耕している農夫があった。畑の中に、伐り株があったが、兎が走ってきて、伐り株につき当たり、頸を折って死んだ。そこで農夫はすきをほうり出し、耕作をやめてしまい、伐り株の番をして、また兎を手に入れたいと希望した。（しかし）兎はもう手に入らなかったばかりか、彼は国中の笑いものになってしまった。

解説

これは「韓非子」（四五一ページ参照）の中で、**古い政治理念や制度**（儒家はそれが理想的なものだといってほめるが）で、現代の国家をおさめるのは無理だという理論を述べるとき、一つのたとえ話としてはさまれている部分である。**「柳の下にどじょうはいない」**という日本のことわざと同じことで、ものごとは一度成功したからといって、二度目も成功するとは限らない。古代の制度が理想的だったといっても、それは古代の社会に通用しただけで、現代にも通用するとはかぎらない、というのである。この話から、昔の制度や前例をかたく守って、融通《ゆうずう》がきかないことを、「守株《しゅしゅ》」というようになった。

このたとえ話は、たぶん春秋・戦国時代の庶民の間で語られていたものであろう。宋人は、戦国時代の説話の中ではしばしばまぬけな人間として、嘲笑の対象とされている。韓非子はこのような説話を、自分の学説をわかりやすくする手段として使ったのである。

［例文三二］ 仮二虎威一狐

虎《とら》求《メテ》二百獣《ヲ》一而食《くらヒこれヲ》レ之、得《タリきつねヲ》レ狐。狐曰《ク》、「①子《し》無《カレ》二②敢《あヘテ》食《フコト》レ我《ヲ》也。③天帝使《ム》三我《ヲシテ》長《タラ》二百獣《ニ》一。今子食《ハバ》レ我《ヲ》、是逆《レさからフ》二天帝《ノ》命《ニ》一也。子④以《テ》レ我《ヲ》為《サバ》レ不《ト》レ信《ナラ》、吾⑤為《ニ》レ子《ノ》先行《セン》。子随《ヒテ》二我《ガ》後《ニ》一⑥観《みヨ》。百獣之見《テ》レ我《ヲ》、而⑦敢《テ》不《ランにゲ》レ走《ト》乎。」虎⑧以《テ》為《ス》レ然《リト》。故《ニ》⑨遂《ニ》与レ之行《ク》。獣見《テ》レ之《ヲ》皆走《グ》。虎不レ知《ラ》二獣《ノ》畏《おそレテおのれヲ》レ己而走《グルヲ》一也、⑩以《お》為《もヘラク》「畏《ルル》レ狐《ヲ》也《ト》。」

（戦国策）

書下し文

虎《とら》の威《い》を仮《か》る狐《きつね》　虎百獣《とらひやくじゆう》を求《もと》めて之《これ》を食《くら》い、狐《きつね》を得《え》たり。狐曰《きつねいわ》く、「子《し》敢《あえ》て我《われ》を食《くら》うこと無《な》かれ。天帝我《てんていわれ》をして百獣《ひやくじゆう》に長《ちよう》たらしむ。今子《いまし》我《われ》を食《くら》わば、是《こ》れ天帝《てんてい》の命《めい》に逆《さから》うなり。子《し》我《われ》を以《もつ》て信《しん》ならずと為《な》さば、吾子《われし》の為《ため》に先行《せんこう》せん。子《し》我《わ》が後《のち》に随《したが》いて観《み》よ。百獣《ひやくじゆう》の我《われ》を見《み》て、敢《あえ》て走《に》げざらんや」と。虎以《とらもつ》て然《しか》りと為《な》す。故《ゆえ》に遂《つい》に之《これ》と行《ゆ》く。獣《けだもの》之《これ》を見《み》て皆走《みなに》ぐ。虎獣《とらけだもの》の己《おのれ》を畏《おそ》れて走《に》ぐるを知《し》らず、以為《おも》えらく「狐《きつね》を畏《おそ》るるなり」と。

語釈　①「子」人を呼ぶときの敬称。あなた。②「敢」なにかの障害・遠慮などがあるのに、それをおしきって、という意味をあらわす助字。だから「むりをして」「無法にも」「思いきって」「大胆にも」というような日本語に相当し、訳すときは、前後の関係からそれぞれに訳し分けなければならない。ここは「無法にも」という訳があたる。③〔天帝〕万物造化の神。上帝ともいう。中国古代の人々は天を尊敬して、天の支配者を帝といい、万物は天帝が創造したものと考えた。④〔以レ我為レ不レ信〕私の言うことが信用できないと思うならば。「以…為…」という構文は、「…を（について・に対して）…だと思う」という意味になる。⑤〔為レ子先行〕あなたの先に立って歩こう。あなたの露はらいをしてあげよう。「為レ○…」という構文は、「○に…してあげる」という意味だが、単に「○に対して…しようと」という意味になることもある。また、この一句は「為《サン》二子《ノ》先行《ヲ》一」「為《ラン》二子《ノ》先行《ト》一」とも読める。そのときは「あなたの先に立って歩くことをしよう」「あなたの露はらいとなろう」という意味で、結局の意味は、どう読んでも同じになる。⑥〔観〕観察する。気をつけて見る。⑦〔敢不レ走乎〕逃げないでいられようか。必ず逃げるにちがいない。「走」には、ただ走ることだけではなくて、「逃げる」意味もある。だから、前の「守株」の「兎走触レ株」も、うさぎが猟犬などに追われて逃げて来て、という意味に解釈することもできる。また「敢不…」は「あえて…せざらんや」と反語に読み、「どうして…せずにいられようか」「必ず…する」「…せずにはいられない」の意味。語順を変えて「不敢…」となれば、「あえて…せず」という否定文で、「むりに…しようとはしない」「…するのを遠慮する」などという意味になる。⑧〔以為レ然〕そのとおりだと思う。同感する。ここの「以為」は、さっきの「以レ我為レ不レ信」の「我」が省略された形の構文。だから省略がなければ、「以二狐語一為レ然」となるわけだ。⑨〔遂〕ものごとが順当に進行することをあらわす助字。「ついに」と読むので、「とうとう…した」と訳したくなるが、それでは日本文としておかしな文章になることがある。ここも「とうとう狐といっしょに行ってしまった」というよりは、「（狐の言葉に同感したので）そこで結局、狐といっしょに行くことにした」という訳のほうが、原文の意味に近い。同じく

「ついに」と読む助字で「竟」があるが、これはものごとが順当でなく、あるいは予想外の方向へ進行した場合に使う。だから「ところが結局は、…となった（…した）」という意味になる。⑩「以為畏レ狐也」前の「虎以為レ然」と同じ構文。だから「虎以為《テス》レ畏《ルト》レ狐《ヲ》也（虎以て狐を畏ると為す）」と読んでもよく、どちらに読んでも意味は変らない。ただ訓読では、日本文として読んだときの調子で、「以為」をひとかたまりにして「おもえらく」と読み、ちょうど「曰《いわ》く」と同じようなあつかいにすることがある。だから「虎以為《ヘラク》然《リト》（虎おもえらく然りと）」と読んでもかまわないわけだが、訓読の調子がおかしくなるので、同じ「以為」を二通りに読みわけているのである。

通釈 虎が百獣をさがし求めて食い、狐を手にいれた。すると狐が言った。「あなたはわたしを食べるなんて無法なことをしてはいけません。天帝はわたしを百獣の王とならせてくださいました。いま、あなたがわたしを食べたら、それは天帝の命令にさからうことになりますよ。あなたがわたしの言うことを信用しないなら、わたしがあなたの先に立って歩きましょう。あなたはわたしのあとからついてきて、よくごらんなさい。百獣がわたしを見たら、逃げないでいられるものですか」虎はなるほどと思った。そこで結局、狐といっしょに歩いて行った。すると獣たちはそれを見て、みんな逃げた。虎は、獣がじぶんをおそろしがって逃げるのだと

狩猟図（戦国時代の狩猟文鏡より）

は気がつかず、「狐をおそれているのだ」と思った。

解説　これも「虎の威をかる狐」という、有名なことわざのもとになった話である。「戦国策」（一五九ページ参照）は戦国時代に各国の間をめぐり歩いた士が諸侯や大夫に自分の政策・軍略などを進言したことを記録した書物である。この話はその中で、楚の王が、自分の部下の将軍で他の国々からひどく恐れられているものの話をしたとき、臣下の一人が、諸国は楚王の大きな軍事力を恐れているにすぎず、将軍個人を恐れているのではないと答えた言葉の中に使われている、たとえ話である。これもたぶん、もとは民間に語られていた、お伽《とぎ》話のようなものだったにちがいない。

この話がもとになって、「虎の威をかる狐」とは、うしろだてとなっているものの権力・実力をかさにきて、いばりちらす小人物のことをいうようになった。

二　小説の語源

小説という言葉の本来の意味は、文字どおり、「小さい説」ということである。この言葉が文献に見えるものとしては、「荘子」に

飾リテ二小説ヲ一以テ干《もと》ムルハ二県令ヲ一、其ノ于《お》ケルヤ二大達ニ一亦遠シ矣。

（県―高い　令―名誉　干―求に同じ　大達―非常な成功）

小さな、くだらない学説を飾りたてて、高い名誉を得ようとするのでは、大きな成功

には遠い（なかなか成功しないものだ）。

とあるのが、最初の例である。ここの「小説」の意味は、現在のわれわれが使っている「小説」と、完全に違っている。

次に、班固《はんご》の「漢書」（一七五ページ参照）芸文志《げいもんし》の中に、当時までの思想家を十に分類した部分があり、その一つに「小説家」という名前が見える。しかし、班固の説明によれば、小説家とは一つの思想を持った人々の集団ではなくて、あまり重要ではない、町のうわさ話程度の説を伝える人たちを一括してつけた名称だという。つまりここの小説も、荘子の言った「小説」の意味に近い。「漢書」芸文志に名の出ている「小説家」の著書は、現在ではわずかな断片しか残っていないのだが、その中には胎教の方法などについてしるした部分がある。やはり、現在の「小説」の意味にはほど遠い。

三　歴史と小説

以上のような状態では、いつまでたっても「小説」が一つの文学形式となるはずはないのだが、時代がたつにつれて、「小説」の意味に少しずつ変化がおこった。

「漢書」芸文志にいう「小説」は、「価値の小さい説」ということだが、具体的に言えば、**町のうわさ話・民間の伝説・有名人の逸話**などが含まれる。ところが、「史記」「漢書」以来、歴史記述の方法が固定するにつれて、右にあげた「小説」の内容は、その時代の実態を知る材料、もしくは有名人の伝記を書くときの資料として利用できることが、認識されるようになった。

そこで歴史家たちは、「小説」的な話に目をつけ、それらを拾い集めることを作業の一つとするようになった。もちろん、集められた資料が全部使われるわけではないので、検討の結果、歴史書の中には入れられないと判断される話も出てくる。それらは捨ててしまってもよいのだが、せっかく集めたものを捨てるのは惜しいし、中には、史料としては確実性に乏しくても、話そのものはたいへんにおもしろい、というものもある。そこで、歴史書からこぼれた資料を集め、一つの本にしようとする動きが生じた。「小説」とはこのような本のことだとする観念が、徐々に広まっていったのである。

史料としては確実性に乏しいと判断される話は、たいがい、神様だの化物だのが出てくる、神秘的な要素を持っている。ところで、そうした神秘的な話が秦から漢へかけて、とくに流行した。これは不老不死を目標とする**神仙《しんせん》の術《じゅつ》**(四七九ページ参照)が、秦の始皇帝・漢の武帝らの信仰を受けたことも影響して、一般に広まったためである。昔からの神話・伝説も、「神仙の術」に合うように改作される一方、新しい話も、どんどん作られた。中国の小説に仙人や道士(四八〇ページ参照)が多く登場するのは、ここに起源がある。

神仙の話が多くなれば、歴史家によって記録される数も多くなるのは、当然のことである。それればかりではなく、神仙の術を使う人たち(これを「方士」という)が、自分らの説を世に広めるために、神仙の話を集めて一つの本にしようとする風潮も生じた。そして、このような本もやはり「小説」とよばれるようになった。

また、後漢の末期から新興勢力がおこり、それが貴族階級として固定するにつれて、かれらの間では珍しい話やおもしろい話を語りあい、それを楽しみとする風習が生まれた。したがって、そうした話をたくさん知っている人は、かれらの中で人気者となり、評判も高くなる。歴史家が集めた「小説」は、かれらの種本《たねほん》となり、多くの人に読まれることとなった。そして、歴史家ではなくとも、まったくの興味から、自分が聞いた珍しい話を記録して本にしようとする人もあらわれてきた。

第二節　六朝の小説

一　志怪

珍しい話・おもしろい話をしるした「小説」の中で、現存する最古のものは、魏《ぎ》の文帝（曹丕《そうひ》、一八七―二二六）の「列異伝《れついでん》」である。しかしこの本は、現在ではごく一部分しか残っていないし、その残っている部分の中にも文帝が死んでからあとの話がはいっていたりするので、どこまで信用してよいかわからない。実質的に最古の作品であり、**中国小説の始祖**といわれるのは、晋《しん》の干宝《かんぽう》の「**捜神記**《そうしんき》」（日本では昔から、ソウジンキと読む風習がある）である。

干宝（生卒年不詳）は字《あざな》は令升《れいしょう》、新蔡《しんさい》（河南省）の人。東晋初期の歴史家で、「晋紀」という歴史書も書いている。当然、「小説」的な話を多く集めていたわけだが、そのほかに、かれは生涯に二度、ふしぎな経験をした。一つはかれの子供のころ、父がかわいがっていた女中があった。母がそれにやきもちをやき、父が死んで埋めるときに、女中を生きたまま墓穴の中へ突き落とし、土をかけてしまった。それから十年たって母が死に、父と合葬するために墓を掘りかえすと、女中はまだ生きていた。そして、死んだ父が毎日食べものを持って来てくれ、生前と変らない生活を送っていたと語った。もう一つは、かれの兄が病気で死んだのだが、数日後に生きかえり、息が絶えている間に別の世界へ行って、神や亡霊に会った話をした。この二つのことがあったので、干宝は神や幽霊の実在を信ずるようになり、世間の人にそれを教えるつもりで、「捜神記」を書いたのだという。

現存する「捜神記」は二十巻だが、干宝の原作のままではなく、後世の人が編集しなおしたものであろうといわれる。右に書いたような動機で執筆したのだから、内容はすべてふしぎな、怪しい話ばかりである。

〔例文三三〕　売レ鬼

①南陽ノ宋定伯、年少《わか》キ時、夜②行キテ逢フレ鬼③ニ。問ヘバレ之ニ、鬼言フ、「我ハ是レ鬼ナリト。」鬼問フ、「汝ハ復タ誰ゾヤト。」定伯④誑《あざむ》イテレ之ヲ言フ、「我モ亦鬼ナリト。」鬼問フ、「欲スルヤトレ至ラントニ

何所《いづく》ニ一。」答ヘテ曰ク、「欲スレ至ラント二⑤宛《ゑん》ノ市ニ一。」鬼言フ、「我モ亦欲スレ至ラント二宛ノ市ニ一。」遂ニ行ク。⑥数里ニシテ鬼言フ、「歩行⑦太《はなは》ダ遅シ、⑧可シ二共ニ遞《たが》ヒニ相担《にな》フ一、⑨何如《いかん》ト。」定伯曰ク、「大イニ善シト。」鬼⑩便チ先ヅ担フ二定伯ヲ一。数里ニシテ鬼言フ、「⑪卿太ダ重シ。⑫将《は》タ非ザラントレ鬼ニ也。」定伯言フ、「我ハ新⑬鬼ナリ、故ニ身重キ耳《のみ》ト。」定伯因リテ復タ担フレ鬼ヲ、鬼略《ほぼ》無シレ重サ。如キコトレ是《かく》ノ再三ナリ。定伯復タ言フ、「我ハ新鬼ナリ。不レ知ラ、有リヤト三何ノ所ニ二⑭畏《ゐ》忌《き》スル一。」鬼答ヘテ言フ、「惟《た》ダ不トレ喜バ二人ノ唾ヲ一。」於テレ是ニ共ニ行キ、道ニ遇フレ⑮水ニ。定伯⑯令《し》メ二鬼ヲシテ先ヅ渡ラ一、聴クニレ之ヲ、⑰了然トシテ無シ二声音一。定伯自《みづか》ラ渡レバ、⑱漕《さう》灌《さい》トシテ作《な》スレ声ヲ。鬼復タ言フ、「何ヲ以テカ有ルトレ声。」定伯曰ク、「新タニ死シ、不ルガレ習ハレ渡ルニレ水ヲ故耳。勿《な》カレトレ怪シムレ吾ヲ也。」行キテ⑲欲スレ至ラント二宛ノ市ニ一。定伯便チ⑳担ヒテレ鬼ヲ著《つ》ケ二肩上ニ一、㉑急ニ執《とら》フレ之ヲ。鬼大イニ呼ビ、声㉒咋《さく》咋然トシテ㉓索《もと》ムレドモレ下ランコトヲ、不二復タ聴カレ之ヲ。㉔径《ただ》チニ至リ二宛ノ市中ニ一、下シテ著クレバレ地ニ、化シテ為ル二一羊ト一。便チ売リレ之ヲ、恐レテ二其ノ変化センコトヲ一、唾スレ之ニ。得テ二銭千五百ヲ一、乃チ去レリ。（捜神記）

書下し文

鬼《き》を売《う》る　南陽《なんよう》の宋定伯《そうていはく》、年少《としわか》き時《とき》、夜行《よるゆ》きて鬼《き》に逢《あ》う。之《これ》に問《と》えば、鬼言《きい》う、「我《われ》は是《こ》れ鬼《き》なり」と。鬼問《きと》う、「汝《なんじ》は復《ま》た誰《た》ぞや」と。定伯之《ていはくこれ》を誑《あざむ》いて言《い》う、「我《われ》も亦鬼《またき》なり」と。鬼問《きと》う、「何所《いずく》に至《いた》らんと欲《ほっ》するや」と。答《こた》えて曰《いわ》く、「宛《えん》の市《し》に至《いた》らんと欲《ほっ》す」と。

鬼《き》言《い》う、「我《われ》も亦《また》宛《えん》の市《し》に至《いた》らんと欲《ほっ》す」と。遂《つい》に行《ゆ》く。数里《すうり》にして鬼《き》言《い》う、「歩行《ほこう》太《はなは》だ遅《おそ》し、共《とも》に遞《たが》いに相担《あいにな》う可《べ》し、何如《いかん》」と。定伯曰《ていはくいわ》く、「大《おお》いに善《よ》し」と。鬼《き》便《すなわ》ち先《ま》ず定伯《ていはく》を担《にな》う。数里《すうり》にして鬼言《きい》う、「卿太《けいはなは》だ重《おも》し。将《は》た鬼《き》に非《あら》ざらん」と。定伯言《ていはくい》う、「我《われ》は新鬼《しんき》なり、故《ゆえ》に身重《みおも》きのみ」と。定伯因《ていはくよ》りて復《ま》た鬼《き》を担《にな》うに、鬼《き》略重《ほぼおも》さ無《な》し。是《かく》の如《ごと》きこと再三《さいさん》なり。定伯復《ていはくま》た言《い》う、「我《われ》は新鬼《しんき》なり。知《し》らず、何《なん》の畏忌《いき》する所有《ところあ》りや」と。鬼答《きこた》えて言《い》う、「惟人《ただひと》の唾《つば》を喜《よろこ》ばず」と。是《ここ》に於《おい》て共《とも》に行《ゆ》き、道《みち》に水《みず》に遇《あ》う。定伯《ていはくき》鬼をして先《ま》ず渡《わた》らしめ、之《これ》を聴《き》くに、了然《りょうぜん》として声音《せいおん》なし。定伯自《ていはくみずか》ら渡《わた》れば、漕漼《そうさい》として声《こえ》を作《な》す。鬼復《きま》た言《い》う、「何《なに》を以《もっ》てか声《こえ》ある」と。定伯曰《ていはくいわ》く、「新《あら》たに死《し》し、水《みず》を渡《わた》るに習《なら》わざるが故《ゆえ》のみ。吾《われ》を怪《あや》しむ勿《な》かれ」と。行《ゆ》きて宛《えん》の市《し》に至《いた》らんと欲《ほっ》す。定伯便《ていはくすなわ》ち鬼《き》を担《にな》いて肩上《けんじょう》に著《つ》け、急《きゅう》に之《これ》を執《とら》う。鬼《き》は大《おお》いに呼《よ》び、声咋咋然《こえさくさくぜん》として下《くだ》らんことを索《もと》むれども、復《ま》た之《これ》を聴《き》かず。径《ただ》ちに宛《えん》の市中《しちゅう》に至《いた》り、下《くだ》して地《ち》に著《つ》くれば、化《か》して一羊《いちよう》と為《な》る。便《すなわ》ち之《これ》を売《う》り、其《そ》の変化《へんか》せんことを恐《おそ》れて之《これ》に唾《つば》す。銭千五百《ぜにせんごひやく》を得《え》て、乃《すなわ》ち去《さ》れり。

語釈　①［南陽］今の河南省南陽県。②［夜行］夜道を歩く。③［鬼］幽霊。日本の鬼《おに》とは違う。④［誑］たぶらかす。だます。⑤［宛市］宛は南陽の近くにある町。市はそこで開かれている市場。当時は「市」という行政単位はなかったので、ここの市を「大阪市」「仙台市」と同じ市と考えては、まちがいになる。⑥［数里］中国の里と日本の里とはちがう。このころの一里は約五百メートルである。⑦［太］あまり…すぎる。⑧［可二共遞相担一］二人で交代にかつぎ（背負い）あおうではないか。ここの「可」は「…しようよ」と、相手にさそいかける意味をあらわす助字。「共」は共同で。「遞」はかわるがわる。⑨［何如］どのようであるか。どうですか。語順を変えて「如何」となれば、「どうするか」の意味になる。⑩[便]…すると、そこで、という意味をあらわす助字。⑪[卿]あなた。⑫[将非レ鬼也]どうかすると、鬼ではないのではないか。⑬[新鬼]死んだばかりの、新米の幽霊。昔から死んだばかりの亡霊は大きく、時がたつにつれて小さくなると考えられていた。⑭[畏忌]こわがったり、嫌ったりする。⑮[水]文字どおり「水」を意味するときと、川・湖などを意味するときとがある。ここでは川をいう。⑯[令]「使」と同じく、使役をあらわす助字。⑰[了然]さっぱり。まるっきり。⑱[漕漼]擬音語。ざわざわ。⑲[欲]…しそうになる。八二ページ参照。⑳[担レ鬼著二肩上一]幽霊を肩の上にかつぎあげる。「著」は「つけ」と読むが、文法上では「於」と同じく、場所をあらわす助字で、「に」にあたる。動詞ではない。あとの「下著レ地」の「著」も同じ。㉑[急]ここでは「ぎゅっと」「きびしく」の意味。㉒[咋咋然]やかましくさわぎたてるさま。㉓[索]求める。要求する。㉔[径]まっすぐに。ずんずんと。

通釈　南陽の宋定伯が若いころ、夜道を歩いていて幽霊に出会った。(お前は誰だと)尋ねると、「わしは幽霊さ」と答える。幽霊も、「ところでお前は誰だ?」と尋ねるので、定伯は、「わしも幽霊だ」と嘘をついた。幽霊が「どこへ行くのだ」と尋ねたので「宛の市場まで行くのだ」と返事をした。すると幽霊も「わしも宛の町まで行くところだ」という。そこで(連れだって)歩いて行った。二、三里ほど行くと、幽霊が「歩いて行っては遅すぎる。ひとつ代りばんこにおぶって行ったらどうだろう」と言うので、定伯も、「おおいにけっこう」と答えた。そこで、幽霊がさいしょに定伯を背負った。そして、数里ほど歩いたが、幽霊は「あんたは重すぎるよ。幽霊ではないんじゃないか」と言う。定伯は答えた。「わしは幽霊になりたてなので重いんだよ」。それで、こんどは定伯が幽霊を背負ったのだが、幽霊はほとんど体重が無かった。このようなことを再三くりかえすうちに、定伯が、「わしは新米《しんまい》だ。（だから聞くが）いったい、幽霊はなにをいやがるものかね」と尋ねると、幽霊は、「人間の唾だけが嫌いなのだ」と答えた。こうしていっしょに歩くうち、途中で川に行きあたった。定伯は幽霊をさきに渡らせ、耳をすませて聞いたが、まったく音をたてない。つぎに定伯が渡ると、ざわざわと水音がたった。幽霊はまた、「なんだって音をたてるのだ」。「死んだばかりなんで、川を渡るのに慣れていないだけさ。変に思うなよ」。やがてもうすぐ宛の市場に着くというとき、定伯は幽霊を肩にかつぎあげて、ぎゅっとおさえつけた。幽霊は大声をあげて、うるさくさわぎ、おろしてくれと頼んだが、いっこうに耳をかさない。さっさと宛の市場にはいって、地面におろすと、幽霊は一匹の羊に化けた。すぐにそれを売り飛ばしてしまったが、あとでまた化けると困るので、唾をつけておき、千五百貫の金をもうけて立ち去った。

解説

「捜神記」はこのように、鬼やその他の化物の話を集めているのだが、「怪談」という言葉から連想されるような、おそろしくものすごい話は少ない。もちろん、この話にあるような、まぬけな幽霊の話も多くはないが、幽霊が人に害をなすような話でも、むしろ淡々と、素朴な筆で書いてある。これは当時の人々が、このような奇談怪談を語りあい、素朴に打ち興じていたことを示すもので、人をおどしたりこわがらせたりするのは、もっと時代が降り、人々が刺激の強さを求めるようになってからであった。

「捜神記」が取材した範囲は、古い記録・当時の民間説話・有名人に関する伝説など、非常に広い。しかし、どの話も聞いたことをそのままに書いた簡単なもので、ごく短かく、一つの物語をなしてはいない。もちろん干宝の創作は含まれていないと認められるし、登場人物の性格描写などもない。これが小説の最も素朴な形であった。

このように、短かい記録を集めたもので、その内容の全部または大部分が怪しい話である小説を、志怪と総称する。

「捜神記」が出たあと、志怪を書く人の数は、しだいにふえていった。陶潜《とうせん》（二五一ページ参照）が書いたという「捜神後記《こうき》」十巻も現在残っているが、ほんとうに陶潜が書いたものかどうかは、わからない。この本の中には、有名な「桃花源記」がはいっている。

〔例文三四〕

桃花源記　陶潜

晋ノ①太元中、武②陵ノ人、捕フルヲレ魚ヲ為スレ業ト。③縁《よ》リテレ渓《たに》ニ行キ、④忘ル二路之遠近ヲ一。忽チ逢フ二桃花ノ林ニ一。夾《はさ》ミテレ岸ヲ数百歩、⑤中ニ無ク二雑樹一、芳草鮮美、⑥落英繽《ひん》紛《ぷん》タリ。漁人甚ダ⑦異トシレ之ヲ、復タ前《すす》ミ行キテ、欲スレ窮メント二其ノ林ヲ一。林尽キテ二水源ニ一、便《すなは》チ⑧得タリ二一山ヲ一。山ニ有リ二小口一、⑨髣《はう》髴《ふつ》トシテ若シレ有ルガレ光。便チ捨テテレ船ヲ従リレ口入ル。初メハ極メテ狭ク、纔《わづ》カニ通ズルノミレ人ヲ。

復《タ》行《クコト》数十歩、⑩豁《くわつ》然《トシテ》開朗《ナリ》。土地平⑪曠《くわう》、屋舎⑫儼《げん》然《トシテ》、有《リ》㆓良田・美池・桑・竹之属㆒。⑬阡《せん》陌《ぱく》⑭交《こもごも》通《ジ》、鶏犬相聞《ユ》。其《ノ》中《ニ》往来種⑮作《ス》。男女《ノ》衣著《ちやく》、悉《ことごとク》如《シ》㆓⑯外《ノ》人㆒。⑰黄髪⑱垂髫《てう》、⑲並《ならびニ》⑳怡《い》然《トシテ》㉑自《ラ》楽《シム》。

書下し文

桃花源記《とうかげんき》　陶潜《とうせん》

晋《しん》の太元中《たいげんちゅう》、武陵《ぶりょう》の人《ひと》、魚《うお》を捕《とら》うるを業《ぎょう》と為《な》す。渓《たに》に縁《よ》りて行《ゆ》き、路《みち》の遠近《えんきん》を忘《わす》る。忽《たちま》ち桃花《とうか》の林《はやし》に逢《あ》う。岸《きし》を夾《はさ》みて数百歩《すうひゃっぽ》、中《うち》に雑樹無《ざつじゅな》く、芳草鮮《ほうそうせん》美《び》、落英繽紛《らくえいひんぷん》たり。漁人甚《ぎょじんはなは》だ之《これ》を異《い》とし、復《ま》た前《すす》み行《ゆ》きて、其《そ》の林《はやし》を窮《きわ》めんと欲《ほっ》す。林水源《はやしすいげん》に尽《つ》きて、便《すなわ》ち一山《いちざん》を得《え》たり。山《やま》に小口有《しょうこうあ》り、髣髴《ほうふつ》として光有《ひかりあ》るが若《ごと》し。便《すなわ》ち船《ふね》を捨《す》てて口《くち》より入《い》る。初《はじ》めは極《きわ》めて狭《せま》く、纔《わず》かに人《ひと》を通《つう》ずるのみ。復《ま》た行《ゆ》くこと数十歩《すうじっぽ》、豁然《かつぜん》として開朗《かいろう》なり。土地平曠《とちへいこう》、屋舎儼然《おくしゃげんぜん》として、良田《りょうでん》・美池《びち》・桑《くわ》・竹《たけ》の属有《ぞくあ》り。阡陌交《せんぱくこも》ごも通《つう》じ、鶏犬相聞《けいけんあいきこ》ゆ。其《そ》の中《うち》に往来種作《おうらいしゅさく》す。男女《だんじょ》の衣著《いちゃく》、悉《ことごと》く外人《がいじん》の如《ごと》し。黄髪垂髫《こうはつすいちょう》、並《ならび》に怡然《いぜん》として自《みずか》ら楽《たの》しむ。

桃源図

語釈

①［太元］東晋の孝武帝の年号（三七六―三九六）。②［武陵］今の湖南省常徳県。洞庭湖の西にある。③［縁］…に沿って。…ぞいに。④［忘㆓路之遠近㆒］自分の来た道がどのくらい

あったかを忘れた。つまり自分の現在位置がわからなくなり、道に迷ってしまったのである。⑤〔歩〕一歩は約一・五メートル。⑥〔落英繽紛〕落花が乱れ散ること。〔英〕は花。⑦〔異〕ふしぎに思う。あやしむ。⑧〔得〕ここでは「見つける」「発見する」の意味。⑨〔髣髴〕ほんのりと。ぼんやりと。⑩〔豁然〕からりと開けるさま。⑪〔平曠〕平らに続いていること。⑫〔儼然〕きちんとしていて、りっぱなさま。⑬〔阡陌〕阡は南北、陌は東西の道。ここでは縦横に通ずる道路の意味。⑭〔交〕相互に。⑮〔種作〕耕作をする。「種」はたねをまくこと、または木を植えること。⑯〔外人〕よその土地の人。土地によって着物の形も着かたも違っていたのである。⑰〔黄髪〕黒さをなくし、黄ばんだ髪。老人のことをいう。⑱〔垂髫〕後ろに垂らした髪形。子供の髪形なので、ここでは子供をいう。⑲〔並〕どれもこれも。誰もみんな。⑳〔怡然〕なごやかに楽しむさま。㉑〔自〕ここでは、自分の好きなように、自然に振舞って。

通釈　晋の太元年間のこと、武陵の人で魚をとるのを職業としている男があった。（ある日のこと）谷川ぞいにさかのぼって行くうちに、どれほど来たかわからなくなってしまった。（すると）とつぜん目の前に桃の花さく林が現われた。それは川の両岸数百歩にわたって続いており、中には桃以外の雑木《ぞうき》はまじっていない。かぐわしい花はあざやかに美しく、花びらがひらひらと散っている。漁師はふしぎなことだと思い、さらに先へと進んで、林の奥をきわめようとした。すると、林は水源のところで尽き、そこに一つの山が見えた。山には小さな洞穴があり、中にはかすかに光がさしているように見えた。そこで彼は舟を乗りすて、穴の入口からはいって行った。最初は非常にせまく、やっと人ひとり通れるほどだったが、さらに数十歩進むと、目の前がぱっと開けて、明るくなった。（見ると）土地は平らに開け、家家が堂々と立ちならんで、手入れのゆきとどいた田、みごとな池、桑や竹のたぐいがある。道は縦横にかよい、あちこちから鶏や犬の鳴き声が聞こえて来る。その中を人がいきかよい、また田を耕やしている。男も女も、身にまとっている着物は、すべてよその土地の人間のようである。白髪《しらが》頭の老人も、おさげ髪の子供たちも、だれもが、いとものんびりと楽しげなようすである。

解説　「桃花源記」の前半の部分である。漁師が見た人々は、秦のとき、乱世を避けて山中にのがれた人たちであり、俗世とは交渉を絶って、平和な生活を楽しんでいたのである。漁師はその中の一軒の家で歓迎を受けて帰ったが、もう一度行きたいと思って出かけたときには、前に目じるしをつけておいたにもかかわらず、どうしても道が発見できなかったという。

桃花源は**俗世と隔絶した理想境**で、これ以後、中国人にとっては一つのあこがれの場所となり、しばしば詩にうたわれた。ただ、この理想境は、無為自然を重視した**道家の思想**（四三三ページ参照）にもとづくものである。

この話は、おそらく武陵のあたりの伝説に取材したものであろうが、「捜神記」にくらべれば文章は美しいし、描写もこまかい。その中には、単なる伝説だけではなく、作者の空想による記述も含まれているだろう。小説はこうして、見聞したことの記録に、しだいに**空想的な要素**を加えてゆくのである。

また、六朝にはいって**仏教**がさかんになると、僧侶や信者たちが仏教を宣伝するために、**因果《いんが》応報《おうほう》の物語**などを集めて本にすることが流行した。これらも地獄めぐりなどのふしぎな話を中心としているので、志怪の中に含まれる。
志怪の中で比較的有名なものを、次にあげておこう。もっとも、完全な形で現在まで残っているものは、ごく少ない。

志怪一巻　晋曹毗《そうひ》　拾遺記十巻　前秦王嘉　志怪一巻　晋祖《そ》台之《だいし》
異苑十巻　劉宋劉敬叔　幽明録一巻　劉宋劉義慶　述異記十巻　斉祖冲之《ちゅうし》
続斉諧《せいかい》記一巻　梁呉均　還冤《かんえん》記三巻　北斉顔之《がんし》推《すい》

二　逸話集

前にも書いたが、ふしぎな話を集めたもの、つまり志《し》怪《かい》ばかりが小説ではない。名士に関するうわさ話も小説の中にはいるのであって、その話が神秘的な要素を持つ場合は志怪とされるが、そんな要素を持たない話を多く集めた本は、志怪とはよばれない。

これも前にちょっと書いたが、後漢末から南北朝へかけて、珍しい話やおもしろい話を語りあうことが、貴族や貴族の周辺に集まる知識人たちの間で流行した。その話の中には志怪的なものもあったが、

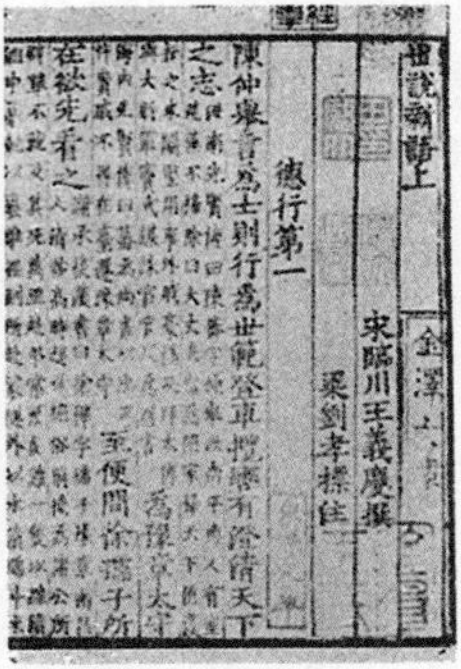

世説新語（宋刊本）
もと金沢文庫（551ページ参照）に所蔵されていたもの

名士の逸話は、かれらにとって身近《みぢか》なことなので、かなり数多く語られたらしい。そこで、それらの逸話を集めて本にしようとする人が出てきた。

この種の本の中で最も有名なのは、劉宋の劉義慶《りゅうぎけい》（四〇三―四四四）の「世説新語《せせつしんご》」である。劉義慶は劉宋の皇族で、臨川《りんせん》王になった。当然、その家臣には文人も多かったはずで、「世説新語」も劉義慶自身が筆をとったのではなく、家臣たちに命じて書かせ、自分の名前で公表したのだろうともいわれている。

「世説新語」は三巻で、だいたい後漢末からの名士の言行を、徳行・言語・方正・豪爽など、三十六に分類して集めてある。もとは単に「世説」と名づけられ、八巻あったもので、現在の「世説新語」は後世の人が改編し、「新語」の二字をつけくわえたものである。この本は神秘的なところがないだけで、事実の簡単な記録である点は、志怪と違いがない。

［例文三五］　苦李

①王戎《じゅう》七歳ノトキ、②嘗テ与二諸小児一遊ブニ、看ル二道辺ノ③李樹ノ多クレ子④折⑤ラントスルヲレ枝ヲ。諸児競ヒ走リテ取ルモレ之ヲ、唯戎ノミ不レ動カ。人問フレ之ヲ。答ヘテ曰ク、「樹在リテ二道辺ニ一而多シレ子。此レ必ズ苦⑥李ナラント。」取ルニレ之ヲ⑦信《まこと》ニ然リ。

（世説新語）

書下し文

苦李《くり》　王戎七歳《おうじゅうしちさい》のとき、嘗《かつ》て諸小児《しょしょうじ》と遊《あそ》ぶに、道辺《どうへん》の李樹《りじゅ》の子《し》多《おお》く枝《えだ》を折《お》らんとするを看《み》る。諸児《しょじ》競《きそ》い走《はし》りて之《これ》を取《と》るも、唯戎《ただじゅう》のみ動《うご》かず。人之《ひとこれ》を問《と》う。答《こた》えて曰《いわ》く、「樹道辺《きどうへん》に在《あ》りて子多《しおお》し。此《こ》れ必《かなら》ず苦李《くり》ならん」と。之《これ》を取《と》るに信《まこと》に然《しか》り。

語釈

①[王戎]（二三四―三〇五）字《あざな》は濬沖《しゅんちゅう》。竹林の七賢の一人。②[嘗]「かつて（あるとき）」と読む場合と、「常」と同じで「つねに」と読む場合とがある。ここでは前者。③[李樹]すももの木。④[子]実、あるいは種子《たね》。ここでは前者。⑤[折枝]枝が折れそうである。実がいっぱいになっていることをいう。⑥[苦李]にがいすもも。李には甘い実のなるものと、苦い実のなるものとがある。⑦[信然]ほんとうにそのとおりである（あった）。

通釈

王戎が七歳のときのこと、ある日子供たちと遊んでいると、道ばたのすももの木が枝も折れそうなほどにどっさり実をつけているのをみつけた。ほかの子供たちはわれ先にとかけだしてもぎとったが、戎だけはじっとしている。ある人がそのわけをたずねると、こう答えた。「木が道ばたにあって、しかも実がどっさりついたままです。これはきっとにがいすももにちがいありません」。もぎとってみると、なるほどそのとおりだった。

解説

深い山奥ならともかく、誰でもすぐ取れる位置にあるすももの実が、枝もたわわについているのは、うまくない証拠である。七つの子供がそれに気づいていたのだから、頭がよいといえよう。後年、**竹林の七賢**（四七八ページ参照）にかぞえられたほどの人は、幼年時代から常人とは違っていたことを示す逸話である。「世説新語」はこのように短い逸話を、たくさん集めている。

「世説新語」と同類の書物は、六朝を通じてかなり多く作られたが、現在まで完全に伝わっているものは、一つもない。

三　笑話集

お化けの話や名士の逸話ばかりではなく、ユーモアのある話も、しばしば語られていた。それを集録した本で、中国の笑話集の元祖といわれるのが、後漢の邯鄲淳《かんたんじゅん》の「笑林」である。

邯鄲淳は字《あざな》は子叔、潁川《えいせん》（今の河南陽翟《ようてき》）の人。後漢から魏につかえ、官僚としてはさほど出世しなかったが、文人としては有名で、曹植《そうち》（二四二ページ参照）とも交際があった。「笑林」はもとは三巻あったというが、現在では一部分だけが伝わっている。内容はすべて笑い話であるから、当然、簡潔で短かく、その点は志怪に近い。また、民間に伝わっていたと見られる笑話と、当時の名士の失敗談などとが混在しており、後者は「世説新語」に近い。

〔例文三六〕　鑽レ火①

某②甲夜暴疾《にはかニやミ》③、命《ジテ》④二門人《ニ》一鑽《ラシム》レ火《ヲ》。其《ノ》夜陰《いん》⑤瞑《めいナルモ》、不レ得レ火《ヲ》。催《うながスコト》レ之《ヲ》急《ナリ》。

門人⑥忿《ふん》然《トシテ》曰《ク》、「君責《ムルコト》レ人《ヲ》亦太《はなはダ》⑦無《シ》二道理一。今闇《くらキコト》⑧如《シ》レ漆《ノ》。⑨何《ヲ》以《テ》⑩不《ル》二把《とリテ》レ火《ヲ》照《ラサ》レ我《ヲ》。我⑪当《まさニ》《シ》レ得レ⑫覓《もとムルヲ》二鑽《ルノ》レ火《ヲ》具《ヲ》一。然《ル》後易《やすキ》レ得⑬耳《ト》。」（笑林）

書下し文

火《ひ》を鑽《き》らしむ　某甲《ぼうこう》、夜暴《よるにわか》に疾《や》み、門人《もんじん》に命《めい》じて火《ひ》を鑽《き》らしむ。其《そ》の夜陰瞑《よいんめい》なるも火《ひ》を得《え》ず。之《これ》を催《うなが》すこと急《きゅう》なり。門人忿然《もんじんふんぜん》として曰《いわ》く、「君人《きみひと》を責《せ》むること亦太《またはなは》だ道理《どうり》無《な》し。今闇《いまくら》きこと漆《うるし》の如《ごと》し。何《なに》を以《もっ》て火《ひ》を把《と》りて我《われ》を照《て》らさざる。我当《われまさ》に火《ひ》を鑽《き》るの具《ぐ》を覓《もと》むるを得《う》べし。然《しか》る後得易《のちえやす》きのみ」と。

語釈　①「鑽レ火」火をつける。「鑽」はきりもみすること。金属を木などにもみこんで火をつけることをいう。②「某甲」甲という人。姓名がわからないとき、もしくはわざと姓名をふせておくときには、こう書く。③「暴」急に。にわかに。④「門人」いそうろう。食客。⑤「陰瞑」まっくらやみ。⑥「忿然」むっとするさま。⑦「無二道理一」筋がとおらない。無理である。⑧「如レ漆」黒いうるしのようだ。まっくらなことのたとえ。⑨「何以不」どうして…しないのか。…したらよいではないか。⑩「把」ここでは「以」と同じ。「…で」の意味。⑪「当」当然…にちがいない、という意味をあらわす助字。⑫「覓」さがし求める。ここではさがし出すこと。⑬「耳」「…ですよ」「ただそれだけのことですよ」と、念をおすような言いかたをあらわす助字。「のみ」と読むので、「…だけだ」と訳したくなるが、それでは日本語としておかしくなることが多い。同じく「のみ」と読む助字でも、「而已」は「…だけだ」「にすぎない」の意味を示す。

通釈　ある人が夜なかに急病にかかり、居候《いそうろう》にいいつけて、火をつけさせようとした。ところがその夜はまっくらな晩なのに、なかなか火がつかない。しきりに催促すると、居候はぷんぷんしながら言った。

「あなたの人を責めたてる態度は、あんまり無理が過ぎます。いま、（あたりは）うるしを流したようなくらやみです。どうして火で私を照らしてくれないのですか。（そうしてくれれば私は）火をおこす道具をさがし出すことができるにちがいありません。それからならば、（火を）つけることは容易ですよ」。

解説　笑話は、文章がだらだらしていたのではおもしろみが薄いので、このような短いものが多い。だから省略された書きかたが多く、よほど読者が補足して考えないと、意味がわからなくなる。そのかわり、セリフの部分は話す人の語気までも伝えようとするので、かなり口語的になる。この話でも、「亦太無㆓道理㆒」「把㆑火」その他、口語的な表現が多く、これらは通常の古文では、あまり見られないものである。前の「捜神記」の例文も、対話の部分は、話し言葉そのままに近い文体で、古文の文体とは違う。ひとくちに漢文といっても、中にはいろいろな文体があったのである。

このような笑話集は、それほど数多くはないが、六朝から唐・宋へかけて、幾つか作られている。

第三節　唐の小説

一　伝奇

唐代にはいっても、志怪風の小説はまだ書かれていたが、そのうちに、すこし性格の違う小説が生まれるようになってきた。

志怪は一つのできごとを記録したもので、大部分は物語の筋というものを持たないし、情景描写や人物の性格描写も、ほとんどない。ところが唐代の小説の中には、長編というほどではないがかなりの長さを持って、筋にもいろいろな起伏があり、描写もこまかくなっているものがある。ことに、単純な記録ではなく、作者の想像力による創作が加わっているのは大きな特徴であって、唐代になってはじめて、現在のわれわれが使っている「小説」の意味に近い作品が書かれだしたと言えよう。もちろん、興味本位の作品が多く、人生や社会の諸相をレアルに描き出したり、作者の人生観・社会観を表現するといった近代小説の考えかたとは、まだかなりの距離を持っているのだが。

このような唐代の小説を総称して、伝奇とよぶ。伝奇は志怪のあとを継いだものであるが、内容は怪異の話ばかりとはかぎらない。中には若い恋人どうしがさまざまの障害を越えて結ばれたり、男の変心によって悲劇に終ったりするような物語もある。つまり、怪異の珍しさばかりを売り物とはせずに、筋のおもしろさや登場人物の心理の変化などを描こうとするものがあらわれたわけで、小説はそれだけ進歩したのである。
伝奇の中で、日本で最も有名なのは、沈既済《しんきせい》の「枕中記《ちんちゆうき》」である。既済(七五〇?—八〇〇)は中唐期の歴史家で、官僚としては吏部員外郎に終ったが、当時では著名な人物だったらしい。「枕中記」は出世を望む盧生《ろせい》という青年が、呂翁《りよおう》という道士の術により、黍《きび》の飯が炊《た》けるまでのわずかな時間に一生の栄華と没落とを経験する夢を見て、浮世のはかなさを知る物語である。伝奇は中唐期以後に流行したので、これは比較的初期の作品だが、着想のおもしろさのために唐代伝奇の代表作の一つとされ、日本でも謡曲「邯鄲《かんたん》」として翻案されたし、江戸時代の黄表紙などにも、これをもじった作品が多い。
以下に唐の伝奇の中で有名な作品をあげておく。
離魂記　陳玄祐《ちんげんゆう》　娘が恋人との仲を親にさかれ、魂だけが抜け出して行って、恋人と結婚する話。
任氏《じんし》伝　沈既済　狐の化けた任氏という女性が、恋人に貞節をつくす話。
柳氏伝　許堯佐《きよぎようさ》　安禄山の乱のために夫婦が離れ離れとなり、妻の柳氏は異民族の将軍にさらわれたが、義侠の士が救い出し、夫婦を再会させる話。
柳毅《き》伝　李朝威　竜王の娘の危難を救った柳毅が、竜宮へ案内され、のちには竜王の娘を妻とする話。
南柯《なんか》太守《たいしゆ》伝　李公佐　侠客が夢で蟻の国へ行き、そこの太守に任命される話。
謝小娥《しやしようが》伝　李公佐　父と夫を殺された謝小娥が、夢で父と夫が告げた謎の言葉を作者に解いてもらい、仇を討つ話。

李娃伝《りあ》　**白行簡**　妓女の李娃が、自分がだまして没落させた男の困窮を見て同情し、援助して出世させる話。作者は白居易（二八七ページ参照）の弟である。

長恨伝　**陳鴻**　白居易の「長恨歌」を物語にしたもの。長恨歌伝ともいう。

鶯鶯伝《おうおう》（会真記）**元稹**《げんじん》　才子と佳人が障害をのりこえて結ばれるが、はかない恋にすぎず、結局は別れてしまう話。

東陽夜怪録《とうようやかいろく》　作者不詳　道に迷った旅人が古寺に一夜を借り、夜中におとずれた人々と闇の中で語りあいながら、夜をあかすが、あとでしらべると、犬・猫・ろば・牛・らくだなどの化物だったという話。

以上はそれぞれ独立した伝奇として書かれたものだが、そのほかに、一人の作者が書いた伝奇を集めた、伝奇集と言うべき本がある。この中から著名なものをあげると、

広異記　**戴孚**《たいふ》

玄怪録　**牛僧孺**《ぎゅうそうじゅ》　作者は長慶三年（八二三）に宰相となった人物である。

続玄怪録　**李復言**　杜子春《とししゅん》という青年が仙人につれられて、仙薬を作る手伝いをしたが、戒律を破って失敗する「杜子春伝」、韋固《いこ》という書生が冥土の役人にあい、人間は生まれたときから結婚の相手がきまっていると教えられて、自分の妻となるはずの女の子を見せられ、その運命からのがれようとするが、結局は運命のとおりになる「定婚店」などの話を含む。

伝奇　**裴鉶**《はいけい》　女性の剣俠をえがいた「聶隠娘」《じょういんじょう》などの話を含む。

本事詩《ほんじし》　孟棨《もうけい》　詩人または詩に関する物語を集めたもの。崔護という書生が美しい娘をしたう詩を作り、それを見た娘が恋の病《やまい》にかかって死ぬが、崔護が呼びかけると蘇生して、めでたく結ばれる「人面桃花」などの話を含む。

河東記　作者不詳　旅籠《はたご》屋の女主人が実は魔女で、術を使って旅人をろばに変えていたが、ある旅人に術を使うところを見られ、ぎゃくにろばにされてしまう「板橋《はんきょう》三娘子《じょうし》」などの話を含む。

【例文三七】

①**枕中記**　沈既済

盧《ろ》生②欠《けん》伸《シテ》而③悟《さムレバ》、見《ル》下其《ノ》身方《ニ》④偃《ふシ》二於邸⑤舎一《ニ》、呂《りよ》翁《をう》坐《シ》二其《ノ》傍《かたはらニ》一、主人⑥蒸《シテ》レ黍《しよヲ》未《ダ》レ熟《セ》、⑦触類如《クナルヲ》レ故《もとノ》。生⑧蹶《けつ》然《トシテ》而興《おキテ》曰《ク》、「⑨豈《あニ》其《レ》夢寐《びナルかト》也。」翁謂《ヒテ》レ生《ニ》曰《ク》、「⑩人生之適《モ》、亦如《シト》レ是《クノ》矣。」生⑪憮《ぶ》然《タルコト》⑫良《やや》久《シウシテ》、謝《シテ》曰《ク》、「⑬夫《そレ》⑭寵辱《ちようじよく》之道・⑮窮達之運・⑯得喪之理・死生之情、⑰尽《ことごとク》知《レリ》レ之《ヲ》矣。此《レ》先生《ノ》所⑱以三窒《ふさグ》二吾《ガ》欲《ヲ》一也。⑲敢《テ》不《ランヤ》レ受《ケ》レ教《ヲ》。」⑳稽首再拝《シテ》而去《レリ》。

書下し文

枕中記《ちんちゆうき》　沈既済《しんきせい》

盧《ろ》生欠伸《せいけんしん》して悟《さ》むれば、其《そ》の身《み》方《まさ》に邸舎《ていしや》に偃《ふ》し、呂翁其《りよおうそ》の傍《かたわら》に坐《ざ》し、主人黍《しゆじんしよ》を蒸《む》して未《いま》だ熟《じゆく》せず、触類故《しよくるいもと》の如《ごと》くなるを見《み》る。生蹶然《せいけつぜん》として興《お》きて曰《いわ》く、「豈《あ》に其《そ》れ夢寐《むび》なるか」と。

翁生《おうせい》に謂《い》いて曰《いわ》く、「人生《じんせい》の適《てき》も、亦《また》是《か》くの如《ごと》し」と。生憮然《せいぶぜん》たること良久《ややひさ》しうして、謝《しゃ》して曰《いわ》く、「夫《そ》れ寵辱《ちょうじょく》の道《みち》・窮達《きゅうたつ》の運《うん》・得喪《とくそう》の理《り》・死生《しせい》の情《じょう》、尽《ことごと》く之《これ》を知《し》れり。此《こ》れ先生《せんせい》の吾《わ》が欲《よく》を窒《ふさ》ぐ所以《ゆえん》なり。敢《あえ》て教《おしえ》を受《う》けざらんや」と。稽首再拝《けいしゅさいはい》して去《さ》れり。

語釈 ①[枕中記] ここに引用したのは「枕中記」の結末の部分で、全文の八分の一ほどの分量になる。ここまでの話の筋は、解説で説明する。②[欠伸] 背筋をのばし、あくびをすること。③[悟] 目がさめる。④[偃] 寝そべる。⑤[邸舎] 街道すじにある、宿屋を兼業している茶店。⑥[黍] きび。北方中国では主食としていた。⑦[触類] 目や耳にふれるさまざまのもの。周囲のものすべて。⑧[蹶然] ぱっとはねおきるさま。⑨[豈其夢寐也] さては夢であったか。「其」は強調の助字、「夢寐」は夢。「豈」は多くは反語を示す助字だが、ときに推測・疑惑などをあらわすことがあり、なんでも反語に訳すと、まちがいになる。ここは疑惑の用法で、「夢だったのか」と、目をこすりながら疑っている気持ちをあらわしたもの。⑩[人生之適] 思うままの人生。直訳すれば、「人生において心にかなっているということ」の意味。⑪[憮然] ぼんやりと考えこんでいるさま。⑫[良久] しばらくのあいだ。⑬[夫] 一つの段落の開始をあらわす助字。「そもそも」「だいたい」などという意味を持つが、ここではごく軽い意味で使われている。⑭[寵辱] 名誉を受けてほめそやされることと、恥辱を受けること。⑮[窮達] 困窮することと栄達すること。⑯[得喪] 利益を得ることと失うこと。または得意と失意。⑰[情] 実情。ほんとうのありかた。⑱[所以] ここでは「…するため」という目的をあらわす。⑲[敢不受レ教] きっとお教えのとおりにします。「敢不」は反語、例文三二語釈⑦参照。「受レ教」は教えを受け入れること、つまり教えに従うこと。⑳[稽首再拝] 頭をさげ、二度おじぎをする。ていねいなあいさつのしかたである。

通釈　盧生は一つ大きなのびをして、目をさました。見れば、わが身はちょうど茶店に寝そべっており、呂翁がそのわきにすわり、茶店のあるじは黍の飯をたいていたが、まだ煮えておらず、目にふれるものすべて、もとのままであった。盧生はがばとはねおきて言った。「いまのは夢だったのか」。すると呂翁は笑いながら、盧生に言った。「心にかなった人生というのも、こんなものであろうさ」。彼はしばらくぼんやりしていたが、やがて呂翁に礼をのべて言った。「栄誉と恥辱の過程、困窮と栄達の運命、得意と失意の道理、死と生の実情、すべてさとりましてございます。（さっきの夢は）先生が私の欲望をとめるために見せて下さったのですね。きっとご教訓に従いましょう」。そして頭をさげ、二度拝礼してから、立ち去った。

解説　この話の前の部分は、次のような筋である。

呂翁という道士が、邯鄲《かんたん》（河北省にある町）へ行く街道の茶店で、盧生という青年に会った。（盧は姓。姓の下に「生」の字がつくのは、士の身分ではあるが、まだ無位無官であることを示す）。盧生は自分の貧乏にぐちをこぼし、出世して栄華をきわめた生活をしたいという希望を語る。呂翁は持っていた袋の中から一つの枕を出し、盧生に、これを枕にして眠れば、思いのままの人生が得られると言った。ちょうど茶店の主人が黍の飯をたいていたときであった。

盧生が枕に頭をつけると、両端にある穴がしだいに大きく明るくなり、盧生を中に入れてしまった。これから夢の世界が始まるわけだが、盧生はそこで、名家の娘と結婚し、科挙に及第し、官僚として功績をあげた。また侵入した異民族を撃退する戦功も立て、どんどん出世した。

しかし、宰相にねたまれ、地方官に左遷されたが、三年たつと都へ呼びもどされ、宰相になった。ところがまた同僚に憎まれ、あらぬ罪を言いたてられて逮捕されそうになった。彼は昔の貧乏生活のほうが気楽だったと言い、自殺しようとしたが、妻がとめたので、命は助かった。そして遠い地方へ流されたが、数年たつと無実が判明して、宰相に復職した。彼の子供たちはみな頭がよく、娘は豪族と結婚し、ぜいたくな生活をした。やがて老年になり、てあつい看護を受けたが、ついに死んだ。――これから本文の「欠伸而悟」に続くわけである。

盧生が見た夢は、当時の高官たちの生涯の、典型的なものであった。この小説は、そうした人生の波瀾、または栄華をきわめた生活も、一場の夢にすぎないのだといっているのである。このような**作者の主張**があり、物語も筋の起伏に富んでいるのが、六朝の志怪と比較したとき、**唐の伝奇の大きな特色**になっている。

盧生は自分の全生涯を夢に見たわけだが、それは茶店の主人が黍の飯をたく間の、わずかの時間にすぎなかった。これから、人生ははかなく短いものだということを「**一炊《いっすい》の夢**」とよぶようになり、また、この物語の場所をとって、「**邯鄲の夢**」ということわざもできた。

二　俗講

伝奇は原則として、古文（二一〇ページ参照）で書かれてある。したがって、知識階級でなければ読めない。ところが唐代には都市経済が発達して、商工業者がゆたかになったため、かれらのための娯楽が要求されるようになり、それが知識階級の間にもはいっていった。

一方、唐代には多くの寺院が建てられたが、そこでは民衆に仏教を広めるため、仏法の趣旨をやさしく解説した物語を、僧侶が語って聞かせた。これは大勢の人に聞かせなければ意味がないので、絵を見せながら話したり、歌を織りこんだりする技術が発達した。さらに徹底すると、仏法の話だけではかたくるしいため、仏教とは関係のない興味本位の物語もまじえて語り、人寄せにつとめるようになった。

このような語りものを、**俗講**《ぞっこう》という。俗講の内容は久しい間わからなかったのだが、今世紀のはじめになって、甘粛省《かんしゅく》敦煌《とんこう》の洞窟から俗講のテキストがたくさん発見され、当時の状況が推測できるようになった。そのテキストには、目蓮《もくれん》尊者の地獄めぐりを語った「目蓮変文」、地獄のありさまを語った「地獄変」など、「変」という名がついているので、**変文**《へんぶん》と総称される。「変」とは一枚の絹に幾つかの場面が描かれている絵のことで、俗講僧がそれを順々にさし示しながら語ったことをあらわしている。

第四節　宋元の小説

一　伝奇

宋代になっても、伝奇を書く風潮は続いた。その中では**楽史**《がくし》の「**楊太真外伝**《ようたいしんがいでん》」などが有名である。楊太真とは唐の楊貴妃（一二九ページ参照）のことで、その一代記をしるしたものだが、作者の楽史は歴史家で、書きかたはいちじるしく実録風にかたむき、想像力に乏しい。一般に宋の伝奇はこの傾向を持つのであって、そのために六朝の志怪風の小説に逆もどりした作品も書かれるようになった。したがって伝奇の流れは、宋代以後は全体には衰退したと言ってよい。

二　通俗小説

都市経済はひき続いて発展し、首都汴京《べんけい》（河南省開封）などの大都会には盛《さか》り場ができた。そこではさまざまの芸人が芸を見せる寄席《よせ》のようなものが作られたが、その芸の中に、物語を語って聞かせる講談に近いものがあった。

その講談の記録が、現在いくつか残っている。形式は唐の俗講のあとを継いだものであるが、もはや仏教とは完全に縁が切れて、歴史物語や当時の市井《しせい》のできごとを語っている。このような記録を、**通俗小説**または**話本**《わほん》とよび、歴史物語については**演義**《えんぎ》とよばれることもある。

通俗小説は当時の世相や民衆の感情を生き生きと描いていて、衰退した伝奇よりもはるかにおもしろく、活気がある。しかし、これらの作品は芸人が語ったままを書いてあるので、**口語体**であり、漢文訓読の方法によって読めないこともないのだが、非常に読みにくい（七一ページ参照）。したがって、通俗小説が漢文教科書に出てくることは、ほとんどないのである。

元代には、**戯曲**（二一八ページ参照）のほうが優勢で、小説では目ぼしい作品がない。しかし、民間の語りものは徐々に成熟したらしく、次の明代になって大きく発展する素地を作った。

第五節　明清の小説

一　通俗小説

文学史上の明代は小説の時代だといわれるほど、明の小説は質量ともに充実していた。ただし、ほとんど全部通俗小説であって、その代表作としては**施耐庵**《したいあん》の「**水滸伝**《すいこでん》」・**羅貫中**《らかんちゅう》の「**三国志演義**」・**呉承恩**《ごしょうおん》の「**西遊記**《さいゆうき》」などがあげられる。これらは宋・元代に語られていた講談を集大成して長編小説にしたてあげたもので、続きものの講談という体裁をとっている。その一回分ごとに区切りをつけて、第何章もしくは第何回というような番号をつけてあるため、**章回小説**とよばれる。「水滸伝」は百回または百二十回、「三国志演義（三国演義ともいう）」は百二十回、「西遊記」は百回に達する。

また、いわば一回の読切り講談にあたる短編の通俗小説を集めた本も作られた。その中で有名なのは**馮夢竜**《ふうぼうりょう》の「**喩世名言**《ゆせい》」「**警世通言**《けいせいつげん》」「**醒世恒言**《せいせいこうげん》」と**凌濛初**《りょうもうしょ》の「**拍案驚奇**《はくあんきょうき》」「**二**

刻拍案驚奇」で、これらを合わせて三言二拍とよぶ。さらに、三言二拍の中からおもしろい作品だけを選んで作られた「今古《きんこ》奇観」は、最も広く流行した。三言二拍は、形式は講釈師が語ったとおりを書いたように見えるが、もはや語りものではなく、はじめから読みものとして作られている。

清代になっても、ことに章回小説が多く作られた。その中では曹霑《そうてん》の「紅楼夢《こうろうむ》」・呉敬梓《ごけいし》の「儒林外史」が代表作とされる。前者は豪家の貴公子の生涯をしるしながら、かれをとりまく女性たちの葛藤《かっとう》や、豪家の繁栄と没落をレアルに描き出したものであり、後者は当時の知識階級の実態を暴露した諷刺小説である。

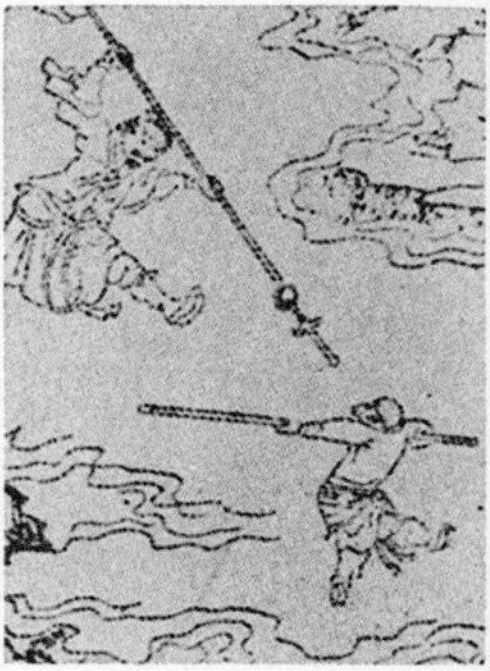

西遊記
「西遊証道書」（明末刊）のさし絵の一部

二　伝奇の子孫

唐・宋と続いた伝奇は、もはや勢力を失ったが、全く滅亡したわけではなかった。現在、二つの有名な作品が残っている。一つは明の瞿佑《くゆう》の「剪燈《せんとう》新話」、一つは清の蒲松齢《ほしょうれい》の「聊斎《りょうさい》志異」である。

瞿佑（一三四一―一四二七）は字《あざな》は宗吉《そうきつ》、銭《せん》塘《とう》（浙江省）の人。詩人として知られ、明王朝の樹立後は推薦によって役人となったが、罪によって流されたりしたため、出世はできなかった。かれは珍しい話が好きで、いろいろと聞き集めた話を文章にし、「剪燈録」四十巻を作ったが、各地を転々とするうちに原稿をなくしてしまい、わずかに残っていた四巻を発見した人があって、瞿佑がもう一度それに手を入れ、「剪燈新話」として出版した。「剪燈」とは燈心《とうしん》を切ることで、燭台の燈心は、時間がたつと燃えかすが長く伸び、暗くなる。それを切って、夜がふけるまで語り続けた話という意味である。

聊斎志異

「剪燈新話」の中で最も有名なのは、牡丹《ぼたん》の花飾りをつけた燈籠を女中に持たせて歩く娘が若い男と恋人になるが、娘は実は幽霊であり、それを知った男が魔よけの札をもらって防ごうとするが、結局は幽霊にとり殺される「**牡丹燈記**」である。この物語をはじめとして、どの作品もきわめて華麗な文章で綴られ、駢《べん》文（二〇五ページ参照）をもまじえている。内容も、非常に幻想的な話が多い。

この書は明代には大流行して、模倣作がたくさん作られた。その中で有名なのが、**李禎**《りてい》の「**剪燈**《せんとう》**余話**」である。しかし模倣作には風俗を乱すようなものも出たので、清代には一括して禁止されたため、「新話」「余話」とも一部分しか伝わらなくなってしまった。しかし完全な形のものが日本に渡って広く読まれ、翻案した小説も多く書かれたので、中国よりもむしろ日本で有名な書物となった。

蒲松齢《ほしょうれい》（一六四〇―一七一五）は字《あざな》は留仙、号は柳泉《りゅうせん》居士、室名を**聊斎**《りょうさい》という。淄川《しせん》（山東省）の人。子供のころは神童といわれたが、科挙には及第できず、生涯落第を続けて無位無官に終った、不遇な人物である。その一生の間に書きためられたのが「聊斎志異」である。

「聊斎志異」は十六巻、伝奇風の物語と志怪風の短い記録とが混在しているが、おもしろい作品は前者に多い。「剪燈新話」のあとを継いだものといえるが、「新話」がとかく文章の美しさに溺れた点があるのに対し、「聊斎志異」は文章も巧みな上に、ストーリーの構成も巧妙な作品が多い。さらに、不遇な生涯を送った作者の怒りや社会に対する批判も含まれていて、単なるひまつぶしの読みものではなくなっている。

「聊斎志異」の作品中、日本で有名なのは酒ずきの男が外国人の僧の術によって腹の中から酒の虫をとってもらい、以後は酒を飲まなくなってしまうが、同時に貧乏にもなる「**酒虫**」が、**芥川龍之介**の翻案もあって有名だが、これは比較的短い作品で、「聊斎志異」の本領からはやや遠い。ほんとうに「聊斎」らしい作品は、牡丹《ぼたん》の花の精と人間との恋を描いた「**香玉**」、菊の精の兄妹と菊ずきの男との愛情を描いた「**黄英**」、そのほか狐や幽霊と人間との交情をしるす、いくつかの物語である。

【例文三八】

緑衣女

蒲松齢

于《う》生名璟《えい》、字小宋、益①都人。読②書醴《れい》泉寺、方《あ》③夜披《ひ》④誦、忽《たちま》一女子窓《さう》外賛⑤曰、「于⑥相公勤読哉《かな》。」于驚起視之、緑衣長⑦裙《くん》、婉《えん》⑧妙無比。于知非人、固詰《なじ》⑨里⑩居。女曰、「君視妾⑪、当非能咋《さく》⑫噬《ぜい》者。何労⑬窮問。」更《かう》⑭籌《ちう》方《まさ》尽、翩然⑮遂去。由此無⑯夕不至。（中略）⑰視女転⑱過房廊、寂不復見、方欲帰、忽聞女号《よ》⑲救甚急。于奔《はし》往四顧、無跡。声在檐《えん》⑳間。挙首細視、則一蛛《ちゆ》㉑大如弾㉒、捕捉一物。哀鳴㉓声嘶《せい》。于破網挑《てう》㉔下、去其縛㉕纏《てん》、則一緑蜂、奄《えん》㉖然将斃《たふ》矣。捉《とら》帰室中、置案㉗頭、停㉘蘇《よみがへ》移時、始能行歩。徐《おもむろ》登硯《けん》㉙池、自以身投墨汁、出伏几《き》㉚上。走㉛作謝字、頻展双翼、已乃穿《とほ》㉜窓而去。自此遂絶㉝。

書下し文

緑衣《りよくい》の女《おんな》　蒲松齢《ほしようれい》

于《う》生名《せいな》は瑗《えい》、字《あざな》は小宋《しようそう》、益都《えきと》の人《ひと》なり。書《しよ》を醴泉寺《れいせんじ》に読《よ》み、夜《よ》に方《あた》りて披誦《ひしよう》するに、忽《たちま》ち一女子《いちじよし》窓外《そうがい》より賛《さん》して曰《いわ》く、「于相公《うしようこう》勤《つと》めて読《よ》む哉《かな》」と。于《う》驚《おどろ》き起《た》ちて之《これ》を視《み》れば、緑衣長裙《りよくいちようくん》にして、婉妙無比《えんみようむひ》なり。于《う》人《ひと》に非《あら》ざるを知《し》り、固《かた》く里居《りきよ》を詰《なじ》る。女曰《じよいわ》く、「君妾《きみしよう》を視《み》よ、当《まさ》に能《よ》く咋噬《さくぜい》する者《もの》に非《あら》ざるべし。何《なん》ぞ労《ろう》して窮問《きゆうもん》するや」と。更籌《こうちゆう》方《まさ》に尽《つ》きんとし、翩然《へんぜん》として遂《つい》に去《さ》る。此《こ》れより夕《ゆうべ》として至《いた》らざるは無《な》し。（中略）女《じよ》の房廊《ぼうろう》を転過《てんか》し、寂《せき》として復《ま》た見《み》えざるを視《み》て、方《まさ》に帰《かえ》らんと欲《ほつ》するに、忽《たちま》ち女《じよ》の救《すくい》を号《よ》ぶこと甚《はなは》だ急《きゆう》なるを聞《き》く。于《う》奔《はし》り往《ゆ》きて四顧《しこ》すれども跡無《あとな》し。声《こえ》檐間《えんかん》に在《あ》り。首《こうべ》を挙《あ》げて細視《さいし》すれば、則《すなわ》ち一蛛《いつちゆ》の大《おお》きさ弾《だん》の如《ごと》きもの、一物《いちぶつ》を捕捉《ほそく》す。哀鳴《あいめい》し声嘶《せいせい》す。于《う》網《あみ》を破《やぶ》りて挑下《ちようか》し、其《そ》の縛纏《ばくてん》するを去《さ》れば、則《すなわ》ち一緑蜂《いちりよくほう》にして、奄然《えんぜん》として将《まさ》に斃《たお》れんとす。捉《とら》えて室中《しつちゆう》に帰《かえ》り、案頭《あんとう》に置《お》けば、停《とど》まり蘇《よみが》えりて時《とき》を移《うつ》し、始《はじ》めて能《よ》く行歩《こうほ》す。徐《おもむろ》に硯池《けんち》に登《のぼ》り、自《みずか》ら身《み》を以《もつ》て墨汁《ぼくじゆう》に投《とう》じ、出《い》でて几上《きじよう》に伏《ふ》す。走《はし》りて謝《しや》の字《じ》を作《つく》り、頻《しき》りに双翼《そうよく》を展《の》べ、已《すで》にして乃《すなわ》ち窓《まど》を穿《とお》りて去《さ》る。此《こ》れより遂《つい》に絶《た》ゆ。

語釈

①[益都] 地名。今の山東省昌楽県の西。②[読レ書] 勉強すること。醴泉寺という寺の一室に下宿して、科挙の受験勉強をしていたのである。③[方レ夜] ちょうど夜中に。「方」は「ちょうど…のとき」の意味。④[披誦] 本をひらき、声をあげて読む。⑤[賛] ほめる。⑥[于相公] 于の殿様。「相公」は本来、宰相の地位にある人に対する敬称だったが、のちには官僚や富豪などへの敬称にも使われるようになった。ここでは、于生はまだ受験生の身分だが、いずれ合格して大官の地位に至るだろうという祝意をこめて、「相公」と言ったもの。⑦[長裙] 長いもすそ。⑧[婉妙]

なよなよとして美しいさま。⑨〔詰〕問いただす。問いつめる。⑩〔里居〕郷里や住居。⑪〔妾〕女性の一人称代名詞。⑫〔咋噬〕食いつく。かみつく。ここでは、人に害をおよぼすことをいう。⑬〔労〕苦労して…する。…する手数をかける。⑭〔更籌〕本来は、夜の時間をはかる水時計の部品で、目盛りをきざんだ棒のこと。水時計は一定の速度で水を滴下させるので、水面が一定の速度で下降する。その中にこの棒が立ててあるから、その目盛りを読めば時刻がわかる。ここでは、「更籌方尽」が一つの熟語で、その目盛りがおしまいになる、つまり夜が終って朝になることをいう。実際に水時計を使っているかどうかは、関係がない。⑮〔翩然〕ひらひらと、

軽く動くさま。⑯〔無二夕不一レ至〕来ない夕はなかった。毎夕、必ず来た。「無○（年・日・朝・夕・夜など、時間をあらわす語）不…」という構文は、「いつも○には必ず…する」の意味をあらわす。⑰〔（中略）〕この部分には、ある晩、女が于生と酒を飲んだりうたったりして遊んだあと、胸さわぎがして帰りがこわいと言い、于生に部屋の外まで見送ってくれと頼むので、于が見送りに出るという一段がしるされている。⑱〔転過房廊〕「房廊」は部屋の前の廊下。「転過」はそれを右または左に曲がって、行ってしまうこと。⑲〔号〕大声をあげる。⑳〔檐間〕のきばのあたり。㉑〔蛛〕クモ。㉒〔弾〕弾丸。鉄砲のたまではなくて、Y字形の木の枝の二つの先端

に紐を張り、紐の中間に弾丸をはさみ、引きしぼってはじく道具の弾丸。鳥などをとるのに用いる。㉓〔声嘶〕声をあげてなく。㉔〔挑下〕はらい落とす。㉕〔縛纏〕ぐるぐると縛りあげること。㉖〔奄然〕息も絶え絶えなさま。㉗〔案頭〕机の上。「案」は机。㉘〔停蘇移レ時〕息を吹きかえしてから大分たって。㉙〔硯池〕すずりの池。㉚〔几〕机に同じ。㉛〔走〕ここでは口語的な用法で、歩くこと。走ることではない。現代中国語でも歩くことを「走」という。㉜〔穿レ窓〕窓をつきぬける。窓を通りぬける。㉝〔絶〕交際が絶えること。ここでは、女が通って来なくなったこと。

通釈　于生は名は璟、字は小宋、益都の人である。醴泉寺に間借りして勉強していたが、ちょうど夜なかに本を開いて読みあげていると、ふと、一人の娘が窓の外からほめて言った。「于先生、よく御勉強ですこと」。于が驚いて立ち上がってみると、緑の着物に長い裙《はかま》、くらべるものもないほど美しい女である。于は人間ではない（何かが化けたもの）と思ったから、きびしく何処《どこ》に住んでいるのか問いつめた。（すると）女は言った。「私をよく御覧なさい。人を取って食うことができるようなものではないでしょう。どうしてそう問いつめるような手数をおかけになるのです」。そして夜が明けようとするころ、軽やかな身ごなしで立ち去ってしまった。このことがあってから、女が通って来ない晩は一晩もなかった。（中略）（于は）女が廊下を廻《まわ》って、すっかり姿が見えなくなったのを見とどけ、もどろうとしたとき、急に女が救いを求めてけたたましく叫ぶのが聞こえた。于は走って行って周囲を見廻したが、姿は見えない。声は軒先から聞こえてくる。上を向いてよく見ると、弾丸くらいの大きさのくもが一つのものをつかまえていた。（それが）悲しげに声をあげて鳴いているのである。于が網をやぶって打ち落とし、からまっている網をとってみると、一匹の緑色の蜂で、息もたえだえであり、いまにも死にそうになっていた。つかまえて部屋に帰り、机の上に置くと、息をふきかえしてから大分たって、やっと歩けるようになった。（そして）ゆっくりとすずりの池に登り、体ごと墨汁の中に飛び込んでから、出て来て机の上にうつぶせになり、歩いて「謝（ありがとう）」の字を書くと、何度も二枚の羽をのばして、やがて窓から飛んで行ってしまった。女は、それきり来なくなってしまった。

解説　「聊斎志異」にはこのように、六朝志怪や唐の伝奇にくらべれば筋だてのこまかな、ロマンティックな物語が多い。人間と蜂の女との恋という着想も奇抜だが、ふつうならば人間と化物との恋愛は人間に害があり、恐るべきものとされるのを、蜂の化物である女の純情さを中心とする物語におきかえたのも、通常の奇談や怪談とは違う。さらに、読者ははじめ、この女が蜂であることを知らずに読み進むわけだが、その始めの部分に「咋噬する者」ではないとか、「翩然として」去ったとかいう表現があって、あとで正体が判明するときの伏線としている。

このように、「聊斎志異」は物語の構成法も手がこんでおり、中国の小説が長い年月のうちに、いろいろな方面で進歩してきたことを示している。

三　随筆

宋以来、文人・学者がおりにふれて書きとめた文章を本にまとめるようになり、明・清では、その数がことにふえた。これらの随筆のうち、一つの思想なり研究なりで統一されたものは、それぞれ思想の書物・研究書としてあつかわれるが、思いついたままを雑然としるしたものは、多くは小説の中に入れられる。随筆のことを「筆記」ともいうので、「**筆記小説**」という名称もある。

筆記小説の中には、自分の見聞や追憶談をしるしたものが多い。そして見聞にはふしぎな話も含まれるので、この点、六朝の志怪に近い印象をあたえることがある。その種の作品で最も有名なのは清の紀昀《きいん》（字《あざな》は暁嵐《ぎょうらん》、一七二四―一八〇五）の「閲微草堂筆記《えつびそうどうひっき》」である。作者は当時随一の博学な学者であり、官僚としても礼部尚書に至った人物で、この書は晩年のつれづれに書いたものだが、文章も簡潔で、風格がある。中国では「聊斎志異」とならんで高く評価された。

第六節　文学革命

一　外国文学の輸入

清代も末期に近づくと、西洋諸国の中国侵略がはげしくなったが、それにつれて、西洋文化も中国に流れこんできた。文学に関しては言語の障害が大きいので、中国語訳はなかなか作られなかったが、これに最も努力したのは林紓《りんじょ》（字《あざな》は琴南《きんなん》、一八五一―一九二三）である。かれは古文の名文家として知られたが、弟子を使って西洋文学を中国語に口訳させ、それを古文で書きあげた。こうして翻訳された作品には、「茶花女遺事」（デュマ・フィスの「椿姫」）・「魔俠伝」（「ドン・キホーテ」）・「海外軒渠録《けんきょ》」（「ガリヴァー旅行記」）・「黒奴《こくど》籲天録《やくてんろく》」（ストウ夫人の「アンクル・トムズ・ケビン」）・「不如帰」（徳冨蘆花、ただし英訳から重訳したもの）などがある。

これらの翻訳は、原作に忠実ではない。林紓には中国文学が世界最高の文学だという強い信念があって、西洋や日本の文学は程度の低いものだが、部分的に韓愈や柳宗元の文学と似ている点もあるから、そこを評価してやるのだと言っていた。だから誤訳はもちろんのこと、原作をカットしたり書きかえたりしたところは、非常に多い。しかし、翻訳された文章はたしかに名文であり、当時の青年たちから大きな歓迎を受けた。

二　日本文学の影響

清朝末期の改革運動（一三六ページ参照）に失敗したのち、日本に亡命した梁啓超《りょうけいちょう》（字《あざな》は卓如《たくじょ》、号は任公、一八七三―一九二八）は、日本の新聞雑誌を読んで、強い感銘を受けた。中国より一足さきに西洋文化を摂取した日本では、文学もすでに西洋文学の観念を採用して、新しい方向へと進んでいたのである。坪内逍遥の「小説神髄」が書かれたのは、林紓が「椿姫」を翻訳したのよりも八年前のことであった。

梁啓超は一九〇二年に横浜で「新小説」という雑誌を創刊し、日本の文学者の理論を紹介して、**小説とは社会教育の武器**であり、これによって中国の政治・社会を改革できると宣伝した。これは、小説とは詩文にくらべて低級な文学だとしていた中国人の伝統的な観念に強い衝撃をあたえ、上海あたりでも、小説を専門に掲載する雑誌が続々と発刊されるようになった。

これらの雑誌にのせられた小説には、日本の明治初期の政治小説から影響を受けたものが多い。また、小説によって社会を改造しようというのだから、当時の社会の悪習や欠陥を徹底的に暴露した小説も、たくさんあらわれた。このような作品は、作者の意図があまりにも露骨にあらわされているため、文学としては未成熟の感じがあるけれども、当時の文学者たちの熱意と、新しい文学の領域を開拓しようとする努力とは、認めることができる。

三　文学革命

中華民国が誕生したのちの一九一七年、革新派の人々が発行していた雑誌「新青年」に、米国留学生の胡適《こせき》（一八九一―一九六二）が「文学改良芻議《すうぎ》」と題する文章を寄稿した。これは中国の伝統的な文学を打倒して新文学を建設すべきことを主張したもので、そのためには、文学者は昔からの文学の技巧を捨てなければならないし、とくに文語体の文学はすべて廃止して、口語体の文学を文学の正道としなければならぬ、と訴えた。

「新青年」（1919 年 5 月号）

「新青年」の編集主任は、北京大学文科学長（文学部長にあたる）であり、のちに中国共産党が創立されたとき、初代の中央委員長となった陳独秀《ちんどくしゅう》（一八七九―

一九四二）である。かれは胡適の論文を掲載した次の号に、みずから「文学革命論」を書き、「貴族文学を打倒して国民文学を建設せよ、古典文学を打倒して写実文学を建設せよ、山林文学を打倒して社会文学を建設せよ」というスローガンをかかげた。胡適の主張は一種の言文一致運動であったが、陳独秀はこれを、文学者の精神の革命にまで推進したのである。

学生時代の魯迅（1904年）

文学革命運動には、林紓を先頭とする保守派からの反撃があり、はげしい論戦がかわされた。革命派の弱点の一つは、理論としては成立しても、すぐれた作品を現実に生み出していない点にあった。胡適もこれを考えて、「嘗試《しょうし》集」という口語詩の詩集を作って発表したが、口語で作った詩のサンプルというだけで、文学として成功したものとは言えなかった。文学革命の線に沿って、すぐれた作品を最初に提供したのは、魯《ろ》迅《じん》（一八八一―一九三六）である。かれは一九一八年、「新青年」に「狂人日記」を発表した。これは狂人の独白を借りて、儒教倫理がどれほど中国人をむしばんできたかを指摘した小説であり、当時の人々に強い衝撃をあたえた。中国の小説は、この作品によって、はじめて近代小説への道を歩みだしたと言うことができる。

やがて五四運動（一三八ページ参照）がおこった。この運動に参加した人たちの中から、新文学の作家が続々とあらわれ、文学革命は保守派の反対をおさえて、中国文学の近代化を達成したのである。

練習問題

［問題一四］

魯《ろ》有下執二長竿一入二城門一者上。初《メハ》竪《たてニ》執《とルニ》レ之《ヲ》、不レ可《カラ》レ入《ル》。横《ニ》執《ルモ》レ之《ヲ》、亦不レ可《カラ》レ入《ル》。計無《シ》レ所レ出《ヅル》。俄《ニシテ》有《リ》二老父《ほノ》至《ル》一。曰《ク》、「吾《ハ》非《ザレドモ》二聖人《ニ》一、但《ダ》見《ルコト》レ事《ヲ》多《シ》矣。何《ゾ》不《ルト》二以《テ》レ鋸《のこぎりヲ》中截《せつシテ》而入《ラ》一。」遂《ニ》依《リテ》而截《きル》レ之《ヲ》。（笑林）

語釈　○［魯］国の名。今の山東省にあった。
○［中截］まんなかから切る。

設問　一「魯有下執二長竿一入二城門一者上」を全文ひらがなで書き下せ。
二「計無レ所レ出」を平易な日本語に訳せ。
三「何不二以レ鋸中截而入一」を平易な日本語に訳せ。
四　この文章の大意を九十字以内に要約してしるせ。

［問題一五］

有《リ》下避《ケテ》レ讐《あだヲ》竄《にゲ》二匿《かくルル》深山《ニ》一者上。時《ニ》月白《ク》風清《シ》。見《テ》三一鬼《ノ》徙《し》倚《いスルヲ》二白楊《やうノ》下《ニ》一、伏《シテ》不二敢《テ》起《タ》一。鬼忽《チ》見《テ》レ之《ヲ》曰《ク》、「君何不レ出。」慄《おそレテ》而答《ヘテ》曰《ク》、「吾畏《おそルト》レ君《ヲ》。」鬼曰《ク》、「至《ツテ》可《キ》レ畏《ル》者《ハ》、莫《シ》レ若《しくハ》レ人《ニ》。鬼何《ゾ》畏《レン》焉。使《ムル》二君《ヲシテ》顚《てん》沛《ぱい》至《ラ》レ此《ここニ》者《ハ》、人耶《か》鬼耶《ト》。」一笑《シテ》而隠《かくル》。

（閲微草堂筆記）

語釈 ○［徙倚］ぶらぶらすること。○［慄］こわがって、ちぢみあがること。○［畏］こわがる。○［顚沛］危急の状態にあって、おちつかないさま。

設問

一 「月白風清」とは、どのような情景を表現したものか。簡単に説明せよ。

二 「伏不二敢起一」を平易な日本語に訳せ。

三 「鬼忽見レ之」の「之」は、何をさすか。それにあたる語句を、文中から選んでしるせ。

四 「君何不レ出」を全文ひらがなで書き下せ。

五 鬼の「至可レ畏者」以下の言葉の要旨を、七十字以下に要約してしるせ。

［問題一六］

有《リ》二劉《りう》幽《いう》求《ナル》者一。夜帰《リ》、未《ダ》《ルコト》レ及《バ》レ家《ニ》十余里《ニシテ》、適《たまたま》有《リ》二仏寺一、路出《ヅ》二其《ノ》側《ニ》一。聞《ク》二寺中《ニ》歌笑歓洽《くわんかふスルヲ》一。寺垣《ゑん》短欠《ニシテ》、尽《ク》得レ観《みルヲ》二其《ノ》中《ヲ》一。劉俯《ふシテ》レ身《ヲ》窺《うかがフニ》レ之ヲ、見ル下十数人ノ児女雑坐シ、羅二列シ盤饌《せん》ヲ一、環二繞《ぜう》シテ之ヲ一而共ニ食スルヲ上。見ル下其ノ妻モ在リテ二坐中ニ一語笑スルヲ上。劉初メ愕《がく》然トシテ、不ルコトレ測ラ二其ノ故ヲ一久シウスレ之ヲ。且ツ思フモ二其ノ不ルヲレ当ニカラレ至ルレ此ニ、復タ不レ能ハレ捨ツルコトレ之ヲ。又熟二視スルニ容止言笑ヲ一、無シレ異ナルコト。将ニ二就イテ察セントレバレ之ヲ、寺門閉ザサレテ不レ得レ入ルヲ。劉擲《な》ゲテレ瓦ヲ撃ツニレ之ヲ、中《あたり》二其ノ罍《るゐ》洗ニ一、破迸走散シ、因リテ忽チ不レ見エ。劉踰《こ》エテレ垣ヲ直チニ入リ、与二従者一同《とも》ニ視ルニ、殿廡《ぶ》皆無クレ人、寺扃《と》ザスコト如シレ故ノ。劉訝《いぶか》ルコト益〻甚ダシク、遂ニ馳セテ帰ル。比《ころほひ》レ至ル二其ノ家ニ一、妻方ニ寝《い》ネタリ。聞キ二劉至ルト一、乃チ起キ、笑ヒテ曰ク、「向《さき》ニ夢中ニ与二数十人一遊ブ二一寺ニ一。皆不二相識ラ一。会二食ス于殿庭ニ一。有リレ人、自リレ外以テレ瓦ヲ投ジレ之ニ、杯盤狼《らう》藉《ぜき》タリ。因リテ而遂ニ覚ムト。」

（唐の伝奇の一つ、白行簡の「三夢記」）

語釈 ○[歓洽] 仲よく、楽しげなさま。○[寺垣] 寺の周囲の土塀。○[盤饌] 皿に盛った料理。○[環繞] ぐるりととりまく。○[容止] 容貌・動作。○[就察レ之] そばへ近づいて、よく見る。○[罍洗] 酒壺と杯洗。○[破迸走散] 壺がこなごなになり、人々が逃げ散る。○[殿廡] 本殿や廊下のあたり。○[扃] 鍵をかける。○[狼藉] めちゃめちゃになる。

設問

一 次の句を平易な日本語に訳せ。

イ 不レ測二其故一久レ之

ロ　思二其不一レ当レ至レ此、復不レ能レ捨レ之

ハ　比レ至二其家一、妻方寝。

ニ　「熟二視容止言笑一、無レ異」とは、何に異ならなかったのか。

三　「有レ人、自レ外以レ瓦投レ之」の「人」とは、誰のことだったのか。

四　この話の大意を八十字以下に要約してしるせ。

〔問題一七〕

景公飲《ムコト》レ酒《ヲ》七日七夜《ニシテ》不レ止《メ》。弦章諫《メテ》曰《ク》、君欲《スルコト》レ飲《マント》レ酒《ヲ》七日七夜《ナリ》。章願《ハクハ》君《ノ》廃《センコトヲ》レ酒《ヲ》也。不《ンバ》レ然《ラ》章賜《ハンコトヲト》レ死《ヲ》。晏子入《リテ》見《まみユ》。公曰《ク》、章諫《メテ》レ我《ヲ》曰《ク》、願《ハクハ》君之廃《センコトヲ》レ酒《ヲ》也。不《ンバ》レ然《ラ》章賜《ハンコトヲト》レ死《ヲ》。如《クニシテ》レ是《ノ》而聴《カバ》レ之《ヲ》、則《チ》臣為《ス》レ制《ヲ》也。不《ンバ》レ聴《カ》、又愛《をシムト》二其《ノ》死《ヲ》一。晏子曰《ク》、幸《ナルカナ》矣、章《ノ》遇《フ》レ君《ニ》也《や》。今章遇《ハバ》二桀紂《ニ》一、章《ノ》死《セルコト》久《シカラント》矣。於《テ》レ是《ニ》公遂《ニ》廃《ス》レ酒《ヲ》。

（晏子春秋）

語釈　○［景公］春秋時代の斉の君主。○［晏子］名は嬰《えい》、景公に仕えた有名な宰相。○［桀］夏《か》の暴君の名。夏はこの王の時代に亡んだ。○［紂］殷の暴君の名。殷はこの王の時代に亡んだ。

設問

一　景公が酒をやめた動機は何か。七十字以内でしるせ。

二　対話の部分を「　」及び『　』でかこめ。

三　次の部分を意味がよくわかるように口語訳せよ。

イ　臣為レ制也

ロ　不レ聴、又愛二其死一

ハ　章死久矣

（福島大）

第五章　思想

第一節　孔子の思想

一　原始信仰

前に**甲骨文字**の話をした（四〇ページ）のを、思いだしてください。あれは紀元前十七世紀から十二世紀ごろへかけて、**殷王朝**《いん》でおこなわれた**占い**《うらな》**の名残り**《なご》だった。殷にかぎらず、原始時代の民族は、どこでもそうなのだが、世界は神によって支配されていると信じ、自分たちの行動を、神の意志にしたがって決定しようとする。

たとえば、よその国と戦争をしようとするとき、現代の政治家ならば、敵と味方の総合戦力を比較し、外交情勢を検討し、さまざまなデータを積みかさねたうえで、決断をくだすことだろう。原始民族にしても、これらの点に対する考慮が全くないわけではないが、かれらはそれよりも、先ず神のお告げを聞こうとした。お告げが「勝つ」と出れば、喜び勇んで戦争を始めるし、「負ける」と出れば、あきらめて敵に屈服するか、または意気消沈した姿で戦場へおもむく。「お告げ」を聞く方法が占いで、だから占いは、国家の重要政策を決定する鍵《かぎ》となるわけだ。

ところで、戦争をする以上、勝ちたいと思うのはあたりまえのことだ。だから占いによって神の意志は聞くけれども、ほんとうは、「勝つ」というお告げがほしい。そこで、神がこちらの味方をして「勝つ」と言ってくれるように、手段を講じる必要がおこる。その手段とは、神を祭り、供物《くもつ》を捧げたり、神楽《かぐら》を演奏したりして神を楽しませることで、それから、こちらに有利なお告げをくだしてもらうわけだ。だから占いより前に、神を祭ること、すなわち祭祀《さいし》が国家の重大な行事となる。

原始の社会で「王」などとよばれた支配者は、どこでも、神を祭ったりお告げを聞いたりする能力を持つ人たちだった。神を祭るのは、容易なしごとではない。どうしたら神を喜ばせ、楽しませることができるか、神が怒っていると知ったら、どのようにしてなだめるか、などという方法に精通していなければならないし、また神のお告げは、多くの漠然とした形でくだされるから、それを正しく判断する能力を持たねばならない。こうしたことのできる人が、民衆に対する支配権を握っていたわけで、つまり「祭祀」と「政治」とが、常に一致していたのだ。

原始時代の人々でも、かれらなりに、「考える」力は持っていた。そして考えだされた**祭祀と政治との一致**は、多分に形式化しながらも、これからのちの中国社会に生き残った。しかし、社会が複雑化するにつれて、人間の生きかたも複雑になる。そこから、さまざまの考えが生まれるのだが、それをどのように整理し、系統立てるかによって、**思想**というものが発生する。

二　孔子の時代

孔子が生まれあわせたのは、殷《いん》のあとを継いだ周王朝の末期に近い、春秋時代とよばれる時期であった。古いことなので、孔子の正確な生卒年はわからないが、ふつうには前五五一―前四七九年といわれている。

だいたい、殷・周の王は、一つの部族の長にすぎないのであって、ほかにも多数の部族が中国各地に散在し、それぞれに長を持っていた。その点では王も諸部族の長（これを諸侯という）も対等なのだが、違うところは、諸侯は王の支配権を認め、王が戦争・祭祀などの重大な行事をおこなうときには、それに協力し、また大きな土木工事などについて労役を提供する、という義務を負う点にある。また、王も諸侯も世襲制だが、諸侯が死んで、あと継ぎが立つ場合には、形式的なものではあるが、王の承認を受けなければならない。そのかわり、王は諸侯に対して、それぞれが支配する地域（すなわち諸国）の内政については、いっさい干渉しない。

このような体制ができあがったのは、殷・周の王の率いる部族が他の部族より強大であり、それらをおさえつけて支配権を認めさせたところからおこったが、また、武力で征服した諸国に対し、王の一族を諸侯として派遣することもあって、その場合は王と諸侯とは、本家と分家という関係になる。周王朝の時代には、このケースがことに多かった。

諸侯の下には卿《けい》という階級があり、その下には、大夫《たいふ》、さらにその下には士《し》という階級があった。諸侯と卿、卿と大夫、大夫と士との関係は、それぞれ王と諸侯との関係に準ずる。諸侯が支配する土地、つまり国は、卿以下の場合には采邑《さいゆう》とよばれ、卿以下の人たちは、自分の持つ采邑の、土地ばかりではなく、そこに居住する一般民衆をも私有物と見て支配することを許される。

一般民衆とは、士の下に位置する庶民《しょみん》と、さらにその下の奴隷《どれい》である。

「国」の政治は、むろん諸侯が最高責任者だが、実際には卿が実務をとることが多い。そして政治について発言できるのは、大夫・士までに限られる。結局のところ、士とは支配階級のいちばん下に位置するわけで、国家行政の末端の事務をあつかったり、戦士として出陣したりする義務を負わされていた。

だから士とは、行政や軍事に関する、一種の技術屋だということもできる。そして、か

れらに与えられる采邑は、もちろん卿・大夫にくらべれば、はるかにすくない。そうなると、たとえば数字に強いとか、弓の名人だとかいう特殊技能を持つ士のところへは、よその卿・大夫、あるいは諸侯から、引き抜きに来る。しかも周一代を通じて、氏族を中心とする共同体の結束はゆるむ一方だったため、士という階級は総体に、かなり流動的な様相を示しはじめていた。

孔子は、こういう時代に生まれあわせた士の一人だったのである。孔子の父は勇猛な武士として知られた。その血を受けた孔子は、りっぱな体格をしていたらしいが、武よりはむしろ文の道を志した。

三　孔子の生涯

孔子が生まれたのは、前五五一年とされている。大昔のことで、この数字がどれほど正確であるかは、わからない。記録によっては、前五五二年とも書かれている。生地は魯《ろ》の国（いまの山東省）昌平郷陬邑《すうゆう》だといわれるが、これも、現代のどこにあたるのか、はっきりしない。

孔子の諱《いみな》は丘《きゆう》、字《あざな》は仲尼《ちゆうじ》という。だから、「孔丘」または「孔仲尼」というのが、かれの正式の姓名である。「子」とは、尊敬の意味をこめた呼びかたで、かれの弟子たちが尊敬して「孔子」と呼んでいたのが、いつか一般的な呼び名となったのである。だから、

「孔子」とは「孔先生」というほどの意味にあたる。

さて、孔子の父は魯《ろ》国の武士であり、家がらはあまり高くないうえに、貧乏だった。若いころの孔子は、ずいぶん苦労したらしいのだが、今ではその時期の孔子について、具体的な記録は残っていない。ただ幼年時代に、戦争ごっこなどはせず、神を祭る真似をしたという伝説があるので、父の武を継がずに文で身を立てようとする志向は、早くからあったと考えられる。

貧乏な孔子は、成人したのち、下級官吏となって生計を立てたが、官吏としての有能さは、多くの人々の目にとまったらしい。また、学問のある人だという評判が立って、弟子入りをする人たちの数もふえてきた。

当時の魯国は、昭公という君主の時代であったが、五代前の桓《かん》公から分かれた孟孫氏・叔孫氏・季孫氏という三つの家が、政治の実権を握っていた。これを三桓《かん》という。三桓から権力を取返そうとしてクーデターをおこした昭公は、失敗して、斉《せい》国へ亡命してしまったほどである。

昭公が亡命したあと、孔子はしばらく昭公について斉へ行っていたらしいが、昭公が斉で亡くなり、魯で定公が即位すると、帰国して魯の官職についた。そして中都《ちゅうと》の宰《さい》（中都という町の町長）に就任したのが五十二歳のときと推定されているが、それからは定公にしたがって斉との会議に出席し、外交上の勝利をおさめたりして、定公の信任を得、大司寇《しこう》という職にのぼった。これは魯国の司法府の長官で、今の日本でいえば最高裁長官にあたる。これは五十四歳のときと推定される。

そこで孔子は、三桓の勢力を削減して定公の権威を高めようという、多年の念願を実行に移した。その手はじめとして、三桓の本拠地である三つの城を三桓がそれぞれ自発的に武装解除するよう説得し、二つまでは成功したが、最後に残った孟孫氏の成《せい》の城だけが、武装解除に応じなかった。孔子は定公にすすめて成を包囲させたが、きわめて堅固な城だったために攻略することができなかった。このことから孔子は三桓の怨みを買い、五十六歳のとき、**魯を去って放浪の旅**に出ることとなってしまった。

孔子像

山東省曲阜，文廟大成殿内

弟子たちを連れて旅に出た孔子は、**衛**《えい》・**宋**《そう》・**鄭**《てい》・**陳**《ちん》・**蔡**《さい》の諸国をめぐり歩き、行くさきざきで、諸侯や大夫たちに自分の理想を説いて聞かせた。しかし、どこでも採用されなかったばかりか、宋では実力者のために暗殺されそうになったし、陳と蔡の中間では、原野の中で包囲されたまま、食糧も得られない状態におちいったこともあった。

ついに孔子は、自分の手によって理想的な政治を実現することをあきらめ、六十九歳のときに魯へ帰った。そして学問と教育に専心し、次の世代に期待をかけながら、前四七九年に世を去った。

四　孔子の思想と論語

孔子は、自分の思想を体系的に述べた著作を残していない。そのかわりに、古典を整理したり、弟子に教訓を与え、弟子の質問に答えたりした。そこで孔子の死後、弟子たちがそれぞれに記憶していた孔子の言葉を集め、一つの本にまとめたのが、「論語」である。「論語」は二十編に分かれ、十編ずつをひとまとめにして、「上論」「下論」と名づける。各編とも、最初の二字を標題とするのであって、たとえば最初の編は、

子曰《ク》、学《ンデ》而時《ニ》習《フ》レ之《ヲ》、不二亦説《よろこバシカラ》一乎。

に始まるから、「学而《がくじ》」編とよぶ。正式には、その下に順番を示す数字を入れて、「学而第一」という。

「論語」が完成するまでには、かなりの年月がかかったらしい。また、孔子の死後、弟子たちは幾つかの学派に分かれて対立したので、「論語」もその影響を受けており、ことに「下論」にはあまり信用できない部分があると主張する学者もある。

孔子の弟子は七十二人あったというが、とくに有名なのは、顔回・子路・子貢・子夏《しか》・子張・子《し》游《ゆう》・曽参《そうしん》らである。このうち、顔回と子路は孔子に先だって死んだ。

しかし、弟子たちの記憶に多少の誤りがあったり、自分の学派に有利な編集をしようとする意図があったにしても、「論語」は孔子の言動に関する貴重な記録であり、孔子の思想を知る有力な資料である。孔子に関する記録は、他の書物にも断片的に残っていることがあるけれども、どこまで信用してよいかは、わからない。「論語」は信用できる唯一の資料といえよう。

ただ、「論語」に記録されている孔子の言葉は、断片的なものが多いうえに、古代の言語で書かれているために、わかりにくかったり、幾とおりにも解釈できたりする点がある。そこで、昔から大勢の学者が、**「論語」**の注釈に手をつけた。その中で標準的なものが三つある。

1 **論語集解**《しっかい》　魏**何晏**《かあん》「古注」とよばれる。
2 **論語集注**《しっちゅう》　宋**朱熹**《しゅき》「新注」とよばれる。みなさんが勉強する漢文教科書の「論語」は、だいたいこの注釈にしたがっているものが多い。
3 **論語正義**　清**劉宝楠**《りゅうほうなん》

この三つの注釈は、こまかな点では、たくさんの違いがある。そこで、「論語」の中から孔子の思想をつかみ出そうとするときにも、人によってさまざまな相違ができるのだが、基本的な点については、だいたい一致するといってよい。

それならば、**孔子の思想の特徴**は、どのような点にあるか。およそのところを整理してみよう。

❶ 人間は、自分の努力によって向上しなければならない。神の力に頼って、すべての問題を解決しようとするのは、誤りである。そこで、人間は学問・教養を積みかさねることによって人格をみがきあげるのを、おこたってはならない。

[例文三九] 朝聞レ道、夕死可矣

①子曰《ク》、朝《あしたニ》聞《②カバ》レ道《ヲ》、夕《ゆふべニ》死《ストモ》可《③ナリト》矣。

（論語、里仁）

書下し文 子《し》曰《いわ》く、「朝《あした》に道《みち》を聞《き》かば、夕《ゆうべ》に死《し》すとも可《か》なり」と。

語釈 ①「子」孔子をさす。「論語」で単に「子」というときは、すべて孔子のことである。②「聞レ道」「道」は永久不変の真理をいう。それについて知っている人から教わること。③「可」それでよろしい。

通釈 孔子が言われた。「朝、真理について聞くことができたら、その日の夕方に死んでもかまわない」。

解説 孔子が真理を求め、学ぼうとする情熱の激しさをあらわした言葉である。

[例文四〇] 誨ニ女知レ之乎

子曰《ク》、由《①いう》、誨《②をしヘン》ニ女《③なんぢニ》知《④ルヲ》レ之《ヲ》乎《か》。知《ルヲ》レ之《ヲ》為《シ》レ知《ルト》レ之《ヲ》、不《ルヲ》レ知《ラ》為《ス》レ不《ト》レ知《ラ》。是《レ》知《ル》

也ト。

（論語、為政）

書下し文　子《し》曰《いわ》く、「由《ゆう》、女《なんじ》に之《これ》を知《し》るを誨《おし》えんか。之《これ》を知《し》るを之《これ》を知《し》ると為《な》し、知《し》らざるを知《し》らずと為《な》す。是《こ》れ知《し》るなり」と。

語釈　①[由] 孔子の弟子。姓は仲、名は由、字は子路《しろ》。②[誨] 告げ知らせる。③[女] おまえ。「汝」に同じ。④[知レ之] ここでは「知っているということ」の意味。「之」は上の「知」が動詞であることを示す助字で、代名詞ではない。このような「之」の用法はしばしば見られるので、注意を要する。

通釈　孔子が言われた。「由よ、おまえに『知る』ということについて教えてやろうか。自分が知っていることを知っていると認め、知らないことを知らないと認める。これが『知っている』ということである」。

解説　学問によって「知」を求めるのは当然のことだが、人間の知識には限りがあるから、なんでも知っているというわけにはゆかない。だから学問とは、**自分にわかることと、わからないこととの境界線**をはっきりさせることだともいえよう。孔子の学問は、このように謙虚な、しかし情熱的な態度で、進められたのである。

❷ 同時に、人間は社会的存在であるから、自分の人格を高めるのは、**社会のために奉仕するため**だという目的を持たなければならない。つまり、最も徳の高い人が政治の中心

に立つというのが、理想の状態である。

［例文四一］ 為レ政以レ徳

子曰ク、為レ①スニ政ヲ以レテスレバ徳ヲ、譬ヘバ如下シト②北辰ノ居二③リテ其ノ所一ニ而衆星共上レ④めぐルガ之ヲ。

（論語、為政）

書下し文 子《し》曰《いわ》く、「政《まつりごと》を為《な》すに徳《とく》を以《もっ》てすれば、譬《たと》えば北辰《ほくしん》の其《そ》の所《ところ》に居《お》りて衆星《しゅうせい》之《これ》を共《めぐ》るが如《ごと》し」と。

語釈 ①［為レ政以レ徳］為政者自身がその人格を高めることによって政治にあたること。②［北辰］北極星。③［居二其所一］その場から動かず、じっとしていること。④［共レ之］北極星の周囲をめぐる。また、「共《むかフ》レ之《ニ》」と読んで、北極星を中心とし、その中心の方へ向かってならぶと解釈する説もある。

通釈 孔子が言われた。「政治をとるのに、自分の人格を高めることによっておこなったならば、たとえば北極星がその位置から動かずにいて、ほかのたくさんの星が、北極星の周囲をめぐるような状態になるだろう」。

解説 北極星は他の星に何も強制しないが、他の星は北極星を中心として、秩序ある行動をとる。政治家（あるいは天子）も同様に、法律や刑罰などの権力にたよらず、徳によって民衆をみちびくならば、民衆は自然と、その人を中心にして秩序ある行動をとるようになる、というのである。

〔例文四二〕 其身正、不レ令而行

子曰《ク》、其《ノ》身正《シケレバ》、不《シテ》レ令《①セ》而行《②ハル》。其《ノ》身不《レバ》レ正《シカラ》、雖《モ》レ令《スト》不《ト》レ従《ハレ》。（論語、子路）

書下し文 子《し》曰《いわ》く、「其《そ》の身《み》正《ただ》しければ、令《れい》せずして行《おこな》わる。其《そ》の身《み》正《ただ》しからざれば、令《れい》すと雖《いえど》も従《したが》われず」と。

語釈 ①〔令〕命令を下す。②〔行〕自分のしたいと思う政策が実施されること。

通釈 孔子が言われた。「為政者（または天子）自身が正しい道を守っていれば、命令しなくても、その政策は実行される。自身が正しい道を守っていないときは、命令を下したところで、実行されないものだ」。

解説 これも前の言葉と同じ趣旨のことを言っている。民衆が為政者に服従するかしないかは、権力による強制によるのではなく、為政者自身の徳によるのだというのである。

❸ 社会には、それぞれの秩序がある。秩序を無視すれば、社会は崩壊してしまう。だから、国家についていえば、君主は君主として、臣下は臣下としての義務を守り、家庭で

は、親は親として、子は子としての義務を守ること、これが社会の秩序を維持するための第一歩である。

［例文四三］ 君君、臣臣

斉ノ景公問フ二政ヲ於孔子ニ一。孔子対《こた》ヘテ曰ク、君君タリ、臣臣タリ、父父タリ、子子タリト。公曰ク、善イ哉。信《まこと》ニ如シ君不レ君タラ、臣不レ臣タラ、父不レ父タラ、子不ンバレ子タラ、雖モレ有リトレ①粟《ぞく》、吾得テ②而食ハンヤトレ諸《これ》ヲ。

（論語、顔淵）

書下し文 斉《せい》の景公《けいこう》政《まつりごと》を孔子《こうし》に問《と》う。孔子《こうし》対《こた》えて曰《いわ》く、「君君《きみきみ》たり、臣臣《しんしん》たり、父父《ちちちち》たり、子《こ》子《こ》たり」と。公曰《こういわ》く、「善《よ》いかな。信《まこと》に如《も》し君君《きみきみ》たらず、臣臣《しんしん》たらず、父父《ちちちち》たらず、子子《ここ》たらずんば、粟有《ぞくあ》りと雖《いえど》も、吾得《われえ》て諸《これ》を食《くら》わんや」と。

語釈 ①［粟］穀物、すなわち麦・米・キビなどの総称。ここでは食物のこと。②［得而食レ諸］それを食べることができようか。できない。「得而…」は、「…することができる」という意味をあらわす構文。「諸」は英語のitにあたる。

通釈 斉の景公が政治のしかたを孔子にたずねた。孔子は答えて言った。「君主は君主らしく、臣下は臣下らしく、父親は父親らしく、子供は子供らしくすることです」（すると）景公は言った。「よい教えじゃ。ほんとうにもしも、君主が君主らしくなく、臣下が臣下らしくなく、父親が父親らしくなく、子供が子供らしくなかったとしたら、たとい食物が十分にあっても、私はそれを（おちついて）食べていることはできないだろう」

解説 これが孔子の考える社会秩序であった。その秩序がたもたれていなければ、経済生活だけをいくら豊かにしても、社会は安定せず、人心もおちつかないというのである。

〔例文四四〕 本立而道生

有①子曰ク、其ノ為②リレ人ト也《や》③孝弟ニシテ、而好ムレ④犯《をか》スコトヲレ上ヲ者ハ⑤鮮《すくな》シ矣。不シテレ好マレ犯スコトヲレ上ヲ而好ムレ作《な》スヲレ乱ヲ者ハ、⑥未ダ二之レ有ラ一也。君子ハ務ムレ本ヲ。本立チテ而道生ズ。孝弟也者《は》、其レ為スレ仁ヲ之本ル⑦与《か》ト。

（論語、学而）

書下し文 有子《ゆうし》曰《いわ》く、「其《そ》の人《ひと》と為《な》りや孝弟《こうてい》にして、上《かみ》を犯《おか》すことを好《この》む者《もの》は鮮《すくな》し。上《かみ》を犯《おか》すことを好《この》まずして乱《らん》を作《な》すを好《この》む者《もの》は、未《いま》だ之《こ》れ有《あ》らざるなり。君子《くんし》は本《もと》を務《つと》む。本《もと》立《た》ちて道生《みちしょう》ず。孝弟《こうてい》は、其《そ》れ仁《じん》を為《な》すの本《もと》か」と。

語釈 ①「有子」孔子の弟子で、有若《ゆうじゃく》という人。②「為レ人」人がら。人格。性格。③「孝弟」「孝」は親によく従うこと、「弟」は兄によく従うこと。「悌《てい》」とも書く。④「犯レ上」目上の人に対して不法な行為をすること。⑤「鮮」ごく少ない。⑥「未ニ之有一也」あったためしがない。この構文の中の「之」は意味を強めるための助字。⑦「与」疑問をあらわす助字。「歟」とも書く。ただしここでは、「…であろうか」と、婉曲《えんきょく》な言いかたをしているのであって、結局は「…だ」と断定していることになる。

通釈 有子が言われた。「性格が親や兄に対して従順でありながら、目上の人に不法な行為をすることが好きな人間は、めったにいないものだ。目上の人に不法な行為をすることが好きでないのに、反乱をおこすことが好きな人間は、あったためしがない。君子はものごとの根本に対して努力するものである。根本が確立すれば、そこから道徳が発生する。孝・弟というものは、仁の道を実現する根本ではなかろうか」。

解説 これは有子の言葉だが、孔子の思想を代弁したものと見てよい。このように、孝・弟などの**身近な道徳を実践するのが万事の根本**であり、そこから「仁」が発生し、天下がおさまるというのが、儒家の考えかたであった。

❹ 人間が社会の中で、他人とつきあうときに、最もたいせつなのは、**他人の立場への思いやり**である。その思いやりは、まごころから出たものでなければならない。孔子はこれを、仁《じん》と名づけた。

〔例文四五〕 愛レ人

①樊《はん》遅《ち》問《フ》レ仁《ヲ》。子曰《ク》、愛《スルナリト》レ人《ヲ》。　（論語、顔淵）

書下し文 樊遅《はんち》仁《じん》を問《と》う。子《し》曰《いわ》く、「人《ひと》を愛《あい》するなり」と。

語釈 ①［樊遅］孔子の弟子。名は須。遅は字。

通釈 樊遅が仁とはなんですかとたずねた。孔子は答えられた。「人を愛することだ」。

解説 孔子は仁についていろいろに語っているが、これが最も簡明な定義である。この基本的な立場から、他人に対する思いやりの心が生ずる。それが仁だというのである。

人間は人間をたいせつにしなければならない。

〔例文四六〕己所レ不レ欲、勿レ施ニ於人一

子①貢《こう》問ヒテ曰ク、有ル下一言ニシテ而可キ②ニ以テ③終身行フレ之ヲ者上乎カト。子曰ク、其レ恕④《じょ》乎。己《おのれ》ノ所ハ不ルレ欲セ、⑤勿《な》カレレ施スコトニ於人ニ一。

（論語、衛霊公）

書下し文 子貢《しこう》問《と》いて曰《いわ》く、「一言《いちごん》にして以《もっ》て終身之《しゅうしんこれ》を行《おこな》うべき者有《ものあ》るか」と。子曰《しいわ》く、「其《そ》れ恕《じょ》か。己《おのれ》の欲《ほっ》せざる所《ところ》は、人《ひと》に施《ほどこ》すこと勿《な》かれ」と。

語釈 ①［子貢］孔子の弟子。姓は端木。名は賜。子貢は字。②［可以…］可能をあらわす構文。…できる。③［終身］一生の間。④［恕］思いやり。⑤［勿レ施ニ於人一］他人に対して、してはならぬ。「勿」は禁止の意味をあらわす助字。「施」は日本語の「する」にあたる。ある行動をす

ること。

通釈 子貢が「ただ一言であって、しかも一生の間それを実行することができるようなものがありましょうか」とたずねた。孔子は答えられた。「それこそ、『恕』の一言であろうか。自分が人からしてもらいたくないと思うことは、他人に対して、してはならぬ（それが恕だ）」

解説 この「恕」が、孔子の教えの一つの中心であった。「おのれの欲せざる所」を「人に施さない」のは、逆にいえば、「己の欲する所」を「人に施そう」とする態度になる。これが、すべての人間関係の基本であり、仁の根本だと、孔子は主張したのである。

❺ しかし「仁」は、無差別平等なものではない。社会秩序の中では、身分の上下にしたがって、「仁」のあらわれかたも違ってくる。また、「仁」は精神だけの問題ではなく、一定の形をとって外にあらわれなければならない。そのようなあらわれかたの、いろいろな形は、礼と名づけられる。

〔例文四七〕 克レ己復レ礼為レ仁

①顔淵《えん》問《フ》レ仁《ヲ》。子曰《ク》、克《②かチテ》レ己《ニ》復《③かヘルヲ》レ礼《ニ》為《ス》レ仁《ト》。一日克《チテ》レ己《ニ》復《ラバ》レ礼《ニ》、天下帰《④セン》レ仁《ニ》焉。為《スハ》レ仁《ヲ》由《⑤よル》レ己《ニ》、而由《ラン》レ人《ニ》乎哉《やト》。顔淵曰《ク》、請《フ》問《ハント》二其《ノ》目《⑥ヲ》一。子曰《ク》、非《ザレバ》レ礼《ニ》勿《カレ》レ視《ルコト》、非《ザレバ》レ礼《ニ》勿《カレ》レ聴《クコト》、非《ザレバ》レ礼《ニ》勿《カレ》レ言《フコト》、非《ザレバ》レ礼《ニ》勿《カレ》レ動《クコト》。顔淵曰《ク》、

回ヤ雖モ二⑦不敏ナリト一、請フ⑧事トセント二斯《コ》ノ語ヲ一矣。

（論語、顔淵）

書下し文

顔淵《がんえん》仁《じん》を問《と》う。子《し》曰《いわ》く、「己《おのれ》に克《か》ちて礼《れい》に復《かえ》るを仁《じん》と為《な》す。一日《いちじつ》己《おのれ》に克《か》ちて礼《れい》に復《かえ》らば、天下《てんか》仁《じん》に帰《き》せん。仁《じん》を為《な》すは己《おのれ》に由《よ》る、人《ひと》に由《よ》らんや」と。顔淵《がんえん》曰《いわ》く、「請《こ》う、其《そ》の目《もく》を問《と》わん」と。子《し》曰《いわ》く、「礼《れい》に非《あら》ざれば視《み》ること勿《な》かれ、礼《れい》に非《あら》ざれば聴《き》くこと勿《な》かれ、礼《れい》に非《あら》ざれば言《い》うこと勿《な》かれ、礼《れい》に非《あら》ざれば動《うご》くこと勿《な》かれ」と。顔淵《がんえん》曰《いわ》く、「回《かい》や不敏《ふびん》なりと雖《いえど》も、請《こ》う斯《こ》の語《ご》を事《こと》とせん」と。

語釈

①［顔淵］孔子の弟子。名は回、字は子淵。②［克レ己］自分の欲望・わがままに打ち勝つこと。③［復レ礼］礼の本道に立ちかえること。自分の欲望に負ければ、礼の本道から離れて行くばかりとなる。④［帰レ仁］仁という一つの道に集まり、おちつくこと。⑤［由レ己］自分の意志または努力による。⑥［目］目やす。具体的な指示。⑦［不敏］頭が悪いこと。のろまなこと。ここでは自分を謙遜した言葉。⑧［事］自分の行動の対象ないし目標とすること。

通釈

顔淵が仁とはなんですかとたずねた。孔子は言われた。「自分の欲望に勝ち、礼の本道に立ちかえるのが、仁である。ただ一日でも、自分の欲望に勝って礼の本道にもどったならば、天下の人々はみな、仁の徳一つに集結するであろう。仁を実践するのは自分の努力によるものであり、他人の力によるものではないのだ」。顔淵は言った。「どうか、その具体的な指示をいただきとうございます」。孔子は言われた。「礼にかなわなければ、見てはいけない。礼にかなわなければ、聞いてはいけない。礼にかなわなければ、言ってはいけない。礼にかなわなければ、行動してはいけない」。顔淵は言った。「回（私）はのろまな者ではありますが、なにとぞ、このお言葉を目標に努力したいと思います」。

解説 顔淵は弟子たちの中でも、孔子が最もかわいがった人物であり、それだけに理解力・実行力ともにすぐれていた。だから孔子の教えかたも、さっきの樊遅の場合にくらべると、ずっとこまかくなっている。「恕」の心を実践するには、「己に克つ」ことが必要であり、それが形の上で表現されれば、「礼」になる。その礼を皆が実行すれば、天下は「仁に帰する」わけである。孔子の言う「礼」とは、単なる礼儀作法ではなく、「人を愛する」心が発動したときの、行動の一定の準則なのであった。

❻ 神の力に頼らぬといったが、神を無視するわけではない。人間の行動の上には、常に天の意志、すなわち天命がある。人間は天命にしたがわなければならないが、その天命を知るためには、❶の学問と修養とが前提になるのである。

〔例文四八〕 敬二鬼神一而遠レ之

樊遅問《フ》レ知《ヲ》。子曰《ク》、務《メ》①二民之義《ヲ》一、敬《シテ》②二鬼神《ヲ》一而遠《ザク》レ之《ヲ》。可《シト》レ謂《フ》レ知《ト》矣。

（論語、雍也《ようや》）

書下し文 樊遅《はんち》知《ち》を問《と》う。子《し》曰《いわ》く、「民《たみ》の義《ぎ》を務《つと》め、鬼《き》神《しん》を敬《けい》して之《これ》を遠《とお》ざく。知《ち》と謂《い》うべし」と。

語釈 ①［民之義］人間として当然におこなうべきこと。ここの「民」は人間一般をさす。「義」は人のおこなうべき正しい道。②［鬼神］死んだ人の霊魂が神となったもの。当時の中国人は、自分たちの祖先の霊魂はすべて神となると考えていた。

通釈 樊遅が「知」とはなんですかとたずねた。孔子は言われた。「人間としての正しい道をおこなうように努力し、祖先の霊は尊敬するが、遠ざかったところにおく。これが『知』といえよう」。

解説 孔子は「鬼神」の存在を否定してはいない。むしろ、祖先の霊をうやまうのは、「礼」の一つであり、必要な行為と考えている。ただ、なんでも鬼神にすがろうとする「神だのみ」は、孔子が否定したところであり、実際の生活の中に鬼神を介入させず、「遠ざけて」おくべきだとする。この一条から、「敬遠《けいえん》」という熟語ができた。

［例文四九］ 志㆓於学㆒

子曰ク、吾十有五ニシテ而志㆓ス於学㆒ニ。三十ニシテ而立ツ。四十ニシテ而不㆑惑《まど》ハ。五十ニシテ而知㆓ル天命㆒ヲ。六十ニシテ而耳①順《したが》フ。七十ニシテ而従㆓ヒテ心ノ所㆑ニ欲スルト不㆑②踰エ③矩《のり》ヲ。

書下し文

子《し》曰《いわ》く、「吾《われ》十有五《じゅうゆうご》にして学《がく》に志《こころざ》す。三十《さんじゅう》にして立《た》つ。四十《しじゅう》にして惑《まど》わず。五十《ごじゅう》にして天命《てんめい》を知《し》る。六十《ろくじゅう》にして耳《みみ》順《したが》う。七十《しちじゅう》にして心《こころ》の欲《ほっ》する所《ところ》に従《したが》いて矩《のり》を踰《こ》えず」と。

（論語、為政）

語釈 ①［耳順］他人の言葉を聞いたとき、どんなことでも、すなおに受けとって了解すること。②［踰］ふみこえる。ふみはずす。③［矩］本来は直線を引くための道具。ものの標準という意味に使われる。ここでは道徳上の基準の意味。

通釈 孔子が言われた。「私は十五歳のとき、学問で身を立てようとこころざした。三十歳で自分の立場を確立した。四十歳で、心があれこれと迷うことがなくなった。五十歳のとき、自分にあたえられた天命を知った。六十歳で、他人の言葉がすなおに耳にはいるようになった。七十歳で、自分の心のしたいように行動しても、道徳の基準をふみはずすようなことがなくなった」

解説 孔子が自分の一生をふりかえり、自分が成長したあとを述べた言葉である。学問が確立され、心に迷いがなくなって、はじめて「天命」を知ることができるようになる。そうなれば、他人からどんなことを言われても、驚きも怒りもせず、平静に聞きいれることができるし、最後には、自分がしたいようにふるまっても、一つ一つの行動が道徳の原則に自然とかなうようになる。これが**理想的な境地**なのである。

五　経書

孔子は、自分の思想は自分の独創ではなく、古代の聖人・賢者の教えをまとめたものだという立場をとった。そこで孔子は、かれ以前に存在した書物の中から、基本的なものを選び出し、整理した。これを「経《けい》」または、「経書」といい、全部で六つあったため、六《りく》経《けい》とよばれる。

「経」とは、本来は織物の縦糸《たていと》の意味である。布を織るときは、先ず経をそろえて固定し、そこに緯《い》（横糸）を打ちこむ。だから人間にとって基本的な、一定不変の真理を書いた書物を「経」と名づけたのだといわれる。また、「経」に対する注釈は、「伝」とよばれた。

六経とは、次の六つである。

1**易《えき》**（易経《えききょう》・周易ともいう）　古代の占《うらな》いの本であるが、宇宙間のあらゆる現象の根本原理を示した書物として尊重された。古代から伝わる本文に、孔子が書き加えた「十翼」とよばれる注釈がついているが、近ごろの研究では、「十翼」は後世の人の偽作だとされている。

2**書**（書経《しょきょう》・尚書《しょうしょ》ともいう）　古代の聖王・賢臣が、臣下に教訓を与えたり、天子に忠告したりしたときの言葉を記録したもの。これも現在では、後人の偽作が混入しているとされている。

3**詩**（詩経《しきょう》・毛詩ともいう）　古代の宮廷の歌謡や民謡を集めたもの。これを読めば情操も豊かになり、民情もよくわかると考えられた。この書物は孔子が編集したものとして伝えられたが、学者の中には疑問を持つ人があって、確定した意見は出されていない。

4礼　孔子が重要視した礼の理論や実行方法を述べたもの。この書は現代、次の三つの書物となって伝わっている。

a**周礼**《しゅらい》　周代の行政組織を整理したもの。国家行政は社会秩序を維持する手段だから、礼の中にはいる。

b**儀礼**《ぎらい》　礼の中で重要なものとされた冠礼（男子の元服の儀式）・婚礼・喪《そう》礼（葬儀）をはじめ、各種の儀式の作法を述べたもの。

c**礼記**《らいき》　礼に関するノートをまとめた形のもの。これは孔子以後に書かれたものだが、成立年代は明らかでない。以上の三つを合わせて**三礼**《らい》という。

5楽《がく》　音楽に関する書物。音楽は人の品性を高めるものとして、孔子は重視した。しかしこの書は、現在では伝わっていない。

6春秋《しゅんじゅう》　魯《ろ》の国の公式記録に、孔子が手を加えたもの。簡潔な記述の中に、厳正な批判がこめられているとされる。ただ、歴史記録としては簡

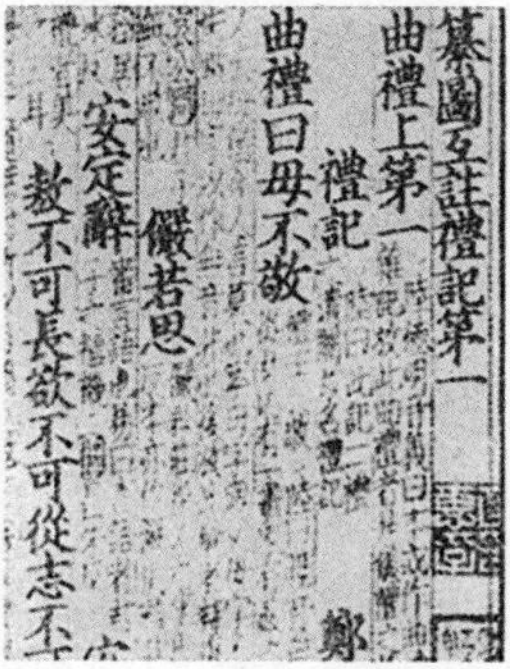
纂圖互註禮記第一
曲禮上第一
禮記
鄭
曲禮曰毋不敬
儼若思
安定辭
敖不可長欲不可從志不

礼記（漢の鄭玄注疏本）の一節

単すぎるので、あとから三つの「伝」が書かれた。

a左氏伝《さしでん》　左丘明《さきゅうめい》の著。史実をかなり詳しく補足してある。三つの伝の中では、これが最も広く読まれた。

b公羊伝《くようでん》　公羊高の著。孔子によって加えられた、史実に対する批判の意味を解明することに重点がある。

c穀梁伝《こくりょうでん》　穀梁赤の著。注釈の態度は公羊伝に近い。以上の三つを三伝というが、三人の著者の伝記は、どれも明瞭でない。左丘明だけは、孔子と同時代の人だという伝説があるが、あまり信用はおけない。

以上の六経のうち、「楽」は早くからなくなってしまったので、通常は「五経」とよばれることが多い。

また、「礼記」や「春秋」の「三伝」は、孔子より後に書かれているので、「経」とはいえないのだが、後世では「経」に準ずるあつかいを受け、しまいには「経」の仲間に昇格させられた。そこで、「易」「書」「詩」に「三礼」と「三伝」とを合わせて、「九経《きゅうけい》」という。

さらに、孔子より後に書かれたものだが、後世の学者から尊重された書物が四つあった。

1論語　この書物のことは、前に書いた（三九一ページ）。

2孟子　これについては、後に書く（四一六ページ）。

3孝経　孔子の弟子の曽子が、孝に関する孔子との問答を集めたものだといわれる。
4爾雅《じが》　主として「詩」に見える言葉の解釈を集めたもの。制作年代ははっきりしない。
そこで、「九経」にこの四つをくわえて、十三経という呼びかたが、宋代からおこなわれるようになった。
以上の経書を正しく解釈しようとする学問を、経学という。

六　孔子の弟子たち

孔子に教えを受けた弟子たち（これを「孔門の弟子《ていし》」という）は、総数七十七人（一説に七十二人）あったという。その中から、有名な人々をあげてみよう。

顔回《がんかい》　字《あざな》は子淵《しえん》。顔淵ともよばれる。弟子のうちで孔子から最も信頼され、徳行と学問好きの点では第一といわれた。孔子より三十歳若かったが、孔子よりさきに死んだ。このとき、孔子は悲痛な言葉で弟子の死をいたんでいる。

［例文五〇］　不レ遷レ怒、不レ弐レ過

①哀公問《フ》、弟子孰《いづれカ》為《ス》レ好《ムト》レ学《ヲ》。孔子対《こたヘテ》曰《ク》、有《リ》二顔回者《ナル》一、好《メリ》レ学《ヲ》。②不レ遷《うつサ》レ怒《リヲ》、③不《ルモ》レ弐《ビセ》レ過《チヲ》、不幸《ニシテ》短命《ニシテ》死《セリ》矣。今也《や》則《チ》亡《シ》。未《ダ》《ル》レ聞《カ》二好《ム》レ学《ヲ》者《ヲ》一也《ト》。

（論語・雍也）

書下し文　哀公《あいこう》問《と》う、「弟子《ていし》孰《いず》れか学《がく》を好《この》むと為《な》す」と。孔子《こうし》対《こた》えて曰《いわ》く、「顔回《がんかい》なる者《もの》あり、学《がく》を好《この》めり。怒《いか》りを遷《うつ》さず、過《あやま》ちを弐《ふた》びせざるも、不幸《ふこう》にして短命《たんめい》にして死《し》せり。今《いま》や則《すなわ》ち亡《な》し。未《いま》だ学《がく》を好《この》む者《もの》を聞《き》かざるなり」と。

語釈　①［哀公］魯の君主。この君主の治世十六年に、孔子は七十三で没した。②［不レ遷レ怒］怒りを無関係の場や無関係の相手に向けない。やつあたりせぬこと。③［不レ弐レ過］同じあやまちを二度とはしない。④［今也］也はこの場合、「今」を強める助字。

通釈　哀公がたずねた。「あなたの弟子のうちで、誰が学問が好きか」。孔子は答えられた。「顔回という者がおりまして、学問が好きでした。八つあたりをすることもなく、同じ過失をくりかえしませんでしたが、不幸なことに、短命で死にました。今はもう、この世におりません。（その後は）学問が好きだという者は、耳にしておりません」。

解説　孔子が顔回を愛したことは、「論語」の中にしばしば見えるし、その死をいたんだ言葉もある。この弟子が死んだことは、孔子にとって打撃だったらしく、その悲しみはこの文章からもうかがわれる。

子路《しろ》　本名は仲由《ちゅうゆう》。子路は字《あざな》である。顔回よりも年長だが、粗暴な性格で、はじめは孔子が気に入らず、その家へおしかけて行って乱暴をはたらこうとしたが、孔子にさとされ、改心して弟子となった。その後も、一本気で勇み肌の性格をしばしばあらわしたが、孔子はその純粋さを認めていた。孔子の推薦によって衛《えい》の大夫の部下となったが、大夫が反乱をおこしたとき、ただ一人最後まで反対して殺された。これも孔子の在世中のことで、衛に反乱がおこったという情報がはいったとき、孔子は、それでは子路は死ぬにちがいないと言ったと伝えられる。

有若《ゆうじやく》（有子） 孔子より四十三歳（一説には三十三歳）若く、顔かたちが孔子に似ていたため、孔子の死後、弟子たちが相談して、有若を先生の座にすわらせ、孔子の生前と同じようにつかえようとした。これは、後に書く曽参《そうしん》の反対によって中止されたという。

子貢《しこう》 姓名は端木賜《たんぼくし》。子貢は字《あざな》である。弟子の中で、頭のよいことでは第一級の人物であり、ことに弁舌の才があった。孔子の死後、かれと有若の二人が弟子の中での長老格であったが、かれは諸国をめぐり歩いて諸侯に自説を述べることにつとめ、魯や衛の宰相となったこともある。また経理の才もあって、最後は大金持ちになったという。

以上の四人にくらべて、これからあとに書く人々は孔子の晩年の弟子であり、孔子が死んだときには、まだ少壮の学者であった。これらの人々は、めいめいに学派を立て、自分が孔子の思想の正しい継承者だと主張したので、孔子の一門はばらばらに対立してしまったのだが、一方ではそのために、孔子の思想は各学派によって理論的に整備されながら、継承されてゆくことともなったのである。

子夏《しか》　姓名は卜商《ぼくしょう》。子夏は字《あざな》。文学の才があった。孔子の死後は魏《ぎ》の文侯の先生となったが、息子が死んだとき、悲しみのあまり泣き続けて、ついに失明したという。かれの一派は、主としてこまかい礼儀作法の実践に力をそそいだらしい。

子游《しゆう》　姓名は言偃《げんえん》。子游は字《あざな》。やはり文学の才があり、孔子の在世中に武城（山東省）という町の長となったことがあるが、晩年の伝記は明らかでない。かれの一派も礼を重視するが、子夏の一派の態度を形式主義として批判し、礼の精神に注目しようとした。

子張《しちょう》　姓名は顓孫師《せんそんし》。子張は字《あざな》。伝記は明らかでない。学派としては子夏・子游と同じく、礼を重視する系統に属する。

曽参《そうしん》（曽子）　字《あざな》は子輿《しよ》。弟子のうち、孝行にかけては第一といわれた。伝記は明らかでない。かれは子夏たちと違って、孔子の説いた仁を重視し、とくに仁の一つのあらわれである**孝**を**強調**した。この学派からは、のちに孔子の孫にあたる**子思**《しし》（姓名は孔伋《こうきゅう》。子思は字《あざな》）が出た。

［例文五二］　一以貫レ之

子曰《ク》、①参《しん》乎《や》、吾《ガ》道《ハ》一以《テ》貫《クト》レ之《ヲ》。曽子曰《ク》、②唯《ゐト》。子出《ヅ》。門人問《ヒテ》曰《ク》、③何《ノ》謂《いヒゾヤト》也。曽子曰《ク》、④夫子之道《ハ》、⑤忠恕⑥而《の》已《みト》矣。

（論語、里仁）

書下し文 子《し》曰《いわ》く、「参《しん》や、吾《わ》が道《みち》は一以《いつもつ》て之《これ》を貫《つらぬ》く」と、曾子《そうし》曰《いわ》く、「唯《い》」と。子《し》出《い》ず。門人問《もんじんと》いて曰《いわ》く、「何《なん》の謂《い》いぞや」と。曾子《そうし》曰《いわ》く、「夫子《ふうし》の道《みち》は、忠恕《ちゅうじょ》のみ」と。

語釈 ①[参] 曽参のこと。②[唯] はい。返事の言葉。③[何謂也] なんの意味か。④[夫子] 先生。孔子をさす。⑤[忠] 他人に対してまごころを尽くすこと。⑥[而已矣] …だけだという、強い断定をあらわす構文。[而已] だけでも同じ意味だが、[矣] が加わると感情のこもった言いかたになる。

通釈 孔子が言われた。「参よ、私の歩む道は、一つのものでつらぬかれているのだよ」。曾子は「はい」と答えた。孔子は部屋を出て行かれた。（そのあとで）門人が「いまのはどういう意味ですか」とたずねると、曾子は言われた。「先生の道は、『忠恕』だけなのだ」。

解説 ここでも「恕」の重要さが強調されている。ただ、孔子が「一もってこれを貫く」と言っただけで、それが忠恕であることを理解した曾子は、やはり孔子を最もよく理解した弟子の一人だったわけである。この一節は、おそらく曾子の学派の間に伝えられていたものが記録されたのであろう。

以上の弟子たちが立てた諸学派は、それぞれに対立して非難しあったが、根本的にはすべて孔子を始祖として仰いでいる。そこで、かれらを総称して儒《じゅ》もしくは儒家《じゅか》とよぶようになった。この名称は、のちに書く孟子のころからおこったらしい。「儒」とは「柔」にひとしく、「おだやか」「臆病」などの意味を持ち、孔子の弟子たちが「礼」を尊重して、暴力に対しては無抵抗だったために、この名称がつけられたのだといわれるが、これには異説もあって、確実なことはわからない。

第二節　諸子百家

一　戦国時代

孔子の生きた春秋時代は、周王室の権威がおとろえ、各地の諸侯がそれぞれに独立国化して、たがいに勢力を争っていたが、この傾向はしだいに拡大し、強国は次々と弱国を合併して、結局は七つの強国（秦《しん》・斉《せい》・楚《そ》・燕《えん》・韓《かん》・魏《ぎ》・趙《ちょう》）の争覇戦となった。この情勢が進行しはじめる前四〇〇年ごろから、秦が天下を統一する前二二一年までを、**戦国時代**という。

孔子が自分の思想や政治理論を採用してくれる君主を求めて、諸国をめぐり歩いたことは、前に述べたが、春秋時代の末期から戦国時代にかけて、同じ目的で天下をまわる「士」たちの数は、どんどんふえていった。これらの人々を、**弁士**《べんし》とよぶ。

諸侯や卿・大夫たちのほうでも、自分の国を強大にするため、弁士たちの意見に積極的に耳を傾けようとする態度をとった。そこで、自分の国へ来たものには住居をあたえ、生活を保証するという条件で、士を集めようとする。こうして養われる士のことを、**客**または**食客**《しょっかく》といった。趙の平原君《へいげんくん》・魏《ぎ》の孟嘗君《もうしょう》・楚の春申君《しゅんしん》などは、多くの食客を集め、一芸一能のあるものはすべて養ったことで有名だし、斉の威《い》王・宣王も天下の弁士を集めて、国都の南門である稷《しょく》門のそばに住まわせたため、稷下の学という言葉も生まれた。

そこで、一つの思想ないしは技術を持つ「士」が、「食客」になりながら天下を渡り歩いたのだが、そのうちで思想を持った人々のことを諸子といった。その思想にはたくさんの種類があったので、総括して諸子百家ともよばれた。

諸子百家の主張は、こまかな点では一人一人違っていると言ってよいほどだが、大きな目で見るときは、幾つかに分類することができる。

その分類のうちで、現在最も広く通用しているのは、後漢《ごかん》時代に書かれた歴史書「漢《かん》書《じょ》」に見られる、次の分類法である。
1　儒家者流　孟子《もうし》・荀子《じゅんし》など。
2　道家者流　老子・荘子・列子など。

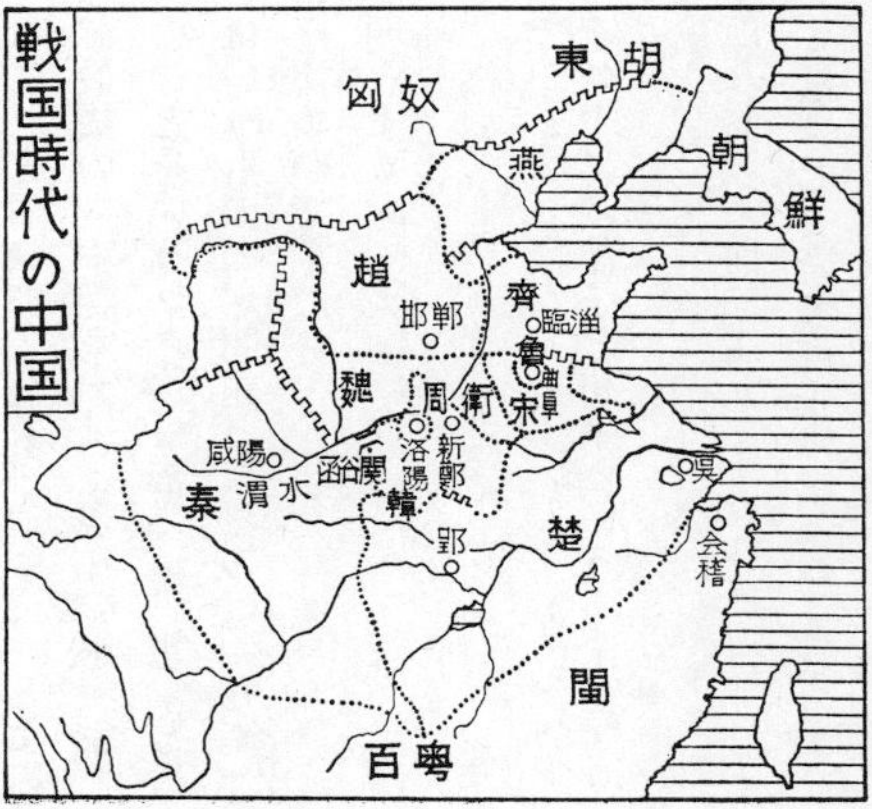

3　陰陽家者流　4　法家者流　韓非子など。
5　名家者流　6　墨家者流　墨子など。
7　縦横《じゅうおう》家者流（「ジュウオウ」は「ショウオウ」とも読む）
8　雑家者流　9　農家者流
10　小説家者流

すべて「者流」の二字がついているが、ふつうはこれを省いて、儒家・道家……とよぶ。全部で十あるので、総括して**十家**という。ただし、最後の「小説家」は、現在の小説家とは違って、町のうわさ話などを書き集める人たちのことをいうから、厳密には思想家と言えない。だから「漢書」でも、全部で「十家」とはいうものの、問題となるのは「九流」だけだ、と書いている。ここから、**十家九流**という言葉ができた。

さて、これから「九流」の一つ一つについて説明しよう。

二　儒家

いうまでもなく、孔子のあとを継ぐ学派だが、その中には孟子《もうし》と荀子《じゅんし》という、全く対立した主張を持つ二人の思想家がいる。

孟軻《もうか》（孟子）は字《あざな》は子車または子輿《しよ》。生卒年は前三七二—前二八九（一説には前三九〇—前三〇五）。**子思**《しし》（四一二ページ参照）の門人について勉強し、斉《せい》の宣王・梁《りょう》（魏）の恵《けい》王などの「客」となったが、結局は自説を採用してもらえなかったので、晩年は郷里の鄒《すう》（今の山東省鄒県の附近）に帰り、弟子の万章《ばんしょう》・公孫丑《こうそんちゅう》らを教育し、「孟子」七編を書きあげた。

孟子の主張は、孔子の説を継承し拡充したものだが、子思の門人について勉強したため、曾子学派（四二二ページ参照）の影響を受けて、「仁」を強調する。ただし孟子は、「仁」の上にもう一つ「義」を加えて、「仁義」とした。「義」とは、孟子の考えでは「利」と対立するもので、一つの問題に直面したとき、自分がどう対処したら利益になり、または不利になるかと思案するのが「利」の立場であり、どうするのが正しく、どうするのが不正かを考えるのが「義」の立場である。孟子は処世の態度として、あくまでも「利」をすてて「義」の立場に立つべきことを主張した。

しかし孟子は、「礼」を軽視したわけではない。かれは「仁義」のほかに「礼・智」を加えて、四徳とした。また、社会の中における人間と人間との関係を整理して、父子・君臣・夫婦・長幼・朋友の五つとし、これを五倫《ごりん》とよんだ。五倫の関係が正しくたもたれている社会が、理想的な社会だと考えたの

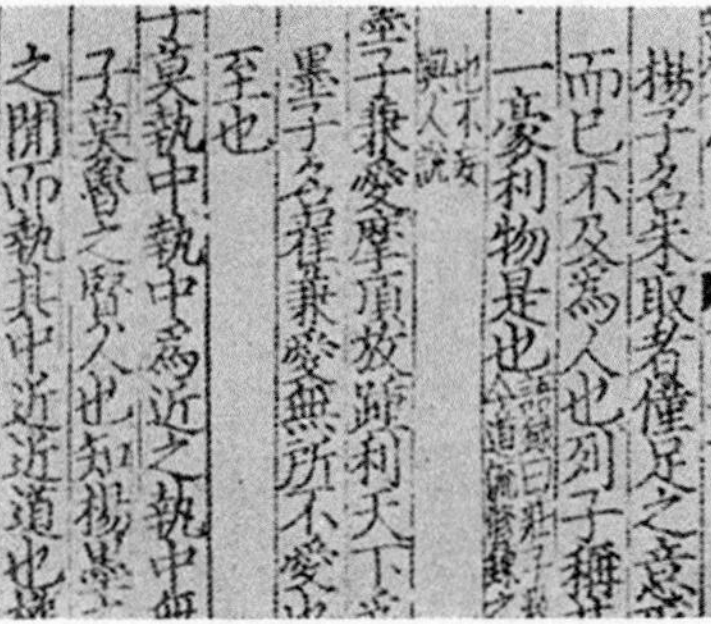
楊子名朱取者僅足之意
而已不及為人也列子稱
一毫利物是也
墨子兼愛摩頂放踵利天下
墨子名翟兼愛無所不愛
至也
子莫執中執中為近之執中
子莫魯之賢人也知楊墨
之間而執其中近道也

孟子

である。

また、学問・修養によって人格を向上させることの必要性は、すでに孔子が強調したが、ただ孔子は、その基本となるべき人間というものの本質（これを「性」という）については、何も言っていない。そのため、孟子の時代には、人間とは本質的に白紙の状態にあるもので、学問・修養のしかたによって善人と悪人が分かれるという説と、人間の「性」は善悪が共存しているもので、学問・修養によって悪をおさえ善をのばすことが必要なのだとする説などが主張されていた。孟子はこれに対して、人間の「性」は善であると主張した。これを**性善説**という。

［例文五二］ 四端説

孟子曰《ク》、「人皆有《リ》二①不《ル》レ忍《ビ》レ人《ニ》之心一。先王有《リテ》二②不《ル》レ忍《ビ》レ人《ニ》之心一、③斯《ここニ》有《リ》二不《ル》レ忍《ビ》レ人《ニ》之政一矣。以《テ》二不《ル》レ忍《ビ》レ人《ニ》之心一《ヲ》、行《ハバ》二不《ル》レ忍《ビ》レ人《ニ》之政一《ヲ》、治《ムルコト》二天下一《ヲ》④可《シ》レ運《めぐラス》二之《ヲ》掌上一《ニ》。⑤所《ゆゑんノ》四以謂《フ》三人皆有《リト》二不《ル》レ忍《ビ》レ人《ニ》之心一者《ハ》、今人⑥乍《たちまチ》見《レバ》二⑦孺《じゆ》子《ノ》将《まさニ》レ入《ラント》二於井一《ニ》、皆有《リ》二⑧怵《じゆつ》惕《てき》⑨惻《そく》隠《いん》之心一。非《ザル》四所三以《ニ》⑩内《いルル》二交《リヲ》於孺子之父母一《ニ》也。非《ザル》四所三以《ニ》⑪要《もとムル》二誉《ほまれヲ》於⑫郷党《たう》朋《ほう》友一《ニ》也。非《ザル》下⑬悪《にくンデ》二其《その》声一《ヲ》而然《スルニ》上也。⑭由《リテ》レ是《これニ》観《みレバ》レ之《ヲ》、無《キハ》二惻隠之心一、非《ザル》レ人《ニ》也。無《キハ》二⑮羞《しう》悪《を》之心一、非《ザル》レ人《ニ》也。無《キハ》二⑯辞譲《じやう》之心一、非《ザル》レ人《ニ》也。無《キハ》二⑰是非之心一、非《ザル》レ人《ニ》也。惻隠之心《ハ》、仁之端⑱也。羞悪之心《ハ》、義之端也。辞譲之心《ハ》、礼之端也。是非之心《ハ》、智《ち》之端也。人之有《ル》二是《こノ》四端一也、猶《やキ》三其《ノ》有《ルガ》⑲二四体一也。有《リテ》二是《ノ》四端一、而《しかモ》自《みづかラ》謂《フ》レ不《ト》レ能《あたハ》者《ハ》、自《ラ》賊《そこなフ》⑳者也。謂《フ》二其《ノ》君《キ》不《ト》レ能《ハ》者《ハ》、賊《フ》二其《ノ》君《ヲ》一者也。凡《およソ》有《ル》三四端二於我《ニ》一者《ハ》、知《ル》二皆拡《ひろメテ》而充《みたスヲ》レ之《ヲ》矣。若《ごとシ》二火之始《メテ》然《もエ》㉑、泉之始《メテ》達《スルガ》㉒一。苟《いやしクモ》㉓能《ク》充《タサバ》レ之《ヲ》、足《リ》三以《テ》保《やすンズルニ》㉔二四海《ヲ》一。苟《クモ》不《レバ》レ充《タサ》レ之《ヲ》、不《ト》レ足《ラ》三以《テ》事《フルニ》㉕二父母《ニ》一。」

（孟子、公孫丑《ちう》上）

書下し文

四《し》端《たん》の説《せつ》　孟子《もうし》曰《いわ》く、「人皆人《ひとみなひと》に忍《しの》びざるの心有《こころあ》り。先王人《せんのうひと》に忍《しの》びざるの心有《こころあ》りて、斯《ここ》に人《ひと》に忍《しの》びざるの政有《まつりごとあ》り。人《ひと》に忍《しの》びざるの心《こころ》を以《もつ》て、人《ひと》に忍《しの》びざるの政《まつりごと》を行《おこな》わば、天下《てんか》を治《おさ》むること之《これ》を掌上《しょうじょう》に運《めぐ》らす可《べ》し。人皆人《ひとみなひと》に忍《しの》びざるの心有《こころあ》りと謂《い》う所以《ゆえん》の者《もの》は、今人乍《いまひとたちま》ち孺子《じゅし》の将《まさ》に井《せい》に入《い》らんとするを見《み》れば、皆怵惕惻隠《みなじゅってきそくいん》の心有《こころあ》り。交《まじわ》りを孺子《じゅし》の父母《ふぼ》に内《い》るる所以《ゆえん》に非《あら》ざるなり。誉《ほまれ》を郷党朋友《きょうとうほうゆう》に要《もと》むる所以《ゆえん》に非《あら》ざるなり。其《そ》の声《せい》を悪《にく》んで然《しか》するに非《あら》ざるなり。是《これ》に由《よ》りて之《これ》を観《み》れば、惻隠《そくいん》の心無《こころな》きは、人《ひと》に非《あら》ざるなり。羞悪《しゅうお》の心無《こころな》きは、人《ひと》に非《あら》ざるなり。辞譲《じじょう》の心無《こころな》きは、人《ひと》に非《あら》ざるなり。是《ぜ》非《ひ》の心無《こころな》きは、人《ひと》に非《あら》ざるなり。

惻隠《そくいん》の心《こころ》は、仁《じん》の端《たん》なり。羞悪《しゅうお》の心《こころ》は、義《ぎ》の端《たん》なり。辞譲《じじょう》の心《こころ》は、礼《れい》の端《たん》なり。是非《ぜひ》の心《こころ》は、智《ち》の端《たん》なり。

人《ひと》の是《こ》の四端《したん》有《あ》るや、猶其《なおそ》の四体《したい》有《あ》るがごときなり。是《こ》の四端《したん》有《あ》りて、而《しか》も自《みずか》ら能《あた》わずと謂《い》う者《もの》は、自《みずか》ら賊《そこな》う者《もの》なり。其《そ》の君能《きみあた》わずと謂《い》う者《もの》は、其《そ》の君《きみ》を賊《そこな》う者《もの》なり。凡《およ》そ我《われ》に四端《したん》有《あ》る者《もの》は、皆拡《みなひろ》めて之《これ》を充《み》たすを知《し》る。火《ひ》の始《はじ》めて然《も》え、泉《いずみ》の始《はじ》めて達《たっ》するが若《ごと》し。苟《いやし》くも能《よ》く之《これ》を充《み》たさば、以《もっ》て四海《しかい》を保《やす》んずるに足《た》り、苟《いやし》くも之《これ》を充《み》たさざれば、以《もっ》て父母《ふぼ》に事《つか》うるに足《た》らず」と。

語釈　①「不レ忍レ人之心」他人の危難・不幸をだまって見すごすことのできない気持。「忍」はがまんすること。じっと見すごすこと。②「先王」古代に理想的な政治をおこなったといわれる聖王たち。③「斯」だからこそ、そうであってはじめて、という意味をあらわす助字。④「可レ運二之掌上一」それを手のひらにとってころがすように、たやすくできる。⑤「所以」…であるわけ。その理由。⑥「乍」ふいに。いきなり。⑦「孺子」おさな子。乳のみ子。⑧「怵惕」思わずはっとすること。⑨「惻隠」痛ましく、かわいそうに思うこと。⑩「内レ交」「内」は「納」と同じ。交際を結ぶ。⑪「要」要求する。ほしがる。⑫「郷党」同郷の人々。近所の人々。⑬「悪二其声一」「声」はうわさ、評判。ここでは悪いうわさをいう。子供を救わなかったという悪いうわさが立つのをいやがる。⑭「由レ是観レ之」以上述べたことから観察すると。⑮「羞悪」自らの不善を羞《は》じとし、にくむこと。⑯「辞譲」人にゆずり、謙遜すること。⑰「是非」是《トシ》レ是《ヲ》非《トス》レ非《ヲ》の略。善悪を正しく見分けること。⑱「端」きざし。芽生え。可能性として心の内にあるもの。⑲「四体」四肢《し》に同じ。両手両足。⑳「自賊」自分で自分をスポイルする。「賊」は害をあたえること。㉑「然」「燃」に同じ。㉒「達」流れ出す。㉓「苟」仮定を強調する助字。かりにも…したら、ちょっとでも…したら、という意味をあらわす。

㉔「保二四海一」天下を安全にたもつ。「保」は保全。つつがなく保つ。「四海」は天下。㉕「事二父母一」父母に孝養をつくす。

通釈　孟子が言った。「人には誰しも他人の不幸や危難を見すごすにたえられない心がそなわっているものである。古代の聖王には人の不幸を傍観するに忍びない心があったので、だからこそ、人民の不幸を見すごすことのない政治を実現したのである。（そのように）人の不幸を見すごせない心によって人の不幸を見すごせない政治を行なうならば、（人民はこれに心服して）天下を治めることは、あたかもそれを手のひらにころがすほどに、容易にできるのである。人にはだれでも他人の不幸を傍観できない心があると主張する根拠は、いま、ある人が突然、幼児が井戸に落ちかかるのを見たとしたら、だれでもハッと肝をつぶし、かわいそうにと同情する気持を起こすものである。それはその子の親にとり入ろうという下心があるからではない。同じ村の仲間や友人たちから人助けの名誉をほめそやされたいという功利心によるものでもない。そのままに捨て置いて人でなしの悪評を立てられるのをいやがって、そうする（怵惕惻隠の心をおこす）わけでもない。（純然たる生来の良心から出たものである）。こうした事例から考えてみると、人の不幸を見て胸を痛めないものは、人間ではない。みずからの不善を羞じ、きらう心のない者は、人間ではない。他人にゆずり、謙遜する心のない者は、人間ではない。善と悪との是非のけじめをはっきりさせる心のない者は、人間ではない。

人の不幸に同情する心は、仁の芽生えである。不正を羞じたり嫌ったりする心は、義の芽生えである。人の立場を思いやって譲る心は、礼の芽生えである。是を是とし、非を非とする心は、智の芽生えである。

人間にこの四つの芽生えが（必ず）あるのは、人間に四肢があるようなものである。（したがって）この四端をそなえながら、仁義礼智の徳にかなった行動をとれないと自分でいうのは、自分で自分をそこなうことである。自分の主君は四徳を具《そな》えた人格者としてふるまうことができない人だということは、その主君をそこなうことである。すべて自分が四端をそなえている場合は、だれでもそれを大きくし、充実させる方法がわかるであろう。（そうなれば）それはいま燃え始めた火のように、また、いま噴き出した泉のように、勢いよくひろがり、充実する。そして、もしかりに、四端を充実させることができたならば、（その人は）天下を保有するのに十分な能力を持つわけだし、もしもかりに、四端を充実させなかったとしたら、自分の両親に孝養を尽くすことさえも、十分にはできないのである」。

解説 孟子によれば、人間の性は善だから、だれにも必ず四端がある。井戸に落ちようとする子供を見て驚き、助けようとする気持は、利害打算を超越したもので、それが**性善**の**証拠**だというのである。しかし、四端があっても、それは素質であるにすぎず、実際に人間が全部善人であるわけはない。だから、素質として持っている**四端を拡充する**ようにつとめなければならないのであって、それができれば、天下をおさめることも容易だというのが、孟子の主張であった。

人間の性は善だが、現実には、外部からさまざまな誘惑がおしよせて来るので、いつのまにか「性」が見失われてしまう。学問・修養は、それを見失わぬよう、また見失ったらとりもどすようにするための手段である。

［例文五三］ 求二其放心一

孟子曰《ク》、「仁《①ハ》人心也。義《②ハ》人《ノ》路也。舎《③すテテ》二其《ノ》路《ヲ》一而弗《④》レ由《ラ》、放《⑤チテ》二其《ノ》心《ヲ》一而不レ知《ラ》レ求《ムルヲ》。哀《シイかな》哉。人有《ラバ》二鶏犬《ノ》放《タル》一、則《チ》知《ル》レ求《ムルヲ》レ之《ヲ》。有《ルモ》二放心一而不レ知《ラ》レ求《ムルヲ》。学問之道《ハ》無《シ》レ他。求《ムル》二其《ノ》放心《ヲ》一而已《ト》矣。」（孟子、告子上）

書下し文　**其《そ》の放心《ほうしん》を求《もと》む**　孟子曰《もうしいわ》く、「仁《じん》は人《ひと》の心《こころ》なり。義《ぎ》は人《ひと》の路《みち》なり。其《そ》の路《みち》を舎《す》てて由《よ》らず、其《そ》の心《こころ》を放《はな》ちて求《もと》むるを知《し》らず。哀《かな》しい哉《かな》。人鶏犬《ひとけいけん》の放《はな》たる有《あ》らば、則《すなわ》ち之《これ》を求《もと》むるを知《し》る。放心有《ほうしんあ》るも求《もと》むるを知《し》らず。学問《がくもん》の道《みち》は他《た》無《な》し。其《そ》の放心《ほうしん》を求《もと》むるのみ」と。

語釈　①［人心］人として生まれながらにそなえており、見失ってはならぬ心。②［義］「宜《ぎ》」と通じ、人としてふみはずすことのならぬ正道をさす。孔子が「民の義を務め」と言ったものと同じである。③［舎］「捨」と同じ。ほうっておくこと。「おく」とも読む。④［弗レ由］経過しない。通らない。「弗」は「不」と同じ。⑤［放］あるべき場所から離れて、勝手な方向へ行ってしまうこと。逃げ出してしまうこと。

通釈　孟子が言った。「仁とは、人が本来そなえている心である。義とは、人が必ず通るべき正しい道である。その道をほうり出したままにして通らず、その本来の良心を勝手な方向へ離れて行ったままにして、探し求めることに気がつかない。これはなさけないことではないか。（世間一般の）人々は、自分の飼っている鶏や犬がどこかへ行ってしまったときは、探し求めることを知っている。だが、自分の良心がどこかへ行ってしまうことがあっても、それを探し求めることに気がつかない。学問の方法は、ほかにあるのではない。見失った自分の良心を探し求めること、それだけなのだ」。

解説 性善説の立場からいえば、人が善人になれないのは、本来の良心を見失っているからで、それをとりもどすために学問をするのだということになる。この一節から、今でも使う「**放心状態**」という言葉が生まれた。

そして孟子は、徳のあるものが君主となるべきで、君主に徳がないときは、徳のあるものと交替すべきだと主張した。

これが**孟子**の「**革命**」論である。**孔子**は、君主は徳がなければならぬと言ったが、現実に徳のない君主がある場合でも、それに反省を求めたにすぎない。**孟子**はもっと積極的に、徳のない君主はやめさせようと言った。このため、天皇の権威を維持しようとする日本では評判が悪く、江戸時代には、「**孟子**」を積んで中国から渡来する船は、途中で神風にあい、難破するという伝説ができた。

そして孟子によれば、君主は徳によって人民をおさめるべきであり、武力や法律によっておさえつけるのは、邪道の政治だということになる。前者を**王道**、後者を**覇道**《はどう》とよび、前者の政治を実行するのが**王者**、後者が**覇者**である。

［例文五四］　黎民不レ飢不レ寒

①五畝《ほ》之宅、樹《う》②ウルニレ之ニ以テスレバレ桑ヲ、③五十ノ者可シ二以テ衣《き》ル一レ帛《きぬ》④ヲ矣。鶏《けい》豚《とん》狗《こう》彘《てい》⑤之⑥畜、⑦無カラシメバレ失フコト二其ノ時ヲ一、七十ノ者可シ二以テ食《くら》フ一レ肉ヲ矣。⑧百畝之田、勿《な》ケレバレ奪フコト二其ノ時ヲ一、⑨八口之家、可シ二以テ無カル一レ飢ウルコト矣。謹ミ二⑩庠《しやう》序之教ヲ一、⑪申《かさ》ヌルニレ之ニ以テスレバ二⑫孝悌之義ヲ一、⑬頒《はん》白ノ者、不三負二⑭戴《たいせ》於道路ニ一矣。老者衣レ帛ヲ食ヒレ肉ヲ、⑮黎《れい》民不レ飢ヱ不レ寒《こご》エ、然リ而シテ不ルレ王タラ者ハ、⑯未ダル二之レ有ラ一也。

（孟子、梁恵王上）

書下し文

黎民《れいみん》飢《う》えず寒《こご》えず　五畝《ごほ》の宅《たく》、之《これ》に樹《う》うるに桑《くわ》を以《もつ》てすれば、五十《ごじゆう》の者以《ものもつ》て帛《きぬ》を衣《き》るべし。鶏豚狗彘《けいとんこうてい》の畜《やしない》、其《そ》の時《とき》を失《うしな》うこと無《な》からしめば、七十《しちじゆう》の者以《ものもつ》て肉《にく》を食《くら》うべし。百畝《ひやつぽ》の田《でん》、其《そ》の時《とき》を奪《うば》うこと勿《な》ければ、八口《はつこう》の家《いえ》、以《もつ》て飢《う》うること無《な》かるべし。庠序《しようじよ》の教《おしえ》を謹《つつし》み、之《これ》に申《かさ》ぬるに孝悌《こうてい》の義《ぎ》を以《もつ》てすれば、頒白《はんぱく》の者《もの》、道路《どうろ》に負戴《ふたい》せず。老者《ろうしや》帛《きぬ》を衣《き》肉《にく》を食《くら》い、黎民《れいみん》飢えず寒《こご》えず、然《しか》り而《しこう》して王《おう》たらざる者《もの》は、未《いま》だ之《こ》れ有《あ》らざるなり。

語釈

①［五畝之宅］五畝の敷地。畝は約一・八アール。②［樹レ之以レ桑］その敷地に桑を植える。動詞が補語と目的語とを持つ場合の代表的な構文の一つで、動詞＋補語＋以＋目的語となる。訓読では「…に…するに…を以てす」と読む。③［五十者］老年に達したもの。五十者・七十者をあげたのは、農事にたずさわることができなくなった者の老後の生活を保証することを説くため。④

〔帛〕絹織の布。日本の古典の中でも「帛《はく》のきぬ」などと訳語つきで用いられている。当時、庶民は絹ものを着ることを許されず、麻や葛《くず》を織ったものを着ていた（木綿はまだなかった）が、一定の年齢以上の老人は、敬老の意味で、絹を着ることを許された。⑤〔彘〕母豚。⑥〔畜〕家畜（禽）のこと。⑦〔無レ失二其時一〕然るべき時節をはずさなければ。「其時」はちょうどよい時期。正しい時節。家畜・家禽が繁殖する時期に、農民を兵役や労役に徴発すると、世話がゆきとどかなくなるので、十分繁殖しない。これが「其の時を失う」ことである。⑧〔百畝之田〕本文「孟子の井田《せいでん》法」を参照。

「田《でん》」は水田とはかぎらず、田畑全般をいう。⑨〔八口之家〕「口」は人口。八人家族の家。農家の標準世帯を五段階に分け、九人を養うものを上農とし、以下、八・七・六・五口之家とした。⑩〔庠序〕古代の小学校。殷では序と言い、周では庠と呼んだ。⑪〔申レ之〕いくども重ねてくりかえし言うこと。また、孝悌の義を延長拡大して他に及ぼすこと、あるいは庠序の教えの上にさらに重ねることだとする説もある。⑫〔孝悌之義〕親に仕え、目上の者に順う人としての正しい道。⑬〔頒白者〕頒は「斑《まだら》」と音が同じ。初老のゴマ塩頭の人。⑭〔負戴〕荷を背に負ったり、頭に戴せたりすること。

「負二戴於道路一」とは、年老いてなお行商の荷を負って細々と生計をたてねばならぬことをいう。⑮〔黎民〕「黎」は「衆」の意味で一般民衆のこと。一説に「黎」は「黒」を意味しており（夜明前の暗黒を黎明という）、一般民衆は汚れたままの黒い顔をしていたからだとも言う。⑯〔未二之有一也〕通常ならば「未《ダ》レ有《ラ》二不《ル》レ王《タラ》者一也（未だ王たらざる者有らざるなり）」と書く文章だが、強調のため「不王者」を前に出した。したがって下の文は「之」がはいって、「王たらざるもの、そんなものは…」という倒置法の構文になっている。

通釈 一家族あたり五畝の敷地、これに桑を植えて蚕《かいこ》の餌に困らぬようにしてやれば、五十歳になった年寄りも帛《きぬ》を着ることができましょう。鶏や豚・犬（当時は犬の肉を食べた）・母豚などの家畜が、繁殖し生長する機会を失わないようにしてやれば、七十の年寄りも肉を食べることができましょう。（若くて達者な連中には）百畝の田地を与え、（農繁期に労役にかり立てるなどと）耕作の時機をとりあげるようなことをしなければ、八人家族の家でも、家族を飢えさせずにすむでしょう。（そうして衣食の道の不安をすっかり除いてやった上で）彼らを村塾に学ばせて、（正しい道理を）ていねいに教えこみ、ねんごろにくりかえして親に仕え、年長者を敬う道を説き明かせば、白髪をまじえる老齢に及んだ者が、重荷を負って道を歩くような風景はなくなるでしょう（若い者がかわりに、荷を持つから）。（このように）老齢に達した人々は絹ものを着、肉を食べ、（現に働いている）民衆は飢えもせずこごえもしない、こうなってしかもなお王者となれないような人は、あったためしがないのです。

解説 孟子が斉《せい》の宣王の問いに応じて、**王道の本義**を説いた長い言葉の、結びの部分である。斉の宣王は武力によって他国を屈服させ、斉の支配におきたいと考えた。しかし孟子の目から見れば、それは覇者のゆきかたであった。そこで孟子は言う。「斉がいくら強大でも、武力のみに頼るならば、他の諸国が連合して斉に抵抗したら、とてもかなわない。それよりも、「仁」にもとづく政治をおこなえば、斉の国民ばかりでなく、他の諸国の人々までも斉王の徳をしたうようになる。そうなれば、天下は自然に斉王のものとなるのであり、これが王道である。」この主張に対し、宣王は、「仁」にもとづく政治とは、具体的にはどうすることかとたずねた。孟子は、庶民にとっては**経済生活の安定が第一**であり、生活に不安があっては道徳も乱れると答え、経済生活の安定した状態を述べた。それが、ここに引用した部分である。

王道を実行するには、人民の経済生活を安定させるのが第一である。そのために孟子は、**井田《せいでん》法**を主張した。これは古代の理想的社会でおこなわれたものだというが、どれほど実行されたかは、わからない。その方法は、九百畝《ぽ》の土地を「井」の字の形に九分割し、中央の百畝は公田、あとの八つは私田として、私田は八つの世帯に耕作させ、収穫はそれぞれの私有とする。公田は八世帯の共同耕作地で、そこの収穫は政府におさめる。これが税金となるわけで、そのほかの税はとらない。もしもこの方法が実施されたら、当時としては大減税になったはずだが、それだけに政治家たちの反対も強く、とうとう机上の空論に終ってしまった。

私	私	私
私	公	私
私	私	私

孟子と対立したのが荀子（前三四〇？—前二四五？）である。**荀子**は姓名は荀況《じゅんきょう》、また荀卿《けい》・孫卿ともよばれる。趙《ちょう》（今の山西省から河北省にかけての地方）の生まれで、やはり諸国を遊説し、最後は楚《そ》の蘭陵《らんりょう》（今の山東省嶧《えき》県の附近）の令（長官）となり、その地で死んだ。

荀子の思想の根本は、**性悪説**である。つまり、孟子とは逆に、人間の「性」は悪なのであって、人間とは本来、利己的で、人を憎み、ずるくて、怠け者なのだと考える。そんな人間ばかりでは、世の中がまとまらないから、学問や修養によって、善の方へと変えて行かなければならない。だから善とは、人間が自分の意志と努力とで、獲得すべきものということになる。

[例文五五]　人之性悪

人之性①《ハ》悪《ナリ》、其《ノ》善《ナルは》者偽②也。今、人之性、生《マレナガラニシテ》而有《リ》レ好《ム》レ利《ヲ》焉。順《したがフ》レ是《レニ》、故《ニ》争奪生《ジテ》、而辞譲③亡《ほろブ》焉。生《マレナガラニシテ》而有《リ》二疾④《しつ》悪《をスル》一焉。順《フ》レ是《レニ》、故《ニ》残⑤賊生《ジテ》、而忠信亡《ブ》焉。生《マレナガラニシテ》而有《リ》二耳目之欲⑥一焉。順《フ》レ是《レニ》、故《ニ》淫《いん》乱生《ジテ》、而礼⑦義文理亡《ブ》焉。然《ラバ》則《チ》従《ヒ》二人之性《ニ》一、順《ハバ》二人之情《ニ》一、必《ズ》出《デ》二於争奪《ニ》一、合《シテ》二於犯⑧文乱理《ニ》一、而帰《セン》二於暴⑨《ニ》一。故《ニ》必⑩《ズ》将《はタ》有《ツテ》⑪二師法之化、礼義之道《みちびキ》一、然《ル》後《ニ》出《デ》二於辞譲《ニ》一、合《シテ》二於文理《ニ》一、而帰《ス》二於治《ニ》一。用⑫《もつテ》レ此《レヲ》観《みルニ》レ之《ヲ》、然《ラバ》則《チ》人之性《ハ》悪《ナルコト》明《ラカナリ》矣。其《ノ》善《ナルは》者偽也。（荀子、性悪）

書下し文

人《ひと》の性《せい》は悪《あく》なり

人《ひと》の性《せい》は悪《あく》なり、其《そ》の善《ぜん》なるは偽《ぎ》なり。今《いま》、人《ひと》の性《せい》、生《う》まれながらにして利《り》を好《この》む有《あ》り。是《こ》れに順《したが》う、故《ゆえ》に争奪生《そうだつしょう》じて、辞譲亡《じじょうほろ》ぶ。生《う》まれながらにして疾悪《しつお》する有《あ》り。是《こ》れに順《したが》う、故《ゆえ》に残賊生《ざんぞくしょう》じて、忠信亡《ちゅうしんほろ》ぶ。生《う》まれながらにして耳目《じもく》の欲《よく》有《あ》り。是《こ》れに順《したが》う、故《ゆえ》に淫乱生《いんらんしょう》じて、礼義文理《れいぎぶんり》亡《ほろ》ぶ。然《しか》らば則《すなわ》ち人《ひと》の性《せい》に従《したが》い、人《ひと》の情《じょう》に順《したが》わば、必《かなら》ず争《そう》奪《だつ》に出《い》で、犯文乱理《はんぶんらんり》に合《がっ》して、暴《ぼう》に帰《き》せん。故《ゆえ》に必《かなら》ず将《は》た師法《しほう》の化《か》、礼義《れいぎ》の道《みちび》き有《あ》って、然《しか》る後《のち》に辞譲《じじょう》に出《い》で、文理《ぶんり》に合《がっ》して、治《ち》に帰《き》す。此《こ》れを用《もっ》て之《これ》を観《み》るに、然《しか》らば則《すなわ》ち人《ひと》の性《せい》は悪《あく》なること明《あき》らかなり。其《そ》の善《ぜん》なるは偽《ぎ》なり。

語釈

①［性］生まれながらにそなわる心。天性。②［偽］性に対して人為、つまり後天的に修得したものを指す。うそ、いつわりと誤って解釈しやすい点に注意を要する。③［辞譲］人にゆずる気持。例文五二語釈⑯参照。④［疾悪］二字とも、「にくむ」の意。⑤［残賊］二字とも「そこなう」の意。⑥［耳目之欲］テキストによっては「有二耳目之欲一」が「有リ三耳目之欲ノ好ム二声色ヲ一」となっている。耳や目を楽しませようとする欲望。肉体的な快楽を欲する心。⑦［礼義文理］礼―文と、義―理と同じ意味のことばを重ねたもの。義理は人として正しい道、またはそれを重んずる心を言い、礼文は、それが外に形となって現われた姿、または、そうなるはずの作法を言う。⑧［犯文乱理］文を犯《おか》し、理を乱《みだ》す。「犯二乱ス文理ヲ一」という言いかたを、二つに割って言ったもの。だから「乱文犯理」と書いても、意味は、変らない。このような文章の構成法を「互文《ごぶん》」という。「天地ハ長久ナリ」を「天ハ長ク地ハ久シ」と書くのも、同じく互文の書きかたである。⑨［暴］あとに出る「治」の反対。秩序のない混乱状態をいう。⑩［必将…］ぜひとも…しなければならぬ。「将」は強調のための助字。ただし、「必ずまさに…せんとす」と読むべきだという説もある。⑪［師法之化］先生が定めたおきてによる感化。⑫［用

レ此観レ之」この点から見ると。――「由レ是観レ之」(例文五二語釈⑭)――と同じ意味。

通釈 人の生まれながらにそなわる本性は悪である。その善である面は、生まれて後に修得した人為的資質なのである。ここで今、人の性についていえば、人には生来自分の得《とく》となることを好む心がある。この本性にそのまま従うので、(それが原因となって)争い、奪い合う事態が起こり、人の立場を思いやって譲り合う気持は失われてしまう。また人には生来、他人をきらい、にくむ性質がそなわっている。この本性にそのまま従うので、人を傷つけ、痛める態度が生まれて、誠意を以て人に対し、信義を守る心が失われてしまう。さらに人には生来自分の耳や目をたのしませたいという欲望がある。この本性にそのまま従うので、欲情に溺れ、節度を失うといった結果が生まれ、礼義とか道理などといったものが失われてしまう。してみると、人がもし持って生まれた本性のままに従い、感情のとおりに従うならば、きっと奪い合って争うことに始まって、物事のけじめはつかず、筋道は立たぬといった事態にめぐりあい、最後には収拾不能な混乱状態に帰着するにちがいない。それゆえにぜひとも先生の定められたおきてによる教化とか、礼義の導きとかが必要であり、それではじめて、人は譲り合うことから出発して、道理にかなった生きかたをする状態にめぐり会い、最終的には秩序が保たれた状態に帰着するのである。こうしたことから考えてみると、人の本来の性が悪であることは明白である。人の善とされる面は、生まれてからの人為的な努力の結果である。

解説　荀子の性悪説の論理は、孟子の四端の説（例文五二）を、そっくり裏がえしにしたものだといえよう。孟子が人の天性とした惻隠・羞悪・辞譲・是非の心は、荀子では**好利・疾悪・耳目之欲**の三つにおきかえられる。だから孟子では放心を求め、四端を拡充すればよかったが、荀子では師法の化・礼義の導きが必要となる。荀子は明らかに孟子を意識して論陣を張っているのであるが、彼が論破しようとした相手は、孟子だけではない。「荀子」の中には「**非十二子**」と題する一篇があって、孟子をはじめ、諸子百家中の代表的な思想家十二人が、攻撃の的とされている。このような攻撃的弁論も荀子の一つの特徴で、孟子は「予豈《あに》弁を好まんや、予已《や》むを得ざればなり」（孟子、滕《とう》文公下篇）と言い、弁舌よりは徳行に重きをおいたのに対し、荀子は「君子は必ず弁ず」（荀子、非相篇）と言って、わが正しいと信ずる道をあくまでも主張するのが使命だと論じた。

そこで、善に向かうためには、一定の標準がなければならない。性善説ならば、自分の良心が見失われようとするのを引きとめればよいのだが、性悪説では、本来は持っていない善をつかまえようとするのだから、何かの標準がなければ、どれが善なのか、わからないわけだ。そこで荀子が考えたのが、**礼**である。礼は社会秩序を形式的に定めたものなので、「仁」のような精神的なものよりも、わかりやすい。だから荀子は、人間をまず「礼」によって外形から規制し、それを積みかさねて、善へと変化させようとしたのである。

孟子の思想は、優秀な後継者を持たなかった。ところが荀子のほうは、のちに秦《しん》の始皇帝の宰相となった李斯《りし》や、あとに書く韓非子《かんぴし》のような、すぐれた弟子を持った。こんなわけで、戦国時代から次の秦・漢にかけて、荀子の思想の影響はかなり大きかったが、孟子学派の方は、すっかりおとろえてしまった。「孟子」が「論語」に次ぐものとして尊重されるようになるのは、ずっとあとの話で、それは別に書くこととしよう。

三　道家

道家の思想は、老子から始まる。

老子は姓は李、名は耳《じ》、字《あざな》は聃《たん》。陳の苦県《こ》厲郷《らい》（今の河南省鹿邑《ろくゆう》）の人で、周につかえ、宮中の図書館の役人をしていた。周王朝の権威がおとろえ、世が乱れたのをきらって、西へと旅立ったが、その途中、函谷関《かんこく》の関守《せきもり》の尹喜《いんき》（関尹子《かんいんし》ともいう）が引きとめて教えを乞うたので、五千言の教訓を述べた。それがいまに伝わる「**老子**」だという。また老子は、孔子よりも先輩で、孔子は若いとき、老子をたずねて教えを受けたともいわれる。しかし、これらの話はすべて伝説らしく、老子という人物が実在したかどうかも疑わしい。現代の学説では、だいたい「老子」が書かれたのは、孟子以後だろうということになっている。

老子の思想の根本は、無にある。「無」とは**宇宙の根本原理**であって、したがって人間が目で見たり、耳で聞いたりすることはできない。ほんとうは名前もつけられないはずのものだが、名前がなくては言いあらわせないので、かりに「無」または「道」とよぶ。この根本原理から、いろいろな事物・現象が発生する。発生すれば、人間が見たり聞いたりできるから、これを有とよぶ。

［例文五六］　無物之象

①視《レドモ》レ之《ヲ》不レ見《エ》、名《②ヅケテ》曰《フ》レ夷《いト》。聴《ケドモ》レ之《ヲ》不レ聞《エ》、名《ヅケテ》曰《フ》レ希《③きト》。摶《とレドモ》レ之《ヲ》不レ得、名《ヅケテ》曰《フ》レ微《びト》。此《ノ》三者《ハ》不レ可《カラ》二致《④いたシ》詰《きはム》一。故《ニ》混《⑤ジテ》而為《ス》レ一《ト》。其《⑥ノ》上不レ皦《あきラカナラ》、其《ノ》下不レ昧《くらカラ》。縄縄《⑦じょうトシテ》兮不レ可《カラ》レ名《ヅク》。復《ふっ》二帰《きス》於無《⑧》物《ニ》一。是《これヲ》謂《ヒ》二無《⑨》状之状《ノ》、無物之象《ト》一、是《ヲ》謂《フ》二惚《⑩こつ》恍《くわうト》一。迎《フルモ》レ之《ヲ》不レ見二其首《はじメヲ》一。随《フモ》レ之《ニ》不レ見二其後《しりへヲ》一。執《⑪とリテ》二古之道《ヲ》一、以《テ》御《サバ》二今之有《ヲ》一、能《ク》知《ラン》二古始《ヲ》一。是《レヲ》謂《フ》二道紀《⑫ト》一。

（老子、第十四章）

書下し文　無物《むぶつ》の象《しょう》　之《これ》を視《み》れども見《み》えず、名《な》づけて夷《い》と曰《い》う。之《これ》を聴《き》けども聞《きこ》えず、名《な》づけて希《き》と曰《い》う。之《これ》を搏《と》れども得《え》ず、名《な》づけて微《び》と曰《い》う。此《こ》の三者《さんしゃ》は致《いた》し詰《きわ》むべからず。故《ゆえ》に混《こん》じて一《いつ》と為《な》す。其《そ》の上《かみ》、皦《あき》らかならず、其《そ》の下《しも》、昧《くら》からず。縄縄《じょうじょう》として名《な》づくべからず。無《む》物《ぶつ》に復帰《ふっき》す。是《これ》を無状《むじょう》の状《じょう》、無物《むぶつ》の象《しょう》と謂《い》い、是《これ》を惚恍《こっこう》と謂《い》う。之《これ》を迎《むか》うるも其《そ》の首《はじ》めを見《み》ず。之《これ》に随《したが》うも其《そ》の後《しり》えを見《み》ず。古《いにしえ》の道《みち》を執《と》りて、以《もっ》て今《いま》の有《ゆう》を御《ぎょ》さば、能《よ》く古始《こし》を知《し》らん。是《これ》を道紀《どうき》と謂《い》う。

語釈 ①［視レ之不レ見］いくらよく見ようとしても見えない。②［名曰レ夷］「夷」と名づける。本来は名前がないのだが、それでは議論を進めるのに不便なので、かりにこう呼ぶこととしたのである。以下の「希」「微」も同じ。「夷」はもともと「平《たい》らな」「平らなもの」の意味であるが、ここでは視覚によってとらえられないものの意味に使った。③［希］もともと「わずかな」「わずかなもの」の意味。ここでは聴覚によってはとらえられないものの意味に使った。④［致詰］最後まで追究し、正体をきわめること。⑤［混而為レ一］三つとも無限の広がりを持つわけだから、無限大の点において、一つにかさなりあってしまうのである。⑥［其上不レ皦、其下不レ昧］日のあたる上の部分は明るく、その下側は暗いのが、われわれの有限の世界である。しかし老子のいう「道」は無限の広がりを持つから、上の限界も下の限界もない。したがって上と下の差もないのである。⑦［縄縄］どこまでも続くさま。ここでは始めも終りもないさま。⑧［無物］「無」というもの。つまり、われわれの概念によってはとらえがたく、名づけることもできないもの。⑨［無状之状、無物之象］形象（すがたかたち）のないかたち。⑩［惚恍］あるともないともいえない状態。「惚」は有る状態、「恍」は無いようす。⑪［執二古之道一、以御二今之有一、能知二古始一］「有」は現在我々の前にある万有万物で、それを「今」とすれば、「万有」を生じた始めの「無」の道は「古」にあたる。すべての有は無から生ずるという考えに立って、その出発点の無の立場を把握し、有の万物を御する（コントロールする）ならば、ものごとの根本の道理がわかるようになる。⑫［道紀］道（無）と物（有）との関係の根本原理。宇宙の統括原理。

通釈 どれほど目を凝らして視ようとしても見えぬものを、「夷《い》」と名づけておく。いかほどに耳をそばだてて聴こうとしても聞こえないものを、「希《き》」と名づけておく。いくら手に取って確かめようとしても、手に触れることのできないものを、「微《び》」と名づけておく。この（夷・希・微の）三者は、その正体を追究してきわめることができない。だから（とどのつまりは見分けがつかなくなって）一つのものとなってしまう。（その一つになったものは）上の方が明るいこともないし、下側が暗いこともない。また果てしなく連なって始めも終りもなく、（一つの部分をとりあげて）名をつけることもできない。結局は、「無い物」というべきものに落ち着くのである。これを姿なき姿、形なき形といい、（また）あると言えばあるし、無いと言えば無いようなものともいう。正面から迎えてもその先頭のところは見えず、うしろについて行っても、その尻尾のところは見えない。古来の「道」をはっきりと把握して、現在目の前にある有限の存在をわが自由にするならば、物事の根本原理を理解できるようになろう。これが（この世や宇宙のすべてを統括する）根本の道というものである。

解説　「老子」の文章を読みなれていない人には、たいへんに難解なもののように見えるかもしれないが、実はそうむずかしいことが述べられているわけではない。宇宙の根本に、人間の視覚・聴覚・触覚ではとらえることのできない「一つのもの」が存在する、という考えかたさえ理解できれば、あとはすらすらとわかるはずだ。物体ならば、上と下とか、頭と尻尾とかいう区別がある。しかし、その「一つのもの」はゼロなのだから、部分に分けることはできない。しかし、人間の知恵では知ることができない「一つのもの」、つまり「無物」を把握できたら、すべてのことが自分の自由になるのである。しかし、知恵で知ることのできないものを、どうして把握するのか。老子はそこで、人間も知恵を捨てよという。どうせ有限のものにすぎない人間の知恵に頼らず、無限である「無知」の心境になれば、「無物」の世界に一致できるというのである。

だから「有」は、宇宙の根本原理から生まれた、二義的なものにすぎない。そして「有」は相対的なものであり、変化する。「無」は絶対的で、かつ一定不変である。

たとえば、「生」があるから、「死」がある。「生死」は「有」である。その上に、「生死」という現象を生ずる根本原理があるはずだ。しかしそれは、言葉では説明できない。そこで、「無」とよんでおく。また、儒家では「孝」を尊重するが、「孝」がほめられるのは、一方に「不孝」があるからだ。「幸福」が求められるのは、一方に「不幸」があるからだ。理想の状態をいうならば、「不孝」や「不幸」を世の中から絶滅させたい。しかしそれが実現されたら、みんな親孝行で、みんな幸福になるわけだから、「孝」も「幸福」も問題にならなくなってしまう。してみると、孝行をしたい、幸福になりたいと努力するのはむだなことで、孝不孝、幸福不幸をおこす根本原理まで行ってしまえば、すべては解決する。その原理は、なにしろ根本原理なのだから、「生死」を生ずる原理と同じもので、やはり「無」なのだ。

〔例文五七〕 大道廃、有二仁義一

大①道廃レテ、有リ二仁義一。智《ち》慧《え》出デテ、有リ二大②偽一。③六《りく》親《しん》不シテレ和セ、有リ二孝④慈一。国家⑤昏《こん》乱《らん》シテ、有リ二忠臣一。

（老子、第十八章）

書下し文

大道《たいどう》廃《すた》れて、仁義《じんぎ》有《あ》り　大道《たいどう》廃《すた》れて、仁義《じんぎ》有《あ》り。智《ち》慧《え》出《い》でて、大偽《たいぎ》有《あ》り。六親《りくしん》和《わ》せずして、孝慈《こうじ》有《あ》り。国家《こくか》昏乱《こんらん》して、忠臣《ちゅうしん》有《あ》り。

語釈

①〔**大道**〕老子の主張する「無」の道。②〔**大偽**〕大いなるいつわりと解する説もあるが、ここではむしろ前出の無為の「大道」と対置させて、大いなる人為、即ち儒家のいう仁義礼智に代表される道を指すとした方がよかろう。③〔**六親**〕父子・兄弟・夫婦の六つの親族関係。④〔**孝慈**〕親に対する孝養と子に対する慈愛。⑤〔**昏乱**〕みだれる。「昏」は暗黒の意味。

通釈

無為自然の大原則である道が顧《かえり》みられなくなった結果、仁義の道が発生した。人間の知恵というものが出てきたために、（礼儀などという）大きな作為が発生した。一家の人々が平和をなくしたために、孝行息子や慈父というものが発生した。国家が暗黒状態で混乱した結果、忠臣というものが発生した。

解説

老子はこのんで逆説を使ったといわれるが、これがその一つである。儒家の立場からいえば、孝子・慈父・忠臣が出ることは喜ばしいのだが、老子はそれを、家や国が乱れた証拠だと言う。これは、もちろん一面の真理を含んだ発言である。ただ、それならば孝子も忠臣もない世の中にする具体的な方策はというと、老子はそこまでは詳しく説明していない。そこで老子の理論は、政治哲学としては発展しにくかった。

だから人間は、むりな努力をする必要はない。儒家の説くような学問・修養は、老子に言わせれば、すべて偽善だということになる。だから老子は、赤ん坊の気持ちこそ、最も尊いものだという。赤ん坊はよけいな智慧《ちえ》や欲を持たないから、最も「無」に近い。また、弱いものと強いものでは、結局は弱いもののほうが勝つ。強いものは強くなろうとしているから、むりがあるので、弱いもののほうが人間の自然であり、それだけ「無」に近い。また、栄（出世）と辱《じょく》（出世しない）の二つでは、辱のほうを選ぶべきだ。これも、辱のほうが自然な姿だからである。

列子《れっし》は名を禦寇《ぎょこう》といい、前四〇〇年ごろの人だといわれ、「列子」八編を書いたとされるが、この人も老子同様、実在した人物かどうかは疑わしく、「列子」ももっと後に書かれたもので、漢以後の作だという学者もある。

列子の説は老子と変わらないが、とくに「虚」を強調した。これは、自分の心を「虚《むな》しく」して、いっさいの

老子（右）と孔子（左）（山東省画像石）

判断をやめてしまうことを意味する。つまり、こうするのがよいか、悪いかと考え、判断することをやめれば、こうしたい、こうしたくないという気持ちは出てこない。だから欲がなくなり、老子のいう「無」に近づくというのである。

荘子《そうし》は諱は周、字《あざな》は子休、宋《そう》の蒙《もう》（今の河南省商邱《しょうきゅう》）の生まれで、孟子よりすこし後、荀子よりすこし前の人だろうといわれる。「老子」に説かれているとおり、出世には目もくれず、うるし畑の番人をしていた。その才能を認めて、大臣にするからといって招いてくれた国もあったが、全部ことわったという。その思想を述べた書物が、「荘子《そうじ》」である。「老子」がその思想の要点を、簡潔な言葉で述べてあるのに対し、「荘子」は、たくさんの「たとえ話」を使って、読者に自分の主張を納得《なっとく》させようとする。たとえば、「荘子」全編の書きおこしは、「鵬《ほう》」という、すばらしく大きな鳥の話から始まって、人間は長生きしたいと願うけれども、いくら長生きしたところで、もっと長生きする植物の目から見れば、短命なものにすぎないという議論に発展する。

〔例文五八〕 鵬

①北冥《めいニ》有《リ》レ魚、其《ノ》名《ヲ》為《ス》レ②鯤《こんト》。鯤之大《イサ》、不《ル》レ知《ラ》二其《ノ》幾千里《ナルカヲ》一也。化《シテ》而為《ル》レ鳥《ト》、其《ノ》名《ヲ》為《ス》レ鵬《ほうト》。鵬之背、不《ル》レ知《ラ》二其《ノ》幾千里《ナルカヲ》一也。③怒《はげンデ》而飛《ブトキハ》、其《ノ》翼④若《シ》二垂天之雲《ノ》一。⑤是《ノ》鳥也《や》、⑥海運《うごクトキハ》則《チ》将《ニ》レ徙《うつラント》二於南冥《ニ》一。南冥者《は》、

⑦天池也。⑧斉《せい》諧《かい》者《は》、志《しるス》⑨レ怪者也。諧之言曰、「鵬之徙二於南冥一也、水撃三千里、摶《うツテ》⑩二扶揺一而上者九万里、去以⑪二六月一息《いこフ》者也。」野⑫馬《や》也、塵《じん》埃《あい》也、生物之以レ息相吹也。天之蒼蒼《さう》⑬、其正色⑭邪。其遠而無レ所レ至極《きはマル》邪。其視《みルモ》レ下也、亦若レ是則已《のみ》⑮矣。且夫水之積也不レ厚、則負二大舟一也無レ力。覆《くつがへセバ》二杯水於坳《あう》⑯堂之上一、則芥《あくた》為二之舟一、置レ杯焉則膠《かうス》⑰。水浅而舟大也。風之積也不レ厚、則其負二大翼一也無レ力。故九万里、則風斯《ここニ》在レ下矣。⑱而後乃今、培《のり》⑲レ風、背負二青天一、而莫二之夭《えう》⑳閼《あつスル》者一。而後乃今将二㉑図一レ南。蜩《てう》㉒与二鷽《かく》㉓鳩《きう》一、笑レ之曰、「我決㉔起而飛、搶《つクニ》㉕二楡《ゆ》㉖枋《ばう》一、時則不レ至而控《おツル》㉗二於地一而已《のみ》矣。奚㉘以レ之九万里而南為。」適二莽《まう》㉙蒼一者、三㉚飡《そんシテ》而反、腹猶果《くわ》㉛然。適二百里一者、宿舂《うすづクかてヲ》㉜レ糧。適二千里一者、三㉝月聚《あつム》レ糧。之二㉞虫、又何知。

（荘子、逍遥遊）

書下し文

鵬《ほう》 北冥《ほくめい》に魚《うお》有り、其《そ》の名《な》を鯤《こん》と為《な》す。鯤《こん》の大《おお》いさ、其《そ》の幾千里《いくせんり》なるかを知《し》らざるなり。化《か》して鳥《とり》と為《な》る、其《そ》の名《な》を鵬《ほう》と為《な》す。鵬《ほう》の背《はい》、其《そ》の幾千里《いくせんり》なるかを知《し》らざるなり。

怒《はげ》んで飛《と》ぶときは、其《そ》の翼垂天《つばさすいてん》の雲《くも》の若《ごと》し。是《こ》の鳥《とり》や、海運《うみうご》くときは則《すなわ》ち将《まさ》に南冥《なんめい》に徙《うつ》らんとす。南冥《なんめい》は、天池《てんち》なり。斉諧《せいかい》は、怪《かい》を志《しる》す者《もの》なり。諧《かい》の言《げん》に曰《いわ》く、「鵬《ほう》の南冥《なんめい》に徙《うつ》るや、水撃《すいげき》すること三千里《さんぜんり》、扶揺《ふよう》を搏《う》って上《のぼ》ること九万里《きゆうまんり》、去《さ》るに六月《りくげつ》を以《もつ》て息《いこ》う者《もの》なり」と。野馬《やば》や、塵埃《じんあい》や、生物《せいぶつ》の息《いき》を以《もつ》て相吹《あいふ》けるものなり。天《てん》の蒼蒼《そうそう》たるは、其《そ》の正色《せいしよく》なるか。其《そ》れ遠《とお》くして至《いた》り極《きわ》まる所無《ところな》きか。其《そ》の下《しも》を視《み》るも、亦是《またか》くの若《ごと》くならんのみ。且《か》つ夫《そ》れ水《みず》の積《つ》むこと厚《あつ》からざれば、則《すなわ》ち大舟《たいしゆう》を負《お》うや力無《ちからな》し。杯水《はいすい》を坳堂《おうどう》の上《うえ》に覆《くつが》えせば、則《すなわ》ち芥《あくた》、之《これ》が舟《ふね》と為《な》るも、杯《さかずき》を置《お》けば則《すなわ》ち膠《こう》す。水浅《みずあさ》くして舟大《ふねだい》なればなり。風《かぜ》の積《つ》むこと厚《あつ》からざれば、則《すなわ》ち其《そ》の大翼《たいよく》を負《お》うや力無《ちからな》し。故《ゆえ》に九万里《きゆうまんり》なれば、則《すなわ》ち風斯《かぜここ》に下《しも》に在《あ》り。而《しか》る後《のち》に乃《すなわ》ち今《いま》、風《かぜ》に培《の》り、背《せ》に青天《せいてん》を負《お》うて、之《これ》を夭閼《ようあつ》する者無《ものな》し。而《しか》る後《のち》に乃《すなわ》ち今将《いままさ》に南《みなみ》するを図《はか》らんとす。蜩《ちよう》と鷽鳩《かくきゆう》と、之《これ》を笑《わら》いて曰《いわ》く、「我《われ》決起《けつき》して飛《と》び、楡枋《ゆぼう》を搶《つ》くに、時《とき》には則《すなわ》ち至《いた》らずして地《ち》に控《お》つるのみ。奚《なに》を以《もつ》てか九万里《きゆうまんり》に之《ゆ》きて南《みなみ》するを為《な》さん」と。莽蒼《もうそう》に適《ゆ》く者《もの》は、三湌《さんそん》して反《かえ》るも、腹猶果然《はらなおかぜん》たり。百里《ひやくり》に適《ゆ》く者《もの》は、宿《ゆうべ》に糧《かて》を舂《うすづ》く。千里《せんり》に適《ゆ》く者《もの》は、三月糧《さんげつかて》を聚《あつ》む。之《こ》の二虫《にちゆう》、又何《またなに》をか知《し》らん。

語釈

①［北冥］北のはての海。当時は、大地は板のようなもので、海にとりまかれていると考えられた。だから北冥は、世界の北のはてになる。②［鯤］大魚の名。「列子」殷湯《いんとう》篇にも同じ表現で現われ、鯨にあたると説く人もいるが、元来は稚魚一般を意味し、漁業資源保護のために、その採漁を禁じられた例もあるから、稚魚の名をことさらに架空の大魚として、大小の相対の超越を表現したと解釈すべきである。③［怒］ふるい立つこと。勢いづくこと。④［垂天之雲］空一面を覆いかくすように垂れ下がった雲。⑤［是鳥也］この鳥は。「也」は主語を強調する助字。⑥［海運］海水が

大きな運動をおこす。⑦［天池］同じ「逍遥遊篇」に「窮髪（草も木も生えぬ不毛の地）の北に、冥海といふ者あり、天池といふ」とある。これは北方の天池だが、要するに世界のはての海を、「天の池」と呼んだのである。⑧［斉諧］書名。ただし荘周が考えた、架空の書らしい。また、架空の人名とする説もある。⑨［志］書きしるす。「誌」に同じ。⑩［摶㆓扶揺㆒］「摶」は「撃」と同じ。ここでは、羽ばたくこと。「扶揺」はつむじ風。浮力をつけるためにつむじ風を利用するのである。⑪［去以㆓六月㆒息］六カ月間飛び続けて後休息する。「去」は行くこと。「去るに六月《ろくがつ》の息を以てす」と読む説もある。六月の季節風を利用して移るという意味になるが、六月の風でなければならぬ必然性はない。

⑫［野馬］「かげろう」（陽炎）のこと。かげろうの立つさまは、野馬が馳けるのに似ているので、この名がついたという。⑬［蒼蒼］黒みを帯びた青色。例文一七語釈⑥参照。⑭［正色］本来の、正しい色。⑮［則已］「而已」と同じ。「…だけ」「…にほかならぬ」という強い限定をあらわす。⑯［坳堂］部屋の床に生じたくぼみ。「堂」は室のこと。⑰［膠］膠着する。くっつくこと。⑱［而後乃今］そうなって（そうして）から、今こそ。⑲［培㆑風］風をうまく使う。「培」は乗ずること。利用すること。⑳［天閼］さえぎり止める。「夭」は中途でくじけること。「閼」はとどめること。㉑［図㆑南］南に行くことを計画する。南方を目標とする。この文から、大きな事業をくわだてる意味にも用いられるようになった。㉒［蜩］ひぐらし。㉓［鷽鳩］小鳩。蜩とともに相対のせまい世界に生きるものにたとえている。㉔［決起］思いきって飛び立つ。㉕［搶］突進する。つきあたる。㉖［楡枋］楡も枋も小さな木の名。楡は和名ニレ。㉗［控］ひきとめる。引きもどす。㉘［奚以…］どうして…だろう（しよう）か。「何以」と同じで、反語をあらわす。㉙［莽蒼］草がいっぱいに生い茂った場所。ここでは郊外をさす。㉚［三飡］三度の食事。㉛［果然］満腹の状態。㉜［舂㆑糧］食糧を臼《うす》でつく。携行食の準備をすることをいう。㉝［三月］三カ月。ここでは長期間を意味する。㉞［二虫］鷽鳩も、

やはり虫である。昔の中国人は、動物はすべて「虫」とよんだ。だから虎を「大虫」、人間を「裸虫（からだに毛がないから）」などといった。

通釈

北のはての海に、一尾の魚が棲息する。その名を「鯤」と言う。鯤の大きさは、それがいったい何千里平方あるのか、見当もつかないほどである。この魚は姿を変えて鳥となる。その鳥の名を「鵬」と言う。この鳥の背なかも、いったいそれが何千里平方あるのかわからない（ほどに大きい）。この鳥がふるい立って飛ぶとき、その翼は空一面を覆ってたれこめる暗雲のようである。

この鳥は海流が運動を起すときには、（それに乗じて反対の極にある）南のはての海へと移ろうとする。南のはての海とは天の（神々の）池である。「斉諧」というのは、不可思議な事柄が書いてある書物である。その斉諧に書いてあることばによると、「鵬が南冥に移ろうとするときは、まず水面を羽でたたいて三千里も滑走し、それからつむじ風に羽ばたいて九万里の上空にのぼり、それから六カ月もの間、休むことなく飛びつづけてから休息する」という。

さて、かげろうというもの、ちりほこりというものは、万物を生成する自然がその息によって吹き出したものである。（我々はその現象面にとらわれて、根本の道理の立場から物事を判断することを知らない。）天空のあの青黒い色は、天そのものの持つほんとうの色なのだろうか。（それとも）我々から遠く離れていて、そこまで至りつけないため（本物の色が見えずにそう目に映っている）なのであろうか。（とすれば、九万里の高さをゆく鵬が）下を視た場合にも、やはり地のほんとうの色を知ることはできないにちがいないのである。さらにまた、水の堆積が厚くなければ、大きな船を上に浮かべる場合には力が足りない。杯に一杯の水を床のくぼみにこぼしたときは、ごみがその上の舟となって浮かぶが、それに杯を置いた場合には、底が床にくっついてしまう（浮くどころではない）。水が浅いのに反して、舟（にあたるもの）が大きすぎるからである。（同様に）風の層が厚くないときは、（鵬のような）大きな翼を支えるには力がない。そういうわけで九万里の高さまで達すれば、風はそこで、（厚い層をなして）鵬の下にあるわけである。そのようになってから、今や風にのり、青天を背にして（飛ぼうとする鵬には）、何のさえぎるものもない。そうなってから、今や（鵬は）南の海を目指して飛び立とうとしている。

（ところが）ひぐらしと小鳩が鵬をあざわらって言った。「われわれが思い切って飛び、にれや蘇《す》枋《ぼう》の木をめざして突進したところで、時にはそこまでもとどかずに、地面に引きもどされてしまう。九万里もの高さに昇り、南の海へ行くなどということが、どうしてできるものか」と。（いったい）それほど遠くもない郊外へ行くものは、出発の前に朝食をしたため、夕餉《ゆうげ》には家に戻る。（途中で弁当をつかうだけだが）腹はまだふくれているのである。が、百里の遠くへ行こうとする者は、前の晩から穀物を粉について饅頭をこしらえ（旅の準備をす）る。千里の遠くへ行こうとする者は、三カ月もかけて、食糧をあつめる。（それぞれの行動の規模に応じて、また見聞の広さに応じて、その準備や心がまえ、考えかたの大きさに違いが生まれてくるものである）。この、ひぐらしや小鳩などという小さな生き物に、何がわかるものか。

解説　「荘子」逍遥遊篇の書きだしの部分である。ここに出てくる鯤も鵬も、むろん実在の動物ではなく、荘周が空想によって生み出したものであった。このような、**自由奔放な空想力**が「荘子」の大きな特色の一つである。

ここに引用した一節では、**大と小との対照**が問題になっている。蜩や鷽鳩にとっては、ニレの木ずえが最も高く、最も大きい世界だが、それは彼らの立場からの「大」にすぎない。鵬から見れば「小」なのである。つまり、「大」は、より大きなものの前では「小」になる。逆に、杯などは「小」なものだが、芥にくらべれば「大」である。このように、「大」と「小」とが常に対比されるのが相対の世界であって、その世界の中で大小を争ったところで、いつまでも結着がつかない。それよりも、**大もなく小もない絶対の世界**を発見し、そこに安住することができれば、いっさいの苦悩は消滅するわけである。

逍遥遊篇は、そうした主張を述べたものである。「逍遥」とは「ぶらぶらすること」で、「相対の世界を離れ、絶対の世界にはいって、自由な心境で自由に行動する」ことをいう。「荘子」の書きかたはかなり難解であるが、こうした基本的な思想を理解すれば、字句の解釈に多少の困難があっても、主張されていることの内容は、ほぼ見当がつくであろう。

荘子が否定しようとするのは、「相対」の世界なのだ。ここで「相対」というのは、要するに比較のことである。頭がよい人とは、ほかの頭が悪い人にくらべて頭がよいというだけのことで、もっと頭のよい人に出会えば、頭が悪いことになる。馬鹿でも、もっとひどい馬鹿と二人きりになったら、頭がよいと言える。

ここで、荘子の考えは（老子・列子も同じことだが）、儒家とはっきり対立する。孔子以下の儒家にいわせれば、人間として生まれた以上、勉強をして、すこしでも頭をよくし、人格を高めるのは、当然の責務であり、その努力のうちによろこびがある。それを放棄したら、人間はなんのために生きているのか、わからない。ところが荘子の言いぶんは、いくら努力をしてみても、才能や人格が無限に向上するわけではない。たしかに、七〇点の成績が努力によって七五点になれば、うれしいだろう。だが、九〇点とっている人から見れば、たいしたことではない。

それなら、勉強なんかやめて、野球をするか映画でも見ていればいいということになりそうだが、荘子の考えは、そうではない。自分の実力は七〇点と見きわめたら、そこに安住するのがたいせつなのだ。一点でも上げようなどとジタバタしないかわりに、一点でも下げない。そして、九〇点とっている人に対して、うらやみもせず卑屈にもならず、また五〇点の人を軽蔑《けいべつ》もしない。そのためには、七〇点でも九〇点でも、自分の実力は確認しておきながら、それを外には出さずに、〇点だという態度で、ひととつきあう。その〇点が、つまり老子の「無」なのである。みんなが、自分は〇点だという顔をしてつきあっていたら、世の中のみにくい問題も、争いも、いっさいおこらない。そうだろう、受験生が全員、白紙の答案を出したら、大学入試は成立しなくなるわけだ。

儒家は「士」の立場から、乱世に生きる人間の、社会に対する責任・使命を考えた。そうなれば、「身を殺して以て仁を成す」と孟子も言ったように、いのちがけで、社会を一歩でも正しい方向へと進めるように努力しなければならない。そこに、人間精神の崇高な輝きがある。これに対して道家は、やはり「士」の立場にあるのだが、乱世の中を、一人の人間がどうして生きぬくかを考えた。この場合、国家や社会は、人間に被害をあたえるものと認めることになる。したがって、社会から受ける被害を最小限度にくいとめるには、こちらから出て行かぬがよい。精神の輝きなどは、胸の奥にひそめておいて、外へはもらさないことが必要なのだ。

道家に属する有名な思想家に、もう一人、楊朱《ようしゅ》がある。この人は老子に教えを受けたというが、それは伝説にすぎないらしい。ただ、孟子よりは前の人である。

楊朱の説で特徴的なのは、欲望の肯定と不干渉主義を強調した点にある。すなわち、人間はみな、自分のしたいとおりにするがよい。他人のため、社会のためなどを考えて、したくもないことをするのは、命《いのち》をちぢめるもとになる。生命はたいせつにしなければならない。だから、他人は他人、自分は自分で、他人がどうしようとかまわないし、また、他

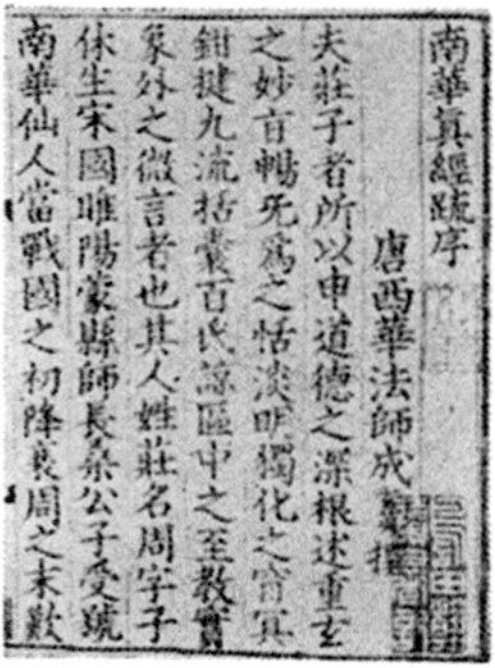
南華真經疏序
唐西華法師成玄英撰
夫莊子者所以申道德之深根述重玄
之妙旨暢無為之恬淡明獨化之窅冥
鉗揵九流括囊百氏諒區中之至教實
象外之微言者也其人姓莊名周字子
休生宋國睢陽蒙縣師長桑公子受號
南華仙人當戰國之初降衰周之末歎

荘子（唐の釈玄英撰）

人からどう言われても、とりあわない。ひたすらに自分の生命を守りぬこうとするわけである。

これは老子などの思想の一部分を徹底させたものだが、ここまで来ると、理論としては筋が通っていても、実行は不可能になる。夫と妻がべつべつに自分の好きなことをし、干渉しないことにしたら、家庭生活は成りたたない。そんなわけで、楊朱の説には後継者があらわれなかった。

四　陰陽家

この学派の主張をまとめた人は、騶衍《すうえん》（前三〇五―前二四〇ごろ）だといわれるが、その著書は残っていない。ただ、ほかの文献に見える記事をまとめると、およその主張は知ることができる。

中国古代の農耕社会では、季節や気候の変化が、人々にとって重大な問題だった。原始信仰の時代には、その変化をおこすのは神の力だと信じられたから、人々は神を祭って、春を迎えたり、雨を降らしてもらおうとしたりした。

その信仰が消滅したわけではないが、人々は長い経験から、季節の交替にも、晴雨や風の吹きかたにも、なにか法則らしいものがあることを知った。その法則を説明しようとして、まず考えられたのが、陰陽《いんよう》である。

宇宙の根源に、**陰気**と**陽気**という二つのものがあって、二つのバランスが、一定の周期をもって交代する。つまり、寒いのが陰、暑いのが陽で、冬至《とうじ》というのは陰の比重が極大に達したときであり、それからしだいに陽がふえてきて、春分で陰陽のバランスがひとしくなり、夏至《げし》には陽が極大となる。それから陰がふえて、秋分でまたバランスがひとしくなり、こんどは陰の力が強くなって、冬至に達する。

ただ、陰陽だけでは複雑な自然現象のすべてを説明するわけにはゆかないので、数をふやし、**宇宙は五つの元素から構成**されていると説くようになった。五つとは**木・火・土・金《ごん》・水**で、万物はこの五つの組合わせによってできている、と考えるのである。これを**五《ご》行《ぎょう》**という。

五行は、この世の中では、いろいろな形をとってあらわれる。おもなものを表にしてみると、左の表のようになる。

木	火	土	金	水
春	夏		秋	冬
青	赤	黄	白	黒

「青春」という言葉は、ここから生まれた。北原白秋という詩人の名も、ここから出た。そして五行に日・月を加えて、英語のSundayやMondayを訳した曜日の名前もできた（ただしこの訳は、日本人の発明である。中国では、月曜とか火曜とかいう言葉は使わない）。

陰陽家とは、以上のような考えから出発したもので、その思想を**陰陽《おんよう》思想**とも、**陰陽五行思想**ともいう。これは、元来は一種の自然哲学だったのだが、しだいに神秘化して、人間社会の現象をも説明しようとしはじめた。この考え方は、のちの漢代になって流行したものである。

たとえば、火は金より強い（金属を火でとかすから）。そこで、秦王朝は金、漢は火と考えられた。だから漢の軍隊は、赤旗を使う。そうなると、漢王朝を亡ぼすのは、火よりも強い水の英雄でなければならない。軍旗の色は、黒である。これは一種の予言になって、朝廷では何度も禁止したが、民間に広く行きわたり、信ぜられた。

五　法家

法家の始祖は、春秋時代に斉の桓《かん》公を補佐して名宰相とうたわれた管仲《かんちゆう》（?—前六四五）だといわれ、「管子」という書物が残っているが、これは後人の偽作らしい。

戦国時代の初めごろ、商鞅《しようおう》（?—前三三八）という人があった。衛の公族の出身だが、商という領地をもらったため、商鞅・商君とよばれた。この人が秦の穆《ぼく》公の大臣となって、法律を完備し、中央集権制をととのえ、重農主義の政策を実行した。これによって秦の国力は大きく伸びたのだが、この政策の基本となったのが、法家の思想である。

法家の代表的な人物は、韓非《かんぴ》（?—前二三三）である。韓の公族の出身で、荀子の教えを受けた。しかし自分の国では主張が採用されず、使者となって秦へ行ったとき、秦の君主であった始皇帝（当時はまだ天下を統一しておらず、諸侯の一人にすぎなかった）に自説を述べようとしたが、荀子の弟子の一人で始皇帝につかえていた**李斯**《りし》が、自分のかげが薄くなるのを恐れ、計略を使って韓非を幽閉したので、韓非はついに毒を飲んで自殺した。かれの著述が「**韓非子**」である。

韓非子の思想は、荀子の影響を受けているので、孟子のような、人間の善意に信頼するという態度はとらない。むしろ、この世の中は悪意に満ちたものだと考える。その最も重大なものは、国家または君主と臣下との対立であった。儒家では君臣の関係を、君から臣への慈愛、臣から君への忠誠による、一体のものと考えるが、韓非子は、**君と臣とは利害が相反する**ものだと規定する。すなわち、臣は君の目をごまかして自分の利益をはかり、策略を使って君の権力を奪い取り、あるいは自分が君になりたいとさえ考えるものである。君は、このような臣を使って、自分の命令に服従させ、臣下自身の利益を求めさせずに、君の利益のために奉仕させようとする。つまり君臣は、つねに敵対関係にある。

韓非子

ここで韓非子は、おもに**君主の立場**から考える。そうすると、臣下に勝手なことをさせない手段は、**法律**しかない。法律によって臣下の行動を縛りあげ、法律からはずれたものは厳罰に処する一方、法律を守って功績をあげたものには、賞をあたえる。だから法律は、こまかく規定してあるほどよく、賞罰の権限は君主が握っていて、臣下に委任してはならない。誰かに委任すれば、その人が自分の利益になるような賞罰の適用を考えるから、君主の利益にはならなくなってしまう。

［例文五九］二柄①

夫レ虎之所②以ノ能ク服スルレ狗《いぬ》ヲ者ハ、爪《さう》牙也。使③メテ三虎ヲシテ釈④《す》テ二其ノ爪牙ヲ一、而使メバ二狗ヲシテ用ヒレ之ヲ、則チ虎反⑤リテ服セラレン二於狗ニ一矣。人主タル者ハ、以テ⑥二刑徳ヲ一制⑦スルレ臣ヲ者也。今君タルレ人ニ者、釈テテ二其ノ刑徳ヲ一、而使メバ二臣ヲシテ用ヒレ之ヲ、則チ君反リテ制セラレン二於臣ニ一矣。故ニ田⑧常ハ上ニハ請ウテ⑨二爵禄ヲ一、而行⑩ヒ二之ヲ群臣ニ一、下ニハ大ニシテ⑪《と》二斗斛《こく》ヲ一、而施セリ⑫二於百姓ニ一。此レ簡公失⑬ヒテレ徳ヲ、而田常用ヒシレ之ヲ也。故ニ簡公見⑭ハらルレ弑《しい》セ⑮し。子罕《かん》謂ヒテ二宋君ニ一曰ク、「夫レ⑯慶賞賜予者《は》、民之所レ喜ブ也。君自《みづか》ラ行ヘレ之ヲ。⑰殺戮刑罰者、民之所レ悪《にく》ム也。臣請フ当ラントレ之ニ。」於テレ是ニ宋君失ウテレ刑ヲ、而子罕用ヒタリレ之ヲ。故ニ宋君見るレ劫《おびやか》サ⑱。田常ハ⑲徒《ただ》用フルノミニシテレ徳ヲ而簡公ハ弑セラレ、子罕ハ徒用フルノミニシテレ刑ヲ而宋君ハ劫サル。故ニ今之為ル二人臣一者、兼ネテ二刑徳ヲ一而用フルトキハレ之ヲ、則チ是レ⑳世主之危キコト、甚ダシ㉑キ二於簡公・宋君ヨリモ一也。

（韓非子、二柄篇）

書下し文

二柄《にへい》　夫《そ》れ虎《とら》の能《よ》く狗《いぬ》を服《ふく》する所以《ゆえん》の者《もの》は、爪牙《そうが》なり。虎《とら》をして其《そ》の爪牙《そうが》を釈《す》てしめて、狗《いぬ》をして之《これ》を用《もち》いしめば、則《すなわ》ち虎《とら》は反《かえ》りて狗《いぬ》に服《ふく》せられん。人主《じんしゅ》たる者《もの》は、刑徳《けいとく》を以《もっ》て臣《しん》を制《せい》する者《もの》なり。今人《いまひと》に君《きみ》たる者《もの》、其《そ》の刑徳《けいとく》を釈《す》てて、臣《しん》をして之《これ》を用《もち》いしめば、則《すなわ》ち君《きみ》は反《かえ》りて臣《しん》に制《せい》せられん。故《ゆえ》に田常《でんじょう》は上《かみ》には爵禄《しゃくろく》を請《こ》うて、之《これ》を群臣《ぐんしん》に行《おこな》い、下《しも》には斗斛《とこく》を大《だい》にして、百姓《ひゃくせい》に施《ほどこ》せり。此《こ》れ簡公《かんこう》、徳《とく》を失《うしな》いて、田常之《でんじょうこれ》を用《もち》いしなり。故《ゆえ》に簡公《かんこう》は弑《しい》せらる。子《し》罕宋君《かんそうくん》に謂《い》いて曰《いわ》く、「夫《そ》れ慶賞賜予《けいしょうしよ》は、民《たみ》の喜《よろこ》ぶ所《ところ》なり。君自《きみみずか》ら之《これ》を行《おこな》え。殺戮刑罰《さつりくけいばつ》は、民《たみ》の悪《にく》む所《ところ》なり。臣請《しんこ》う之《これ》に当《あた》らん」と。是《ここ》に於《おい》て宋君《そうくん》は刑《けい》を失《うしの》うて、子罕之《しかんこれ》を用《もち》いたり。故《ゆえ》に宋君《そうくん》は劫《おびやか》さる。田常《でんじょう》は徒徳《ただとく》を用《もち》うるのみにして簡公《かんこう》は弑《しい》せられ、子罕《しかん》は徒刑《ただけい》を用《もち》うるのみにして宋君《そうくん》は劫《おびやか》さる。故《ゆえ》に今《いま》の人臣為《じんしんた》る者《もの》、刑徳《けいとく》を兼《か》ねて之《これ》を用《もち》うるときは、則《すなわ》ち是《こ》れ世主《せいしゅ》の危《あやう》きこと、簡《かん》公《こう》・宋君《そうくん》よりも甚《はなは》だしきなり。

語釈

①［二柄］権力を持っているものが把握しているべき二つの点。下の文に出る「刑」と「徳」とをさす。「柄《へい》」は道具などの手でつかむ部分。つかみどころ。②［所以…者］この構文は、次の二つの意味を示す。㈠「…するためのもの」（手段をあらわす）。㈡「…である（する）わけは」（理由をあらわす）。ここでは㈡の意味。③［使］下の「使㆓狗用㆒㆑之」の「使」とともに、「…としたら」という仮定をあらわす助字。訓読では使役の場合と同様に、「…しむ」と読む。したがって、訳は「…させたら」と、使役の意味を含ませてもよいが、「…させる」と純然たる使役の意味にとったら、誤訳になる。④［釈］解除する。放棄する。⑤［反］逆に。反対に。⑥［刑徳］刑罰と恩恵。「徳」はここでは、「利益」「恩賞」の意味で、儒家のいうような「徳」ではない。⑦［制］制御する。

あやつる。⑧[田常] 斉の大貴族で、国政を左右していた実力者。⑨[爵禄] 爵位（地位）と俸禄（俸給）。⑩[行二之群臣一] 爵禄を群臣に対して施行する。つまり自分の気にいった者には爵禄をあたえ、昇進させる。⑪[斗斛] 穀物などを計る「ます」。それを「大にする」とは、たとえば一リットルのますを、正味一・一リットル入りになるように規格をきめたのである。こうすれば、購売者にとっては一リットルの代金で一・一リットル買えるわけで、実質上の値下げになる。⑫[百姓] 一般民衆。「ひゃくせい」と読む。民衆はたくさんの姓氏の人から成っているので、こういった。日本語の百姓《ひゃくしょう》（農民）とは違うことに注意。⑬[失レ徳] 恩賞をほどこす権限をなくしてしまう。⑭[見レ弑] 殺された。「見」は受身をあらわす助字。「弑」は臣下が君主を殺すこと。簡公は田常をはじめ田氏一族と対立していた子我《しが》を重く用いたため、子我を排斥しようとする田氏一族のクーデターがおこり、簡公もまきぞえにされて、田常に殺された。⑮[子罕] 宋の実力者。⑯[慶賞賜予] ほめたり、物をあたえたりすること。つまり恩賞をいう。「予」は「与」と同じ。⑰[殺戮刑罰]（罪人を）殺すことや罰すること。⑱[劫] 脅迫する。ここでは、脅迫して退位させることをいう。子罕が宋の君主を退位させた事実は、断片的には記録されているが、詳しいことはわからない。⑲[徒] ただ…だけのことだ、という意味をあらわす助字。⑳[世主] 代々その地位を継承している君主。㉑[甚於…] …よりも、もっとひどい。「於」は比較をあらわす助字。例文二六語釈㉑参照。

通釈　いったい、虎が犬を服従させることのできる理由は、その（鋭い）爪と牙とにある。もしも虎にその爪と牙とを放棄させて、犬にそれを利用させるならば、虎は逆に、犬に服従させられることになろう。君主という者は、恩恵・刑罰の二つの権力によって臣下を統御してゆくものである。ここでかりに、人々の君主たる者がその賞罰の権力を放棄して、臣下にその権力を行使させたら、君主は逆に臣下に制御されてしまうであろう。だから田常は、君に対しては自分の裁量で爵禄を与える権限を要請して、その権限を群臣に対して行使した。また下のほうに対しては、正味より大きめにますを作り、それを（購売者である）一般民衆に対して実施した。これは君主である簡公が、（本来は自分で行うべき）恩恵の権力を失って、臣下の田常がそれを行使したのである。そのために簡公は殺されるという結果を招いた。逆に子罕《かん》は宋の君主にむかって、「功績をほめ、恩恵を与えるということは、人民の喜ぶものであります。それゆえこれは君主自身おやりください。だが、罪人を殺したり処罰したりすることは、人民にきらわれるものです。ですから私がその役目をしましょう」と言った。これから、宋の君主は刑罰の権限を失い、子罕がそれを行使することになった。そのために宋の君主は臣下に脅迫されるという結果におちいったのである。田常は単に恩恵の権限を行使しただけであったが、それでも君主簡公は殺され、子罕はただ刑罰の権限を行使しただけであったが、それでも宋の君主はその地位をおびやかされることになった。だから、当今の臣下たる者が、もしも恩恵と刑罰の権限の両方をあわせて行使することになったとしたら、世襲の君主の地位が危険なことといったら、簡公や、宋の君主よりも、もっと程度がはなはだしいのである。

解説　子罕と宋君との事実は、歴史にはほとんど記録されていないが、田常が斉の簡公を殺すに至った経過は、「史記」斉世家に書いてある。ただし、そこでは田常のクーデターは宮廷内の派閥争いからおこったとされており、田常が「徳」を行使したからだとは書いてない。これは史実の解釈の相違であろうが、かりに「史記」のほうが事実だったとしても（その可能性は大きいが）、韓非子としては、途中の経過はぬきにして、田常の「徳」の行使が簡公殺害の原因だったという、多少強引な論法を使ったのであろう。

このように、「刑徳」を人臣にゆだねるなという理論を、抽象的な理論としてではなく、史実の中から例をあげ（その解釈は強引であっても）、さらに虎の爪牙のたとえを引き、相手に興味を持たせながら説得するのが、**諸子百家**の**典型的な論法**である。

臣下はなんとかして君主をだまそうとするものだが、君主はだまされてはならぬ。そのためには、**形名**に注意する必要がある。「名」とは臣下にあたえられた職務、または臣下が自発的にプランを立てたしごとであり、「形」とはそれらを実行に移した場合の、実績である。「形名」が合致したとき、つまり予定されたとおりの実績をあげたときには、君主は賞をあたえる。あげなかったときには、罰する。ただし、予定どおりの実績がないというのは、実際には二種類に分かれる。プランの方が大きくて、それほどの実績があげられなかった場合。これは罰を受けても、しかたがあるまい。逆に、プラン以上の実績があった場合。たとえば国家の収入を五パーセントふやすと言って、実際には七パーセントふえたら、賞を受けそうなものだが、韓非子によれば、やはり罰を受けなければならない。それは、わざと内輪《うちわ》のプランを立て、それ以上は自分の功績にしようという臣下のずるい根性《こんじょう》から出たもので、君主がそれをほめるのは、臣下にごまかされたことになるからである。

韓非子はこのように、君主が臣下を統制して、利益を得る方法を説いた。当時の考えでは、君主の利益は、すなわち国家の利益である。だから韓非子は、国家を豊かに、強くする、「富国強兵」の策を主張したことになる。

道家はおさめられるものの立場から、国家を自分たちに対する加害者と見た。陰陽家は、政治論としては、予言めいたことを述べるにすぎない。政治に関心を持つのは儒家だが、その主張は理想的にすぎる。実際の政治は、仁というような、きれいごとではすまない。だから韓非子の思想は、「富国強兵」を希望する諸侯から歓迎されてもよかったのだが、必ずしもそうではなかった。戦国時代の諸国は、それぞれに伝統を持っており、中央集権制を強化して、伝統的な習慣よりも法律で民衆を規制するという韓非子の考えは、大改革なのである。そこまで踏みきれる諸侯は、すくなかった。

ただ、中原の文化から離れた西方、今の陝西《せんせい》省に位置した秦が、最も早く改革に踏みきった。そして、韓非子は不幸な死をとげたが、かれを死に追いやった友人の李斯によって、かれの理論は実現された。そして結局は、秦が諸国を攻めほろぼし、天下を統一するに至るのである。

六　名家

この学派に属する有名な思想家としては、**鄧析**《とうせき》（前五〇〇ごろ）・**恵施**《けいし》（前三七〇？—前三〇九？）・**公孫竜**《こうそんりゅう》（前三二〇？—前二五〇）などがあるが、伝記はほとんどわからないし、著書も**「公孫竜子」**の一部分しか残っていない。

名家とは、**論理を重視**し、概念の分析をこころみようとする一派で、古代ギリシア哲学の詭弁《きべん》学派と共通したところがある。

たとえば、「公孫竜子」の言葉に、

一尺の棰《つえ》は、日に其の半《なか》ばを取るも、万世竭《つ》きず。

というのがある。これは、一尺の長さの中点をとり、翌日、その片方、つまり長さ五寸の線分の中点をとり、こうして毎日、順ぐりに中点をとってゆけば、永久に続くことになるという意味である。数学を知っているみなさんには、わかりきった話だろう。だが、紀元前四世紀に生まれた公孫竜は、幾何学も知らないし、等比級数も習っていない。自分の頭で、これだけのことを考えたのである。

また、こういう言葉もある。

白馬は馬に非ず。

「白い馬」は、馬ではないと言うのである。なぜか。公孫竜の説明によれば、「馬」とはある種の動物にあたえられた名前で、大きいのも小さいのも、白いのも黒いのも茶色なのもある。「白馬」とは、その中の白いものにあたえられた名前だ。してみると、「馬」という一般的な概念の中で、ある一部分だけを限定したのが、「白馬」である。だから、「白馬」と「馬」とは、イコールでつなぐことはできない。すなわち「白馬は馬ではない」ということになる。

これは言葉のいたずらのようだが、公孫竜の目的は、人間が日常使っている**言葉の概念を分析**し、精密な考えかたや表現ができるようにという点にある。しかし、名家の思想は、考えとしてはおもしろいが、天下国家をおさめるのに、すぐには役立たない。そこでかれらの学派は、後世にはあまり栄えなかった。

七　墨家

この学派の始祖は、**墨子**《ぼくし》である。墨子は諱《いみな》は翟《てき》、孔子と孟子の中間に出た人で、魯《ろ》に生まれ、宋の大夫となったといわれるが、そのほかの伝記は明らかでない。また、墨子は元来、当時の手工業技術の師匠であり、かれを中心とする技術者の集団が、墨家の学派を形成していたのだともいわれる。その思想を書いたのが、「**墨子**」である。

墨子の思想の特徴は、次のような点にある。

❶兼愛《けんあい》　一種の博愛主義で、この点が儒家と最も鋭く対立する。儒家の「愛」は、「礼」の秩序の中で考えられるから、たとえば自分の親に対する愛と、よその親に対する愛とでは、差別がある。ところが墨家では、愛に差別があることを認めない。どんな人に対して

も、平等に愛するようにせよと主張する。

［例文六〇］　兼愛

①子墨子言《フ》、「今諸侯独《②ひとリ》知《リテ》レ愛《スルヲ》二其《ノ》国《ヲ》一、不《セ》レ愛二人之国《ヲ》一。是《ヲ》以《テ》③不レ憚《ラ》下④挙《ゲテ》二其《ノ》国《ヲ》一以《テ》攻《ムルヲ》中人之国《ヲ》上。今家⑤主独《リ》知《リテ》レ愛《スルヲ》二其《ノ》家《ヲ》一、而不《セ》レ愛二人之家《ヲ》一。是《ヲ》以《テ》不レ憚《カラ》下挙《ゲテ》二其《ノ》家《ヲ》一以《テ》⑥簒《うばフヲ》中人之家《ヲ》上。今人独《リ》知《リテ》レ愛《スルヲ》二其《ノ》身《ヲ》一、不《セ》レ愛二人之身《ヲ》一。是《ヲ》以《テ》不レ憚《カラ》下挙《ゲテ》二其《ノ》身《ヲ》一以《テ》⑦賊《そこなフヲ》中人之身《ヲ》上。是《ノ》故《ニ》、諸侯不《ンバ》二相愛《セ》一、則《チ》必《ズ》⑧野戦《シ》、家主不《ンバ》二相愛《セ》一、則《チ》必《ズ》相簒《ヒ》、人《ト》与レ人不《ンバ》二相愛《セ》一、則《チ》必《ズ》相賊《フ》。凡《ソ》天下《ノ》⑨禍簒《さん》怨《ゑん》恨、其《ノ》⑩所二以《ノ》起《ル》一者《ハ》、⑪以《テ》レ不《ルヲ》二相愛《セ》一生《ズル》也《ト》。」

（墨子、兼愛）

書下し文

兼愛《けんあい》　子墨子《しぼくし》言《い》う、「今諸侯独《いましょこうひと》り其《そ》の国《くに》を愛《あい》するを知《し》りて、人《ひと》の国《くに》を愛《あい》せず。是《ここ》を以《もっ》て其《そ》の国《くに》を挙《あ》げて以《もっ》て人《ひと》の国《くに》を攻《せ》むるを憚《はばか》らず。今家主独《いまかしゅひと》り其《そ》の家《いえ》を愛《あい》するを知《し》りて、人《ひと》の家《いえ》を愛《あい》せず。是《ここ》を以《もっ》て其《そ》の家《いえ》を挙《あ》げて以《もっ》て人《ひと》の家《いえ》を簒《うば》うを憚《はばか》らず。今人独《いまひとひと》り其《そ》の身《み》を愛《あい》するを知《し》りて、人《ひと》の身《み》を愛《あい》せず。是《ここ》を以《もっ》て其《そ》の身《み》を挙《あ》げて以《もっ》て人《ひと》の身《み》を賊《そこな》うを憚《はばか》らず。是《こ》の故《ゆえ》に、諸侯相愛《しょこうあいあい》せずんば、則《すなわ》ち必《かなら》ず野戦《やせん》し、家主相愛《かしゅあいあい》せずんば、則《すなわ》ち必《かなら》ず相簒《あいうば》い、人《ひと》と人《ひと》と相愛《あいあい》せずんば、則《すなわ》ち必《かなら》ず相賊《あいそこな》う。凡《およ》そ天下《てんか》の禍簒怨恨《かさんえんこん》、其《そ》の起《おこ》る所以《ゆえん》の者《もの》は、相愛《あいあい》せざるを以《もっ》て生《しょう》ずるなり」と。

語釈 ①［子墨子］子（先生）の墨子という意味で言ったもの。墨子の直接の著述でなく、弟子の集録したものであるために、こんな呼称がされる。墨家の人々が彼らだけの一種の結社集団をいとなんだことは有名だが、「われわれの先生である墨先生」とは、その結束の強固さとその中での墨翟の地位を暗示するものである。元来、墨翟の「墨」は本姓ではない。入れ墨《ずみ》された刑余の賤民同様に、ぼろを着て労働に従事した学派の生活ぶりから出たともいわれる。②［独知…］ただ…だけのことを知っている。…を知っているだけだ。③［不㆑憚…］平気で…する。…を遠慮しない。④［挙㆑国］一国の全力をあげる。⑤［家主］一家のあるじ。大家族制の時代だから、多くの一族をひきいていた。ここでは、卿・大夫をさす。⑥［簒］うばう。他人の物を無理やりにうばうこと。⑦［賊］害をあたえる。傷つける。⑧［野戦］平野で戦争をする。ここでは公然と戦争を開始することをいう。⑨［禍簒］奪われることと奪うこと。「禍」は損害・不幸の意味だが、ここでは「簒」されることをいう。⑩［所以…者］原因・理由をあらわす。例文五九語釈②参照。⑪［以…］から。起源・原因をあらわす助字。

通釈 師の墨子はこう言われた。「現在、天下の諸侯は、自分の国を大切に思うことだけを知って、他人の国を大切にはしない。だから自分の国の総力を挙げて、他人の国を攻略するようなことを、平気でしてのける。卿大夫などの一族のあるじも、その家（や領地）を大事にすることだけを知って、他人の家を大事にはしない。だから一家一族の全力をあげて、他人の家（や領地）を奪い取ることを、平気でやる。一般の人々も、わが身一身を大事にすることを知っているだけで、他人の身を大事にはしない。だから自分の全力をふりしぼって他人を傷つけて、すこしも遠慮しない。こういうわけだから、諸侯がお互いに相手を大切にしなければ、必ず進んで戦争を始めることになるし、卿大夫が互いに相手を大切にしなければ、必ず奪い合いを始め、人間同士が相手をいとおしむようでなければ、必ずお互いに傷つけ合うことになる。そもそも、世の中の、奪ったり奪われたりすることや、うらみなど、そうしたものが起こるわけは、互いに愛しあうことをしないことから生まれるのである。」

解説　墨子のいくつかの主張は、その基調となっている精神を見ると、いずれも兼愛説の立場から出発しており、観点を変えれば、彼の「兼愛」の主張が、場を変え、姿を改めて顔を出したものと言える。たとえば彼は「尚《しょう》賢《けん》」つまり人材中心主義を説く。一見これは儒家の徳治主義に似ているし、それを説きはじめた孔子自身には、世襲制の貴族政治よりは、有能の士を広い範囲から選抜し、登用しなければ、理想の政治は実現しないことが意識されていたと考えられる。しかし、さすがの孔子もその範囲を「士」までとしか予想していなかった。それは二人の出身の相違、時代の相違からくるもので、しかたのないことではあるが、それにしても墨子の人材中心主義の主張は、「無能な貴族を家柄や血統だけで国家の大事に従事させることをやめて、身分や地位を越え、能力だけを見て人材を登用せよ」（尚賢下篇）というものだから、孔子の「礼」の秩序からすれば、その破壊であり、「貴族制度の廃止」の主張ととられた。孟子が目に角を立てて攻撃したのも無理はない。だが、その「革命的」に見られる「尚賢説」も、「兼愛」の主張を具体化したものであり、「万物にその恩恵を及ぼして公平無私である天によって、無差別平等の愛と利が保障されている」（法儀篇）と考える立場から主張しているにすぎない。だから「墨子」の読解にあたっても、墨子の「兼愛説」はたいへん重要なポイントになるし、それが単純な相互愛のお説教でなくて、「差別と不平等」を排斥して、当時の「礼」の秩序、**身分制度の枠を超えた互恵の精神**に基づくものであることを忘れてはならない。

❷節用《せつよう》 倹約主義である。その中で重視されたのは「節葬」で、葬儀を簡素にせよと説く。この点は孔子も

礼《ハ》与《よりハ》㆓其《ノ》奢《おごラン》㆒也、寧《むしロ》倹《ナレ》。喪《ハ》与《リハ》㆓其《ノ》易《をさまラン》㆒也、寧《ロ》戚《いたメ》。（論語、八佾）

と言って、形式ばかりととのった礼や葬をいましめたのだが、墨子のころの儒家は、「礼」を重視する一派が盛んで、そのために葬式などの費用がかさんだらしいから、墨子の考えは、やはり儒家に対する非難となるわけである。また墨子は、**非楽**といって音楽を無用のものだとした。これも、「楽」を経書の一つとしている儒家と対立する。

❸明鬼《めいき》 「鬼」とは死後の霊魂のことで、「鬼神《きしん》」とも言うように、神と同一視される。墨子は「鬼」が存在することを主張し、それが人間の行動を監視して賞罰をあたえるから、つつしまなければならないと説く。儒家も「鬼」の存在を否定はしないが、

子曰《ク》、務《メ》㆓民之義《ヲ》㆒、敬《シテ》㆓鬼神《ヲ》㆒而遠《ザク》㆑之《ヲ》。可《シ》㆑謂《フ》㆑知《ト》矣。（論語、雍也）

とあるように、人間の人間に対する責任を重視し、「鬼神」は尊敬するだけのものとしている。

❹非攻《ひこう》　墨子はよその国を攻めること、つまり**侵略戦争を否定**する。兼愛を説く以上、当然のことだ。しかし、自衛戦力を否定するわけではないので、「墨子」の中には兵器の作りかたや築城術・戦術を書いた部分がある。儒家も戦争は否定するので、その点は同じだが、ただ儒家は、軍事に関しては発言しないのがたてまえであり、戦術については説かない。

以上の諸点から見ると、墨家の思想は、部分的には儒家と一致しながらも、結局は対立するものであることがわかるだろう。ことに墨家が兼愛から出発して、すべての人が国境を越えて愛しあえば、たがいに利益をあたえあうことができ、それが理想の社会を作るもととなる、と説いているのは、儒家が功利主義として、強く反発した点であった。

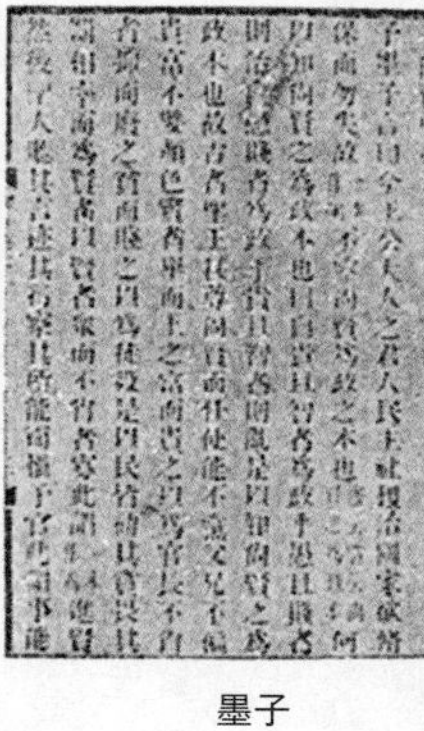

墨子

八　縦横家

この学派では、戦国時代の蘇秦《そしん》と張儀《ちょうぎ》が代表的人物である。二人とも鬼谷《きこく》先生という人について学んだあと、天下をめぐって、諸侯に遊説した。その主張は、当時の七強国（一一三ページ参照）の間に、いろいろな形で同盟を結ばせようとするものである。

蘇秦《そしん》は、**燕**《えん》をはじめとして、**趙**《ちょう》・**韓**《かん》・**魏**《ぎ》・**斉**《せい》・**楚**《そ》の諸国をめぐり、この六国の同盟を結ばせた。西方の**秦**《しん》が強大になったため、六国が協力して秦に対抗しようとする態勢を作ったのである。六国を北から南へ、縦《たて》につなぐ同盟を作ったので、**合従**《がっしょう》（「従」は「縦」に同じ）という。そして蘇秦は六国の宰相を兼任し、同盟の実質上の主宰者となったが、これに脅威を感じた秦が、謀略を使って六国の間に不信感をあおったため、合従はまもなく崩れた。

張儀《ちょうぎ》は蘇秦が六国の宰相となったのを見て、秦にはいり、秦王に信任されて宰相となった。そして合従に対抗し、六国の君主を説得してまわって、秦を中心とする七国同盟の結成に成功した。秦は西方にあり、東方諸国がそれぞれ秦に結ばれる横の同盟だから、これを**連衡**《れんこう》（「衡」は「横」に同じ）という。しかし、まもなく秦と六国との同盟は破れ、張儀も他の臣下から秦王に讒言《ざんげん》されたので、秦から去って魏の宰相となり、まもなく死んだ。

蘇秦・張儀の考えは、諸侯の対立を解決するのに武力を用いず、外交によろうとする点にある。そのために**縦または横の国際関係を重視**するので、「縦横家」とよばれた。しかし、かれらが用いた方法は、国際信義に立脚するよりは、相手をだましたり、おどしたりする外交術が多く、平和共存というような高い理念があったわけではない。だから、「縦横家」とはいうものの、かれらの考えは思想というよりは、**外交技術**というほうが適当であり、一つの学派としては成長しなかった。

九　雑家

他の諸家の学説を総合し、折衷した一派である。もっとも、総合のしかたにもいろいろなニュアンスがあるわけで、雑家の中にはさまざまな態度があり、統一された学派を形成しているとはいえない。

雑家に属する思想家・著述は、他の諸家がほぼ出そろった、戦国末期から漢代初期にわたってあらわれた。

一つは「呂氏春秋《りょししゅんじゅう》」といい、秦の宰相呂不《りょふ》韋《い》が学者たちに編集させたもので、前二四〇年に完成した。この書物は、諸学派の説を集めてしるし、その中から統一的な原理を発見しようとしたもので、一方では史実を多く記録し、思想の例証を歴史の中から求めようとしている。しかし、統一原理をさがすことは、もともと無理な話なので、結

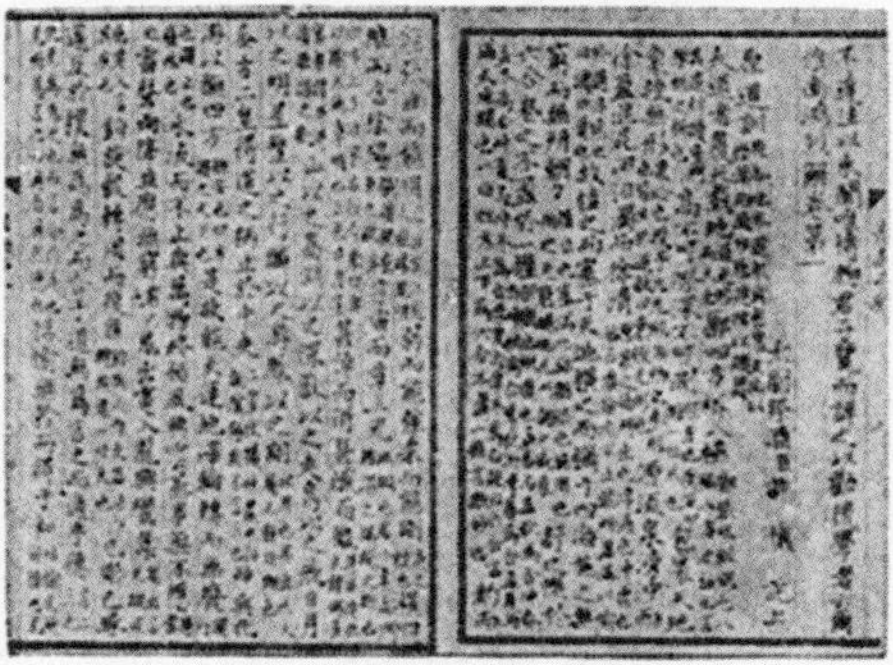

淮南子

局は儒家の思想を中心とし、他の諸学派の説を織りこんだものとなった。

もう一つは、かなり時代が降って、漢の高祖の孫である淮南《わいなん》王劉安《りゅうあん》（前一七九—前一二二）が書いた「淮南子《えなんじ》」である。

劉安は皇族なので、大勢の学者を食客にし、その協力によって、この書を作った。「淮南子」は宇宙の根本原理である「道」から説き始めて、一つの体系的な記述をこころみている。ただし内容は、諸学派の説を織りこんでいるが、かなり雑然となってしまった。そして「呂氏春秋」に対し、こちらが中心においているのは、道家の思想であった。有名な「塞翁《さいおう》が馬」の話（練習問題二〇参照）は、人生の不幸が幸福に、幸福が不幸に転ずることを述べたたとえ話で、このような考えは、儒家からは出てこない。幸も不幸も相対的なものと見る道家的な考え方が、強くあらわれているのである。

一〇　農家

この学派に属する人としては、許行《きょこう》などという名が伝わっているが、著述は残っていない。その主張は、農業を国家の基本とするもので、君主から庶民まで、すべて自分の食べる穀物は自分で耕作し、自分が着るものは自分で蚕を飼ったり麻を植えたりした上、自分で織るべきだという点にあったらしい。孟子はこの主張に対して、鋭く反対している。

一一　兵家

以上で九流の説明は終ったが、もう一つ、兵家というものがあった。この一派には孫《そん》武《ぶ》・呉起《ごき》らがあるのだが、いま伝わっているのは、孫武が書いたといわれる「孫子《そんし》」である。

孫武は春秋時代の斉《せい》の人で、呉王闔閭《こうりょ》の将軍となり、百戦百勝の武勲をあげたという。

「孫子」はその兵法を書いたもので、中には

天ノ時ハ不レ若《し》カ二地ノ利一ニ、地ノ利ハ不レ若カ二人ノ和一ニ。

などと、一般の処世術にも適用できる部分がある。しかし、そもそもが戦術の本だし、著者も将軍なので、思想家としてはあつかわれず、したがって九流の中には入れられなかった。

第三節　漢唐の思想

一　焚書坑儒

秦の始皇帝が天下を統一したのは、前二二一年である。さっき書いたように、秦は商鞅・李斯と続く法家の人たちの説を採用し、**富国強兵策**を推進して来たのだが、天下を統一したあとは、当然、全国にその政策を行きわたらせようとした。

まず**中央集権制**を確立するために、諸侯が各地に国を持っていたのを廃止して、全国を

郡に分割し、郡の中をさらに県に分け、それぞれ中央から派遣された長官が統治することにした。また、各国にはそれぞれに文化の伝統があり、文字の書きかたや車の両輪の間隔（つまりゲージ）にも相違があったのを、一定の規格を作って、統一した。

法律も国によって違っていたが、これももちろん、統一した。**法家の思想を政策の基本**とする秦のことだから、統一された法律は、きわめてこまかな規定を持ち、違反したときの罰も、ほとんど全部死刑というほどにきびしかった。

このように、国家権力によって急激な改革がおしつけられると、表面では服従しても、人々の心の中では不満が増大する。ことに戦国時代、自由な言論をたたかわせてきた学者たちの中には、公然と天子の政策を批判するものもあった。

このとき、宰相の**李斯**《りし》の意見によって、**言論の大弾圧**がおこなわれたのである。李斯の考えによれば、時代が変れば社会制度も変り、国家の政策も変るのが当然である。学者たちが昔のことを引きあいに出して、現在の政策を非難するのは誤りだ。これからの学者は、

焚書坑儒（言論の大弾圧）の想像図

法律を勉強して、それに違反しないように心がければ、それでよい。学者たちが集まって政治の批判をするのを許しておくと、天子の権力が弱まることになる、というのである。

こうした考えかたが、法家の思想から出ていることは、言うまでもなかろう。そして、この意見にしたがって、天下の書物を集め、焼き捨てよという命令が出た。隠したものは、すべて死刑にされる。例外として保存されたのは、医学と薬の処方を書いたもの・占《うらな》いの本・農業や園芸の本および秦国の歴史記録だけであった。この処置を焚書《ふんしょ》という。

また、朝廷に対して批判的な学者は、全部穴埋《う》めにされた。これを坑儒《こうじゅ》という。この場合の「儒」とは、当時の学者たちを総括した言葉で、儒家だけが殺されたわけではない。もっとも、「坑儒」がどれほど実行されたかは、記録がないのだが、かなりの数にのぼる学者が殺されたのは、事実のようである。

二　漢初の思想

漢の高祖は、出身がいやしく、教養のない人物であった。そして、儒家がきらいだった。学問・教養を高く評価する儒家に対するコンプレックスと、もったいぶった言動をするくせに、実生活では無力なものが多い儒者に対する軽蔑とが、入りまじっていたのであろう。高祖がまだ天下を取る前、儒者がたずねて来ると、その冠（儒者はいつも高い冠をかぶっていた）をひったくって、中に小便を入れ、またかぶせてやったという。

だが、高祖の朝廷には、儒家の必要性を主張する高官があった。その代表者は陸賈《りくか》であり、「新語《しんご》」という著書がある。

また、三代目の文帝のときには、賈誼《かぎ》（前二〇〇―前一六八）があった。かれは秦の滅亡の原因を、法律だけに頼り、道徳を軽視したところにあると主張した。かれの著書を「新書《しんしょ》」という。

しかし、漢初の朝廷の政策は、儒家よりも、韓非子などの法家を重視していた。また、黄老《こうろう》の術といって、道家の思想に多少神秘主義的な解釈を施したものが尊敬されていた。

その一方、さすがの高祖も、儒家の価値を認めざるを得ない事態がおこっていた。高祖の初期の朝廷を構成した高官たちの大部分は、かれを助けて天下を取った「建国の功臣」だったが、この連中は高祖と同様、低い身分の出身で、教養がない。そこで宮中の宴会のときには、天子の前で酔ってクダをまき、けんかをしたり、剣を抜いて柱に斬りつけながら歌をうたいだすものさえあった。

高祖もこれには閉口して、なんとかならないものかと思っているところへ、叔孫通《しゅくそんつう》という儒者が来て、私にまかせてくださいと言った。まかせてやると、叔孫通は弟子を集めて礼の研究をし、宮中の礼儀に関するきまりを作った。それにしたがって宴会をもよおしたところ、百官が整然とならび、一人ずつ高祖の前に出て、拝礼をして酒を飲み、列を作って退出した。きわめて厳粛な儀式なので、もちろんクダをまく余地はない。高祖はそこで、

「わしは今日はじめて、天子が尊いものだということがわかった」と言った。

陸賈が言ったとおり、天下を取るのは、武力があればできる。しかし統一帝国の秩序を維持し、天子の権威をたもつのは、武力ではないし、法律だけでも不十分なのだ（練習問題二一参照）。儒家の価値は、このようにして、天子からしだいに認められるようになってきた。

三　儒家の国家による公認

漢初の朝廷は、学問を全く無視していたわけではない。都には**大学**という学校をおき、**博士**とよばれる教授を任命して（ただし、地位は低かった）、研究と教育にあたらせていた。その博士の一人だった**董仲舒**《とうちゅうじょ》（前一七九—前一〇四）は、五代目の武帝が、天下の士に向かって、理想的な政治をおこなう方法を試問したのに答え、文教政策に関する論文を提出した。これを「**賢良対策**」という。

董仲舒は「春秋公羊《くよう》伝」を専門とする儒者なので、「賢良対策」は当然、儒学の価値を強調している。漢帝国の根本理念としては、儒学が最もふさわしく、その他の諸子は異端邪説として排斥すべきだというのが、議論の中心であった。

武帝はこの意見を採用して、建元五年（前一三六）に、大学を拡張し、**五経**（四〇八ページ参照。「楽経」はすでに失われていた）を専門とする儒者を各一人、博士として任命した。

これを五経博士という。博士の下には各五十人の弟子をつけて、研究にあたらせた。これから、他の学派の学者たちは、大学からも朝廷からも、しだいに追い出す方針がとられた。

こうして漢王朝は、国家の手によっておこなう教育の基礎を、儒家の思想におくこととしたのである。いまの日本にたとえれば、国立大学の教授たちを、ある学派で統一し、それ以外の学者は任用しないという方針をとったことになる。当然、だれもが儒家の思想ばかり勉強するようになるわけで、朝廷はさらに、官吏として採用するのは、儒家の思想を学んだものに限るという布告を出した。

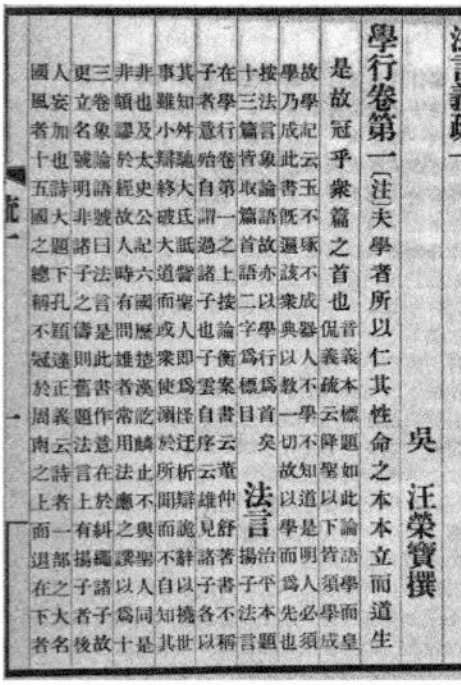
法言義疏一
呉　汪榮寶撰
學行卷第一〔注〕夫學者所以仁其性命之本本立而道生
是故冠乎衆篇之首也
法言

揚雄「法言」

こうして、あれほど華やかだった諸子百家の論戦は終末を告げ、儒家だけが朝廷と結びついて、絶対的な優位を占めるに至ったのである。もっとも、そうなったあとの儒家は、かならずしも孔子の思想を純粋に継承したものとはいえない。諸子百家の思想の中から、採用できるものを適当に織りこんだものとなっていた。

最もいちじるしい例が、さっき書いた陰陽五行思想（四五〇ページ）である。もとは陰陽家が説いたものだが、災害や異変があったとき、それを五行で説明して、何かの前兆だと判断することが流行した。そして災害・異変は天の人間に対する警告だと考えたところから、儒家の天命説（四〇三ページ）と合流し、たくさんの書物が書かれた。これらを総称して、「**緯書**《い》」（「緯」は横糸。「経書」に対応する）とよぶ。

儒者の中には、こうした傾向に反対した人々もある。

前漢末の**揚雄**《ようゆう》（前五三—一八）は字《あざな》は子雲《しうん》といい、はじめは賦《ふ》の作家として有名だったが、のちに文学を捨て、思想家として「**太玄**《たいげん》」・「**法言**《ほうげん》」などを書いた。ただ、前漢王朝を倒した反逆者の**王莽**《おうもう》につかえたので、逆賊の一味として、後世の儒者からは評判が悪い。「太玄」は「易経」を研究したもので、五行思想や老子の思想を混入させているが、神秘的な予言を排斥し、「易経」から宇宙を構成する原理を追求しようとした。その弟子の**桓譚**《かんたん》は「**新論**《しんろん》」を書き、五行によって災異を説明する考えかたを攻撃した。

後漢の**王充**《おうじゅう》（二七—一〇一？）も「**論衡**《ろんこう》」を書いて、五行思想による予言を排撃したが、かれは徹底的な合理主義の立場をとった人で、儒家の常識を破る主張も述べた。たとえば、儒家は上古の世を理想の社会と見、そこから教訓を得ようとするのだが、王充は、社会は時代とともに進歩するものであり、現代は古代よりもまさると強調している。

四　漢の経学

五経博士がおかれてからは、当然、経書《けいしょ》の研究すなわち**経学**がさかんになった。ただ、経書の大部分は「焚書」で焼かれてしまったため、確実なテキストが残っていない。そこで、古い儒者の記憶をたどるなどの方法で、**経書の復原**をすることが第一の作業となった。ところがその一方、前漢四代目の景帝のとき、皇族の一人である魯の恭《きょう》王が宮殿を増築するため、孔子の旧宅をとりこわしたら、壁の中から数百編の経書が出てきた。それは、秦の始皇帝が文字の規格を統一する前の古い字体で書かれていたため、**古文**とよばれ、復原作業によってできた経書は規格統一後の新しい字体を用いていたので、**今《きん》文**とよばれた。

その後、古文の経書はしだいに発見されたのだが、五経博士はみな、今文をテキストに使って教えていた。そして古文と今文との間にはかなり大きな相違があったため、古文を標準のテキストにすべきだという議論がおこり、前漢から後漢にかけ、儒者を**今文派**と**古文派**に分ける大論争となった。その結果、古文派が勝利をおさめたので、**現在に残る経書は、古文系のものが多い**。常識的に考えれば、古文のほうが古いのだから原形をよく保存しているはずなのだが、実際にはわざと古文にしたてたニセモノがあって、古文だから信用できるというわけにはゆかない。

次に、**経書の言葉の意味を正確に解釈**することが、漢代経学の重要な目標となった。経書が書かれた時代からかなり年月がたったので、言語に変化がおこり、経書の言葉に意味不明の部分が多くなったためである。このように、書物の言葉の意味を研究する学問を**訓《くん》詁《こ》学**といい、一句・一章の意味を研究するのを、**章句《しょうく》の学**という。

漢代の経学者としては、前漢の劉向《りゆうきよう》・劉歆《きん》父子、後漢の馬融《ばゆう》・鄭玄《じようげん》らが名高い。劉氏父子は天子の命令によって、宮中の書庫にあった蔵書を調査整理し、また劉向は、史実を集めて君道・臣術以下二十の項目に分類し、「説苑《ぜいえん》」をあらわした。馬融・鄭玄は訓詁学者の立場から経書の注を書いたが、ことに鄭玄の「詩経」「三礼」の注は、標準的な注釈の一つとして、現在まで伝わっている。

五　清談

魏・晋から南北朝（ことに南朝）へかけては、抽象的な議論、一種の形而上学《けいじじよう》の討論をたたかわせることが流行した。これを清談《せいだん》とよび、そこで論じられる学問を玄学《げん》、玄学の基本となる三つの書物、「老子」「荘子」および「易経」を三玄とよぶ。清談が流行したのは、訓詁学に大きく傾いた儒学に対する不満と、権力者が絶えず入れかわる不安定な状態のもとで、学者がうっかり政治に口を出すと生命の危険があるため、なるべく抽象的な議論に逃避しようとしたことが原因である。もっとも、現実の清談は厳密な論理よりも、気のきいた着想や発言が高く評価されることが多かったらしい。それは当時の支配層を構成していた貴族階級の趣味にも合うものだったから、世をのがれた隠者に限らず、朝廷の高官の中にも、清談を楽しむ風潮が行きわたった。

清談のおこりは、魏の何晏《かあん》（一九〇―二四九）と王弼《おうひつ》（二二六―二四九）との「老子」「荘子」の哲学についての討論だといわれるが、有名なのは竹林《ちくりん》の七賢《しちけん》とよばれる人々で、竹林の中に集まって清談をかわした。七賢とは阮籍《げんせき》・嵆康《けいこう》・山濤《さんとう》・向秀《しょうしゅう》・劉伶《りゅうれい》・阮咸《げんかん》・王戎《おうじゅう》の七人で、どれも世をすねたところのある変り者であった。ただし竹林の七賢の話には伝説の部分が多く、七人がそろって竹林の中に会合したことが、どれほどあったかはわからない。

竹林の七賢図
竹林に集まる世をすねた七人の変り者たち

清談は儒学に対して反発するものなので、儒家の間から非難がおこり、南朝の末期には朝廷の弾圧を受けておとろえた。しかし、討論によって研究を進める方法は、これ以後、儒学の中にも採用されるようになった。

六　仏教と道教

仏教が中国に渡来したのは、後漢二代目の明帝のときといわれるが、実際はもっと古くから、すこしずつ流れこんでいたらしい。しかし仏教の教理が中国に紹介されるようになったのは、魏・晋以後のことで、印度《インド》から僧が来たり、中国の僧で印度に留学するものがあったりして、経典の中国語訳も進められた（日本の寺院で読むお経の中には、このころに中国語訳されたものがある）。

この結果、仏教と儒学との間に大論争がおこった。儒家の立場からすれば、仏の前では帝王も庶民も平等だという仏教の考えかたは、礼の秩序を乱すものとして認めることができなかったし、死後の霊魂の救済を説くのも、「怪力乱神を語らず」という孔子の言葉にそむくものとして、否定すべきものだった。しかし、仏教の教理は当時の新知識だったから、貴族階級の間にも流行したし、苦しい生活を送る庶民への救いともなるので、儒家の攻撃にもかかわらず、仏教はしだいに広く行きわたるようになった。

一方、中国には古くからいろいろの民間信仰があったのだが、その一つで、秦・漢にかけて有力となったものに神仙説があった。これは、仙人の存在を信じ、それに会って秘法または霊薬を授けられれば、自分も仙人となり、不老不死の身となることができると説くものである。秦の始皇帝や漢の武帝が本気で信じたため、一般にも流行するようになった。

秦の始皇帝は、東方の海中に蓬萊《ほうらい》という仙山があり、仙人が住むと聞いたので、徐市《じょふつ》（徐福とも書く）というものを隊長とし、少年少女五百人をのせた大船をしたて、不老不死の薬をとりにやった。その船が漂着したのが和歌山県の熊野の浦であり、少年少女は上陸して住みついたが、これが日本人の起原だという伝説がある。

この神仙説を説く人、仏教でいえば僧にあたるものを、方士《ほうし》という。方士は仙人についてのいろいろな伝説を語り、また、かれらの主張を理論化しようとこころみた。その理論的根拠とされたのが、「老子」「荘子」の道家の思想であった。

後漢の末期の政治的混乱状態の中で、地方民衆の間に、新興宗教がひろまった。祈禱《きとう》で病気をなおすことなどを中心とするものだったが、有力なものに張陵の始めた五斗米道《ごとべいどう》、張角の太平道などがある。これらの宗教によって結集した民衆が暴動をおこすこともあった。代表的なものは太平道の信者による後漢末の黄巾《こうきん》の乱である。

こうした新興宗教と神仙説とが結びつき、他の民間信仰をも採用して、一つの宗教に成長しはじめたのである。その最初の完成者は、北魏の寇謙之《こうけんし》（?—四四八）だったといわれ、仏教の組織や儀礼をとりいれて、宗教集団としての形を作りあげた。これを道教といい、神仙説で方士とよばれたものは、道士《どうし》といわれるようになった。

こうして仏教・道教の二大宗教が成立するにつれ、本来は宗教ではない儒学も、儒教とよばれるようになり、三つをあわせて三教という言葉ができた。

七 唐の経学

唐の帝室は歴代にわたって仏教を信じ、また、帝室の姓が李で、老子と同姓だったため、道教をも尊敬した。しかし、国家の教育方針としてかかげたのは、やはり儒教であった。

十三経注疏

1 「周易正義《しゅうえきせいぎ》」十巻。魏、王弼《おうひつ》・韓康伯《こうはく》注。唐、孔穎達《くようだつ》等正義。
2 「尚書正義《しょうしょせいぎ》」二十巻。漢、孔安国《こうあんこく》伝。唐、孔穎達等正義。
3 「毛詩正義《もうしせいぎ》」七十巻。漢、毛亨伝。鄭玄箋《じょうげんせん》。唐、孔穎達等正義。
4 「周礼注疏《しゅらいちゅうそ》」四十二巻。漢、鄭玄注。唐、賈公彦《かこうげん》疏。
5 「儀礼注疏《ぎらいちゅうそ》」五十巻。漢、鄭玄注。唐、賈公彦疏。
6 「礼記正義《らいきせいぎ》」六十三巻。漢、鄭玄注。唐、孔穎達等正義。
7 「春秋左伝正義《しゅんじゅうさでんせいぎ》」六十巻。晋、杜預《どよ》注。唐、孔穎達等正義。
8 「春秋公羊伝注疏《しゅんじゅうくようでんちゅうそ》」二十八巻。漢、何休注。唐、徐彦疏。
9 「春秋穀梁伝注疏《しゅんじゅうこくりょうでんちゅうそ》」二十巻。晋、范寧注。唐、楊士勛《ようしくん》疏。
10 「論語注疏《ろんごちゅうそ》」二十巻。魏、何晏《かあん》等注。宋、邢昺《けいへい》疏。
11 「孝経注疏《こうきょうちゅうそ》」九巻。唐、玄宗注。宋、邢昺疏。
12 「爾雅注疏《じがちゅうそ》」十巻。晋、郭璞《かくはく》注。宋、邢昺疏。
13 「孟子注疏《もうしちゅうそ》」十四巻。漢、趙岐《ちょうき》注。宋、孫奭《そんせき》疏。

ただし、南北朝を経過するうちに、経書の解釈について大勢の学者がさまざまな説を立て、統一がとれなくなっていた。ことに南朝と北朝とでは、解釈が違うばかりか、経書の本文の字句についても、相違があった。

そこで、統一帝国である唐の朝廷は、経学についても統一しようと考えた。唐朝第二代の太宗は、顔師古《がんしこ》（五八一―六四五）に「五経」の校訂を命じ、できあがった定本について、孔穎達《くようだつ》（五七四—六四八）らの学者に命じ、従来の解釈を総合して、標準的な解釈を作らせた。この場合の「五経」とは、「易経」「書経」「詩経」と、「儀礼」「春秋左氏伝」である。孔穎達らは古人の注の中から、基準となるものを一つまたは二つ選び、それをさらに説明する形で、注釈を書いた。こうして完成したものを、「**五経正義**」という。

「五経正義」のように、前人の注に対してさらに注をつけたものを、**疏**《そ》といい、注とあわせて、**注疏**とよぶ。そこで、「五経」のほかの経書に対しても疏を書く人があらわれ、結局は十三経全部の注と疏ができた。これを総称して、**十三経注疏**とよぶ。

「五経正義」には、経学を統一する意図のほかに、実用的な目的があった。唐代に整備された科挙（一四七ページ参照）の試験には、経書が出題されたのだが、原文の解釈がまちまちでは、答案にもたくさんの変化が出て、採点しにくくなる。そこで、解釈を一定にし、その上で論文を書かせる必要があったのである。したがって、「五経正義」ができたあと、解釈はたしかに一定したが、学者たちはその解釈をおぼえることのほうに精力を集中し、独創的な意見は出さないようになってしまった。

ただ、唐の中期以後、学者たちの中には、少数ではあったが、経書を批判的に読もうとする人々があらわれた。また、**韓愈**《かんゆ》（二九五ページ参照）は、孟子を高く評価し、孔子の正しい後継者だと強調した。こうした動きは、次の宋代の儒学につながる。

第四節　宋元明清の思想

一　宋学のおこり

宋代の儒学には、漢唐の訓詁学・章句の学とは違った、革新的な運動がおこった。この傾向の学問を総称して、宋学とよぶ。

北宋の中期に出た范仲淹《はんちゅうえん》（三〇六ページ参照）と欧陽脩《おうようしゅう》（三〇六ページ参照）とは、ともに大官の地位にのぼり、文学者として名を知られた人だったが、儒学においても、独自の見解を持っていた。范は「易経」と「礼記」の中の「中庸」の一編をとくに研究し、また、儒教によって民衆を教化しようとつとめた。また欧陽は、「春秋」の三伝に矛盾があることを指摘して、孔子が「春秋」に加筆した本意にそむく点があると論じ、また「易経」につけられた孔子の説明と称する部分にも疑いの目を向けて、孔子の作ではあるまいと主張した。このように、経書として伝えられてきたものを批判的に読むことは、「五経正義」をたいせつに守ってきた儒者たちから見れば、革命的なことだったのである。

右の二人のほかに、儒学を自分の内心の問題としてとらえ、経書を基本としながら、漢唐の訓詁学をとび

欧陽脩

こえて、直接に孔子の真意をさぐり、自分の宇宙観・人生観を樹立しようとする一群の学者があった。この学風を道学《どうがく》という。

道学の開祖といわれるのは、周敦頤《しゅうとんい》、字《あざな》は茂叔《もしゅく》（一〇一七—一〇七三）である。役人となったが、あまり出世せず、学問に専念した。湖南省道県を流れる濂渓《れんけい》のそばに住んでいたので、濂渓先生とよばれる。かれは宇宙の根源を「太極」と名づけ、そこから陰陽が発し、陰陽の交錯によって五行が生じ、そして万物が生まれるという理論を考え、人間の道徳も、太極から発するものだと主張して、「太極図説」をあらわした。

周敦頤と同じころ、張載《ちょうさい》（一〇二〇—一〇七七）が出た。載は字《あざな》は子厚《しこう》、横渠《おうきょ》先生とよばれる。范仲淹から「中庸」を学び、「東銘」「西銘」などをあらわして、宇宙の中心にあるのは「気」という一つの物質であり、その変化によって万物が生ずると説いた。

程顥《ていこう》（一〇三二—一〇八五）は字《あざな》は伯淳《はくじゅん》。明道先生とよばれる。周敦頤に学び、張載とも交際があった。その学説は、周敦頤の説をさらに精密化したものである。

程頤《ていい》（一〇三三—一一〇七）は字《あざな》は正叔、伊川《いせん》先生とよばれる。顥の弟で、兄とともに周敦頤の教えを受けた。その理論は、やはり周子の説を深めているが、兄とは違って、張載

周敦頤

に近い点がある。かれは万物およびあらゆる現象を「事《じ》」と名づけ、それがさまざまの変化をおこすのは、根本原理である「理」のはたらきであるとして、事理一致と称した。また、「理」は一つだが、それが「事」としてあらわれるときはさまざまな形をとるとして、理一分殊と称し、「理」を研究するには、一つ一つの「事」について、その「理」を追求することをくりかえすうち、脱然貫通（ぱっとつきぬける）して、「理」の完全な理解に到達できると説いた。

以上の四人が、道学初期の大家であり、周張二程子とよばれる。かれらの言葉を、次に書く朱子が編集したものが、「近思録」である。

［例文六一］ 聖賢

①濂渓先生曰《ク》、「聖《ハ》②希《こひねがヒ》レ天《ヲ》、③賢《ハ》④希《ヒ》レ聖《ヲ》、士《ハ》⑤希《フ》レ賢《ヲ》。⑥伊《い》尹《いん》・顔淵《ハ》大賢也。伊尹《ハ》恥《ヅルコト》下其《ノ》君《ノ》不レ為《ラ》ニ堯・舜一、⑦一夫《モ》⑧不《ルヲ》上得ニ其《ノ》所《ヲ》一、若《シ》レ⑨撻《うタルルガ》ニ于⑩市《ニ》一。顔淵《ハ》⑪不レ遷《サ》レ怒《リヲ》、不レ弐《ふたたビセ》レ過《チヲ》、⑫三月不レ違《ハ》レ仁《ニ》。志《シ》ニ伊尹之所《ヲ》レ志《ス》、学《ババ》ニ顔子之所《ヲ》レ学《ブ》、⑬過《グレバ》則《チ》聖、⑭及《ベバ》則《チ》賢、不レ及《ルモ》則《バ》亦不《ト》レ失《ハ》ニ於令⑮名《ヲ》一。」

（近思録・為学類）

書下し文

聖賢《せいけん》　濂渓先生曰《れんけいせんせいいわ》く、「聖《せい》は天《てん》を希《こいねが》い、賢《けん》は聖《せい》を希《こいねが》い、士《し》は賢《けん》を希《こいねが》う。伊尹《いいん》・顔淵《がんえん》は大賢《たいけん》なり。伊尹《いいん》はその君《きみ》の堯《ぎょう》・舜為《しゅんた》らず、一夫《いっぷ》も其《そ》の所《ところ》を得《え》ざるを恥《は》ずること、市《し》に撻《う》たるるが若《ごと》し。顔淵《がんえん》は怒《いか》りを遷《うつ》さず、過《あやま》ちを弐《ふた》びせず、三月仁《さんげつじん》に違《たが》わず。伊尹《いいん》の志《こころざ》す所《ところ》を志《こころざ》し、顔子《がんし》の学《まな》ぶ所《ところ》を学《まな》ばば、過《す》ぐれば則《すなわ》ち聖《せい》、及《およ》べば則《すなわ》ち賢《けん》、及《およ》ばざるも則《すなわ》ち亦令名《またれいめい》を失《うしな》わず」と。

語釈

①［濂渓先生］宋の周敦《とん》頤《い》（四八四ページ参照）。②［希］理想と仰ぎ、そのようになりたいと願うこと。③［天］聖より一段上の、完全無欠な存在。④［賢］聖人につぐりっぱな人物。⑤［士］教養のある人物。賢者の次に位する。⑥［伊尹］殷《いん》の湯王に仕えた名宰相。「孟子」の「万章・下」には、伊尹が世の先覚者をもって任じ、名もなきひとりでも堯《ぎょう》・舜《しゅん》のときのような恩沢を被《こうむ》らぬ者があれば、自分がみぞの中につき落としでもしたかのように責任を感じていたということが述べられている。⑦［一夫］名もなきひとりの男子。「匹夫」に同じ。⑧［不レ得二其所一］身を安んずべき適所を得ないこと。生活の安定をはかる職業につけないこと。⑨［撻］杖で打つ。刑罰の一種。⑩［市］多くの人々の集まる市場。

⑪［不レ遷レ怒…］例文五〇参照。⑫［三月不レ違レ仁］三か月もの長い間、仁の道にもとる行為をしない。「論語」の「雍《よう》也篇」に見える。⑬［過］伊尹・顔淵のふたりを通りこすこと。⑭［及］ふたり以上のりっぱな人物になること。ふたりに追いつくこと。⑮［令名］よい評判。名誉。

通釈

濂渓先生は次のように述べている。「聖人は天を理想として、そのように（完全無欠に）なりたいと望み、賢者は聖人を理想として、それに到達することを望み、士は賢者を理想として、それに到達したいと望むものである。昔の伊尹《いいん》や顔淵《がんえん》は、大賢人であった。伊尹は自分の仕えた君が堯《ぎょう》・舜《しゅん》のような聖天子とならず、名もなきひとりの男子でも身を安んずべき適所を得ないのを、あたかも多くの人々の集まる市場で、杖で打たれる（刑にあう）ように恥ずかしく思ったものである。また、顔淵はある事で腹をたてても他人に八つあたりをするようなことをせず、同じあやまちを二度くりかえさず、三か月もの長い間、仁《じん》の道にもとる行為をしなかった。もしも伊尹の志していたことをわが理想とし、顔淵の学んだことを目的として学ぶならば、このふたりを追いこした場合は聖人になるし、このふたりに追いつけば賢者となり、このふたりにおよばない場合でも、りっぱな名声を保つことができる」。

解説　周敦頤が学問をする心がけについて述べた言葉である。学問は単なる知識・教養のためでなく、自分の人格をみがき、「聖賢」に至るためのものだというのが、宋学者の基本的な立場であった。

二　朱子学

道学は南宋の朱熹《しゅき》（一一三〇―一二〇〇）によって大成された。熹は字《あざな》は元晦《げんかい》、号は晦庵・晦翁、文公の諡《おくりな》を受けた。地方官を歴任し、侍講《じこう》（天子に学問を講義する係）ともなり、政治についてもかなり発言したが、当時の高官たちとは意見の合わないことが多く、政治家としては成功しなかった。江西省の地方官をしていたとき、廬《ろ》山のふもとの白鹿洞《はくろくどう》書院に学生を集めて、自分の学説を教えた。しかし晩年には、朝廷の高官と衝突して、その学

朱熹

説に対する弾圧を受けたこともある。

朱子の学説は、范仲淹・欧陽脩の学風と、周張二程子の理論とを総合した、スケールの大きいものであった。かれはまず、宇宙の根本には「**理**」と「**気**」の二つが共存し、「理」は抽象的な存在だが、「気」ははたらきを持っていて、万物およびあらゆる現象を生むと考えた。そして人間にもやはり「理」と「気」があって、「理」は「本然《ほんねん》の性」、「気」は「気質の性」を形成する。本然の性とは、孟子が言うように必ず善であるが、気質の性には清濁の差があって、人格の高下が分かれる。だから人間は、修養によって本然の性を発揮できるように努力しなければならない。

そこで、修養のためには、**居敬窮理**《きょけいきゅうり》が重要になる。「居敬」とは日常生活を正しく、厳粛にすることであり、「窮理」は「理」を追求することである。しかし「理」は、ただ考えてもわかるものではないので、**格物致知**《かくぶつちち》が必要になる。「格物」とは、一つ一つの事物について、その「理」をこまかく検討することであり、それによって万物の根原である「理」を知るのが、「**致知**」である。

こうした個人の内心の問題のほかに、朱子は歴史を研究し、「春秋」の原理にしたがって、史実や史上の人物を批判した。かれが生きたのは、北方を異民族の金に占領され、屈辱的な講和条約を結んでいた時代なので、かれの歴史批判には、尊皇攘夷の傾向が強い。また、かれは大義名分を明らかにし、政治上の術策や妥協を鋭く批判したが、これはかれの後継者の一部から重要視され、ことに日本においては、幕末の勤皇の志士たちの思想的基盤を形成した。

以上の理論は、朱子の解釈による経書の中から引き出されたものである。そこで朱子は、学者が必ず学ばなければならない書物として、四つをあげた。「論語」「孟子」および「礼記」中の「大学」篇(さっきの「格物致知」は、この中の言葉である)・「中庸」篇である。これを「四書」とよび、朱子は「四書集注《しっちゅう》」を書いて、自分の解釈を示した。かれの考えでは、学者は「四書」をまず読んでから「五経」にはいって行くべきだとしたのだが、後世の人々は「四書」の勉強に精力をそそぎ、ついには「五経」よりも「四書」のほうがたいせつだと考えられるようになってしまった。これには、明・清の科挙で「四書」が出題されたことが、大きな原因となっている。

また、朱子は「易経」「詩経」にも注釈を書いているが、そこにも漢唐の注釈に頼らない、独自の解釈が示されている。

［例文六二］

即物窮理

朱熹

所謂①致スハレ知ヲ在リトレ②格《いた》ルニレ物ニ者は、言フ丁欲スレバレ致サント二吾之知ヲ一、在ルヲ丙③即《つ》キテレ物ニ而窮ムルニ乙④其ノ理ヲ甲也。⑤蓋シ⑥人心之霊、⑦莫シレ不ルレ有ラレ知。而シテ天下之物、莫シレ不ルレ有ラレ理。惟ダ於テレ理ニ有リレ未ダルレ窮メ、故ニ其ノ知有ルレ不ルコトレ尽クサ也。是ヲ以テ⑧大学ノ始教ハ、必ズ使ム乙学者ヲシテ即キ二凡《およ》ソ天下之物ニ一、莫カラ甲レ不ルコト下因リテ二其ノ已ニ知ルノ之理ニ一而益《ますます》窮メテレ之ヲ、以テ求メ上レ至ルヲ二乎其ノ極ニ一。至リテハ二於⑨用フルレ力ヲ之久シクシテ、而一旦⑩豁《くわっ》然トシテ貫通スルニ一焉、則チ衆物之表裏精粗、無クレ不ルコトレ到ラ、而吾ガ心之⑪全体大用、無シレ不ルコトレ明カナラ矣。此レヲ謂フ二物格ルト一。此レヲ謂フ二知之至ルト一也。

（大学章句）

書下し文

即物窮理《そくぶつきゅうり》　朱熹《しゅき》

所謂《いわゆる》知《ち》を致《いた》すは物《もの》に格《いた》るに在《あ》りとは、吾《われ》の知《ち》を致《いた》さんと欲《ほっ》すれば、物《もの》に即《つ》きて其《そ》の理《り》を窮《きわ》むるに在《あ》るを言《い》うなり。蓋《けだ》し人心《じんしん》の霊《れい》、知《ち》有《あ》らざる莫《な》し。而《しこう》して天下《てんか》の物《もの》、理《り》有《あ》らざる莫《な》し。惟《た》だ理《り》に於《おい》て未《いま》だ窮《きわ》めざる有《あ》り、故《ゆえ》に其《そ》の知《ち》尽《つ》くさざること有《あ》るなり。是《ここ》を以《もっ》て大学《だいがく》の始教《しきょう》は、必《かなら》ず学者《がくしゃ》をして凡《およ》そ天下《てんか》の物《もの》に即《つ》き、其《そ》の已《すで》に知《し》るの理《り》に因《よ》りて益《ます》ます之《これ》を窮《きわ》めて、以《もっ》て其《そ》の極《きょく》に至《いた》るを求《もと》めざること莫《な》からしむ。力《ちから》を用《もち》うるの久《ひさ》しくして、一旦豁然《いったんかつぜん》として貫通《かんつう》するに至《いた》りては、則《すなわ》ち衆物《しゅうぶつ》の表裏精粗《ひょうりせいそ》、到《いた》らざること無《な》く、吾《わ》が心《こころ》の全体大用《ぜんたいたいよう》、明《あきら》かならざること無《な》し。此《こ》れを物格《ものいた》ると謂《い》う。此《こ》れを知《ち》の至《いた》ると謂《い》うなり。

語釈　①［致レ知］知識の窮極にまで到達する。最高の「知」に到達する。②［格レ物］一つ一つの物の道理をきわめ尽くすこと。③［即レ物］一つ一つの物に密着して。④［其理］物が持っている道理。たとえば、竹が一本あれば、それがどのようにして生え、繁殖するのか、またそれがどうしてこのような形をしているのか、などという原理のことをいう。⑤［蓋］思うに。つまり。筆者の主観的な意見を述べるとき、句頭におく助字。⑥［人心之霊］人間の心は霊妙なはたらきを持っていること。⑦［莫レ不レ有］ないことはない。必ず（誰でも、どこにでも）ある。⑧［大学始教］「大学」のはじめの教え。⑨［用レ力］力をついやす。努力する。⑩［豁然貫通］からりとつきぬける。トンネルを掘っていて、急に向こう側までつきぬけたときの状態をいう。⑪［全体大用］天から受けた完全な本体（本質）と、その大きな作用。

通釈　（「大学」が）知識の窮極にまで到達する手段は、物ごとの道理を一つ一つきわめ尽くすことにあると言っているのは、自分の知識を最高のものにまで到達させようとするならば、一つ一つの物ごとに密接して、その道理を研究しつくすことにかかっている、という意味である。思うに人の心は霊妙なもので、誰でも知識を持たぬものはない。そして天下の万物は、道理を持たぬものはない。ただ、物ごとの道理について、（人間が）まだ研究し尽くしていない点があるので、人間の知識にもまだきわめ尽くしていない点があるのである。そこで「大学」の始めの教えは、ぜひとも（道を）学ぶ者に対し、すべて天下の物ごとに密接して、自分がすでに知っている道理を手づるとし、ますます研究を進めて、知識の窮極に到達することを求めずにはいられないようにとさせている（教えている）のである。（このようにして）努力する期間が長くなるうち、いったん、ぱっと目の先が広くなってしまえば、いろいろな物ごとの表も裏も、こまかな点もおおまかなところも、知識が到達しないところはなくなるし、自分の心の本質もその大きな作用も、明らかにならない点はない。これを「物の道理がきわめつくされた」という。これを「知識が最高のところに到達した」というのである。

解説

これは「大学」の「致レ知在ニ格物一」の一句に対する、朱子の注釈である。この一句に対しては、昔から多くの学者がいろいろな解釈をしたが、朱子は自分の理論から出発して、独自の解釈を示そうとこころみた。

「大学」の筆者が、朱子のように考えてこの一句を書いたかどうかは、わからない。朱子はむしろ、この一句をたねにして、自分の理論体系を構成しようとしたのである。

朱子がここで述べていることの中心は、抽象的な観念から出発せずに、**具体的な物ごとについて、一つ一つ精密に研究せよ**という点にある。ただ、物ごとの数は無限だから、一つ一つ研究したのでは、永久に真理には到達できない。つまり「知を致す」ことは不可能である。そこで朱子は、研究を積んでゆく過程の中で、一度**豁然貫通**するという理論を考えだした。つまり、努力さえしていれば、一度にぱっと全部がわかる、という時期があると主張したのである。たしかに、勉強をしているうち、いままでわからなかったことが急に全部解決するということがあるものだ。しかし、それですべての真理がわかるというわけには、なかなかゆかない。そこで朱子の理論は、あとに出る王陽明の反論を受けた。

三　陸王の学

朱子よりすこし後輩の陸九淵《きゆうえん》（一一三九―一一九二）は、朱子とは違った説を持っていた。九淵は字《あざな》は子《し》静《せい》、役人となったが、あまり出世せず、辞職して江西省の象山《しようざん》に塾を建て、弟子に講義したので、象山先生とよばれ、また陸子ともよばれる。

陸子は朱子が宇宙の根源を理と気の二つに分けたのに反対して、「理」がすべての根本であり、それは人間の「心」と同じものだと主張した。これを心即理《しんそくり》の説という。だから、陸子の説にしたがえば、人間がそれぞれの本心を完全に理解することができたら、宇宙の原理を知ったことになるわけで、経書を読むのは、単なる補助手段にすぎない。「宇宙は即ち是《こ》れ吾《わ》が心、吾が心は即ち是れ宇宙」、「六経は吾が心の注脚（注釈）」というのが、陸子のスローガンであった。

つまり、朱子は経書を読んだり事物の原理を研究したりして、その努力をすこしずつ積みかさねてゆくうちに、真理に到達できると説く。陸子も、学問を否定するわけではないが、それも自分の心の本質を見きわめる一点に集中すべきで、それができれば、一つ一つ

王守仁

の事物の原理などは、研究しなくてもひとりでにわかるはずだと言う。このように、陸子の主張は「心」を重要視するので、**心学**とよばれた。

宋のあとを継いだ元の初期は、異民族による支配のもとで、学問はあまり栄えなかった。しかし、中心になったのは朱子学で、次の明代になると、科挙に出題される経書の解釈は朱子の注によることと定められたから、朱子学は圧倒的な優位を占めることとなった。

しかし、「五経正義」もそうだったが、国家から公認された学問は、とかくそこで固定化してしまう。明代の朱子学も、大きな発展は見せなかった。発展したのはむしろ陸子の学問であり、その中心に立ったのが、王守仁《おうしゅじん》である。

王守仁（一四七二―一五二八）は字《あざな》は伯安《はくあん》、**陽明《ようめい》先生**とよばれ、文成公という諡《おくりな》を受けた。役人となったが、当時の権力者劉瑾《りゅうきん》に逆らって、竜場（貴州省）に流された。のちに罪を許され、地方官や朝廷の役職を歴任したあと、江西省の巡撫《じゅんぶ》となって、各地におこった農民暴動を鎮圧し、軍人としての手腕を示した。

王陽明もはじめは朱子学を学び、「格物致知」の教えにしたがって、まず庭前の竹の「理」をきわめようとしたが、どうしてもきわめることができなかった。そこで仏教や

「老子」の研究に向かったが、竜場に流されたとき、石棺の中で瞑想をこらした末、悟りを開いて儒学にもどり、朱子学とは違った、独自の学風を樹立した。これを陽明学という。

陽明学は陸象山の説を継承するもので、心即理の説を中心とするが、最も強調されたのが「致良知」の三字である。「良知」とは、陽明によれば「善を知り悪を知る」こと、つまり**是非・善悪・正邪を判断する力**である。人間は生まれつきこの力を持っているのだが、現実には欲望などのために心がくもらされていて、力を発揮できない。だから、一つの考えが生じ、一つの行動をしようとするときには、必ず自分の心の「良知」を発動させ、それにしたがえば、不正・邪悪におちいることはない。これが「良知を致《いた》す」ことである。

〔例文六三〕

致スニ良知ヲ一　　王陽明

夫レ析《わか》チテ二心ト与レ理ヲ①而為スハレ一ト、此レ告②子義外之説ニシテ、孟子之所ニ深ク③闢《ひら》ケル一也。務メレ外ヲ遺《わす》レレ内ヲ、博クシテ而寡《すく》なキハレ要④、吾⑤子既⑥ニ已ニ知レリレ之ヲ矣。是レ果タシテ何トカ謂ヒテ而然ルや哉。謂フハ二之ヲ⑦玩《もてあそ》ビテレ物ヲ喪フトレ志ヲ、尚⑧猶《なほ》以テ為ス二不トレ可一歟。若キ二鄙⑨人ノ所謂致知格物ノ一者ハ、致スニ二吾ガ心之良知ヲ於事⑩事物物ニ一也。吾ガ心之良知ハ、即チ所謂天理也。致セバ二吾ガ心ノ良知之天理ヲ於事事物物ニ一、則チ事事物物ハ皆得ン二其ノ理ヲ一矣。致スガ二吾心之良知ヲ一者は、致知也。事事物物皆得ル二其ノ理ヲ一者は、格物也。是レ合シテ二心ト与ヲレ理而為スレ一ト者也。

（伝習録）

書下し文

良知《りょうち》を致《いた》す　王陽明《おうようめい》

夫《そ》れ心《こころ》と理《り》とを析《わか》ちて二《に》と為《な》すは、此《こ》れ告子《こくし》義外《ぎがい》の説《せつ》にして、孟子《もうし》の深《ふか》く闢《ひら》ける所《ところ》なり。外《そと》を務《つと》め内《うち》を遺《わす》れ、博《ひろ》くして要寡《ようすくな》きは、吾子《ごし》既《すで》に已《すで》に之《これ》を知《し》れり。是《こ》れ果《は》たして何《なん》とか謂《い》いて然《しか》るや。之《これ》を物《もの》を玩《もてあそ》びて志《こころざし》を喪《うしな》うと謂《い》うは、尚猶《なお》以《もっ》て不可《ふか》と為《な》すか。鄙人《ひじん》の所謂致知格物《いわゆるちちかくぶつ》の若《ごと》きは、吾《わ》が心《こころ》の良知《りょうち》を事事物物《じじぶつぶつ》に致《いた》すなり。吾《わ》が心《こころ》の良知《りょうち》は、即《すなわ》ち所謂天理《いわゆるてんり》なり。吾《わ》が心《こころ》の良《りょう》知《ち》を事事物物《じじぶつぶつ》に致《いた》せば、則《すなわ》ち事事物物《じじぶつぶつ》は皆其《みなそ》の理《り》を得《え》ん。吾《わ》が心《こころ》の良知《りょうち》を致《いた》すは、致知《ちち》なり。事事物物皆其《じじぶつぶつみなそ》の理《り》を得《う》るは、格物《かくぶつ》なり。是《こ》れ心《こころ》と理《り》とを合《がっ》して一《いっ》と為《な》す者《もの》なり。

語釈

①［理］朱子の言う「物の理」（例文六二参照）をさす。②［告子義外之説］告子は孟子と同時代の思想家で、孟子は「義」の心が人間に先天的にそなわっていると説いたのに対し、後天的に習得するものだと説いた。これを「義外之説」という。朱子の「致知格物」の説によれば、万物に真理が含まれ、それを研究することによって知識が究極に達し、人格も完成するわけだが、それは人間の心の中には真理が存在せず、努力によって習得することになるので、一種の義外の説になるというのである。③［深闢］誤りを徹底的に明らかにする。孟子は告子の説に対して、激しく反論している。④［要］要点。かんじんなところ。⑤［吾子］きみたち。この文章は王陽明が弟子に語った言葉の記録なので、弟子に呼びかけたとおりにしるされているのである。⑥［既已］二字で「もうとっくに」

の意味。⑦［玩レ物喪レ志］もとは「書経」にある言葉で、なにかの物が気にいって、そればかりいじっていると、志（理想）を達成しようと努力する心が失われるという意味。ここでは、朱子のように「即物窮理」をしていたのでは、物にばかり心が奪われ、究極の目的が留守になることをいったもの。⑧［尚猶］二字で「それでもなお」の意味。⑨［鄙人］わたくし。自分の謙称。⑩［事事物物］一つ一つの事や、一つ一つの物。物ごとの一つ一つ。

通釈　そもそも（朱子が言うように）自分の心と物の持っている道理とを分けて二つのものとするのは、これこそ告子の義外の学説であって、（それは）孟子が徹底的に誤りを解明したものである。（朱子の説くところは）外側の物に対して努力し、内側の自分の心を忘れたもので、博学にはなるが要点の理解に乏しくなることは、諸君もとっくにわかっているであろう。こんな態度をいったい何と言ったらよかろうか。それを、物ばかりいじって理想を失ったものと言ったら、それでもいけないということになるだろうか。私が言う「致知格物」とは、自分の心が持っている良知（判断力）を、それぞれの事物におし及ぼすことである。自分の心が持つ良知は、とりもなおさず、いわゆる天の（宇宙の）真理である。（だから）自分の心が持つ良知の真理を、それぞれの事物の上におし及ぼせば、それぞれの事物は、みなその持つ道理を獲得するであろう。自分の心の良知をおし及ぼすのは、「致知」である。それぞれの事物がみなその持つ道理を獲得するのは、「格物」である。これが心と理とを合わせて一つのものとすることである。

解説　「致知格物」の解釈が、**朱子と王陽明**とでは、はじめから違っているのである。朱子は「知を致し、物に格《いた》る」と読んだ。しかし陽明は、「（自分の）知を致せば、物が格《いた》る」と読んだのである。陽明によれば、真理は事物が持っていて、人間がそれを知るという性質のものではない。真理を発見するのは人間の心のはたらきなのだから、まず自分の「良知」を曇りのないようにしておき、それで事物に向かえば、事物の「理」は発見できる。人間に発見してもらわないかぎり、事物が「理」を持っていてもしかたがないのだから、人間が事物の「理」を発見したとき、事物がその「理」を得たことになるというのである。つまり朱子がまず対象を見つめ、それによって得た知識を綜合して真理に到達しようとするのに対し、陽明は**まず自分の主体性を確立**し、そこから得た理論を、すべての事物に拡大しようとする態度をとったのであった。

このように、陽明学では常に**実践的な立場**から、ものを考えようとする。朱子がまず学問によって「知」を獲得し、それによって「理」を知り、そこから実践にはいろうとするのに対し、陽明学では、「理」は心なのだから、そのはたらきが「良知」であり、それは常に実践の基準となる。こうした考えかたを、**知行合一の説**という。

王陽明はこのようにして、朱子の学説に正面から反対したが、一方では朱子の学説の中から自分の説と一致するものだけを集めて、「**朱子晩年定論**」という本を作った。朱子の晩年の学説は、自分の説と一致するようになったのだと主張しようとしたのである。また、王陽明が弟子と問答した言葉を集めた書を、「**伝習録**」という。

王陽明の思想は多くの共鳴者を得たが、陽明の死後は、幾つかの学派に分裂した。その中で最も極端なものが王学左派とよばれるもので、自分の心、とくに自然のままの心をいちばん尊いものとして、それ以外の権威を認めまいとした。したがって、心のはたらきに不正邪悪はないと考えるからあらゆる欲望を肯定し、すべて自分が思ったとおりに行動すればよいのだということになる。だが、自分の心だけに権威を認めることは、国家や天子の権威を認めず、法律も無視することになるので、危険思想として弾圧されたし、伝統的な儒者の立場からも、「礼」を否定するものとして攻撃された。この一派に属するのは、王畿《おうき》（竜渓、一四九八—一五八三）・王艮《おうごん》（心斎、一四八三—一五四〇）・李贄《りし》（卓吾、一五二七—一六〇二）らである。

四　考証学

陽明学に属する学者の中には、「心」を重視するあまり、書物を読まず、ただ、空虚な理論ばかりをもてあそぶものが多かった。清代初期には、この風潮に反対して、広く書物を読み、知識をたくわえようとする動きがおこった。その知識は、国家をおさめ、民衆の生活を向上させるために使われなければならないと主張されたので、この学風を実学もしくは経世致用《けいせいちよう》の学とよぶ。明末から清初へかけての黄宗羲《こうそうぎ》（梨洲《りしゅう》、一六一〇—一六九五）・顧《こ》炎武《えんぶ》（亭林《ていりん》、一六一三—一六八二）・王夫之《おうふうし》（船山、一六一九—一六九二）らが、その代表者である。

黄宗羲（左）と顧炎武（右）

経世致用の学は、儒者が政治について発言することを意味するわけだが、これは、清の朝廷にとってはつごうが悪かった。清は満州族の王朝だから、儒者の発言の中には、ときどき異民族の支配を否定する民族主義的な傾向があらわれたためである。そこで、経世致用の学は国家の弾圧を受けておとろえ、かわって清代中期以後には、考証学が流行するようになった。

考証学も、朱子学・陽明学に対する反発のあらわれであった。陽明学は読書の価値を重視しないし、朱子学は、自分の理論によって、経書を解釈しようとする。これに対して、経書を客観的に、それが書かれたときの意味にしたがって理解しようとするのが、考証学であった。そのためには、言語学的な方法によって、古代言語の発音を復原したり、漢字の原型を追求することが必要であり、また、一つの言葉の意味を知るために、同時代の書物の中からその言葉が使われている部分を拾い集め、帰納的に意味を把握しようとする。さらに、この方法が歴史学にも用いられて、たくさんの文献を整理分析することによって、正しい史実をつかもうとする研究も進められた。

考証学は現在の目から見ても、科学的な方法であり、現代でも、経書の解釈や中国古代語の研究には、考証学のおかげをこうむっている点が多い。また、たとえば「書経」の一部分に後世の偽作がまじっていることなどは、考証学者によって、実証的に判定された。ただこの学問は、それ自身では新しい思想体系を生むこともできないし、政治とも関係を持たない。だから清の朝廷によって承認され、保護されたわけだが、清代末期に近づくにつれて、マンネリズムにおちいった。

考証学の代表的な学者には、閻若璩《えんじゃくきょ》（百詩、一六三六―一七〇四）・江永《こうえい》（一六八一―一七六二）・戴震《たいしん》（東原《とうげん》、一七二三―一七七七）・銭大昕《せんたいきん》（一七二八―一八〇四）・段玉裁《だんぎょくさい》（一七二八―一八〇四）・王念孫《ねんそん》（一七四四―一八三二）・阮元《げんげん》（一七六四―一八四九）・王引之《いんし》（一七六六―一八三四）らがある。

五　西洋思想の流入

西洋の文化は、明代からすこしずつ中国に流れこんでいたが、多くの中国人はやはり儒教を思想の中心とし、工業技術（たとえば兵器の製造法など）や天文学などを西洋から学んだにすぎなかった。しかし、清末に帝国主義諸国の侵略を受け、また隣国日本が西洋文化を輸入して達成した明治維新に刺激されて、中国の近代化が叫ばれるようになった。

まず一八七〇年を中心として、曽国藩《そうこくはん》・李鴻章《りこうしょう》らの大官たちによって、洋務運動が提唱された。これは儒教を中心思想とするが、科学技術は西洋に学ぼうとするものだったが、

康有為

保守派と、もっと急激な革新派との板ばさみになり、また一八九四～九五年の日清戦争に敗れた責任を追及されて、没落した。

次におこったのが、**康有為**《こうゆうい》（一八五八―一九二七）の**変法維新の運動**である。康有為は「**春秋公**《く》**羊**《よう》**伝**」の専門家で、この書に出ている「太平」という理想社会と、西洋的な民主主義とを合わせ、真に理想的な社会を描いて、これを**大同**と名づけた。ただし、一度にそこまでは行けないので、日本と同じ立憲君主制を準備段階とし、やはり「春秋公羊伝」の言葉を使って、**升平**《しょうへい》とよんだ。そして一八九八年、ときの天子光緒《こうしょ》帝を動かして、自分の理想を実現しようとした。これを**戊戌**《ぼじゅつ》**政変**という。しかし、すぐに保守派のクーデターがおこり、変法維新派の人々は殺されたり、国外に亡命したりしてしまった。

康有為の思想には、西洋の**進化論の影響**があるといわれる。進化論は外国留学生などによってすこしずつ中国に紹介されていたらしいが、はじめて翻訳を作ったのは**厳復**《げんぷく》（幾道《きどう》、一八五三―一九二一）である。人間が猿から進化したという議論は、上古には堯《ぎょう》・舜《しゅん》の理想社会があったとする儒家の教えを信じていた中国人にとって大きなショックだったし、自然淘汰の理論も、列強の侵略を受けている中国の人々には、切実な問題だった。厳復はこのほかにも、アダム・スミスの「国富論」やモンテスキューの「法の意味」などを訳し、当時の若い人々から熱狂的な歓迎を受けた。

また、変法維新派に属する梁啓超《りょうけいちょう》（一八七三―一九二九）・譚嗣同《たんしどう》（一八六五―一八九八）も、西洋思想を紹介したり、中国の伝統思想に対する容赦のない批判を加えたりして、中国の若い世代に強い影響を与えた。

洋務運動も変法維新も、清帝室を温存し、その下で近代化を進めようとしたのだが、これらが失敗するにつれて、中国の近代化にとって最大の障害は清帝室なのだという自覚が高まった。ここで登場したのが、孫文《そんぶん》（一八六六―一九二五）の三民主義である。三民主義は民族（漢民族による統治）・民権（デモクラシー）・民生（一種の社会主義）の三つの主義から成り立つ。この主張が全国的にひろまって、ついに清帝室は倒れ、一九一二年に中華民国が樹立された。その初期においては、伝統文化に対する徹底的な破壊が進行し、儒教を打倒することが、青年たちの大きなスローガンとなった。しかし、民国の政権を握る蒋介石《しょうかいせき》の国民党政府は、のちに右傾し、儒教をふたたび国民道徳の基本に

譚嗣同

孫文の生地，広東省香山県翠亭村
のち孫文の号をとり中山県と改称されている。

若き日の孫文

しようとする態度を見せた。

一方、一九二一年には中国共産党が結成され、はじめは国民党と協力していたが、国民党が右傾するにつれて対立をおこし、政府の弾圧を受けるようになった。しかし、太平洋戦争後、まず満州に人民政府を樹立し、一九四九年には国民党を追って北京を占領、中華人民共和国を建設した。現在、人民共和国では唯物史観および弁証法の立場から、儒家をはじめ諸子百家・宋学・陽明学などに対する再評価が進められている。

練習問題

［問題一八］

楚《そ》人《ひと》ニ有リ二涉《わた》ルレ江ヲ者一。其ノ剣自リ二舟中一墜《お》ツ二於水一ニ。遽《には》カニ契《きざ》ミテ二其ノ舟一ニ曰ク、「是レ吾ガ剣之所ナリト二従《よ》リテ墜ツル一」舟止マル。従リ二其ノ所レ契リシ者一、入リテレ水ニ求ムレ之ヲ。舟已ニ行ケリ矣。而モ剣ハ不レ行カ。求ムルコトレ剣ヲ若キハレ此クノ、不二亦惑ヒナラ一乎。以二此ノ故法一為二其ノ国一、与レ此同。時已ニ徙《うつ》レリ矣。而モ法ハ不レ徙ラ。以レ此テヲ為スハレ治ヲ、豈ニ不レ難カラ哉。

（呂氏春秋、察今篇）

語釈　○［契］目じるしにするために切りきずをつける。○［故法］昔からの習慣・規則。

設問　一　楚人はなぜ「遽かに其の舟に契」んだのか。簡単に説明せよ。

二　「舟已行矣。而剣不レ行」を平易な日本語に訳せ。

三　「以二此故法一為二其国一、与レ此同」を全文ひらがなで書き下せ。

四　楚人の行為は、政治家のどのような態度にたとえているのか。簡単に説明せよ。

〔問題一九〕

楚ノ孫《そん》叔敖《しゆくがう》、為レ児たリシ時、嘗テ出デテ遊ビ、見二両頭ノ蛇ヲ一、殺シテ而埋ムレ之ヲ。及ンデレ還ルニ、憂ヘテ而不レ食ハ。母問フニ二其ノ故ヲ一、叔敖泣イテ而対《こた》ヘテ曰ク、「聞ケリ下見シ二両頭ノ蛇ヲ一者ハ死スト上。向《さ》者《き》ニ吾見タリレ之ヲ。恐ラクハ去リテレ母ヲ而死センニ無カラントレ日矣。」母曰ク、「蛇今安クニカ在ルト。」曰ク、「児恐レ二後人ノ又見ンコトヲ一、已ニ殺シテ而埋メタリトレ之ヲ。」母曰ク、「吾聞ク、有ル二陰徳一者ハ必ズ有リト二陽報一。汝ハ不ラントセレ死矣。」

（賈誼《かぎ》新書）

設問

一　叔敖が「憂而不レ食」の状態になったのはなぜか。次の説明のうち、最もこの話の主旨にふさわしいと思うものを一つえらべ。

イ　両頭の蛇を見たから。

ロ　両頭の蛇を殺して埋めたのを後人が発見するかもしれないから。

ハ　両頭の蛇を見た者は死ぬと聞いていたから。

ニ　両頭の蛇を見たら死ぬと聞いて、母に先立って死ぬ日が近いのを恐れたから。

二　「蛇今安在」を平易な日本語に訳せ。

三　叔敖が蛇を殺して埋めた理由はなにか。

四イ「有二陰徳一者必有二陽報一」とは、どのような意味か。

ロ　孫叔敖のどのような行為が、「陰徳」に該当するのか。

［問題二〇］

近キ二塞上ニ一之人、有リ二善クスルレ術ヲ者一。馬無レ故亡而入レ胡。人皆弔スレ之ヲ。其ノ父曰ク、「㋑此レ何《な》-遽《ん》ゾ不ランレ為ラレ福ト乎《や》ト。」居ルコト数月、其ノ馬将二胡駿馬一而帰。人皆賀スレ之ヲ。其ノ父曰ク、「㋺此レ何-遽ゾ不ランレ能ハレ為ルレ禍ト乎《や》ト。」家富ム二良馬ニ一。其ノ子好ミレ騎ヲ、堕《お》チテ而折ル二其ノ髀《ひ》ヲ一。人皆弔スレ之ヲ。其ノ父曰ク、「㋩此レ何-遽ゾ不ランレ為ラレ福ト乎《や》ト。」居ルコト一年、胡人大イニ入ルレ塞ニ。丁壮ナル者引イテレ弦ヲ而戦ヒ、近キレ塞ニ之人、死スル者十ニ九ナリ。此レ独リ以テ二跛《は》之故ヲ一、父子相保テリ。故ニ福之為リレ禍ト、禍之為ルレ福ト、化不レ可カラレ極ム、深不ルレ可カラレ測ル也。

（淮南子、人間訓）

語釈　○［塞］国境地帯に設けられた要塞。○［術］うらないの術。○［胡］中国西北方の異民族の国。○［髀］ももの骨。○［丁壮］青・壮年。○［跛］足が不自由なこと。○［化］変化。

設問

一　次の文を全部ひらがなで書き下せ。

イ　無レ故亡而入レ胡。

ロ　其馬将二胡駿馬一而帰。

二　次の文を平易な日本語に訳せ。

イ　近レ塞之人、死者十九。

ロ　此独以二跛之故一、父子相保。

三　次の三つの「此」の字は、それぞれ、何をさしているか。

イ　此何遽不レ為レ福乎。

ロ　此何遽不レ能レ為レ禍乎。

ハ　此何遽不レ為レ福乎。

四　この話は結局、どのような意見を主張しようとしたものか。簡単に説明せよ。

〔問題二二〕

高祖拝シテ二陸賈《か》ヲ一為ス二太中大夫ト一。陸生時時前《すすミ》説クニ称ス二詩書ヲ一。高祖罵《ののし》リテレ之ヲ曰ク、「迺《だい》公ハ居リテ二馬上ニ一而得タリレ之ヲ。安ンゾ事トセント二詩書ヲ一。」陸生曰ク、「居リテ二馬上ニ一得ルモレ之ヲ、寧ンゾ可ケンテ下以テ二馬上ヲ一治ム上之ヲ乎。且ツ湯武ハ逆取シテ而以テ順二守セリ之ヲ一。文武並ビ用フルハ、長久之術也。昔者《むかし》呉王夫差ハ、極メテレ武ヲ而亡ブ。秦ハ任ジテ二刑法ニ一不レ変ヘ、卒《つひ》ニ滅ボサル二趙《てう》氏ニ一。向《さき》ニ使メバ下秦ヲシテ已ニ併《あは》セテヨリ二天下ヲ一、行ヒ二仁義ヲ一、法《のつと》ラ中先聖ニ上、陛下安ンゾ得テ而有センヤトレ之ヲ。」高帝不シテレ懌《よろこ》バ而有リ二慙《ざん》色一。

（史記、陸賈列伝）

語釈

○〔高祖〕漢の高祖劉邦。○〔陸賈〕漢初の学者。本文四七二ページ参照。○〔太中大夫〕朝廷の官名。○〔詩書〕「詩経」や「書経」。儒家の経典。○〔迺公〕自分。おれ。

○〔湯武〕殷の湯王と周の武王。どちらも夏の桀《けつ》王・殷の紂《ちゅう》王を攻め亡ぼして、天下を取った。○〔逆取〕武力で天下を取ること。○〔呉王夫差〕春秋時代の呉の王。○〔刑法〕刑罰と法律。

○［趙氏］秦の大臣の趙高。権力を握って悪政を行ない、ついに秦を滅亡させた。○［慙色］恥ずかしそうな表情。

設問

一「居二馬上一得レ之、寧可下以二馬上一治上之乎」とは、どのようなことを言っているのか。わかりやすく説明せよ。

二「順守」とは、どのようにすることか。

三 次の句を平易な日本語に訳せ。

イ 安事二詩書一。

ロ 極レ武而亡。

四「向使下秦已併二天下一、行二仁義一、法中先聖上、陛下安得而有レ之」を平易な日本語に訳せ。

［問題二二］

子曰《ク》、「苟《クモ》正《サバ》二其身《ヲ》一矣、於《テ》レ従《フニ》レ政《ニ》乎何有《カ》。不レ能レ正二其身一、如レ正レ人何《ラン》。」（論語、子路）

設問

一「於レ従レ政乎何有」を平易な日本語に訳せ。

二「不レ能レ正二其身一、如レ正レ人何」を全文、ひらがなで書き下せ。

三「其の身を正す」のは、どのような人のすべきことか。

四 孔子のこの言葉の要旨を、五十字以内に要約してしるせ。

［問題二三］

未《ダ》《ル》レ知《ラ》レ道《ヲ》者《ハ》、如《シ》二酔人《ノ》一。方《あたツテハ》二其《ノ》酔《ヘル》時《ニ》一、無《シ》レ所《ル》レ不《ラ》レ至。及《ンデハ》二其《ノ》醒《ムルニ》一也、莫《シ》レ不ル二愧《き》恥セ一。人之未ダレ知ラレ学ブヲ者ハ、自ラ視テ以テ為スレ無シトレ欠クル。及ンデ二既ニ知ルニレ学ブヲ、反リテ思ヘバ二前日ノ所ヲレ為ス、則チ駭《おどろ》キ且ツ懼《おそ》ル矣。

（近思録）

設問

一　次の文を平易な日本語に訳せ。

イ　方二其酔時一、無レ所レ不レ至。

ロ　及二其醒一也、莫レ不二愧恥一。

ハ　自視以為レ無レ欠。

二　「前日所レ為」とは、

イ　どのような行為のことか。

ロ　それは「酔人」のどのような行為にあたるか。

三　この文の筆者は、人間が「学ぶを知る」前と後とでは、どのようにちがうと言っているのか。簡潔に説明せよ。

［問題二四］

兵者《は》不祥之器ニシテ、非ズ二君子之器ニ一。不シテレ得レ已ムヲ而用フレバレ之ヲ、以テ二恬《てん》淡ヲ一為スレ上ト。勝ツモ而不レ美《よ》シトセ。而モ美シトスルレ之ヲ者ハ、是レ楽シムレ殺スヲレ人ヲ也。夫レ楽シムレ殺スヲレ人ヲ者ハ、不レ可三以得二志于天下一矣。殺スコトレ人ヲ之レ衆《おほ》ケレバ、以テ二悲哀ヲ一泣クレ之ニ。戦ヒテ勝タバ以テ二喪礼ヲ一処スレ之ニ。

（老子、第三十一章）

語釈 ○［喪礼］葬式のときの作法。

設問 一 「不レ得レ已而用レ之、以二恬淡一為レ上」を平易な日本語に訳せ。

二 「不レ可三以得二志于天下一矣」をかなまじり文に書き下せ。

三 「勝而不レ美」とは、どういう意味か。

四 「以二悲哀一泣レ之」とは、どういう場合に、誰が泣くのか。

（東大）

［問題二五］

孟子曰《ク》、「今有《リ》二無名之指《ノ》屈《シテ》而不《ル》レ信《のビ》。非《ザル》二疾痛《シテ》害《アルニ》一レ事《ニ》也。如有二能信レ之者一、則《チ》不レ遠《シトセ》二秦楚之路《ヲ》一。為二指之不《ルガ》一レ若《しカ》レ人《ニ》也。指不《レバ》レ若《カ》レ人《ニ》、則《チ》知《ル》レ悪《にくムヲ》レ之《ヲ》。心不《レバ》レ若《カ》レ人《ニ》、則《チ》不レ知《ラ》レ悪《ムヲ》。此《レヲ》之《レ》謂《フ》レ不《ト》レ知《ラ》レ類《ヲ》也《ト》。」

（孟子、告子上）

語釈 ○［無名之指］くすり指。○［秦楚之路］遠くへだたった二つの地方を結ぶ道。

設問 一 「屈而不レ信。非二疾痛害一レ事也」とは、くすり指のどんな状態を言っているのか。簡潔に説明せよ。

二 「如有二能信レ之者一」を全文ひらがなで書き下せ。

三 「為二指之不一レ若レ人也」を平易な日本語に訳せ。

四 「不レ知レ類」とは、どのようなことを言っているのか。七十字以内に要約してしるせ。

［問題二一六］

諸子之学、皆出ヅ二於聖人一ニ。其ノ後愈ヽ遠クシテ、而愈ヽ失フ二其ノ真ヲ一。独リ曽子之学ハ、専ラ用心於内。故ニ伝ヘテレ之ヲ無シレ弊。観ルニ二於子思・孟子一ニ可シレ見ル矣。惜シイかな乎其ノ嘉言善行、不尽伝於世也。其ノ幸ニ存シテ而未ダルレ泯《ほろ》ビ者、学者其レ可ケンレ不ルレ尽クサレ心ヲ乎。

（朱子、論語集注）

設問

一　曽子は何時代の人で、誰の門弟か。次のA群では時代を、B群では人名を選んで、それぞれ示せ。

A　イ唐　ロ宋　ハ戦国　ニ春秋　ホ夏

B　イ孔子　ロ荀子　ハ朱子　ニ孟子　ホ荘子

二　「用心於内」の意味として、次のうち最もよいと思うものを選んでその符号を記せ。

イ　宮廷内の奸《かん》臣に用心した。

ロ　家庭内のことに用心した。

ハ　内政に心をそそいだ。

ニ　わが身の反省に心をそそいだ。

ホ　子女に心をそそいだ。

三　子思が書いたといわれている書は、次のうちどれか。

イ大学　ロ中庸　ハ論語　ニ孟子　ホ孝経

四　「学者」の意味として、次のうち最も妥当と思うものを選んで符号を記せ。

イ学問　ロ学者　ハ学ぶ　ニ学びの道　ホ学徒

五　「不尽伝於世」は「尽不伝於世」と書いたら意味がちがうか。ちがうなら両者に返り点と送りがなをつけ、意味を書け。

（東京学芸大）

【問題二七】

客ニ有リ下教ヘテ二燕《えん》王ニ一為ス二不死之道ヲ一者上。王使ム二人ヲシテ学バレ之ヲ。所使学者未及学而客死。王大イニ怒リテ誅スレ之ヲ。王不シテレ知ラ二客ノ欺クヲレ己ヲ、而誅セル二学ブ者之晩《おそ》キヲ一也。夫レ信ジテ二不ルレ然ラ之物ヲ一、而誅スルハ二無キレ罪之臣ヲ一、不ルレ察セ之患《うれへ》也。且ツ人ノ所レ急トスル、無シレ如クハ二其ノ身ニ一。不レ能ハ三自ラ使ムル二其レヲシテ無カラレ死。安能使二王長生一哉。

（韓非子）

語釈 ○［不レ然之物］道理の上から、そうならないもの。

設問

一 「所使学者未及学而客死」の読み方として正しいものを次の中から一つ選べ。

イ 所ハレ使メシ二学者ヲシテ未ダラレ及バレ学ブニ而客ノ死ナリ。

ロ 所ハレ使フ二学者ヲ一未ダルナリレ及バ二学ンデ而客ノ死ニ一。

ハ 所ハレ使メシ二学者ヲシテ未ダラレ及バ学ブナリ二而客ノ死ヲ一。

ニ 所ノレ使ムルレ学バ者未ダレ及バレ学ブニ二而客ノ死ヲ一。

ホ 所ノレ使ムルレ学バ者未ダシテレ及バレ学ブニ而客死セリ。

二 「人所レ急、無レ如二其身一」を口語に訳せ。

三 「安能使二王長生一哉」を書き下し文に改め、漢字にはその右側にひらがなで読み方をつけよ。（「使」「哉」は、かな書きとする）

四 次の「之」と「其」は、それぞれ何をさすか。文中の語で答えよ。
イ「王使二人学レ之」の「之」

ロ「不レ能三自使二其無レ死」の「其」（国学院大）

第六章　日本の漢文学

第一節　中国文化の伝来

一　阿直岐と王仁

　中国文化が日本に伝わった初めは、西暦何年というようにはっきりとは定められない。はるかな上古から、九州地方と中国との間には、東シナ海を渡り、もしくは朝鮮半島を経由して、往来があった。それによって中国の文物も日本に伝えられたことだろうし、漢字と中国語も、少しずつ伝わっていたにちがいない。

　それを裏書きするように、中国の古い記録には、日本について書いたものがある。たとえば晋《しん》の陳寿《ちんじゅ》（二三三―二九七）が書いた正史「三国志」の中の「魏志」に「倭人《わじん》伝」という一章があり、朝鮮半島から「対島《つしま》国」を経て「耶馬台《やまと》」へ至るコースと、倭国（すなわ

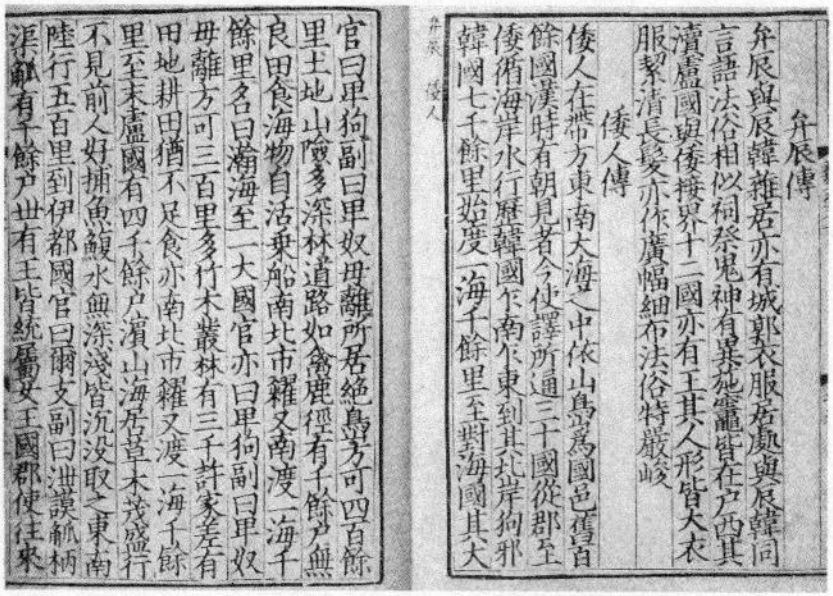

弁辰傳
弁辰與辰韓雜居亦有城郭衣服居處與辰韓同
言語法俗相似祠祭鬼神有異施竈皆在戸西其
瀆盧國與倭接界十二國亦有王其人形皆大衣
服絜清長髪亦作廣幅細布法俗特嚴峻
倭人傳
倭人在帶方東南大海之中依山島為國邑舊百
餘國漢時有朝見者今使譯所通三十國從郡至
倭循海岸水行歴韓國乍南乍東到其北岸狗邪
韓國七千餘里始度一海千餘里至對海國其大
弁辰　倭人

官曰卑狗副曰卑奴母離所居絶島方可四百餘
里土地山險多深林道路如禽鹿徑有千餘戸無
良田食海物自活乗船南北市糴又南渡一海千
餘里名曰瀚海至一大國官亦曰卑狗副曰卑奴
母離方可三百里多竹木叢林有三千許家差有
田地耕田猶不足食亦南北市糴又渡一海千餘
里至末盧國有四千餘戸濵山海居草木茂盛行
不見前人好捕魚鰒水無深淺皆沉没取之東南
陸行五百里到伊都國官曰爾支副曰泄謨觚柄
渠觚有千餘戸世有王皆統屬女王國郡使往來

魏志倭人伝（日本の３世紀頃の状況がみえる）

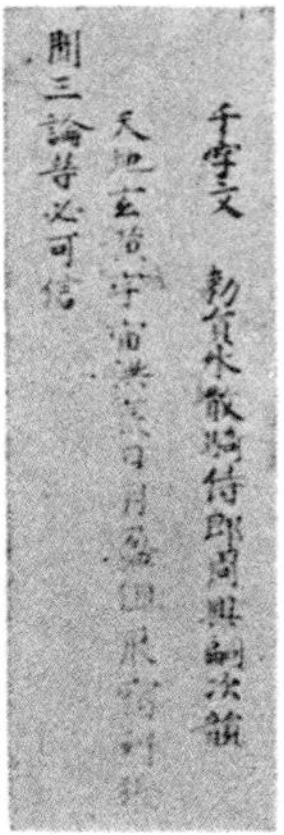

千字文

ち日本）の物産・風俗などについての説明があり、また、倭国は七、八十年も内乱が続いたすえ、みなが卑弥呼《ひみこ》という女性を王として立てた、女王は魏の景初二年（二三八）、中国へ使者を送って貢物《みつぎもの》をとどけさせた、などと書いてある。そして日本でも、博多からは「漢倭奴国王」と彫《ほ》った金印が発掘されているのである。

しかし、一国の文化が他国へ流れこみ、影響をあたえるためには、受容するほうでも、ある程度以上に文化が進んでいなければならない。日本人が中国文化に明瞭な関心を示したのは、応神天皇の十五年、百済《くだら》王の使者阿直岐《あちき》が来朝したときからである。もっともこれは、「日本書紀」の記事によったもので、応神天皇の十五年というのが西暦何年にあたるのか確定できないし、記録そのものにも、伝説的な部分が含まれているのかもしれない。だが、これをいちおう信用すれば、たぶん五世紀の初頭、中国では晋の南渡からまもないころ、日本人は中国文化を学ぼうとする意欲を示しはじめたことになる。

阿直岐は外交使節として来朝したのだが、なかなかの学者だったらしく、皇子の菟道稚《うじのわき》郎子《いらつこ》がこの人について、読書を学んだ。そのとき天皇が阿直岐に、百済にはお前以上の学者がいるかとたずねたところ、王仁《わに》という者がおりますと答えたので、朝廷では王仁を正式に招聘《へい》することとした。

翌年の春、王仁は日本に着いて、「論語」と「千字文」を献上した。これが中国の書籍の日本に渡来した最初だといわれるが、これはもちろん、「正式に渡来した最初」というべきであろう。「千字文」は一千字の漢字を四字一句ずつの韻文にした、文字をおぼえるための教科書である。この二つの書物をテキストにして、菟道稚郎子は、王仁から漢文を読むことを習った。

当時の教授法がどのようなものだったかは、全くわからない。しかし、外国語の文章を習うのに、昔も今もそう違いがあるはずはないから、たぶん原文をまず中国語で読み、それを朝鮮語または日本語に訳して理解したにちがいない。朝鮮半島は秦・漢のころから中国の支配下にあったので、中国語は広く行きわたっていたはずだし、ことに王仁のような知識人は、中国語で「論語」などを読みこなしていたに相違ないのである。したがって菟道稚郎子も、中国語をおぼえ、それで漢文を読んだことであろう。

もっとも朝鮮の人たちは、漢文を読むのに、特別の工夫をしていた。朝鮮語は日本語と同様、テ・ニ・ヲ・ハに相当する助詞もあれば、動詞の活用もある。そこで朝鮮語の文章を書くとき(朝鮮の文字、いわゆる諺文《おんもん》は十五世紀ごろにできたもので、古い時代には、漢字だけで書くほかはなかった)、漢文を用いながら、その間に朝鮮語の助詞や助動詞などを、漢字のあて字を使って書き入れた。ちょうど日本の「万葉集」と同じ書きかたになるわけである。

したがって漢文を読むときにも、当然、漢語に朝鮮語を補足しつつ読んだわけで、このような書きかたや読みかたを、朝鮮では**吏読**《りとう》といった。

吏読の発明者は新羅《しらぎ》の**薛聡**《せつそう》という人だと伝えられるが、これは王仁よりも四百年あまり後世にあたる。しかし、吏読のような方法が一人の創意工夫によって作られたとは信じられないことであって、長い年月にわたる大勢の人々の知恵と努力とが、薛聡によって完成されたのだと考えるべきであろう。そうだとすれば、百済の王仁も、吏読の原始的な形は使っていた可能性がある。菟道稚郎子《うじのわきいらつこ》に教えたときも、中国語だけではなく、このような方法も併用されたかもしれない。

二　万葉がな

王仁の渡来したあと、中国や朝鮮から次々と**帰化人**が来た。かれらの中には機織《はたお》りなどの技術を伝えたものもあったが、一部には文字を読み、文章を書くことを専業とする人々があって、記録の作製や外交文書の執筆などにあたった。これらの人たちによって、**漢字と漢文は、さらに一般化**したのである。

その結果、いままでは記録する方法のなかった日本語が、漢字によって記録できるようになった。ただし、その方法には二通りある。一つは日本語をそのままに漢字であらわす方法、もう一つは日本語を漢文に翻訳して書く方法である。

前者の方法によって使われた漢字を、万葉がなという。奈良時代末期に作られた「万葉集」が、その代表的なものだからである。

「万葉集」は日本語の歌を、全部漢字で書きしるしたもので、その表記法には、次のような種類がある。

1漢字の音を使ったもの　也麻―やま　波奈―はな　など。

この場合、「也」「波」などの漢字は、その発音だけが借用されているのであって、意味の方は全く関係がない。

2漢字の訓を使ったもの　山―やま　河―かわ　など。

この場合は、「やま」という日本語と意味のひとしい漢字を持ってきて、「也麻」のかわりに使った。この方法は一字の漢字だけとは限らず、

往来―かよふ　辛苦―くるし

というように、漢字二字から成ることばをあてはめて使うこともある。それがもっと長くなった例は、

雖待不来―までどきまさぬ

のように、一句をそのまま漢文に翻訳してしまったものもある。

ただし、訓を使う場合は、日本語と漢字の意味が同じになるとはかぎらない。日本語のテニヲハにあたることばは、漢字では表現できないので、しばしば漢字を訓でよんだとき

のあて字が使われる。

歯—は　鴨—かも（三笠の山に出でし月かものカモ）

3隠語を用いたもの　玄黄—あめつち　山上復有山—いづ

「千字文」の最初の一句が「天地玄黄」なので、「あめつち」を「天地」と書けば2のケースとなるところを、わざと「玄黄」と書いた。また、「山の上に復《ま》た山がある」のは「出」という字だから、「いづ」という動詞を「山上復有山」と書いた。このように謎めいた使いかたも、少数ではあるが見かけられる。

〔例文六四〕

遊ブ二於松浦《まつら》河一ニ贈答歌幷ビニ序　大伴旅人

于《に》レ時日落チ二山西一、①驪《り》馬将ニレ去ラント。遂ニ②申《のべ》二③懐抱ヲ一、因リテ贈リテ二詠歌ヲ一曰ク、

④阿《あ》佐《さ》里《り》須《す》流《る》　阿《あ》末《ま》能《の》古《こ》等《ど》母《も》等《と》

比《ひ》得《と》波《は》伊《い》倍《へ》騰《ど》

美《み》流《る》爾《に》⑤之《し》良《ら》延《え》奴《ぬ》　⑥有《う》麻《ま》必《び》等《と》能《の》古《こ》等《と》

答詩ニ曰ク、

多《た》麻《ま》之《し》末《ま》能《の》　許《こ》能《の》可《か》波《は》加《か》美《み》爾《に》

伊返《いへ》波阿《はあ》礼騰《れど》
吉美《きみ》乎《を》⑦夜佐之美《やさしみ》　阿良波佐受阿利吉《あらはさずありき》（万葉集、巻五）

書下し文

松浦河《まつらがわ》に遊《あそ》ぶ贈答歌《ぞうとうか》并《なら》びに序《じよ》　大伴旅人《おおとものたびと》

時《とき》に日山《ひやま》の西《にし》に落《お》ち、驪馬《りば》将《まさ》に去《さ》らんとす。遂《つい》に懐抱《かいほう》を申《の》べ、因《よ》りて詠歌《えいか》を贈《おく》りて曰《いわ》く、

漁《あさり》する海人《あま》の児《こ》どもと人《ひと》はいえど見《み》るに知《し》らえぬ良人《うまびと》の子《こ》と

答詩《とうし》に曰《いわ》く、

玉島《たましま》のこの川上《かわかみ》に家《いえ》はあれど君《きみ》を恥《やさ》しみ顕《あらわ》さずありき

語釈　①［驪馬］黒毛の馬。漢詩では、送別の詩に、別れて去る人が乗る馬として、しばしばうたわれる。②［申］のべる。「伸」に同じ。③［懐抱］胸の中に抱いている思い。④［阿佐里］本文で説明した万葉がなの1のケースである。「あさり」は探すこと。ここでは魚・貝などを探すこと。⑤［之良延奴］知られた。わかった。⑥［有麻必等］家がらの正しい人。⑦［夜佐之美］恥ずかしく感じて。恥ずかしいので。

通釈　時に、日は山の西に落ちて、（私の馬は）今や立ち去ろうとした（別れようとした）。そこで心の中を述べようと、歌を贈った。その歌は、

魚取りをする、漁師の子どもだと、あなたはおっしゃるが、良家の子だということは、見る

からに知られます。
すると（乙女たちは）返歌でこういった。
実はこの玉島川の川上に、家はあることはありますが、あなたに対しての恥ずかしさに、ハッキリ言わずにおりました。

解説　この文章は、表題にある序文の最後の部分だけをあげたものである。全体の筋は、作者が松浦河の玉の島の淵に遊んだとき、魚を釣る美しい乙女に会って問答を交し、楽しい一刻を過ごしたことを述べている。このような筋は、中国の辞賦や小説にしばしば見られるもので、この文では特に、唐代小説の「遊仙窟《ゆうせんくつ》」（八六ページ参照）の影響が多いように見える。「申二懐抱一」などという一句は、「遊仙窟」の文章をそのまま借用したものである。「遊仙窟」は、谷間の奥へ分け入った主人公が、絶世の美人と会い、一夜の歓を尽くす話で、旅人はおそらくこの小説を念頭におきながら、文章を書いたのにちがいない。

「万葉集」と同様に和文を漢字でしるしたものには、天皇の命令を伝える宣命《せんみょう》・神を祭るときの祝詞《のりと》がある。どちらも儀式的な文章だから、総体に漢文的なかたい調子で書かれ、テニヲハや動詞・形容詞の活用語尾などだけに、漢字のあて字が使われている。たとえば、

人爾―ひとに　感天―かんじて　礼等楽等―れいとがくと　賜比―たまひ

こうした調子で書かれた文章の、あて字の部分をかなで書けば、私たちがいま使っている漢字かなまじり文の書きかたと、かなり接近したものができるわけである。あるいは、あ

て字の部分をカタカナで小さく書けば、漢文訓読の送りがなに相当するといってもよい。

三　日本書紀

さっき書いた第二の方法、つまり日本語を漢文に翻訳したものについて、これから書く。翻訳という方法はめんどうなようだが、近江・奈良朝時代の知識人はみな漢文を読み習っていたので、ものを書くときには、万葉がなのようなあて字を考えるよりも、いっそ漢文で書いたほうが、文章も短くてすむし、かえって手軽だったかもしれない。平生漢文ばかり読んでいると、発想法も自然と漢文的になるから、文章を書くときにも、先ず漢文的な表現の方が頭に浮かぶわけである。

それにしても、はじめのうちは、正式の文書は帰化人が書いたのであろう。中国の歴史書である「宋書」夷蛮《いばん》伝に、昇明二年（四七八）、日本国王の使者が来て呈出した文書をのせているが、それは完全な漢文で、中国の帰化人でなければ、これほどの文章は書けなかったろうと思われる。

たしかに日本人が書いた漢文として最古のものは、推古天皇の十二年（六〇四）、聖徳太子が発布した十七条憲法である。この文章は多少日本語的な表現も見られるが、正式な漢文で書かれており、当時の日本人がかなりの程度まで漢文を読みこなしていたのを知ることができる。

〔例文六五〕

十七条憲法

聖徳太子

①以テレ和ヲ為シレ貴シト、無キヲレ②忤《さから》フコト③為《せ》ヨレ宗ト。人皆有リレ④党《たむら》。亦少シニ達《さと》レル者一。是ヲ以テ、或ヒハ不レ順《したが》ハ二君ト父一ニ。⑤乍《また》違フ二于⑥隣里一ニ。然レドモ⑦上和《やはら》ギ下睦《むつ》ビテ、⑧諧《かな》ヘバ二於論《あげつら》フニ一レ事ヲ、則チ事理自《おのづか》ラ通ヒ、何事カ不ランレ成ラ。

書下し文

十七条憲法　和《わ》を以《もっ》て貴《とうと》しと為《な》し、忤《さから》うこと無《な》きを宗《むね》とせよ。人皆党《ひとみなたむら》あり。亦達《またさと》れる者少《ものすくな》し。是《ここ》を以《もっ》て、或《あ》いは君《きみ》と父《ちち》に順《したが》わず。乍隣里《またりんり》に違《たが》う。然《しか》れども上和《かみやわら》ぎ下睦《しもむつ》びて、事《こと》を論《あげつら》うに諧《かな》えば、則《すなわ》ち事理《じり》自《おのず》から通《かよ》い、何事《なにごと》か成《な》らざらん。

語釈

①「以レ和為レ貴」仲よくすることをたいせつにする。論語、学而《がくじ》篇に「礼ハ之レ用《もつ》テレ和ヲ為レ貴シト」とあるのにもとづく。②「忤」物事に（または他人）に逆らう。③「為レ宗」第一にたいせつにする。④「党」なかま。党派。氏族が徒党を作っていたことをさす。⑤「乍」通常は「たちまち」の意味に用いる助字だが、六朝から唐へかけての文章には「或…乍…」という構文で、「…したり、…したり」の意味をあらわすことがある。ここはその構文を用いたもの。⑥「隣里」隣近所。周代の行政区画では、五家を隣とし、五隣を里とする。⑦「上和下睦」上流階級も下層の人も、みな仲よく平和にする。千字文に「上和下睦、夫唱婦随」とあるのにもとづく。⑧「諧二於論一レ事」互いに十分に意見を述べ合う。「諧」はととのう。調和する。

通釈 お互いに仲良くし合うのを貴いこととし、物事《ものごと》に逆らうことのないのを第一とせよ。人は誰でも（仲間や親類などの）徒党があるし、よくわけのわかった人は少ない。そのために、当然従うべき主君や父（の命令）に従わなかったり、また隣近所の人たちと仲たがいしたりする。しかし、上下の者が仲よくして、問題をうまく話し合えば、事の道理が自然と通じ、どんな事でも成功しないことはない。

解説 十七条憲法のうち、最初の第一条である。**聖徳太子**（五七二―六二二）は用明天皇の第一皇子で推古天皇の摂政をつとめた。幼少より聡明で、一時に十人の訴えを聞いて誤ることがなかったため、豊聡耳皇子《とよさとみみのみこ》・八耳皇子と称されたことは有名な話である。十七条の憲法は、日本最初の成文法であるが、現代の憲法とは異なって、いわば役人心得のようなものである。冒頭に論旨をかかげ、以下にその説明がつくという形をとっている点に注意してほしい。すなわち、「以レ和為レ貴」がこの一条の趣旨で、あとの文章はその説明である。

それから百年あまりたったのち、元明天皇の和銅五年（七一二）、**太安万侶**《おおのやすまろ》が勅命によって上古からの伝誦を記録し、「**古事記**」を作った。中国では、ちょうど唐の玄宗が即位した年にあたる。

「古事記」の文体は漢文を中心とするが、純粋な漢文ではない。たとえば、

国稚如二浮脂一而、久羅下那須多陀用幣琉之時琉字以上十字以レ音

とあり、上の句は漢文として読めるが、下の「久」から「琉」までの十字は、音《おん》で読めと

注記がしてある。つまり「くらげなすただよへる」と読むわけである。このような日本語は、そのまま漢文に翻訳することはできない。翻訳すれば全く別の表現となってしまうので、原文の味わいを出すために、ここは万葉がなの方式を用いたのであろう。

日本は島国だから、日本人は昔から海洋についての知識が豊富である。「くらげなす（くらげのように）」と言えば、日本人は誰でも、ふわふわした状態を想像できる。ところが中国文化は中原《ちゅうげん》という内陸部から開けたので、海の知識には乏しい。くらげと言ってみたところで、大部分の中国人には、なんのことかわからなかったろう。だから「くらげなす」という日本語は、純粋な漢文には翻訳不可能だったのである。

「古事記」は稗田阿礼《ひえだのあれ》の口述にもとづいて太安万侶が書いたといわれる。阿礼の語りかたをなるべく残そうとしたために、安万侶は純粋な漢文体をとらなかったのであろう。かれが漢文に熟達していた証拠に、「古事記」の序文はよく整った、六朝《りくちょう》風の駢《べん》文で書かれている。これだけの漢文が書ける人は当時にも少なかったろうし、だからこそ天皇から「古事記」筆録の命令を受けたのであろう。

これに対して、もっぱら漢文で日本の歴史を書いたのが「日本書紀」である。この書物は元正天皇の養老四年（七二〇）に完成したもので、神代から持統天皇の十一年（六九七）までの歴史を編年体（一七二ページ参照）でしるし、三十巻としている。編者は天武天皇の皇子舎人《とねり》親王となっているが、親王一人の著述ではなく、大勢の学者の分担執筆によるものらしい。

「日本書紀」の文章は、「古事記」にくらべれば、はるかに純粋な漢文といえる。ただし、その漢文の模範となったのは中国の歴史書の文章であり、したがって日本歴史の史実を、むりに中国風に変えて書いた部分がある。文章を流麗な漢文とするために、事実の厳密な記録は、犠牲となっているわけである。これは、歴史書としては致命的な欠陥だが、漢文でこれだけの大部な書物が書かれたことは、(帰化人の援助がある程度はあったにしても) 当時の日本人の学力がかなり進んでいたことを示すものといえよう。

〔例文六六〕 ①入鹿誅滅

②戊申、③天皇御シ㆓④大極《ごく》殿㆒ニ、⑤古《ふる》人大兄《ひとノおほえ》侍ス焉。⑥中臣鎌子《とみノかまこノ》連《むらじ》、知リテ㆓蘇我ノ入鹿ノ臣《おみノ》⑦為リ㆑人ト多ク㆑疑ヒ、昼夜持スルヲ㆑剣ヲ、而教ヘテ⑧㆓俳優ニ㆒⑨方便シテ令ム㆑解カ。入鹿ノ臣⑩咲《わらヒテ》而解キ㆑剣ヲ、入リテ侍ス㆓于座ニ㆒。⑪倉山田麻呂ノ臣進ミテ而読㆓唱ス⑫三韓ノ表文ヲ㆒。於テ㆑是ニ⑬中大兄戒メ⑭㆓衛門府ニ㆒、一時ニ倶ニ⑮鏁《とざ》シ⑯㆓十二通門ヲ㆒、勿シ㆑使ムル㆓往来セ㆒。召㆓聚シ衛門府ヲ於一所ニ㆒、将ニ㆑給ハント㆑⑰禄ヲ。(日本書紀、皇極紀)

書下し文 入鹿誅滅《いるかちゅうめつ》　戊申《ぼしん》、天皇大極殿《てんのうだいごくでん》に御《ぎょ》し、古人大兄《ふるひとのおおえ》侍《じ》す。中臣鎌子連《なかとみのかまこのむらじ》、蘇我《そが》の入鹿《いるか》の臣《おみ》の人《ひと》と為《な》り疑《うたが》い多《おお》く、昼夜剣《ちゅうやけん》を持《じ》するを知《し》りて、俳優《はいゆう》に教《おし》えて方便《ほうべん》して解《と》かしむ。入鹿《いるか》の臣《おみ》咲《わら》いて剣《けん》を解《と》き、入《い》りて座《ざ》に侍《じ》す。倉山田麻呂臣《くらやまだのまろのおみ》進みて、三韓《さんかん》の表文《ひょうぶん》を読唱《どくしょう》す。是《ここ》に於《お》いて、中大兄《なかのおおえ》衛門府《もんふ》を戒《いまし》め、一時《いちじ》に俱《とも》に十二通門《じゅうにつうもん》を鏁《とざ》し、往来《おうらい》せしむる勿《な》し。衛門府《えもんふ》を一所《いっしょ》に召聚《しょうしゅう》し、将《まさ》に禄《ろく》を給《たま》わんとす。

語釈　①**「入鹿」**　蘇我入鹿《そがのいるか》（?—六四五）。飛鳥時代、皇極天皇のときに権勢をふるった大臣。皇極天皇の四年、中大兄皇子《なかのおおえの》、中臣鎌足《なかとみのかまたり》に殺された。以下の文章は、鎌足らが入鹿を暗殺する準備を進めるところの記述である。②**「戊申」**　日をあらわす（例文一二語釈①参照）。この戊申の日は、皇極天皇四年の六月十二日である。③**「天皇」**　皇極天皇をさす。④**「大極殿」**　朝廷の正殿。⑤**「古人大兄」**　舒明天皇の皇子。母は蘇我馬子の娘で、中大兄の異母兄にあたる。蘇我氏が皇位継承候補者として推していた人物で、蘇我氏滅亡の後、新政権に謀反をくわだてて殺された。「大兄」は皇位継承候補者にあたえられる称号。⑥**「中臣鎌子連」**　六一四—六六九。のちの藤原鎌足《かまたり》。隋唐に留学した僧旻《みん》、南淵《みなぶちの》請安《しょうあん》らに師事して大陸の新知識を学び、はじめ軽《かるの》皇子（後の孝徳天皇）、ついで中大兄皇子の知遇を得、蘇我氏を滅して大化の改新を発足させた。以後、つねに中大兄皇子の片腕となって改新政治の実施をたすけた。「連」は群主《むらぬし》すなわち部族を統率する主の意で、上代の氏族制度時代に、主として神別（古代の氏族類別の一で、天神地祇《ちぎ》の末裔《まつえい》たる氏族）の者に賜わった。「臣」と並んで朝政にあずかった最高位。⑦**「為ㇾ人多ㇾ疑」**　人がらが疑い深い。警戒心の強い性格である。⑧**「俳優」**　「ワザヲギ」と訓ずる。滑稽なしぐさで歌舞などをする人。宮中の娯楽に奉仕した。⑨**「方便」**　うまく手段を使うこと。だますこと。⑩**「咲」**　発音・意味とも「笑」に同じ。⑪**「倉山田麻呂」**　正式には蘇我倉山田石川麻呂という。大化の改新によって右大臣となったが、讒言《ざんげん》により殺された。⑫**「三韓表文」**　三韓は高麗《こうらい》・百済《くだら》・新羅《しらぎ》。表文は三韓から「調（みつぎもの）」を贈って来たとき、それに添えてあった手紙。ただしこの時、三韓の表文がほんとうに来たのかどうか疑わしい点があり、中大兄らがにせの表文を作り、それを天皇に捧げる儀式をするからと言って、入鹿をおびき出したのだという説もある。⑬［中大兄］中大兄皇子（六二五―六七一）。後の天智天皇。父は舒明天皇、母は皇極天皇。このとき蘇我入鹿を滅ぼしたあと、中臣鎌子らと協力し、孝徳天皇・斉明《さいめい》天皇の皇太子として大化改新を推進し、斉明天皇のあとを受けて即位した。⑭［衛門府］宮門の護衛を管理する役所。⑮［鏁］かぎをかける。⑯［十二通門］皇居に出入する門。全部で十二あった。⑰［禄］恩賞。ほうび。

通釈 十二日、天皇は大極殿にお出ましになり、古人大兄皇子がお側に控えた。中臣鎌子連は、蘇我入鹿臣が猜疑心の強い性格で、昼も夜も剣を身から離さぬのを知り、俳優に言いつけて、（ふざけながら）うまくだまして剣をとかせた。入鹿臣は笑いながら剣をはずして殿中に入り、席に着いた。倉山田麻呂臣は御前に進み出て三韓の上表文を読みあげた。この時中大兄皇子は衛門府の武士たちにいっせいに十二の宮門を閉じさせ、通行を遮断した。さらに衛門府の武士たちを一か所に集めて、（味方についた）ほうびを与えようと約束された。

解説 このあとに、中大兄らが朝廷内にはいり、入鹿を殺すところの描写が続く。全体に事実を淡々としるす筆づかいであるが、描写はかなりこまかく、登場人物の動きがリアルに描き出されている。文章も漢文の史書の文体をよく模倣しているが、ところどころ漢文としてはおかしい点もある。たとえば「将レ給レ禄」はそのまま読むと「禄を給わろうとした」という意味にしかならないが、筆者の意図では、「禄をやるぞと約束した」と書いているつもりなのである。「日本書紀」は「古事記」と同じく、古い言葉で読まれたので、現在の漢文訓読の調子とは違う。当初の読みかたは**古訓**といって、「書紀」の古い写本にそのあとが残っている。しかしここでは、現在の漢文訓読法に従って訓点をつけた。

また、元明天皇の和銅六年（七一三）、諸国に命令を下して、各地の地名・物産・風俗・伝説などを報告させた。この結果、諸国から中央へ送られた報告書を「**風土記**《ふどき》」と総称するが、いまでは常陸・出雲・播磨・肥前・豊後の五風土記しか残っていない。これらの風土記の中には、「古事記」風の文章を使ったものもあり、「日本書紀」風の純漢文もあって、文体もまちまちだし、表現の巧拙もある。しかし、諸国においてこれだけの書物が作られたのは、漢文の学問が広く各地へ行きわたっていたことの証拠となるものである。

［例文六七］　①伊香小江

古老ノ伝ヘテ曰ク、近江《あふみ》ノ国伊香ノ郡《こほり》②与《よ》胡《ご》ノ郷《さと》伊香ノ小江ハ在リ二郷ノ南一ニ也。③天《あめ》之八女《やをとめ》倶《とも》ニ為リテ二白鳥一ト、自リレ天而降リテ、浴ス二於江《うみ》之南ノ津《つ》ニ一。于《に》レ時④伊香刀美《いかとみ》在リ二於西ノ山ニ一。遥《はる》カニ見ルニ二白鳥ヲ一、其ノ形奇異ナリ。因リテ疑ヒテ二若シ是レ⑤神人《かみ》ト乎一、往キテ見ルニレ之ヲ、実ニ是レ神人也。於テレ是ニ伊香刀美即チ生ジテ二感愛ヲ一、不レ得二還リ去ルヲ一。窃《ひそ》カニ遣シ二白犬ヲ一、盗ミ二取ラシムルニ⑥天羽衣《あめのはごろも》ヲ一、得テ二隠ス⑦弟《いろと》ノ衣ヲ一。天女《あまつをとめ》乃チ知リテ、其ノ兄《いろね》七人ハ飛㆓昇スルニ天上㆒、其弟一人ハ不㆑得㆓飛ビ去㆒ルヲ⑧。天路《あまぢ》永ク塞《とざ》シテ、即チ為㆓ル⑨地《くにつ》民《ひと》ト㆒。天女ノ浴セル浦《うら》ヲ、今謂フハ㆓神ノ浦㆒ト是レ也。伊香刀美与㆓天女ノ弟女《いろと》㆒共ニ為㆓リテ⑩室家ト㆒、居㆓ス於此処《ここ》ニ㆒。遂ニ生㆓ム⑪男女ヲ㆒。男二タリ女二タリナリ。兄ノ名ハ意美志留《おみしる》、弟ノ名ハ那志登美《なしとみ》、女《むすめ》ハ伊是理比咩《いぜりひめ》、次ノ名ハ奈是理比売《なぜりひめ》。此《こ》ハ伊香《いかごの》連《むらじ》等之先祖、是レ也。後ニ、母《いろは》即チ捜㆓シ取リ天羽衣ヲ㆒、着テ而昇㆑ルニ天。伊香刀美、独リ守㆓リテ⑫空床ヲ㆒、唫《ながめ》⑬詠ズルコト不ト㆑断《や》マ。

（風土記逸文）

書下し文

伊香小江《いかごのおうみ》 古老《ころう》の伝《つた》えて曰《いわ》く、「近江《おうみ》の国伊香《くにいかご》の郡与胡《こおりよご》の郷伊香《さといかご》の小江《おうみ》は郷《さと》の南《みなみ》に在《あ》り。天《あめ》の八女《やおとめ》、倶《とも》に白鳥《しらとり》と為《な》りて、天《あめ》より降《くだ》りて、江《うみ》の南《みなみ》の津《つ》に浴《あみ》す。時《とき》に伊香刀美《いかとみ》、西《にし》の山《やま》に在《あ》り。遥《はる》かに白鳥《しらとり》を見《み》るに、其《そ》の形奇異《かたちきい》なり。因《よ》りて若《も》し是《こ》れ神人《かみ》かと疑《うたが》いて、往《ゆ》きて之《これ》を見《み》るに、実《まこと》に是《こ》れ神人《かみ》なり。是《ここ》に於《おい》て伊香刀美《いかとみ》即《すなわ》ち感愛《かんあい》を生《しょう》じて、還《かえ》り去《さ》るを得《え》ず。窃《ひそ》かに白犬《しらいぬ》を遣《つかわ》し、天《あめ》の羽衣《はごろも》を盗《ぬす》み取《と》らしむるに、弟《いろと》の衣《ころも》を得《え》て隠《かく》す。天女乃《あまつおとめすなわ》ち知《し》りて、其《そ》の兄七人《いろねななたり》は天上《てんじょう》に飛昇《ひしょう》するに、其《そ》の弟一人《いろとひとり》は飛《と》び去《さ》るを得《え》ず。天路《あまじ》永《なが》く塞《とざ》して、即《すなわ》ち地民《くにつひと》と為《な》る。天女《あまつおとめ》の浴《あみ》せる浦《うら》を、今神《いまかみ》の浦《うら》と謂《い》うは是《こ》れなり。伊香刀美《いかとみ》天女《あまつおとめ》の弟女《いろと》と共《とも》に室家《しつか》と為《な》りて、此処《ここ》に居《きょ》す。遂《つい》に男女《だんじょ》を生《う》む。男二《おのこふ》たり女二《おとめふ》たりなり。兄《いろね》の名《な》は意美志留《おみしる》、弟《いろと》の名《な》は那志登美《なしとみ》、女《むすめ》は伊是理比咩《いぜりひめ》、次《つぎ》の名《な》は奈是理比売《なぜりひめ》。此《こ》は伊香連等《いかごのむらじら》の先祖《せんぞ》、是《こ》れなり。後《のち》に、母即《いろはすなわ》ち天羽衣《あまつはごろも》を捜《さが》し取《と》り、着《き》て天《あめ》に昇《のぼ》る。伊香刀美《いかとみ》、独《ひと》り空床《くうしょう》を守《まも》りて、唫《なが》め詠《えい》ずること断《や》まず」と。

語釈　①［伊香小江］滋賀県の余呉湖のこと。琵琶湖を大江というのに対して小江という。②［与胡郷］現在の滋賀県伊香郡余呉村。余呉湖の東北方にある。③［天之八女］天女が八人。ここの天女は高天原《たかまがはら》の女神ではなく、神仙の世界にいる女性。④［伊香刀美］中臣氏の系図に天児屋根命《あめのこやねのみこと》の五世孫に伊賀津臣とある人物。⑤［神人］人の姿となって現われた神をいう。⑥［天羽衣］天上を飛行できる霊力をもった着物。⑦［弟］年下の者。男女ともに用いる。ここでは八人の天女の中の最年少者。⑧［天路］天上への通路。⑨［地民］地上の人間。神ではなく、ふつうの人間。⑩［室家］夫婦。⑪［男女］息子と娘。⑫［空床］空《から》になった寝台。ここでは妻のいない寝台。⑬［唫詠］「唫」は「吟」に同じ。ここでは嘆息すること。

通釈　古老が語り伝えている話に、次のようなものがある。近江の国伊香郡、与胡の郷《さと》の伊香《いかご》の湖は、郷の南にある。天女が八人、みんな白鳥となって、天から降りてきて、湖の南の津で水浴をしていた。そのとき伊香刀美という者が、西の山にいて、遥かにこの白鳥を見かけたが、その形が（ふつうの白鳥と違って）珍しい。そこで、もしや神女ではあるまいかと思って、そばに行ってみると、果して神女であった。そこで伊香刀美はたちまち、惚《ほ》れ惚れしてしまい、そこを去ることができなくなった。こっそり白犬をやって、天女の天の羽衣を盗み取らせたところ、一番年の若い天女の衣を取ってきたので、隠しておいた。天女たちはそれと気づいて、年上の天女七人は天に飛び上がったが、一番年下の一人だけは飛び上がることができず、天上との通路は永久にとざされて、地上の人間となってしまった。天女が水浴した浦を、今、神の浦というのはこのためである。

　伊香刀美は天女と夫婦になってここに住んだ。（二人の間には）男の子二人と女の子二人が生まれた。兄の名は意美志留《おみしる》、弟の名は那志登美《なしとみ》、姉の名は伊是理比咩《いぜりひめ》、妹の名は奈是理比売《なぜりひめ》で、これらは伊香の連等の祖先である。後に母親（伊香刀美の妻）は、天の羽衣を探しだし、それを着て天に昇って行った。伊香刀美はひとり妻のいない寝床を見まもって、やむ時もなく嘆息するばかりであった。


解説　白鳥処女説話すなわち羽衣伝説のよくまとまった説話としては最も古い記録である。この説話の定型は、天女が羽衣を脱いで沐浴《もくよく》する↓人間の男性（主に漁師）が羽衣を盗み匿《かく》して天女に結婚をせまる↓結婚後若干の子女をもうける↓天女は匿された羽衣を発見して昇天する、という筋をもっている。

　本文は、近江国風土記の逸文と考えられているが、（近江国風土記は現在では完全な形のものが残っていない。他の書物に引用されたものが、この話のように断片をとどめている。これを逸文という）この定型をそなえており、その子たちはそれぞれ氏族の祖となっている。つまり白鳥処女説話が一つの家系の起源を神秘化するために利用されたものといってよい。このタイプの話は、古書にも種々見られるほか、民間にも天人女房の昔話、また各地の伝説としても行われている。「丹後風土記」の逸文の天女が和奈佐老夫《わなさおきな》の養女になる話、「竹取物語」のかぐや姫の物語などは、やはり羽衣伝説の変形したものと考えられる。

　このタイプの話は日本にかぎらず、世界に広く分布している。白鳥処女説話という呼びかたからして西欧で名づけられたものである。中国にも、鳥女房の話として「捜神記《そうしんき》」（三四一ページ参照）に記録されている。いま、風土記の文体と比較するために原文をかかげてみよう。

予章新喩県男子《ノ》、見《ル》三田中《ニ》有《ルヲ》二六七女一。皆衣《きルモ》二毛衣《ヲ》一、不レ知《ラ》二是《レ》鳥《ナルヲ》一。匍《ほ》匐《ふくシテ》往《キテ》得《テ》二其一女《ノ》所《ノ》レ解《キシ》毛衣《ヲ》一、取《リテ》蔵《ス》レ之《ヲ》。即《チ》往《キテ》就《ク》二諸鳥《ニ》一。諸鳥各飛《ビテ》去《ル》。一鳥《ノミ》独《リ》不レ得レ去《ルヲ》。男子取《リテ》以《テ》為《ス》レ婦《ト》。生《ム》二三女《ヲ》一。其母後《ニ》使《メ》二女《ヲシテ》問《ハ》レ父《ニ》、知《リテ》三衣《ノ》在《ルヲ》二積稲下《ニ》一、得《タリ》レ之《ヲ》。衣《きテ》而飛《ビ》去《ル》。後《ニ》復《また》以迎《フ》二三女《ヲ》一。女亦《モ》得《タリ》二飛《ビ》去《ルヲ》一。（捜神記巻十四）

（注）〔匍匐〕はって行く。〔就二諸鳥一〕鳥どものそばに近づく。〔積稲〕積んである稲束。男がここに毛衣（羽衣）をかくしておいたのである。

四　懐風藻

歴史書や宣命の文章、ないし外交文書などは、いわば実用的な漢文だが、そのほかに漢詩を鑑賞するだけでなく、自分でも作ってみようとする風潮が、しだいにさかんとなってきた。その最初は、もちろん明瞭でないが、現存する資料によるかぎり、天智天皇の時代には宮中の宴会などのとき、漢詩を作って天皇に捧げることがおこなわれていた。六朝《りくちょう》・唐の宮廷と同じ習慣が、日本にも発生していたわけである。「万葉集」の歌人の中で、漢詩を残している人も少なくない。それらの作品を集めた日本最古の漢詩集が、「懐風藻《かいふうそう》」である。弘文天皇以下、奈良朝中期までの作品百二十首を集め、一巻としている。序文があって、孝謙天皇の天平勝宝三年（七五一）に作られたことはわかるが、編者が誰かは、しるされていない。奈良朝末期の有名な学者淡海三船《おうみのみふね》の編だとする説もあるが、確実な証拠はない。

「懐風藻」におさめられた詩には、五言詩が圧倒的に多く、その詩形も表現も、**六朝詩を手本**としている。「懐風藻」がカヴァする時代は、中国では初唐から盛唐に相当し、六朝詩に対する新しい詩風が生まれつつあった時期だが、交通が不便な当時のことだから、中国の最新の詩風がすぐに伝わるのは、不可能であった。奈良朝の漢詩人たちは、約二百年前、中国の南朝末期に流行した詩風を学ぶほかはなかったのである。

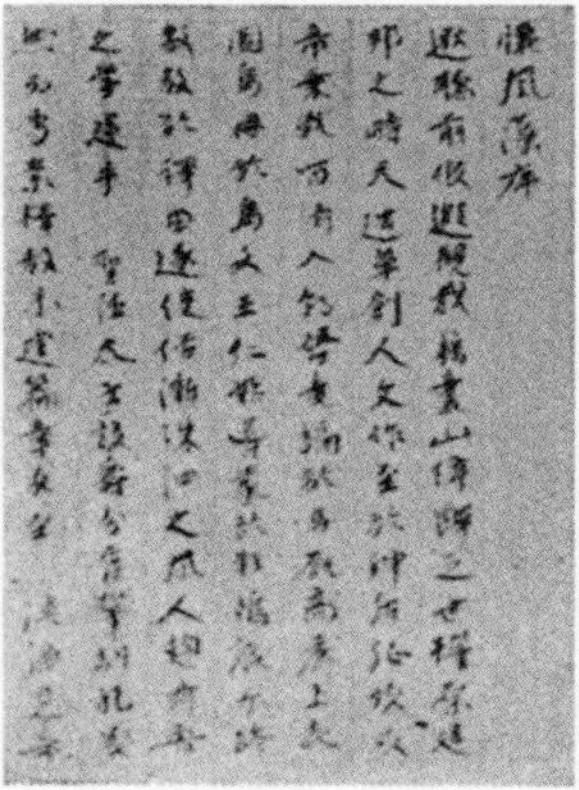

懐風藻の序文

〔例文六八〕

臨終　大津皇子

金①烏《う》臨《ミ》㆓②西舎《ニ》㆒　鼓③声催《ス》㆓④短命《ヲ》㆒

泉⑤路無シ二賓⑥主一　此ノ夕誰《た》ガ家ニカ向ハン（懐風藻）

書下し文

臨終《りんじゅう》　大津皇子《おおつのみこ》

金烏《きんう》西舎《せいしゃ》に臨《のぞ》み　鼓声短命《こせいたんめい》を催《もよお》す

泉路《せんろ》賓主《ひんしゅ》無し　此《こ》の夕《ゆうべ》誰《た》が家《いえ》にか向《むか》わん

語釈

①［**金烏**］太陽のこと。太陽の中には三本足のカラスがいると信じられ、かつ太陽は貴いものだから、「金」の形容詞をつけた。②［**西舎**］西のはてにある建物。太陽は一日に東のはてから西のはてまで旅行をし、西のはての建物に宿ると考えられた。③［**鼓声**］つづみの音。時刻を告げるのに用いる。ここでは夕方を知らせるつづみの音。④［**催**］さいそくする。せきたてる。⑤［**泉路**］黄泉への道。冥土への道。⑥［**賓主**］客とあるじ。

通釈

太陽は西のはての宿舎にはいろうとし（日が沈もうとし――人生が終りに近づいたことにたとえる）、夕べを告げる鼓の音は、短い生命を終るようにとせきたてる。これからの冥土への道には、客もあるじもない（私を客として迎えてくれるあるじがない）。今晩は、どの家へと向かったらよいのであろうか。

解説

大津皇子（六六三―六八六）は天武天皇の第三皇子で、天皇没後、新羅《しらぎ》の僧行心《こうじん》にそそのかされて反逆を謀《はか》ったが、事は未前に発覚し、訳語田《おさだ》の邸で死を賜った。二十四歳のときのことである。「臨終」はその時の辞世の詩（臨終の詩題は六朝詩にかなり多く見える）。「懐風藻」は遊宴などをテーマにしたものが多いが、この詩は素材的に極めて異色あるものなので古来高い評価をうけている。ただ、第一・二句のあたりには、やはり六朝詩の華麗な表現法の影響が見られる。

なお、皇子には短歌にも辞世の作があって、万葉集巻三に収められている。

ももづたふ磐余《いはれ》の池に鳴く鴨を
今日のみ見てや雲隠りなむ

五　遣唐使

聖徳太子が小野妹子《おののいもこ》を隋に派遣して正式の国交を開いたのは、推古天皇の十五年（六〇七）であった。その後、隋が滅亡して唐にかわると、日本では舒明天皇の二年（六三〇）、犬上御田鍬《いぬがみのみたすき》を派遣して、唐との国交を開いた。こうして隋・唐二王朝にわたり、約二百九十年の間に、日本から正式の使者、すなわち遣隋使・遣唐使を派遣したのは、二十回に近い。むろんそのほかに、非公式な商船の往復はいくらもあったので、海上交通に多くの危険がともなう当時としては、かなり頻繁な交渉があったといってよかろう。

遣隋使・遣唐使の船には、留学生や留学僧が同乗して行った。また、私的に、商船などに便乗して渡ったものもある。かれらが帰国したのち、新知識の紹介者として重要視されたことは、いうまでもない。ちょうど明治時代に欧米へ行った留学生が、帰国後は政治・経済・文化について大きな発言権を持ったのと、同じような状況だったのである。

もっとも、かれらの運命が常に幸福とはかぎらなかった。奈良朝に渡航した阿倍仲麻呂《あべのなかまろ》は、ちょうど玄宗皇帝の時代にあたり、王維や李白などの詩人たちとも親交を結んだが、帰国しようとして海上で遭難し、また中国に漂着してしまった。その後、ついに帰国の機会が得られず、故国を思いながら、異境で死んだ。だが、これは、まだ運のよいほうで、船とともに海中に沈んだ人の数も、少なくはなかったろう。こうした危険をおかしても、なお中国へ渡ろうとした人々の心をささえたのは、**高度の文化を吸収しようとする強い情熱**であった。

だが、遣唐使の渡航が多かったのは奈良朝までで、平安朝になると、しだいに回数が少なくなる。これは唐王朝の権威が下り坂になったことのほか、中国文化を吸収しようとする熱意が薄れていったことも原因となっているであろう。そして宇多天皇の寛平六年(八九四)、遣唐使はついに停止されてしまった。それから十三年後に、唐王朝は滅亡した。

第二節　平安時代の漢文学

一　訓読の発明

奈良朝までの日本人が漢文を読むときには、前にも書いたように、中国人と同様に中国語で読むか、朝鮮の吏読《りとう》の方法を応用して、ある程度日本語をはさみながら読んでいった。後者の方法は、現在私たちの周囲で、たとえば「デラックスなムードをエンジョイしましょう」などという、妙な日本語が通用するのと似ている。外国語に日本語の助詞「な」「を」をくっつけ、"let us"ということばは「しましょう」と翻訳してしまい、全体の語順を日本語流に直《なお》してしまう。もとの外国語には"the"とか"a"とかいうことばがはいっていても、それだけを単独では日本語に翻訳不可能だから、無視してしまう。

漢文の訓読というのも、結局は、これと同じ方法である。たとえば、

人不知而不慍、不亦君子乎——ひと　しらずして　いきどほらず、また　くんしならずや。

「人」は「ひと」と訳し、「不知」は「知らず」と語順を日本流に変えて訳す。「而」は、単独では日本語に訳せないので、上の「知らず」に「して」ということばをつけ、「而」のニュアンスを持たせたことにする。「君子」はさっきの「ムード」などと同じことで、原語をそのまま、ただし発音はかなり日本風になまったものを使って、「くんし」と読む。これで中国語の原文が、そのまま日本語に直訳できたわけである。直訳だから、日本語としては少々おかしい表現になることもあるが、それはしかたがない。それから、「君子ならずや」などというのは、今の私たちから見れば古めかしい言いかただが、当時の人たちにしてみれば、日常通用する日本語なのであった。つまり訓読とは、昔の日本人が、その当時における「現代日本語」で中国語を直訳したものなのである。

訓読法を発明したのは、平安朝前期の学者として有名な三善清行《みよしのきよつら》（八四七—九一八）だと

いう伝説があるが、これだけの方法が、一人の人間によって創製されるはずはない。おそらく奈良朝からしだいに発生して、平安朝に至って確立したものであろう。

二　博士家

訓読法が成立したからといって、誰でもすぐに漢文が読めるようになったわけではない。「学而時習之」を「まなんでときにならふ」（平安時代には「之」は読まなかった）と読むのは、今から見ればあたりまえなことのようだが、その読みかたが固定するまでには、先人の大変な努力があった。

漢文を読み、または作るのは、当時にあっては一つの特殊技能だった。朝廷でこの技能を専門にする職を、**文章博士**《もんじようはかせ》という。この職には、たとえば菅原道真《すがわらのみちざね》の祖父にあたる清公《きよただ》が遣唐使の随員として渡航し、帰国ののち文章博士に任ぜられたように、大陸の文化に対して最新の知識を持つ者を任命するのがたてまえであった。だから漢文の読みかたや解釈については、文章博士の意見が絶対の権威を持っていたといってよい。事実、**都良香**《みやこのよしか》（八三四—八七九）・**菅原道真**（八四五—九〇三）・**紀長谷雄**《きのはせお》（八四五—九一二）・**三善清行**《みよしのきよつら》（八四七—九一八）・**大江朝綱**《おおえのあさつな》（八八六—九五七）など、平安朝の著名な文人・学者は、みなこの職を経験している。

しかし、平安朝の社会全般にわたる傾向だが、文章博士の職も特定の家系に集中し、世襲制の色彩が強くなっていった。学問をつかさどる家系は紀伝道《きでん》（歴史学および漢文の作文）・明経道《めいけい》（経書の研究）・明法道（法律学）・算道（数学）に分かれ、これを四道とよぶ。漢文とことに深い関係を持つのは紀伝・明経の二道で、前者は菅原・大江家、後者は清原・中原家が、それぞれ専門にしていた。こうした家がらを博士家《はかせけ》とよぶ。

そして、都には国立の大学がおかれたほか、公卿たちの家では、和気《わけ》氏の弘文院・藤原氏の勧学院など、主として一門の子弟を教育するための私立の学校を建て、有名な学者を集めて、さかんに漢籍・漢文の講義をおこなった。講義の中心となったのは「論語」や「五経」、それに「漢書」などの歴史書だったが、中国で作られた注釈にもとづいて、どのような訓読をするかに、研究と教育の主眼があった。平安時代の訓読法は、まだそれほど固定していなかったために、博士家の間では読みかたにかなりの相違があり、それぞれの家では苦心して独特の読みかたを考案するとともに、それを秘伝として、特に認められた弟子にのみ教えたのであった。

三　勅撰集

平安時代の漢文の研究は、読むことだけが目的ではなく、書くことも重要な課題になっていた。したがって、当時の人々が読む本も、詩文集のような文学作品が少なくなかった。特にもてはやされたのは「文選《もんぜん》」と「白氏文集《もんじゆう》」であって、「論語」などの経書が日本人の倫理観の基盤を作るのに参加したのと同様、この二つの書物も、日本文学に大きな影響を与えた。

平安時代において、漢文を学ぶ人たちは、漢籍が読めるだけではなくて、漢詩・漢文も作れるのでなければ、一人前の学者とは認められなかった。**空海**（弘法大師、七七四―八三五）のような僧侶も、仏教を学ぶために唐へ渡ったのだが、帰国ののち、中国で勉強した詩文の作りかたや批評に関するノートをまとめた「**文鏡秘府論**《ぶんきようひふろん》」をあらわしている。

ことに、平安朝初期の**嵯峨天皇**（在位八〇九―八二三）は、漢詩漢文を好んだため、公卿たちの間にも作詩・作文が流行した。それらの作品を勅命によって編集した書物が、平安朝初期に三つあって、**勅撰三集**と総称する。

❶**凌雲**《りようううん》**集**　嵯峨天皇の命により、**小**《お》**野岑守**《ののみねもり》らが編集したもの。だいたい延暦元年（七八二）から弘仁五年（八一四）までの詩九十一首を選んである。

❷**文華秀麗集**　嵯峨天皇の命により、**藤原冬嗣**《ふゆつぐ》らが編集したもの。収録した詩は百四十三首で、時代は「凌雲集」とほぼ同じ。

空海が滞留した中国の青竜寺（西安郊外）

❸経国《けいこく》集　淳和天皇の命により、良岑安世《よしみねのやすよ》らが編集したもの。慶雲四年（七〇七）から天長四年（八二七）までの詩文を選んで二十巻としたといわれるが、現在では六巻だけが残存する。

右の勅撰三集のほかに、平安朝の後期には、藤原明衡《あきひら》（九九〇ごろ—一〇六六?）が「本朝文粋《もんずい》」を編集した。これは宋の姚鉉《ようげん》が唐代の詩文を選び、「文選」の体裁にしたがって編集した「唐文粋」にならったもので、弘仁年間（八一〇—八二三）から長元年間（一〇二八—一〇三六）までの詩文四百余首をおさめてある。

また、ほぼ同じころ、藤原公任《きんとう》（九六六—一〇四一）が和歌・日本人および中国人の詩文の中から、朗誦に適した名句を選んで、「和漢朗詠集」二巻を作った。選ばれた詩文は五百八十余首、和歌は二百十余首で、作者は日本人五十一名、中国人二十九名、中国人の中では白居易の詩句が圧倒的に多い。この書は本来、公任が娘むこの大二条教通《のりみち》に引出物として贈ったものだが、古今の名句を網羅《もうら》しており、暗誦用のテキストとして便利なので、広く流行した。

〔例文六九〕

春暖　都良香

①気霽《はレテハ》風②梳《くしけづり》二③新柳ノ髪ヲ一　氷消《エテハ》浪《なみ》洗フ二④旧苔《たい》ノ鬚《ひげ》ヲ一

（和漢朗詠集巻上）

書下し文

春暖《しゅんだん》　都《みやこの》良香《よしか》

気《き》霽《は》れては風新柳《しんりゅう》の髪《かみ》を梳《くしけず》り　氷《こおり》消《き》えては浪旧苔《なみきゅうたい》の鬚《ひげ》を洗《あら》う

語釈　①[気霽] 天気が晴れあがる。②[梳] 髪にくしを入れる。③[新柳] 芽ぶいたばかりの柳。④[旧苔] 去年からの苔。

通釈　天気はうららかに晴れあがり、(春) 風が、新芽を出した柳の枝をそよがすのは、美人が髪をくしけずるようであり、はりつめた池の氷もようやく消えて、去年から水辺にある苔がさざ波にゆれ動くのは、老人の鬚を波が洗うように見える。

解説　早春、春風がそよ吹いて、ぽかぽかと暖い日の風情を詠じたもの。元慶二年(良香の死ぬ前年) 一月二十日の内宴の作といわれる。いいつたえによれば、良香がある月夜、馬で羅城門を通過する際、上の句を詠じたところ、楼上の鬼が下の句をつけたという (十訓抄下巻)。対句の妙にまつわる伝説である。気霽と氷消、風と浪、新柳髪と旧苔鬚はいずれも対語である。とくに新柳の髪を梳り、旧苔の鬚を洗うはいずれも擬人法を用いている点に注意。

以上を通じて、平安朝の日本人が作った漢詩・漢文は「文選」や白居易の詩の影響を強く受けている。ただし白居易の詩の中でも、時勢に対して批判的な作品よりは、閑寂で風雅なおもむきを持つものの方が、多く模倣された。つまり平安朝の公卿たちは、漢詩・漢文においても和歌と同様に、風雅な題材を求め、表現上の技巧をこらすことに専念していたのである。したがって李白や杜甫の詩・韓愈や柳宗元の古文などは、まだ多くの愛読者を持ってはいなかった。

第三節　鎌倉室町時代の漢文学

一　漢文の日本化

平安朝の男性がものを書くときは、**真名**《まな》（漢字）を用いた。つまり漢文で書くのが常識であり、「源氏物語」のような**仮名**《かな》**書き**の文章は、女性のものであった。だが、その漢文も、中国との直接の往来がしだいに疎遠になり、一方では訓読法が確立するにつれて、純粋な中国語の文章からは遠くなっていった。それは、日本語をそのまま漢文化しようとしたために、中国語には存在しない文法や、日本的な漢字の意味を多く用いたところから生じた。たとえば、「仰《おお》せらる」という言葉は「被《ラル》レ仰《セ》」と書かれたが、これは中国語としては、全く意味が通じない。「仰」という漢字は、中国語では絶対に「言う」の意味にはならないし、「被」は受身をあらわす文字であって、尊敬の助動詞「らる」の意味に使われることはないからである。

平安朝末期から鎌倉・室町時代にかけて書かれた公卿の日記や記録などが、現在でもたくさん残っているが、その大部分は右のような日本的漢文と純粋な漢文との混合した文体で書かれており、中にはかなをまじえたものもある。このような文章が書かれるようになった底には、漢文の学問がしだいに衰え、純粋な漢文を読む人が少なくなったという事態があった。しかも、鎌倉・室町時代には朝廷の権威、ひいては朝廷を構成する公卿の勢力が衰退し、それとともに、従来は公卿が独占していた漢文学も、大きな進歩は期待できなくなってしまったのである。

二　五山の僧

勢力が衰退して、日本の文化をささえるだけの力を持ち得なくなった公卿にかわったのが、禅僧たちであった。鎌倉・室町時代の文化は、朝廷ではなくて、**京都・鎌倉の五山の禅僧**によって維持されたのだが、漢文学もむろんその例外ではなかった。

中国で宋王朝が建設されたのは九六〇年、日本でいえば村上天皇の天徳四年であり、国都を金に占領された宋が南へ移って南宋王朝を樹立したのが一一二七年、日本では崇徳天皇の大治二年で、院政の時代にあたる。それから六十五年後に、源頼朝が鎌倉幕府を開くわけである。

南宋は中国の南半分しか領有しておらず、金に対する軍備のために経費も必要だし、また金との講和の条件として年々多額の賠償金を支払わなければならないため、国家財政を豊かにしようと、海外貿易に力をそそいだ。主要な取引先は東南アジアだったが、日本も対象の一つにされており、宋の商船はしきりに九州へ渡来したのであった。

禅僧たちはこの交易を利用して宋へ渡航し、留学した。臨済宗《りんざいしゅう》の開祖栄西《えいさい》（一一四一—一二一五）は二十八歳と四十七歳のときと、二度にわたって宋へ渡ったし、曹洞宗《そうとうしゅう》の開祖道元《どうげん》（一二〇〇—一二五三）も二十四歳のとき渡航して、五年間留学している。

これらの禅僧は、もちろん禅宗を学びに行ったのだが、平安時代の留学僧と同様、宋の学者・文人とも交際し、幅の広い教養をそなえて帰国した。これによって、宋代におこった朱子学などの宋学や、欧陽脩・蘇軾らの文学が、日本へ輸入されたのである。

元王朝が南宋を亡ぼして中国全土を統一したのは一二七六年であり、そのころ、日本と元との間には**文永の役**（一二七四）・**弘安の役**（一二八一）の二度の戦争はあったが、禅僧の渡航は、やはり絶えなかった。そして、かれらが持ち帰った中国の書物も、日本でさかんに印刷されるようになった。禅僧がもたらしたものだから、むろん仏教関係の書物が多かったが、それ以外のいわゆる外典《げてん》も少なくはないのであって、「四書」などの儒学の書物や唐・宋の詩文集、また作詩法の参考書なども含まれていた。印刷をおこなったのは京都天竜寺などの五山の寺院が中心で、南北朝から室町時代にかけては、京都や堺の商人たちの中にも、印刷・出版を業とするものがあらわれた。これらの出版物を総称して、**五山版**とよぶ。

詩文集などが刊行されたのは、五山の僧の中に漢詩を作るものがたくさんあって、需要が多かったためである。その中で、とくに漢学の教養が深く、漢詩にもすぐれた才能を持っていたのは、**義堂周信**《ぎどうしゆうしん》（一三二四―一三八八）と**絶海中津**《ぜっかいちゆうしん》（一三三六―一四〇五）であった。二人とも有名な**夢窓疎石**《むそうそせき》の弟子で、足利義満の信仰を受け、京都や鎌倉の寺院の住持をつとめた。ことに絶海は三十三歳のとき、中国に渡ったが、ちょうど明の太祖が元を亡ぼして天下を統一した年にあたる。太祖は絶海の評判を聞いて召し寄せ、日本の地図を示して質問したが、そのとき絶海の作った詩が太祖の称賛を受けて、いよいよ名声を高めたという。

絶海中津木像
（京都・天堂寺）

【例文七〇】

応①制シテ賦ス二三②山ヲ一　　絶海

熊野峰前徐③福ノ祠　満山ノ薬草雨余ニ肥ユ
只今海上波濤穏カナリ　万里ノ好風須④ラク二早ク帰ル一シ

書下し文

応制《おうせい》**して三山**《さんざん》**を賦**《ふ》**す**　絶海《ぜっかい》
熊野《くまの》峰前徐福《ほうぜんじよふく》の祠《し》　満山《まんざん》の薬草《やくそう》雨余《うよ》に肥《こ》ゆ

只今《ただいま》海上《かいじょう》波濤《はとう》穏《おだや》かなり　万里《ばんり》の好風《こうふう》須《すべか》らく早《はや》く帰《かえ》るべし

語釈　①［応制］天子の命に応じて詩文を作ること。②［三山］和歌山県の熊野三山（本宮・新宮・那智）。③［徐福］「徐市《ふつ》」とも書く。秦の始皇帝時代の人。始皇帝の命令で、東の海上にあると伝えられた蓬莱《ほうらい》山へ、不老不死の薬を取るべく、少年少女五百人をのせた大船で出発したという。中国の伝説では、徐福の船は紀州の熊野浦に流れ着いて帰らず、乗っていた人々はそのまま住みついたといわれている。熊野にも徐福を祭った祠《ほこら》や、彼の墓がある。④［須］ぜひ…しなければならぬ、…する必要があるという意味をあらわす助字。

通釈　熊野山の前にある、徐福を祭った祠《ほこら》。そのあたりの山に一面に生えている（不老不死の）薬草は、雨あがりでよく茂っている。ただいま、海上は波静かである。万里を吹きわたるよい風（追手風）を受けて、私はぜひとも、早く帰国せねばならぬ。

解説　絶海は明の太祖の洪武二年（一三六九）彼の地にわたり、太祖に謁見した。その時、太祖は日本の地図を指して熊野の古祠について質問したのに応《こた》えて作ったのがこの七言絶句である。太祖がこれに詩を和したというので有名になった。太祖の詩は、

熊野峰ハ高シ血食ノ祠　松根ノ琥珀也《また》応ニシ㆑肥ユ
当年徐福求メシモ㆓仙薬ヲ㆒　直チニ到ルモ㆓如今《いま》ニ㆒更ニ不㆑帰ラ

（注）血食とは犠牲を供《そな》えて神を祭ること。松《まつ》脂《やに》は二千年を経ると琥珀《こはく》になるという。

三　武人の学問

鎌倉室町時代にも、平安時代以来の博士家はなお続いていたが、前にも書いたように朝廷の権威が衰えるとともに、博士家の学問も、指導的な地位を占めることができなくなった。政治の中心だった鎌倉と室町の幕府も、学問とはあまり縁のない武士が立てたものであり、足利氏の歴代の将軍の中には学問や文学に心を寄せたものもあったが、幕府自体が学問の中心となるほどの力はなかった。

そのかわり、室町時代の末期になると、各地に割拠した武将の中に、学問・文学をたしなむものがあらわれるようになった。かれらは応仁の乱以後、都を離れて放浪の旅に出た公卿や、五山の学僧を招いて保護を加えながら、学問上の指導を求めたのである。

その中で特に有名なのは、関東管領足利持氏《もちうじ》の執事をつとめた**上杉憲実**《のりざね》（一四一〇―一四六六）である。彼は一四三二年ごろ、領地の上野《こうずけ》国足利に学校を建て、領地の一部や書物を寄付して経済上の援助をあたえる一方、鎌倉の円覚寺から快元《かいげん》和尚を招いて、庠主《しょうしゅ》（校長）とした。これを**足利学校**という。この学校は江戸時代の初期まで続き、北関東の学問の中心となったばかりでなく、一時は全国から学生が集まるほどの大規模なものとなったこともあった。

また、鎌倉幕府のころ、執権北条時頼・時宗らに仕えて勢力があった**北条実時**《さねとき》（一二二四―一二七六）は、博士の清原家の学問を学んだ人で、領地の相模国金沢にあった隠居所のそばに書庫を建て、蒐集した書物をおさめた。かれの子孫はさらに蔵書を増大させようと努力したので、当時随一の大図書館ができあがった。これを**金沢文庫**といい、文庫のそばでは、蔵書を利用した講義もおこなわれて、**金沢学校**とよばれた。しかし、鎌倉幕府の滅亡とともに、文庫は保護者を失って衰微したのを、上杉憲実が援助をあたえて、ある程度復興させたらしいが、かれにとっては足利学校の方が重要なので、金沢文庫の本を勝手に持ち出し、足利学校に寄贈して、結果としては金沢文庫を縮小させるようなこともしている。

このほか、中国地方を制圧していた大内氏は、外国貿易の権利を持っていたので、漢籍を輸入したり、出版をおこなったりした。印刷のために、明から紙を輸入したこともある。薩摩の島津氏では宋学の大家だった**桂菴**《けいあん》**和尚**（一四二七—一五〇八）を招き、一四八一年には朱子の**「大学章句」**を刊行した。これが、経書の新注が日本で印刷された初めである。朱子学はまた、一五四〇—五〇年ごろ、**南村梅軒**《ばいけん》（生卒年不詳）によって土佐に伝えられ、独自の発展をとげた。これを**南学**という。

遣明船（真如堂縁起絵巻より）

［例文七二］

九①月十三夜陣中ノ作　　上杉謙信

霜ハ満チテ二軍営ニ一秋気清シ　数行ノ過雁《がん》月三更②
越③山併《あわせ》得タリ④能州ノ景　遮⑤莫《さもあらばあれ》家郷ノ憶《おもフハ》二遠征ヲ一

書下し文

九《く》月《がつ》十三夜陣中《じゅうさんやじんちゅう》の作《さく》　上杉謙信《うえすぎけんしん》
霜《しも》は軍営《ぐんえい》に満《み》ちて秋気《しゅうき》清《きよ》し　数行《すうこう》の過《か》雁月《がんつき》三更《さんこう》
越山《えつざん》併《あわ》せ得《え》たり能州《のうしゅう》の景《けい》　遮莫《さもあらばあれ》家郷《かきょう》の遠征《えんせい》を憶《おも》うは

語釈

①［九月十三夜］天正五年（一五七七）九月十三夜。②［三更］夜を五等分し、一つずつを一更とかぞえる。三更はだいたい十二時から二時の間。③［越山］謙信の本拠である越後の山々。④［能州］能登《のと》の国。今の石川県。⑤［遮莫］それはどうでもよい、かまわぬ、という意味。訓読では二字で「さもあらばあれ」と読む。

通釈

霜は白く陣屋いっぱいにおりて、秋の気がすがすがしい。（仰ぎみれば）いくつかの行列を作った雁が空を渡っていて、夜半の月光もさえている。今や私は本国の越後の山々に、能登の国の景色をも加えてながめることができる（能登をも領土に加えた）。留守居している故郷の人々が、今夜の月を眺めるにつけても、遠征している私のことを心配しているであろうが、（いまはそんなことは）どうでもよい。

解説 越後の上杉謙信は天正五年七月、加賀・能登の平定に出陣した。能登の七《な》尾《お》城が織田信長に寝返りをうったためで、謙信は九月には七尾城を攻めおとし、再び自分の勢力下に入れた。この詩はその直前に作られたものとして、伝えられている。しかし現在では、後世の人の偽作であろうとする説のほうが有力になっている。

第四節　江戸時代の漢文学

一　幕府の文教政策

徳川家康が征夷大将軍となり、江戸に幕府を開いたのは、一六〇三年のことで、中国の歴史でいえば明の滅亡する十三年前であった。こののちも、大阪冬・夏の陣、島原の乱など、まだ戦争はおこなわれたが、江戸幕府の基本方針は、武力だけではなく、むしろ文治主義によって天下の統一を維持しようとする点にあった。

家康は早くから、そうした考えを持っていたらしい。すでに一五九三年、豊臣秀吉の朝鮮遠征が進行中だった時代に、家康は**藤原惺窩**《せいか》（一五六一―一六一九）を招いて、唐の太宗の治績をしるした「**貞観**《じょうがん》**政要**」を聴講している。惺窩は公卿の子孫で、はじめは僧となったが、のち儒学に転向し、朱子学を専攻した。安土桃山時代において第一の学者とうたわれ、京都に住み、多くの弟子を養成していた人物である。

また、関ヶ原の役の前年（一五九九）、家康は足利学校の前庠主の僧元佶《げんきつ》に経済的援助をあたえ、「**孔子家語**《けご》」などの漢籍を印刷させたし、その二年後には駿府（静岡）に書庫を建てて、金沢文庫の蔵書をここに移し、翌年にはそれを江戸城内の書庫に再移転させて、保管した。これが現在も皇居内にある**内閣文庫**のおこりである。

　家康は、戦国時代の乱世のあと、国民精神を統一するには儒学によるのが最も適切だと考えたようである。そこで藤原惺窩の高弟として知られた**林羅山**《らざん》（道春《どうしゅん》、一五八三―一六五七）を招いて博士に任じ、自分の顧問とした。江戸幕府初期の制度には、羅山が原案を作ったものが多い。羅山も師の学説を継ぐ朱子学者の立場から、単に学問研究に専心するだけではなく、天下国家をおさめることに協力したのである。

　羅山の子の**鵞峰**《がほう》（一六一八―一六八〇）・鵞峰の子の**鳳岡**《ほうこう》（一六四四―一七三二）は、ともに

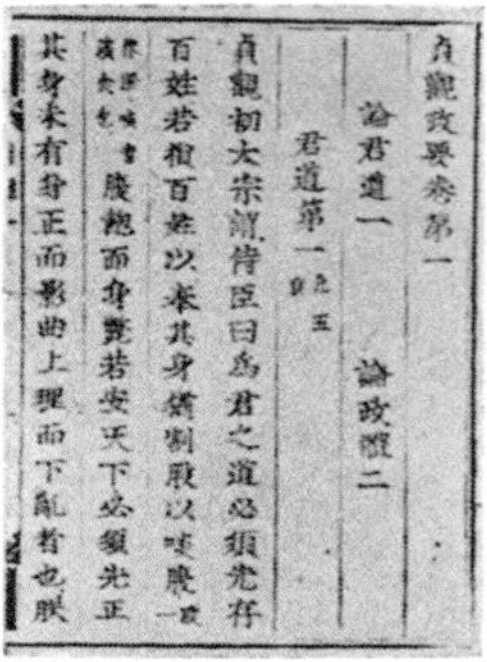
貞觀政要卷第一
論君道一　論政體二
君道第一
貞觀初太宗謂侍臣曰為君之道必須先存
百姓若損百姓以奉其身猶割脛以啖腹
腹飽而身斃若安天下必須先正
其身未有身正而影曲上理而下亂者也朕

貞観政要

1600年家康が刊行させたもの。

林羅山

すぐれた学者で、漢詩漢文にも才能があり、将軍の学問の指導にあたった。五代将軍綱吉は、生類《しょうるい》憐れみの令を発布して犬公方《くぼう》といわれた人物だが、一方では群臣に漢籍を講義したほどの学問好きな将軍で、林羅山が上野忍《しのぶ》ヶ岡に建てた孔子廟を湯島に移し（一六九〇）、壮大な殿堂を造営した。これが現在でも文京区湯島にある**湯島聖堂**のはじめである。また綱吉は、聖堂に付随した学校を作り、林鳳岡を大学頭《かみ》に任じて、その管理にあたらせた。校はのちに**昌平坂《しょうへいざか》学問所**もしくは**昌平黌《こう》**と呼ばれ、明治維新のときに大学と改称されるまで続いたが、学長には林家の子孫が任ぜられ、幕臣の子弟を学生として、もっぱら朱子学による講義をおこなった。

昌平坂学問所は、江戸時代を通じて日本の文教の中心地とされたが、時代が降るについて、教官も学生もその権威に安住し、学問上の発展は見られなくなってしまった。そのかわりに、実質的な活動をおこなったのは、各藩の設立した藩学と、各地にできた私塾とである。

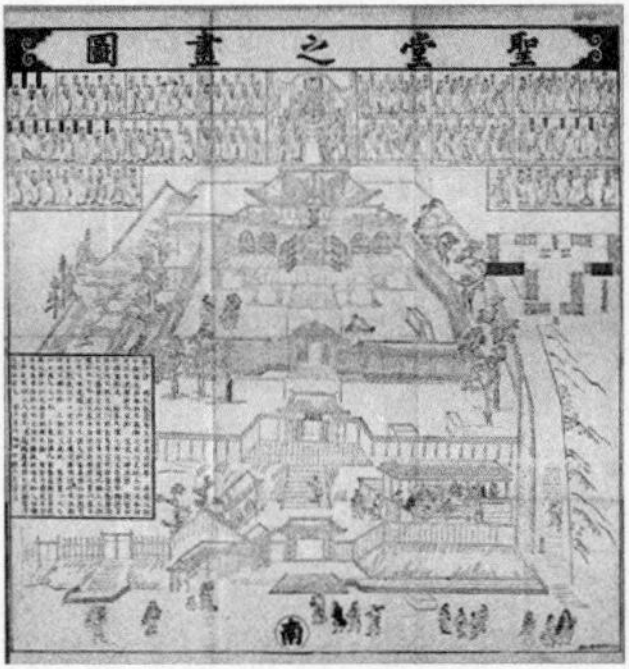

昌平坂学問所（昌平黌）

二　藩学と私塾

昌平坂学問所は、形式上は林家の塾を江戸幕府が公認して援助をあたえたもので、国立学校というわけではないが、そこで印刷した漢籍を官板《かんぱん》と呼ぶなど、実質的には国立学校と同様のあつかいを受けていた。

これに対して、各藩でも幕府の文教政策にしたがい、儒教によって藩内の統一をはかろうとする動きがおこって、藩ごとに学校が立てられた。いわば公立学校にあたるわけである。これらの学校は藩学《はんがく》または藩黌《はんこう》などと呼ばれ、著名なものには尾張の明倫堂・水戸の弘道館・会津の日新館・萩の明倫館・岡山の閑谷校《かんこく》・福岡の修猷館《しゅうゆう》・熊本の時習館・津の有造館などがあった。藩学の組織はすべて昌平坂学問所をモデルとしており、学問所の卒業生を教授として招くこともあったが、また、当時有名な儒者を学頭（校長）または教授として、必ずしも朱子学によらず、独自の学風を樹立しようとするものもあった。

また、儒者が私的に塾を開いて、弟子に教えることもあった。太平の世が続くにつれて、武士たちも昔のように、槍一筋で功名を立てることはむずかしくなってきたので、むしろ学問によって身を立てようとするものもあらわれたし、都市経済の成長によって力を持ちはじめた町人の中にも、学問をしようとする者が出てきたので、私塾はかなり繁昌した。これらの私塾では、もちろん塾頭である儒者の主張にもとづいた講義がおこなわれ、自由な研究が進められた。

幕府もまた、町人に対する教育の必要を認めるようになった。八代将軍吉宗は尼崎に懐徳堂を建て、中井甃庵《しゅうあん》（一六九三―一七五八）を中心として、士農工商の区別なく入学を許可し、朱子学による講義をおこなわせた。懐徳堂はその後、中井竹山《ちくざん》（一七三〇―一八〇四）・中井履軒《りけん》（一七三二―一八一七）の兄弟によって継承され、上方の学問の中心地となった。

三　寛政異学の禁

江戸時代の儒学の中心は朱子学であり、昌平坂学問所と直接の関係はなくても、朱子学派に属する儒者は多いし、また、晩年は独自の説を立てた学者でも、大部分は若いころに朱子学を学んでいた。

朱子学派の学者として有名なのは、新井白石（一六五七―一七二五）である。はじめ、林羅山とともに藤原惺窩について学んだ松永尺五《せきご》（一五九二―一六五七）は、会津の保科《ほしな》家の学官（藩学の教授）をつとめたのち、京都に私塾講習堂を開いたが、そこに学んだ木下順庵（一六二一―一六九八）は幕府の学官に任命されて、江戸へ出た。白石は順庵の弟子で、師の推薦によって甲府の徳川綱豊《つなとよ》につかえたが、綱豊が将軍職を継いで六代将軍家宣《いえのぶ》となったのちは、顧問役として重く用いられ、幕府の政治について、しばしば献策した。ただし、その学説には昌平坂学問所の講義と相違する点があり、林家とは対立関係にあった。

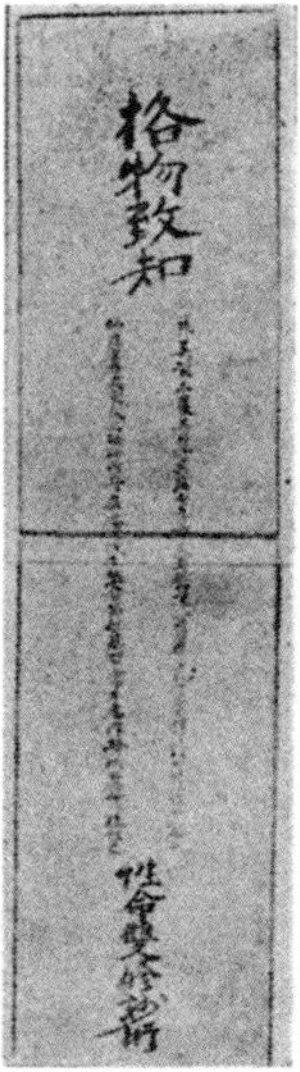

中江藤樹自筆

伊予大洲藩の武士だった**中江藤樹**《とうじゅ》（一六〇八―一六四八）は、はじめ朱子学を学んだが、母を養うために郷里の近江へ帰ってからは、王陽明の説に心酔し、実践道徳を強調して、近江聖人と呼ばれた。ここには多くの弟子が集まったが、その中でも**熊沢蕃山**《ばんざん》（一六一九―一六九一）は、岡山の池田家につかえて、藩政の改革に尽力した。こうして陽明学も、しだいに広まっていった。

土佐の南学を学んだ**山崎闇斎**《あんさい》（一六一八―一六八二）は、晩年は京都で私塾を開き、数千人の弟子を集めたが、朱子学と日本神道とを合わせた独自の学説を生み出した。福岡藩の学官となった**貝原益軒**《えきけん》（一六三〇―一七一四）も闇斎に学んだことはあるが、かれは純粋な朱子学の方向に進み、「**慎思**《しんし》**録**《ろく》」六巻など、多くの著述を残している。

元禄の半ば以後、京都では**伊藤仁斎**《じんさい》（一六二七―一七〇五）のとなえた**古義学**が、大きな進展を見せた。仁斎は町人の出身だといわれ、生涯仕官せず、京都堀川に私塾**古義堂**を開いて、弟子を養成した。かれもはじめは朱子学を学んだが、それが孔子・孟子の真意を伝えているかどうかに疑問を持ち、宋代の解釈には頼らず、独自に経書の意義を理解しようとつとめた。この態度は、もうすこし遅れて中国に流行した清朝考証学の考えかたと共通するものを持っている。仁斎はこうして、**「論語古義」「語孟字義」**などの多くの名著を残し、古義学と呼ばれる学派を創設した。

仁斎には五人の男子があり、原蔵・重蔵などとすべて「蔵」の字をつけたために、**堀川の五蔵**と呼ばれ、父の学問を継いだが、長男の原蔵（東涯、一六七〇―一七三六）と末子の才蔵（蘭嵎《らんぐう》、一六九四―一七七八）とが最もすぐれており、伊藤の首尾蔵と呼ばれた。ことに**東涯**《とうがい》は父の学説を整理し、発展させて、**「古学指要」**など多くの著述を残した。

仁斎と同じころ、江戸には**荻生徂徠**《おぎゅうそらい》（一六六六―一七二八）が出た。徂徠ははじめ将軍綱吉の側近として権勢をふるった柳沢吉保《よしやす》につかえたが、吉保の没落後は日本橋茅場町に私塾を開き、多くの弟子を集めた。かれは仁斎の古義学に対しては激しく反対したが、宋代の注釈に頼らずに経書を理解しようとする態度は共通しており、古代中国の言語や文化などについて実証的な研究を進め、それによって経書の正しい解釈を求める方法をとって、**「論語徴」**などを書いた。また、かれは明代の古文辞派（三一九ページ参照）の文学に心酔し、その文学論を紹介するとともに、古文辞派の首領だった李攀竜《りはんりょう》の選んだ**「唐詩選」**

伊藤仁斎

を日本に流行させた。かれの学問を**古文辞学**と呼び、学派を**蘐園学派**《けんえん》という。

徂徠は多方面に才能を見せた人物だったので、経学においてはその弟子たちも、それぞれに師の学風を継承した。経学においては**山井崑崙**《やまのいこんろん》（名は鼎《てい》、一六七〇—一七二八）がある。かれははじめ仁斎に学び、のちに江戸へ出て徂徠の弟子となった人で、足利学校に残存していた資料を整理し、経書の本文を校訂して「**七経孟子考文**」をあらわしたが、これは中国へ輸出されて、清の学者を驚嘆させた。また**太宰春台**《だざい》（一六八〇—一七四七）は、経学において徂徠の第一の後継者といわれたが、政治にも関心を持った。また、徂徠の詩文を継承した第一人者は**服部南郭**《なんかく》（一六八三—一七五九）で、政治とは縁を絶ち、文人趣味の方向へと進んだ。

こうして、儒学にさまざまな学派が生まれる一方では、**賀茂真淵**・**本居宣長**をはじめとする**国学**がさかんになり、さらに**杉田玄白**らによる**蘭学**の芽生えもあらわれた。これらの学者の中には、政治や経済に対して発言するものも多く、それが往々にして幕府を頂点とする封建体制への批判を含んだため、寛政二年（一七九〇）、老中松平定信《さだのぶ》は政令を発して

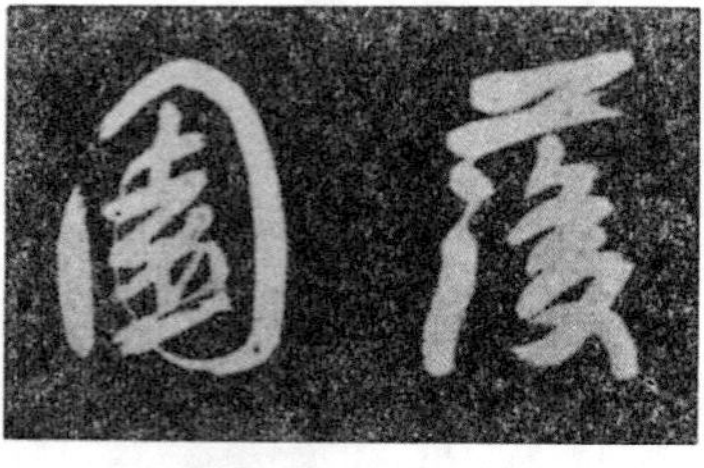

蘐園額（荻生徂徠筆）
徂徠の書斎の入口に掲げられていた。

言論統制をおこない、朱子学を思想の中心とし、他の学問を禁止した。これを**寛政異学の禁**という。

この禁令ののち、昌平坂学問所では**柴野栗山**《りつざん》（一七三六―一八〇七）・**尾藤二洲**《びとうじしゅう》（一七四五―一八一三）・**古賀精里**（一七五〇―一八一七）らが教官に任命され、朱子学の再興に努力した。この三人を**寛政の三博士**という。しかし、幕府の権威はすでに衰えはじめており、松平定信の改革も結局は成功せず、したがって朱子学による思想統一も成果を見なかったばかりか、学問所の中においても、朱子学だけではなく、漢代・唐代の古注によって経書を研究しようとする動きが見えだした。

佐藤一斎
（渡辺崋山筆）

そのころから以後、昌平坂学問所に学んだり、あるいはここの教官となった有名な学者には、**林述斎**《じゅつさい》（一七六八―一八四一）・**松崎慊堂**《こうどう》（一七七一―一八四四）・**佐藤一斎**《いっさい》（一七七二―一八五九）・**安井息軒**（一七九九―一八七六）らがある。このなかで佐藤一斎は、漢文訓読法について**一斎点**とよばれる独自の文体を考案したが、この読み方が、学問所ではかれよりも先輩にあたる**後藤芝山**《しざん》（一七二一―一七八二）の**芝山点**とともに、現在の**漢文訓読法**の基礎となった。

［例文七二］

須①ク㆑要㆓及②ビテ㆑時ニ立③テ㆑志ヲ勉④励スルヲ㆒　　佐藤一斎

人方⑤《あたリテハ》㆓少壮ノ時㆒、不㆑知ラ㆓惜⑥陰ヲ㆒。雖モ㆑知ルト不㆑至ラ㆓太⑦《はなはだシクハ》惜シムニ㆒。過ギテ㆓四十ヲ㆒已⑧後、始メテ知ル㆓惜陰ヲ㆒。既ニ知ルノ之時ハ、精力漸ク耗⑨《かうス》。故ニ人ノ為スニハ㆑学ヲ、須ク㆑要シ㆓及⑪ビテ㆑時ニ立テ㆑志ヲ勉励スルヲ㆒。不⑩《しからざレバ》則チ百タビ悔ユトモ、亦竟ニ無カラン㆑益。（言志録）

書下し文

須《すべから》く時《とき》に及《およ》びて志《こころざし》を立《た》て勉励《べんれい》するを要《よう》すべし　佐藤一斎《さとういっさい》

人少壮《ひとしょうそう》の時《とき》に方《あた》りては、惜陰《せきいん》を知《し》らず。知《し》ると雖《いえど》も太《はなはだ》しくは惜《お》しむに至《いた》らず。四十《しじゅう》を過《す》ぎて已後《いご》、始《はじ》めて惜陰《せきいん》を知《し》る。既《すで》に知《し》るの時《とき》は、精力漸《せいりょくようや》く耗《こう》す。故《ゆえ》に人《ひと》の学《がく》を為《な》すには、須《すべから》く時《とき》に及《およ》びて志《こころざし》を立《た》て勉励《べんれい》するを要《よう》すべし。不《しからざ》れば則《すなわ》ち百《ひゃく》たび悔《く》ゆとも、亦竟《またつい》に益無《えきな》からん。

語釈

①［須要…］二字で「…する必要がある」「ぜひ…せねばならぬ」の意味をあらわす。訓読では「すべからく…するを要すべし」と読む。②［及㆑時］時間にまにあうようにして。時期に遅れないように。③［立㆑志］自分の理想・意志を確立する。④［勉励］努力する。⑤［方］ちょうど…のときにおいては。⑥［惜陰］時間をたいせつにすること。「惜」はたいせつにする、「陰」は「光陰」で、時間をいう。⑦［太］多くは「あまり…しすぎる」の意味に使うが、ここでは「甚」と同じ意味。⑧［已後］「以後」に同じ。⑨［耗］すりへる。減少する。この字の正しい音は「かう（こう）」で、通常「まう（もう）」と読んでいるのは（たとえば消耗《しょうもう》など）、ほんとうは誤りだが、現在では誤

った発音のほうが通用している。漢字にはときどき、このようなものがある。⑩[不則] そうでなければ。そうしなければ。⑪「言志録」佐藤一斎の随筆集。一巻。一斎はこれを書きあげたのち、次々に「言志後録」「言志晩録」「言志耋《てつ》録」各一巻を書いた。あわせて「言志四録」とよばれる。

通釈　人はとかく年若く元気壮《さか》んな時においては、時間をたいせつにすることを知らない。知っていても、そうひどくはたいせつにしない。四十を過ぎてから後《のち》に、はじめて時間をたいせつにすることを知る。だが、それを知ったときには体力は次第におとろえてしまっている。それ故、人が学問をするには、ぜひとも（少壮の）時をはずさず理想を立てて、努力しなければならぬ。もしそうしなければ、（あとで）百回後悔しても、結局は何の役にもたたないであろう。

解説　「言志録」は随筆だが、このように教訓的な言葉が多い。これは宋学の影響で、たんなる筆のすさびにも、学問・修養に関する意見が含まれていなければならぬという、強い信念があったためである。

「言志録」の文章には、日本語の文法観念が混入したための文法的な誤りが、ほとんどない。江戸時代の儒者は、特別な例外を除いて、漢文の文章を精読し、その書きかたを身につけていたためである。

四　通俗文学の翻案

中国では伝統的に、詩文が正統的な文学であり、戯曲・小説は低級なものだという通念があった。そこで日本人が中国文学を輸入するときにも、戯曲・小説にはあまり重点をおかなかったのだが、それでも唐の伝奇（三五七ページ参照）などは、少しずつ渡来していたらしい。たとえば室町時代の謡曲「**邯鄲**《かんたん》」は、唐の沈既済《しんきせい》の伝奇「**枕中記**《ちんちゅうき》」を翻案したものだし、同じく室町時代のお伽草子「**李娃**《りあ》**の物語**」は、唐の白行簡の伝奇「**李娃伝**」をかな文に訳したものである。

　そのほか、室町時代の末期には、近江の人で中村某という者（名も生卒年も不詳）が、「**奇異雑談集**」六巻を書いたが、その中に明《みん》の瞿佑《くゆう》の小説集「**剪燈**《せんとう》**新話**」の中から三編が訳出されている。

　次いで江戸時代の初期には、**浅井了意**《りょうい》（？—一六九二）が「**伽婢子**《おとぎぼうこ》」を書いて、その中に「剪燈新話」のほとんど全部を日本風に翻案しておさめた。たとえば、喬生《きょうせい》という青年が祭りの夜に、牡《ぼ》丹《たん》の飾りをつけた燈籠を女中にさげさせている若い女に会い、親しい仲となったが、女も女中も実は幽霊であり、ついにはとり殺されるという「**牡丹燈記**」は、「伽婢子」では京都五条に住む武士荻原新之丞が、盂蘭《うら》盆の夜に美人と会ったが、美人は二階堂政宣の娘弥《いや》

伽婢子のさし絵
「剪燈新話」が日本風に翻案されている。

子《こ》の亡霊で、ついにはとり殺されるというように、全く日本風に改められている。この話は特に有名で、以後にもさまざまに翻案され、幕末から明治初年にかけて落語界の名人とうたわれた三遊亭円朝が改作し、「怪談牡丹燈籠」として語ったため、広く知られるようになった。

「剪燈新話」は文語体で書かれた小説だが、そのほかに、「水滸伝」・「三国志」のような、口語体で書かれた通俗小説も、しだいに江戸時代の小説に影響を及ぼすようになってきた。ただし、これらの小説を読むためには、漢文訓読ではまにあわず、どうしても中国語についての知識を持たなければならない。江戸時代においてその知識を持っていたのは、長崎の出島で清国人との交渉にあたっていた長崎通詞（通訳）であり、漢学をおさめる人の中にも、かれらについて中国語を学ぶものが出てきた。

岡島冠山《かんざん》（一六七四―一七二八）は長崎の人で、はじめは中国語の翻訳係として萩の毛利家につかえたが、のちに辞職して江戸へ出、荻生徂徠と交際した。徂徠は古い漢籍を読むためにも中国語の知識が必要だと主張していた人で、中国語の会話もできたほどであり、冠山を歓迎し、親しくつきあった。冠山はその後、江戸と京・大阪の間を往来し、中国語の辞書を作ったり、「水滸伝」の訳を書いたりした。これより少し遅れて、岡白駒《はくく》（一六九二―一七六七）は鍋島家の学官であったが、長崎へ行って中国語を習い、のちには京都に住んで通俗小説の講義をし、明の短編小説集「三言二拍」（三六七ページ参照）を訳した

「小説精言」「小説奇言」などをあらわした。

これらの学者の努力によって、通俗小説や戯曲が一般に普及するにつれて、それを翻案した小説が書かれるようになった。たとえば上田秋成（一七三四―一八〇九）の「雨月物語」の中で、「菊花の約《ちぎり》」は明の短編小説集「古今小説」中の「范《はん》巨卿死生鶏黍《しょ》交」（晋の干宝《かんぽう》の「捜神記」の中の説話を物語化したもの）の、また「蛇性の婬《いん》」はやはり明の「警世通《けいせいつ》言《げん》」中の「白娘子永鎮雷峰塔《はくじょうしえいちんらいほうとう》」の、ともに翻案である。また滝沢馬琴（一七六七―一八四八）の「南総里見八犬伝」は、「水滸伝」をモデルとしたものであり、そのほかにもかれの読本《よみほん》の中には、中国の小説を翻案した部分が多い。さらに、江戸中期以後に流行した江戸町奉行大岡越前守の裁判に関する「大岡政談」は、その大部分が「竜図公案《りゅうずこうあん》」など、中国の短編裁判小説集からの焼き直しである。

五　幕末の漢詩人

江戸時代の儒者たちは、漢籍を読み、研究するだけではなく、漢詩・漢文を作ることもできなければ、一人前の学者としてあつかわれなかった。だから、これまでに名をあげた儒者たちも、多かれ少なかれ漢詩漢文を作っているのだが、特に詩文を専門とした人はすくない。藤原惺窩の弟子で安芸《あき》の浅野家につかえた石川丈山《じょうざん》（一五八三―一六七二）が、晩年は京都の東山に詩仙堂を建て、風雅な生活を送ったのを、特別な例外とする程度である。

ところが、服部南郭が漢詩漢文を論ずるようになってから、儒者の間に文人趣味が高まってきた。ただ、漢詩漢文を作るだけでは生活が立てにくいので、大多数の人々は藩学の教授をつとめたり、私塾を開いたりしていたが、学者というよりは詩人・文人といった方がふさわしい人たちが、江戸中期から幕末へかけて、多くあらわれた。

その中で、蘐園学派の系統を引く詩人には亀井南冥《なんめい》（一七四三―一八一四）があり、南冥に学んだ広瀬淡窓《たんそう》（一七八二―一八五六）は、郷里の豊後国日田に私塾咸宜園《かんぎえん》を開いた。門人の数は四千余人といわれ、高野長英・清浦奎吾《けいご》らもここに学んだことがある。淡窓は朱子学・古学のどちらにもかたよらない学者であったが、むしろ詩人として有名であり、「遠思楼詩鈔」四巻などの詩文集がある。

蘐園派は明の七子の文学論を信奉し、詩では盛唐を最高と評価するのだが、これに反発して、中・晩唐詩から宋詩の価値を認めようとする一派もおこった。その代表者は山本北山（一七五二―一八一二）で、江戸に私塾を開き、蘐園派および昌平坂学問所にするどい批判を浴びせた。北山に同調したものに亀田鵬斎《ほうさい》（一七五二―一八二六）があり、北山の門人には、大窪詩仏《おおくぼしぶつ》（一七六七―一八三七）・梁川星巌《やながわせいがん》（一七八九―一八五八）らの有名な詩人が出た。

以上の二派のほか、昌平坂学問所の系統を引く学者の中には、詩文においては独自の方向をとろうとするものが多かった。たとえば市河寛斎《かんさい》（一七四九―一八二〇）は、蘐園派の唐詩尊重論と山本北山らの宋詩尊重論との中間に立つ説を提出し、清の乾隆帝の勅編による「全唐詩」に漏れた作品を集めた「全唐詩逸《ぜんとうしいつ》」を作って、中国でも高く評価された。このほか、**藪孤山**《やぶこざん》（一七三五―一八〇二）は熊本時習館の学官、**頼春水**《らいしゅんすい》（一七四六―一八一六）は安芸浅野家の学官、**斎藤拙堂**《せつどう》（一七九七―一八六五）は伊勢藤堂家の学官として、それぞれ弟子を教えたし、**菅茶山**《かんさざん》（一七四八―一八二七）は、郷里の福山に**黄葉夕陽**《こうようせきよう》**村舎**を建てて弟子を集め、実感のこもった、平明な詩風を開拓した。

〔例文七三〕

冬夜読書　　菅茶山

雪ハ擁二シテ①山堂ヲ一樹影深シ　檐②《えん》鈴不レ動カ夜沈③沈
閑《しづ》カニ収二メテ乱④帙《ちつ》ヲ一思二フ⑤疑義ヲ一　一⑥穂《すい》ノ青燈万⑦古ノ心

書下し文

冬夜読書《とうやどくしょ》　菅茶山《かんさざん》
雪《ゆき》は山堂《さんどう》を擁《よう》して樹影深《じゅえいふか》し　檐鈴動《えんれいうご》かず夜沈沈《よるちんちん》
閑《しず》かに乱帙《らんちつ》を収《おさ》めて疑義《ぎぎ》を思《おも》う　一穂《いっすい》の青燈万古《せいとうばんこ》の心《こころ》

語釈　①〔山堂〕山の中にある建物。黄葉夕陽村舎をさす。②〔檐鈴〕軒端《のきば》の風鈴。「檐」は軒《のき》。③〔沈沈〕夜が静かにふけゆくさま。④〔帙〕書物を入れる覆《おお》い。昔の書物は糸でとじてあり、表紙も薄いので、現在の書物のように箱に入れて立てておくわけにはいかない。そこで何冊かをひとまとめにし、厚紙に布を貼《は》ったものをカバーとしてかぶせる。そのカバーが帙である。ただしここでは、「帙」という言葉で書物の意味をあらわしている。⑤[疑義] 意味のうたがわしい点。疑問。⑥[穂] 稲などの穂の形が、ろうそくなどの灯火の形に似ているので、灯火の数をかぞえるときに「一穂」などという。⑦[万古] はるかな昔。

通釈 雪は山中の建物をだきかかえるように包んで、木影《こかげ》は深く（建物）におおいかぶさっている。（風がなくて）軒端の風鈴も動かず、夜は静かにふけてゆく。私は心しずかに、散らかった書物をかたづけながら、（いま読んだ書物の中の）疑問点について考える。ただ一つ、青くまたたく灯火の下で、私の心は（書物の著者である）はるかな昔の人の心と通《かよ》いあっている。

解説 黄葉夕陽村舎の冬の夜を詠じた詩である。夜の静けさと、その中に一人すわって、遠い昔の聖賢を思う作者の心とがよく表現されており、「一穂」と「万古」という言葉の対応もあって、技巧的にもすぐれた詩である。

また、松崎慊堂の門下にあった**塩谷宕陰**《しおのやとういん》（一八〇九―一八六七）は浜松の水野家の学官となり、散文の名手として知られた。学問上では慊堂と同じ系列に属する**細井平洲**《へいしゅう》（紀《きの》平洲ともよぶ、一七二八―一八〇一）は尾張徳川家の学官・米沢上杉家の顧問となり、文教政策にも成果をあげた。

頼春水の子の**頼山陽**（一七八〇―一八三二）は、はじめ江戸へ出て尾藤二洲の塾にはいり、やがて菅茶山の黄葉夕陽村舎で教師をつとめたが、晩年は京都に家を持って**山紫水明処**と名づけ、郷里の安芸国竹原との間を往来し、また九州全島の旅行を試みたりした。かれは詩文の両方にすぐれ、日本の歴史を漢文で書いた「**日本外史**」および「**日本政記**」は、名文として知られるとともに、その中に含まれた勤皇精神によって、幕末の志士たちに大きな影響をあたえた。

頼山陽
（1832年，門人の筆による）

〔例文七四〕

故郷之花

頼山陽

平《①ノ》経《つね》正《まさ》幼《ニシテ》仕《へ》二仁《②にん》和《な》寺《じ》法親王《ニ》一、賜《たまハル》二其《そノ》所《③ノ》レ愛《スル》琵《び》琶《はヲ》一。雖《いへどモ④》二征行《ト》一未《⑤ダ》二
嘗《かつテ》不《ンバアラ》レ携《へ》。是《⑥こノ》日齎《⑦もたらシ》返《リ》、謁《⑧シテ》レ王《ニ》曰《ク》、「臣等事已《すでニ》至《ル》レ此《ここニ》。願《ハクハ》得《ント》二一《タビ》叙《⑨シテ》
レ別《レヲ》而行《クヲ》一。」因《よッテ》既《つキ》レ席《ニ》弾《ズ》二数曲《ヲ》一。王及《ビ》左右皆垂《たル》レ涙《ヲ》。経正曰《ク》、「臣
嘗《⑩つねニ》欲《ス》下守《リ》二此《こノ》賜《ヲ》一、以《テ》伝《ヘント》中子孫《ニ》上。今行《ゆくゆく》と且《まさニ》二死亡《セント》一。不《ト》レ忍《ビ》下并《あはセテ》二宝器《ヲ》一滅中‐
没《スルニ》之《ヲ》上。」乃《すなはチ》奉二‐還《シテ》琵琶《ヲ》一而去《レリ》。忠《⑪ただ》度《のりモ》亦《また》自《より》二淀《よど》河《がは》一還《かへり》、詣《いたリ》二其《ノ》和歌《ノ》師

藤《ふぢ》原《はら》ノ俊成《しゅんぜい》ニ一、夜叩《たた》キレ門ヲ、⑫通ジテレ刺ヲ請フ二面謁ヲ一。俊成微《すこ》シク啓《ひら》キテレ門ヲ見ルレ之ヲ。忠度曰ク、「自リ二兵興リテ一、不レ得レ数《しばしば》スルヲ二於君ノ門ニ一。今当リ二遠別スルニ一、聞ク二君ガ奉ジテレ勅ヲ有リトレ所二⑬撰《せん》輯《しふ》スル一。臣幸ヒニ得バレ収メラルルヲ二⑭一章ヲ一焉、死ストモ⑮且《か》ツ不レ朽チ。」乃チ出《いだ》スニ其ノ歌集ヲ於⑯鎧《がい》縫《ほう》ヨリ一。俊成泣イテ而受クレ之ヲ。俊成後《のち》撰集スルニ、収ムト二其ノ所ヲレ作ル云《い》フ。（日本外史）

書下し文

故郷《こきょう》の花《はな》　頼山陽《らいさんよう》

平経正《たいらのつねまさ》幼にして仁和寺法親王《にんなじほうしんのう》に仕《つか》え、其《そ》の愛《あい》する所《ところ》の琵琶《びわ》を賜《たま》わる。征行《せいこう》と雖《いえど》も未《いま》だ嘗《かつ》て携《たずさ》えずんばあらず。是《こ》の日《ひ》齎《もたら》し返《かえ》り、王《おう》に謁《えつ》して曰《いわ》く、「臣等《しんら》事《こと》已《すで》に此《ここ》に至《いた》る。願《ねが》わくは一《ひと》たび別《わか》れを叙《じょ》して行《ゆ》くを得《え》ん」と。因《よ》って席《せき》に即《つ》き数曲《すうきょく》を弾《だん》ず。王及《おうおよ》び左右《さ ゆう》皆涙《みななみだ》を垂《た》る。経正《つねまさ》曰《いわ》く、「臣嘗《しんつね》に此《こ》の賜《し》を守《まも》り、以《もっ》て子孫《しそん》に伝《つた》えんと欲《ほっ》す。今行《いまゆ》く且《まさ》に死亡《しぼう》せんとす。宝器《ほうき》を幷《あわ》せて之《これ》を滅没《めつぼつ》するに忍《しの》びず」と。乃《すなわ》ち琵琶《びわ》を奉還《ほうかん》して去《さ》れり。忠度《ただのり》も亦淀河《またよどがわ》より還《かえ》り、其《そ》の和歌の師藤原俊成《しふじわらのしゅんぜい》に詣《いた》り、夜門《よるもん》を叩《たた》き、刺《し》を通《つう》じて面謁《めんえつ》を請《こ》う。俊成微《しゅんぜいすこ》しく門《もん》を啓《ひら》きて之《これ》を見《み》る。忠度曰《ただのりいわ》く、「兵興《へいおこ》りてより、君《きみ》の門《もん》に数《しば》しばするを得《え》ず。今遠別《いまえんべつ》するに当《あた》り、君《きみ》が勅《ちょく》を奉《ほう》じて撰《せん》輯《しゅう》する所有《ところあ》りと聞《き》く。臣幸《しんさいわ》いに一章《いっしょう》を収《おさ》めらるるを得《え》ば、死《し》すとも且《か》つ朽《く》ちず」と。乃《すなわ》ち其《そ》の歌集《しゅう》を鎧縫《がいほう》より出《いだ》す。俊成泣《しゅんぜいな》いて之《これ》を受《う》く。俊成後撰集《しゅんぜいのちせんじゅう》するに、其《そ》の作《つく》る所《ところ》を収《おさ》むと云《い》う。

語釈　①「平経正」平清盛の弟経盛の子。一の谷で戦死した。②「仁和寺法親王」仁和寺の守覚法親王。③「所レ愛琵琶」その名を「青山」といった。「青山」の由来については「平家物語」巻

七、青山之沙汰に詳しい。④〔征行〕旅行。「征」は旅をすること。戦争のために出かけるのも「征」というが、それだけとは限らない。⑤〔未嘗不…〕いままで…しなかったことは一度もない。必ず…した。⑥〔是日〕寿永二年（一一八三）七月二十五日。⑦〔齎返〕持ち帰る。齎はもたらす、持ってくる。⑧〔謁〕目上の人にお目にかかること。⑨〔叙レ別〕おいとまごいを申し述べる。⑩〔嘗〕ここでは「常」の意味。この二つの字は、中国語では発音が同じなので、しばしば共通して使われる。⑪〔忠度〕清盛の弟。薩摩守に任ぜらる。一の谷の戦いには西門の総大将であったが、義経の不意討にあって敗れ、戦死した。⑫〔通レ刺〕刺は名刺。訪問する際に名刺を出すことから、取次ぎを頼む意味になった。「投刺」ともいう。⑬〔撰輯〕歌集をつくること。俊成は後に「千載集」を選んだ。⑭〔一章〕一首。⑮〔死且不レ朽〕私の身は死んでもなお歌人としての生命は長く残る。「且」は「…してもなお…」の意味をあらわす助字。⑯〔鎧縫〕よろいのひき合せ。よろいの右わきで結び合わせる所。

通釈

平経正《たいらのつねまさ》は幼少の折、仁和寺法親王に仕えたが、その時法親王の愛用していた琵琶をいただいた。それからというものは旅行する時でも、必ずその琵琶を持っていった。（ところが）この日、琵琶を持ち帰って、法親王にお会いして言った。「私たちは、もはやこのような事態に立ち至ってしまいました。一言《ひとこと》おいとまごいを申し述べてから行きたいと思いまして」そこで、席につき、数曲を弾《ひ》いた。法親王をはじめ王の側近のものたちはみんな涙を流した。すると経正は、「私はつねづねこの賜りもの（琵琶）を大切に保存し、子孫に伝えたいと考えていました。ところがいまはやがて死のうとする身の上です。宝器までももろともにほろぼしてしまうのは、とても堪えられません」と言って、琵琶を法親王にお返しして、立ち去った。

忠度もまた淀川から帰って、彼の和歌の先生である藤原俊成《ふじわらのしゅんぜい》の家に行き、夜なかに門を叩いて名を名乗り、案内を乞うた。俊成は（正式に会うのははばかりがあるので）門をすこし開けて（そのすきまから）忠度に会った。（すると）忠度は、「戦争が始まってからというもの、先生のお宅に度々うかがうことができませんでした。いま、遠くにお別れしようとしておりますが、先生が勅命を受けて、歌集をつくられるということを耳にしました。私、さいわいにも歌一首をその歌集にいれていただければ、この身は死んでも、名は永久に残るでしょう」と言って、よろいのひき合せから彼の歌集を取り出した。俊成は泣きながら歌集を受けとった。その後、俊成は歌集をつくるときに、忠度の作をその中にいれたという。

解説　源義経のひきいる大軍が都へせまったので、平家の一門は安徳天皇を擁し、西方へと逃げて行った。平家の武将たちもそれぞれに都落ちをしたが、その際に幾つかの感動的な挿話が生まれた。これはその中で、平経正と平忠度の話を記録した部分で、原話は「平家物語」巻七に見えている。頼山陽はこの原文の筋に従いながら、りっぱな漢文に書きあげた。

なお「平家物語」によれば、藤原俊成が「千《せん》載集《ざいしゅう》」におさめた忠度の歌は、

故郷の花　　　読み人知らず

ささ浪や志賀の都は荒れにしを昔ながらの

山桜かな

である。平家一門は朝敵の名をきせられ、源氏に追討されたので、忠度の名をあらわにしるすのははばかりがあるため、「読み人しらず」としたの

〔問題二八〕

癸《き》丑《ちう》ノ歳偶作　　頼山陽

十有三春秋　逝ク者ハ已ニ如シレ水ノ
天地無ク二始終一　人生有リ二生死一
安ンゾ得ン下類シテ二古人ニ一　千載列スルヲ中青史ニ上

語釈　○〔癸丑歳〕寛政五年（一七九三）、山陽がかぞえ年十四歳のとき。○〔青史〕歴史。昔、まだ紙がなかった時代には、竹を割った札に文字を書いて記録を作ったが、墨のつきをよくするため、竹を火にあぶって表面の青さを取り、あぶらを抜いて使った。このために記録・歴史のことを「汗青」といい、また「青史」ともいう。

設問
一　次の語句を解釈せよ。
　イ　十有三春秋　ロ　無二始終一
二　「逝者」はなぜ「水」にたとえられるのか。簡潔に説明せよ。
三　「安得下類二古人一、千載列中青史上」を平易な日本語に訳せ。

四　この詩で作者が言おうとしていることを、三十字以内に要約してしるせ。

［問題二九］

人《ノ》渉《ルハ》レ世《ヲ》、如《ク》二行旅《ノ》一然《リ》。途《ニ》有《リ》二険夷《い》一、日《ニ》有《ルハ》二晴雨一、畢《ひつ》竟《きやう》不レ得レ避《クルヲ》。只宜《シク》二随《ヒ》レ処《ニ》随《ヒテ》レ時《ニ》相緩急《ス》一。勿《カレ》二欲《シテ》レ速《カナラント》以《テ》取《ル》レ災《ヲ》。勿《カレ》二猶予《シテ》以《テ》後《ルル》レ期《ニ》。是処《シ》旅之道、即渉世之道也。（言志後録《げんしこうろく》）

語釈　○［夷］平坦なところ。○［畢竟］どうしても。○［猶予］ぐずぐずする。

設問　一「只宜二随レ処随レ時相緩急一」とは、人間の処世法において、どのようにしたらよいと言っているのか。

二「勿二欲レ速以取レ災、勿二猶予以後レ期」を平易な日本語に訳せ。

三「是処旅之道、即渉世之道也」に返り点・送りがなをつけよ。

［問題三〇］

恭黙《シテ》思《フハ》レ道《ヲ》、是《レ》所三以自得《スル》二之工《く》夫《ふうナリ》。孟《まう》子《し》曰《ク》、「思《ヘバ》則《チ》得《レ》之《ヲ》、不《レバ》レ思《ハ》則《チ》不《ト》レ得。」故《ニ》学者之自得《スルト》与《しからザルは》レ否者、因《ル》二克《よく》念《おもフト》与《ニ》レ不《ル》二克《ク》念《ハ》一也。思之於《ケル》二学功《ニ》一也、其《ノ》益大《ナル》乎哉。論語《ニ》曰《ク》、「学《ンデ》而不《レバ》レ思《ハ》則《チ》罔《くらシ》。」聖人以《テ》二学《ト》与《ヲ》レ思対言《セルは》者、誠《ニ》有《ル》レ以《ゆゑ》也。

（貝原益軒、慎思録）

語釈 ○［恭黙］つつしみ深く、沈黙する。○［自得］自分で真理をさとる。○［工夫］修養法。○［学功］学問をする努力。○［罔］道理にくらい。

設問

一　次にあげる文章の中で、本文の「所一レ以自得一之工夫」の「所以」と同じ意味に、「所以」を用いているものを一つだけ選べ。

イ　適得一レ小閑一、所二以終日吟レ詩誦一レ書。

ロ　暴虐所一レ以桀・紂之喪一レ国也。

ハ　斧鋸所一レ以伐一レ木也。

二　「思則得レ之」とは、何を得るのか。本文中のそれにあたる文字をしるせ。

三　次にあげる文章の中で、本文の「思之於二学功一也」の「於」と同じ意味に「於」を用いているものを一つだけ選べ。

イ　斉王置二之於地一、使二人取一焉。

ロ　酒之於レ人、無則已矣。

ハ　失レ之十二倍於前年一、民不レ可二以活一。

ニ　得二之於艱難一、失二之於安逸一。

四　「論語」にある「学」と「思」とは、どのように違うのか。簡単に説明せよ。

五　「誠有レ以也」を平易な日本語に訳せ。

［問題三二］

嘗《テ》観《ルニ》二於当今之学徒《ヲ》一、其《ノ》在《ルヤ》二庠《しやう》校《ニ》一、孜《し》孜《トシテ》勤苦《スル》者《ハ》有《リ》矣。及《ベバ》レ退《クニ》レ庠《ヲ》、則《チ》倦《うム》焉。退《キテ》レ庠《ヲ》而《モ》不《ル》レ倦《マ》者《ハ》有《リ》矣。及《ビテハ》レ畜《やしなフニ》二妻子《ヲ》一則《チ》衰《フ》焉。畜《ヒテ》二妻子《ヲ》二而不《ル》レ衰《ヘ》者《ハ》有《リ》矣。及《ベバ》レ獲《ルニ》二禄位《ヲ》一、則《チ》廃《ス》焉。獲《テ》二禄位《ヲ》一而《モ》不《ル》レ廃《セ》者《ハ》有《リ》矣。逢《ヒ》二一患《ニ》一嬰《かかレバ》二一災《ニ》一、則《チ》挫《ク》焉。蓋《シ》其《ノ》退《キテ》レ庠《ヲ》而倦《ム》者《ハ》、其《ノ》志小《ナル》者也。畜《ヒテ》二妻子《ヲ》一而衰《フル》者《ハ》、其《ノ》器狭《キ》者也。獲《テ》二禄位《ヲ》一而廃《スル》者《ハ》、其《ノ》意満《ツル》者也。逢《ヒ》二一患《ニ》一嬰《リテ》二一災《ニ》一而挫《クル》者《ハ》、其《ノ》気不《ル》レ剛《ナラ》者也。吾観《ルコト》二於当今之学徒《ヲ》一衆《おほシ》矣。其《ノ》能《ク》退《キテ》レ庠《ヲ》而《モ》不レ倦《マ》、畜《ヒテ》二妻子《ヲ》一而《モ》不レ衰《ヘ》、獲《テ》二禄位《ヲ》一而《モ》不レ廃《セ》、逢《ヒテ》二災患《ニ》一而《モ》不レ沮《はばマ》不《ルコト》レ挫《ケ》、若我安井仲平者、未多覯也。

（塩谷宕陰「送二安井仲平東遊一序」）

語釈　○［庠校］学校。○［孜孜］こつこつと努力するさま。○［安井仲平］幕末の儒者。名は衡、号は息軒。（一七九九―一八七六）。○［覯］見る。

設問

一　「及レ退レ庠、則倦焉」とは何に倦むのか。本文の中のそれにあたる文字をしるせ。

二　「退レ庠而不レ倦者有矣。及レ畜二妻子一則衰焉」を平易な日本語に訳せ。

三　「獲二禄位一而廃者、其意満者也」を平易な日本語に訳せ。

四　「若我安井仲平者、未多覯也」に返り点・送りがなをつけよ。

五　この文章は三つの段階に分けることができる。第一段落と第二段落との最後の一句をしるせ。（返り点・送りがなはつけなくてよい）

練習問題解答

第二章　歴史

〔問題一〕　一a　おさない息子（ここでは舜の弟）。b　悪いことをするまでには至らせなかった（「姦」は悪い行為）。c（舜の）住んでいた場所には（人々が集まって来て）部落ができ、二年たつとそれが村になり、三年たつと都会になった。d　田畑の間、すなわち農村から（朝廷へと）登用した。e　二人の娘をとつがせた。（ここの「以」は「……を」の意味の助字で、「二女を妻《めあわ》す」ということだが、このような構文のとき、訓読では「……スルニ……ヲ以テス」と読む。なお、大昔は一夫一婦制ではなかったので、姉妹が一人の男の妻となることもあった）　二　人々は舜の人格に敬服したので、舜が耕作しているのを見ると、よい耕地を譲ってやり、舜が釣りをするときには、よい釣り場を譲ってやること。　三「孝悌の道」を尽くし、自分の人格によって家庭内をよくおさめ、さらに他人にも感化をおよぼすこと。

〔問題二〕　一a　領地を（秦に）分けあたえることを要求した。b　諸国をめぐり歩き、諸侯に自分の意見を述べる。b　王さま（粛侯）のために計略を考えますと、六国が縦の同盟を結び、それによって秦を排撃するに越したことはありません。（「莫若……」は「……以上のものはない」「……が最上だ」という、最上級を示す構文）　二a　しょこうのそつは、しんにじゅうばいせり。b　えんこれにしし、もってちょうにいたらしむ。c　むしろけいこうとなるも、

ぎゅうごとなるなかれ。三 にわとりの口にな
ろうとも、牛の尻となってはならない。（「寧A
無B」という構文は、「AならばまだよいがA、まだ
Bではいけない」「BよりもAのほうが、まだ
ましだ」という意味をあらわす）
この場合、諸侯が秦の要求に服従すれば、秦
の属国化するわけで、秦から攻められるおそれ
はなくなるが、そのかわり、秦という巨大な牛
の尻となって生きのびるだけのことだ。鶏は小
さな動物だが、その口になることは、鶏全体の
支配的な地位に立つことを意味する。六国は秦
にくらべれば小さいが、諸侯がそれぞれの国の
支配的地位に立って独立を守るほうが、秦の属
国化するよりもましだというのである。
［問題三］ 一a 先ず人質を斉へと送りこみ、
そして（孟嘗君に）会いたいと要求した。b
どうかあなたのお持ちの、狐の白い毛で作った
皮ごろもをいただきたい。c 姫が孟嘗君のた
めに口をきいてくれて、釈放してもらうことが
できた。d 追手がはたして到着したが、もう
まにあわなかった。二a ひとをしてしょうお
うのこうきにいたり、とかんことをもとめし
む。b かくによくくとうをなすものあり。
c しんおうのこうかいしてこれをおわんこと
をおそる。三 自分の狐白裘はすでに昭王に献
上してあり、ほかに手持ちがなかったので、狗
盗を秦王の倉庫へしのびこませ、献上した狐白
裘を盗み出させて、それを幸姫に贈った。四
鶏が鳴けば関所の戸をあける規則なので、鶏の
鳴きまねの上手な男に鳴かせたところ、まだ夜
半なのに、ほんものの鶏がつりこまれて、みな
鳴き始めた。そこで関所の戸があき、逃げるこ
とができた。
［問題四］ 一a 父（文王）が死んで、まだ葬
式がすまないのに、このように戦争をおこすと
は、孝行といえましょうか（とても孝行息子と

はいえない)。 b 人間の歩むべき正しい道から見て、周の土地でとれた穀物は食べようとしない(すなわち、周の臣民とはならない)。 c 飢え死にしそうになったとき、歌を作った。(「且」は「まさに……せんとす」と読む。「いまにも……しそうになる」という意味) d (武王の)暴力を、(紂王の)暴力にとりかえて(つまり、暴力によって暴力を征服して)、それが誤りであることに気がつかない。 e 私はどこへ行って、身をおちつけたらよいのか(どこにも身のおき場所がない)。(「安」は「どこに」という疑問をあらわす助字) 二 紂王を伐つ戦争が、文王の遺志を継いだもので、文王もこの戦いに出陣しているのだということを示した。

三 一 父の葬式がすまないうちに戦争するのは、孝行の道にそむく。 二 紂王は暴虐でも、武王にとっては天子だから、臣下の武王が君主を殺すのは、人間の道にそむく。

四 伯夷・叔斉は武王を、暴力によって天下を取ったと批判するのだが、その武王が天子になったのは、やはり天の命令を受けているわけである。だから、そんな命令を下すとは、天の命令もおとろえたものだと嘆いた。

〔問題五〕 一a 臣下が君につかえるのは、子供が父親につかえるのと同じようなものだ。(「猶」は「なお……のごとし」と読む。「ちょうど……のようだ」という意味をあらわす助字) b おの・まさかり・湯を入れた大釜などの道具で処刑されようとも、本心から満足して、よろこんで受けよう。 c どうかもう二度と言わないでくれ。 d 陵(私)と衛律との(匈奴に降服した)罪は、はるか上方、天にまでとどいている(天も知っているから、のがれることはできない) 二a いまみをころしてみずからいたすをえば b こはちちのためにしすとも、うらむところなし 三 肝臓や脳が地面をおおうという意味で、むごたらしい殺されかたをいう。ここでは、国家のために生命をささげること。四 昔の友人の李陵と酒を飲む楽しみ。五 自分たち親子は漢の天子から恩を受け、功績もないのに高い地位を授けられ、兄弟とも天子から親愛の情をもって待遇されているので、それを裏切ることはできない。

第三章　詩文

［問題六］一 d 二 ある場所で花をながめ、また歩いて行って、その先で花が咲いていると、それをながめる。先を急ぐこともなく、心のままにぶらぶら歩いている状態。三 気がつかないうちに、いつのまにか、あなたの家に着いていた。

［問題七］一 じゅこうじょうがいつきしものごとし 二 いったいどこで、蘆笛を吹いているのであろうか。三 草笛のさびしい音を聞き、ふと故郷をなつかしむ心をおこしたため。

［問題八］一 (a)—白雨 (b)—入 (c)—墨 二 水面にたたきつける雨のしぶきが、丸い玉となって、ばらばらと船の中にとびこむ。三 黒雲が吹きはらわれ、晴れた天の色をうつして、水面も青一色に澄んでいる。四 雲押韻は山・船・天。(これらの字は平声。転句の「散」は去声なので、発音は「山」と同じだが、韻にはならない。だいたい、絶句の形で、転句に韻をふむことは絶対にない) 五 七言絶句。

［問題九］一 川波のゆれ動く上に夕日の光が反射して、きらめいているありさま。二 一羽の雁が、晴れあがったばかりの空を、北風に乗って南へと下って行く。(「初」は「……したばかり」の意味。「最初に」ではないことに注意) 三 流れのまにまに下る小舟にたとえることによって、何物にも拘束されず、自然にまかせたままの、おだやかな心境をあらわす。四 3と

4・5と6。(律詩だから、当然この二組の対句ができているわけである)

[問題一〇] 一 わかれにのぞんでは(「のぞみては」でもよい)なおちちたり。二 帰ろうにもいつ帰れるか、あてがつかない。(原文が「無シ二帰ル時一」ならば、単純に「帰る時がない」の意味。この構文だと、帰るにもその時がないという意味になり、表現が強くなる) 三 古い年(去り行く年)との別れを嘆いてはいけない。いずれは(やがて迎える)新年とも別れることになるのだから。四 旧歳 五 別離は悲しい。まして二度と帰らぬ今年との別れは、なお悲しい。しかし別歳の宴会で、その悲しみを慰めよう。そして若がえった気持になり、新年を迎えよう。

[問題一一] 一 師(先生)とは、真理を伝え、業(具体的な技術)を授け、疑問を解決するためのものである。(「所以」は「……するため」という手段をあらわす場合と、「……だから」という理由・原因をあらわす場合とがある。ここでは前者) 二 たれかよくまどいなからん。三 疑問を持ちながらも先生につかなかったならば、その疑問というものは、どうしても解決しないだろう。四a 自分より年長の人は、道を聞くのも「当然」自分より先になる。b 自分より若い人でも、道を聞くのが年長の人と「同様に」自分より先である。

[問題一二] 一 山野にかくれ住み、あたりの自然を愛し、その産物を賞味する。二 立つのも坐るのも(生活全体にわたって)きまった時間の拘束はなく、ただ自分の心にかなった行動だけをして、おちついた気持でいる。三 其の前に誉《ほま》れ有らんよりは、其の後に毀《そし》り無きにいずれぞ。其の身に楽しみ有らんよりは、其の心に憂《うれ》い無きにいずれぞ。(「与其A孰若B」という構文は、直訳すれば「AとBとはどちらがよ

いか」という意味だが、疑問というよりはむしろ反語的な表現で、「Aにくらべれば、Bはどうだ」「AよりはBのほうが、ずっとよいではないか」の意味となる）

〔問題一三〕一 (イ)　二 而も皆其の然る所以の者を知らざれば、則ち之を天に推し、命有りと曰ふ。三 c　四 c　五 a

第四章　小説

〔問題一四〕一 ろにちょうかんをとりてじょうもんをいらんとするものあり。（「じょうもんをいるものあり」、「じょうもんにいるものあり」としても、誤りとはいえないが、話の筋から考えて、「いらんとする」と読むべきである）　二 方法を考えだすことができなかった。（どうしてよいか、わからなくなった）　三 どうして、のこぎりで真中から二つに切って、城門をはいらないのか。（のこぎりで二つに切って、城門をはいったらよいではないか）　四 長い竿を持って城門をくぐろうとする男が、竿を水平に持つことに気がつかず、つかえて困っていると、老人がえらそうな顔をして、竿を二つに切ってはいれと教えたので、竿を切ってしまった。

〔問題一五〕一 月があかるく照り、涼しい風が吹いている。二 地面にうつぶせになったまま、おきあがろうとしない。（おきあがるなどという大胆なことはできずにいる）　三 有避讐竄匿深山者。四 きみなんぞいでざる。五 いちばんこわいのは人間で、鬼をこわがることはない。君がこんな目にあっているのも、人間のためなのだ。

〔問題一六〕一 イ――しばらくの間、その理由が（妻がなぜここにいるのかが）推測できなかった。　ロ――妻がここに来ているはずがないとは思ったが、そのまま捨てておくこともできなかった。ハ――その家に着いたとき、妻はちょうど寝ていた。二　妻の容止言笑。三　劉幽求。四　劉幽求が夜道の途中、自分の妻が寺の庭で遊んでいるのを見かけ、瓦を投げたら、姿が消えた。それは実は、妻が夢の中で見ていた世界が劉の前に現れたのであった。

［問題一七］一　晏子が、命がけで景公をいさめた弦章を殺すのは、桀紂のような暴君の行為だと遠まわしに言ったから。二「君欲レ飲レ酒七日七夜。……不レ然章賜レ死」「章諫レ我曰『願君之廃レ酒也。不レ然章賜レ死。』如レ是而聴レ之、……又愛二其死一。」「幸矣、……章死久矣。」三　イ――臣下が（君主を）おさえつける（強制する）ことになる。ロ――ききいれない場合は、章を殺すのがかわいそうだ。ハ――章はとっくの昔に死んで（殺されて）いるでしょう。

第五章　思想

［問題一八］一　剣が落ちた位置の舟ばたに目じるしをつけておけば、その下に剣が沈んでいるからさがしやすいと思ったため。二　舟はもう（剣の落ちた位置から）先へ進んでいるのだ。だが剣は、進んではいない（沈んだままだ）。三　このこほうをもってそのくにをおさむるは、これとおなじ。四　昔からの習慣や規則をたいせつに守り、時代が進んでいるのに気がつかない態度。

［問題一九］一　ニ　二　その蛇はいま、どこにいるのか。三　ほかの人がまたその蛇を見て、死ぬといけないから。四イ　人に知られないような場所で人に恩恵をほどこした者には、必ず公然としたむくい（幸福）が与えられる。ロ　ほかの人のことを考え、両頭の蛇を殺して埋めたこと。

［問題二〇］一イ　ゆえなくしてにげてこにいる。ロ　そのうまこのしゅんめをひきいてかえる。二イ　要塞の近くに住む人々で、戦死した

ものは十人のうち九人まであった。ロ この家だけは足が悪く、父も子も無事であった。三 イ 馬が逃げたこと。ロ 逃げた馬が駿馬を連れて帰って来たこと。ハ 息子が落馬してけがをしたこと。四 幸福と災難とは絶えず変化するもので、何が幸福になり、何が災難になるかは、わからない。

［問題二一］ 一 武力によって天下を取ることはできるが、武力によって（取った）天下をおさめることはできない。二 文（学問・文化）の力によって、国家を維持していくこと。三 イ「詩経」や「書経」など（つまり学問）を、なんで問題にしようか（不必要なものだ）。ロ どこまでも武力を行使して、滅亡するはめになった。四 その当時、秦がすでに天下を統一してから、仁義の道を実行し、古代の聖人のおきてにしたがっていたとしたならば、陛下はどうして天下をわがものとすることができたでしょうか。（秦が仁政をおこなっていたら、漢に亡ぼされるはずはなかった。——「得而有レ之」は「所有することができる」の意味）

［問題二二］ 一 政治に従事するばあい、なんの困難があろうか（しごく容易である）。二 そのみをただすことあたわずんば、ひとをただすをいかんせん。三 政治家。四 政治家はまず自分を正しくすべきである。自分が正しくなければ、国民を正しくすることはできない。

［問二三］ 一イ その人がちょうど酔っぱらっているさいちゅうには、（どんな悪いことでも）しないことがない（あらゆるでたらめをする）。ロ その人が酔いからさめたときは、恥ずかしく思わないものはない（誰でも恥ずかしがる）。ハ 自分で自分を見て、欠点がないと思う。二 イ 自信満々で、自分の欠点に気がつかないこと。ロ「無所不至」の行為。三 学問をしない前は、自分が不完全な人間であることに気が

つかない。学問をすれば、そのことに気づき、誤りを修正しようと努力するようになる。

[問題二四] 一 しかたがなくて兵を用いる(やむをえず戦争をする)ときには、あっさりした戦いかたをするのが、最上の方法である。 二 以て志を天下に得るべからず。 三 戦争に勝っても、それをほめるべきこととは思わない。 四 大勢の敵を殺した場合、大将が、敵の戦死者のために泣く。

[問題二五] 一 曲がったまま、のばすことができないのだが、痛んだり、しごとにさしつかえたりするわけではない。 二 もしよくこれをのばすものあらば(「あれば」でもよい)。 三 (自分の)指が人なみでないためである。 四 ぜひ直さなければならぬほどではない指の病気でも、人なみでないのをきらって、なおそうとする。しかし、もっと重大な心の病気は、なおそうとしない。

[問題二六] 一 A—ニ B—イ 二 ニ 三 ロ 四 ホ 五 不㆔尽《クハ》伝《ハラ》㆓於世《ニ》㆒——全部が世に伝わったわけではない。 尽《ク》不㆑伝《ハラ》㆓於世《ニ》㆒——全部世に伝わらなくなってしまった。

[問題二七] 一 ホ 二 人間が緊急の問題とするものの中で、自分自身に関するもの以上のものはない。 三 安《いず》んぞ能《よ》く王《おう》をして長生《ちょうせい》せしめんや。 四イ 不死之道 ロ 其身

第六章 日本の漢文学

[問題二八] 一イ 十三年間。 ロ 始めも終りもなく、無限に続く。 二 死者は二度と帰って来ない。それは流れ去る川の水が、二度と帰って来ないのと同じである。(「水」はしばしば「川」の意味に使われることに注意) 三 なんとかして(私も)昔の(すぐれた)人のようになって、千年の後まで、歴史の中に名をつらねるようになりたいものだ。(「安得……」の構文

は、反語ではなく、強い願望をあらわすことに注意）四 人生は有限のものだから、永久に残る名声をあげたい。

［問題二九］一 人生には困難な立場におちいることもあり、運不運もあるが、その場合場合に応じて、積極的に動いたり消極的に身を守ったりするのがよい。二 早くしようとあせって、災難を自分から招いてはいけない。ぐずぐずして、チャンスに遅れてはいけない。三「是処《スル》レ旅《ニ》之道《ニシテ》、即《チ》渉《ル》レ世《ヲ》之道也」

［問題三〇］一 ハ 二 道 三 ロ 四 学は書物を読んだり、先生に教わったりして知識を得ること。思は道理について自分で考えることだ。五 ほんとうに理由のあることだ。（もっともなことだ）

［問題三一］一 勤苦 二 学校を出ても、（学問に対する）努力をおこたらない人はある。だが（そんな人でも）、（結婚して）妻子を養うようになると、（努力する心が）衰退してしまう。三 俸禄や地位を獲得して（就職して）、（学問を）やめてしまう人は、それで満足してしまった人間である。四 若《キ》二我《ガ》友安井仲平《ノ》一者《ハ》、未《ダ》二多《ル》多《クハ》艱一也。（「若」を「ごとし」と読み、「未多……」が部分否定であることに注意）五 第一段落――則挫焉。第二段落――其気不剛者也。

助字用法一覧

①重要度により、一七六項目を抽出し、画数順に配列した。
②参照頁のうち、無印は「語釈」に、*印は例文または本文に、（ ）は問題文（説明は解答）にあることをそれぞれ示している。

画数	助字	読み方	用法または意味	参照頁
二	乃	すなはち		一〇一・一〇九
	又	また		三一四
三	之$_1$	の	名詞の下につく	九九*
	之$_2$	これ	動詞の下につく	八九*・九二*・一〇〇
	之$_3$	これ	強調	(三三六)
	之$_4$	これ・この	指示	(一七八)・二二八
	也	なり	句末につく	一一六・一六二*
	也	や	強調・感嘆	二一四・(三八二)・四一〇
	也	や・か	疑問・反語	二一五・三四五・三六〇*
	于		「於」に同じ	一七〇
	于	ここに		二二八
	已	すでに		二〇一・二五四・二六九
	与〔與〕	と	並列	一二五*
	与〔與〕	よりは	比較	(三三六)
	与〔與〕	か	疑問	三九八
	不	ず	否定	九九*
	不若・不如	しかず	比較	四六九*
	兮		語調をととのえる	一八四・二三五
	勿	なし	否定	四二五*・五二七*

四			
勿	なかれ	禁止	三四三*
及	および	並列	一六九
夫	それ	句頭につく	二〇七・三六一
尤	もっとも		三一〇
方	まさに		一二七・三三二*
五			
且	かつ	並列	三八一・
且	かつ	：でさえも・…でも	一一六・五七二
且	しばらく		二一五・二五五
且	まさに…せんとす		(一八三)・五七〇*
乎	や・か	句末につく	一一六
乎	こ	「然」3に同じ	二三三
乎		「於」21に同じ	二九七*・三〇九*・(三二五)
乎		句間におかれる	(五〇九)
乍	たちまち		四二〇
乍	また		五三四
以	もって	「而」1に同じ	一一五
以	もって	原因・理由	四六二
以	もって・もってす	手段・対象	九二*・一〇六*・二〇八・四二五
以為	おもへらく		一一〇・三三六
令	しむ	使役	三四五
可	べし	可能	四二〇
可	べし	勧誘・許容	三四四・三九三
可以	もって…べし	可能	四〇〇
只	ただ	限定	二一四
弗	ず	否定	四二三
未	いまだ…ず	否定	(三二二)・三六〇*

助字	読み	用法	頁
未嘗不	いまだかつて…ずんばあらず（二重否定）		五七二

六

助字	読み	用法	頁
亦	また	並列	三一四
亦	また	強調	（五〇五）
亦		「雖」と呼応	一六四
伊	これ	代名詞・強調	二六三
向		「於」1に同じ	二九一
因	より	原因	（一八五）・三四三＊
如	ごとし	比喩	一〇〇・二六四・三五五
如	もし	仮定	三九七＊・（五一一）
如何	いかん		三四四
安	いづくんぞ	疑問・反語	二一五
安	いづくんぞ（いづくにか）…をえん		（五七四）
而1		順接の接続	九九＊・二二三・四四三
而2		逆接の接続	二一二＊・（五〇五）・五三九＊
而已	のみ	限定	三五五・四一三
耳	のみ	限定・断定	三五五
自1	より	起点	一二五＊・二〇二＊
自2	みづから		三四九・四二〇
当（當）	まさに…べし		二六三・三五五
但	ただ	限定	二四四
但	ただ	逆接の接続	二七九
何	なに・いづれ	疑問	二三九＊・二九一・四一三
何	なんぞ	反語	一〇二・一六五
何	なんぞ	感嘆	二四四

七			
何不	なんぞ…せざる	反語	(三七九)
何以	なにをもって	疑問・反語	三五五
何為	なんすれぞ	疑問・反語	一六五
如何	いかん	疑問	三四四
即〔卽〕	すなはち		五三〇*・五三一*
更	さらに		二七五
矣		句末につく	一一六・一二七・四一三
見	らる・る	受身	四五五
足以	もって…するにたる		一一五
那	なんぞ	疑問・反語	三三四*
邪	か・や	疑問・反語	二二五・四四一*
応〔應〕	まさに…べし		二六三
八			
使	しむ	使役	一一六
使	しめば	仮定	四五三
其	その	指示	二九九・四二六・四八六
其	それ	強調・疑問	二一五・三六一
奈何	いかん	「如何」に同じ	二三五
宜	よろしく…べし		(五七五)
尚	なほ		四九七
或	あるいは		二一四
所	ところ	動詞を名詞化する	一〇七・一一〇・二九一
所以	ゆゑん	手段・目的	三六一・四五四
所以	ゆゑん	原因・理由	四二〇・四五四・四六二
於$_{1}$		場所・対象	一〇二・一二七・一六五・四〇〇
於$_{2}$		比較	一一六・二九九・四五五
於$_{3}$		受身	二一四

況（または況）	いはんや		一一六・二〇八
非	あらず	否定	一六三＊・三四五
若〔若〕	ごとし	比喩	二〇七＊
若〔若〕	もし	仮定	三一三＊
者〔者〕	は・ものは	名詞句・主語の提示	二〇八・四五三・四六二
九			
便	すなはち		三四五
則	すなはち	上の条件を受ける	八六＊・（一八一）
哉	かな	感嘆	三七〇＊・三九七＊
哉	や	疑問・反語	一〇二・一一六
故	ゆゑに		一二六＊・二一二＊
是	これ	英語のbe動詞に相当	二八九＊・三三五＊
是	この	指示	二一四
爰	ここに	指示・強調	（一八三）
相	あひ		三四四
苟	いやしくも	仮定	二五五・四二〇
耶	や・か	疑問・反語	二九七＊
既〔旣〕	すでに		二六九
既已	すでに		四九六
為〔爲〕	ために		三三六
為〔爲〕	なる	受身	三三四
為…所…	…の…するところとなる	受身	三三四
独〔獨〕	ひとり	限定	四六二
独〔獨〕	ひとり	反語	一六五
匪	あらず	否定	一〇一
奚	なに・なんぞ	疑問・反語	四四三

一〇	徒	いたづらに・ただ		二七〇・四五五
	恐	おそらくは	推量	(五〇六)
	祇	ただ	限定	二一四
	能	よく	可能	一〇六
	被	らる	受身	五四五*
	豈	あに	反語	一一六
	豈	あに	推量・疑惑	三六一
	従〔從〕	より	「自」[1]に同じ	一一六
	将〔將〕	まさに…せんとす		三七〇*・(三八一)・四一八*四四〇*
	将〔將〕	はた	強調	三四五・四三〇
	将〔將〕	と	並列	二六九
	将〔將〕		動詞の下につく	二九一
一一	唯	ただ	限定・強調	三五二*
	孰	たれか・いづれか	疑問・反語	一二六
	孰若	いづれぞ	疑問・反語	(三二六)
	惟	ただ	「唯」に同じ	二六一*
	欲	ほっす	…になりそうだ	八二*・二七六
	焉		句末におかれ、断定	二九七*・(三八〇)・四〇一・四二九*
	焉	これ・ここ	「之」[4]・「此」に同じ	一〇七
	焉	えん	上の字を副詞化する	一八四・二三三
	竟	つひに		三三七・五六二
	莫	なし	否定	一〇一
	莫	なかれ	禁止	三一三*
	莫不	…ざるなし	二重否定	一二七・四九一
	莫若	…にしくはなし	比較	(一八〇)
	著〔著〕		場所・「於」に同じ	三四五

一二	復	また	反復	三三三*
	復	また	強調	二六三
	復	また	「而」1に同じ	二七九
	復	また	否定詞の下につく	二四四・二六三
	敢	あへて		三三五*
	敢不	あへて…せざらんや	反語	三三六・三六一
	斯	ここに	強調	四二〇
	無	なし	否定	二五四・三五五
	無	なかれ	禁止	三三五*
	無以	もって…するなし		一六五
	無…不	…として…ざるはなし	二重否定	三七二
	然1	しからば	順接の接続	四二九*
	然2	しかれども	逆接の接続	一二六*
	然3	ぜん（上の語を副詞・形容詞化する）		二九九・三一〇
	猶	なほ…のごとし	比喩	（一八五）
	猶	なほ	やはり・それでも	二九九・三〇三・四九七
	遂	つひに		（一七九）・三三六
	須	すべからく…べし	必要・強制	二七〇・五四九
	須	もちふ・まつ	必要・強制	二八五
一三	誠	まことに	強い願望・仮定	一一五
	蓋〔盍〕	けだし	句頭につく	二九九・四九一
一四	寧	むしろ	比較	（一八〇）
	漸	やうやく		三〇九*
	輒	すなはち		三〇九*

一五	誰 遮莫	た・たれ さもあらばあれ	疑問・反語	二六〇*・二八九* 五五二
一六	還〔還〕 縦〔縦〕	また たとひ	やはり・なお 仮定	二六三 一六五
一七	雖	いへども		一六四・二一三・二一四・二五四
一八	歟	か	疑問・反語	一〇一

人名・書名・重要事項索引

① 冒頭の漢字を音訓・五〇音順でまずならべ、同じ〝読み〟の場合は画数の少ないものから多いものへとならべていった。
② 読みが一般的でないものは↓でその場所を示す。（例　公↓く項も見よ）
③ ＊印は人名、「　」は書名をそれぞれ示している。またいくつもページ数があるものに限り、詳述してあるページ数をゴチックとした。

あ

アクセント……六三
＊アダム・スミス……五〇三
アヘン戦争……一三六
「アンクル・トムズ・ケビン」……三七五
＊阿骨打（アクダ）……一三一
＊阿直岐（あちき）……五一六
＊阿倍仲麻呂（あべのなかまろ）……八一・五二八
＊哀公（あいこう）……四一〇
＊愛親覚羅（アイチンギヨロ）……一三五
＊浅井了意（あさいりようい）……五六四
字（あざな）……一五六
足利学校（あしかががっこう）……五五〇
＊新井白石……五五七
安史の乱（あんしのらん）……一二九
＊安禄山（あんろくざん）……一二九・一四七
安禄山の乱……一二九・二六七・二七二・二七七
按察使（あんさつし）……一四七
＊晏子（あんし）……三八二
「晏子春秋」（あんししゅんじゅう）……三八二
闇斎点（あんさいてん）……八九

い

＊伊尹（いいん）……四八六
＊伊香刀美（いかとみ）……五三一
伊水（いすい）……三四
＊伊川先生（いせんせんせい）→程頤（ていい）
＊伊藤仁斎（いとうじんさい）……五五八・五五九
＊伊藤東涯（いとうとうがい）……五五九
伊藤の首尾蔵（しゅびぞう）……五五九
＊威王（いおう）……四一五
＊韋応物（いおうぶつ）……**二八六**・三三
「異苑」（いえん）……三五一
尉（い）……一四六
意符（いふ）（義符）……三五
緯書（いしょ）……四七五
一韻到底格（いちいんとうていかく）……**一九六**・二四六
一二点（いちにてん）……七八
一斎点（いっさいてん）……八九・五六一
＊石川丈山（いしかわじょうざん）……五六六
＊市河寛斎（いちかわかんさい）……五六七
逸話集（いつわしゅう）……三五一
＊犬上御田鍬（いぬがみのみたすき）……五三七

う

え

お

*王引之(おういんし)……五〇一
*王翳(おうえい)……一六五
王学左派(おうがくさは)……四九九
*王翰(おうかん)……二八四
*王畿(おうき)……四九九
*王建(おうけん)……二九三
*王艮(おうごん)……四九九
*王粲(おうさん)……二四二
*王之渙(おうしかん)……二八四
*王士禎(おうしてい)……三一〇
王者……四二四
*王守仁(おうしゆじん)(陽明)……四九三・四九四
*王充(おうじゅう)……四七五
*王戎(おうじゅう)……三五三・四七八
*王叔文(おうしゅくぶん)……二九六
*王昌齢(おうしょうれい)……二八二
*王縉(おうしん)……二七七
王朝(おうちょう)……一〇五・一四一
*王瑒(おうとう)……二四二
王道(おうどう)……四二四・四二七
*王念孫(おうねんそん)……五〇一
*王弼(おうひつ)……四七七
*王夫之(おうふうし)……四九九
*王勃(おうぼつ)……二六〇
*王莽(おうもう)……三一〇・四七五
王孟韋柳(おうもういりゅう)……二八七
*王陽明→王守仁
近江聖人→中江藤樹
*応璩(おうきょ)……二四四
*応瑒(おうとう)……二四四
*欧陽脩(おうようしゅう)……一五八・一七六・三〇六〜三
二・三三七・四八三・五四七
*欧陽文忠公(おうようぶんちゅうこう)→欧陽脩
*淡海三船(おうみのみふね)……五三五
押韻……一八八
「鶯鶯伝」(おうおうでん)……三五九
大江家……五四一
*大江朝綱……五四〇
「大岡政談」……五六六
*大窪詩仏……五六七
*大津皇子……五三五・五三六
*大伴旅人……五二〇
*太安万侶(おおのやすまろ)……五二六
*岡島冠山……五六五
*岡白駒(おかはくく)……五六五
*荻生徂徠(おぎゅうそらい)……五五九
送りがな……七九
諡(おくりな)……一五八
「伽婢子」(おとぎぼうこ)……五六四
音……五一・五三〜五九
音韻……四五
音節……六三
音と訓……三四・四九
音符(声符)……三五・四六〜四八
*温庭筠(おんていいん)……三〇一
温李(おんり)……三〇一

か

カタカナ……八八
かな……三一・五四五

かりがね点……七八
「ガリヴァー旅行記」……三七五
仮借(かしゃ)……三七
＊何晏(かあん)……四七七
「河東記」……三六〇
＊柯劭忞(かしょうびん)……一七
神楽(かぐら)……三八五
科……一五〇
科挙……一四七・一五〇・一七八・四八二
科斗文字(かともんじ)……四三
夏……一〇五・一八四
家系……一五二
書き下し文……八〇
＊賀知章(がちしょう)……二六七
＊賀茂真淵……五六〇
雅……二一六
＊賈誼(かぎ)……四七二
「賈誼新書」(かぎしんしょ)→「新書」
＊賈島(かとう)……二八七
嘉点(かてん)→闇斎点(あんさいてん)
歌……一八七・二三八
歌行……一八七
歌謡……二九・二三一・二三六
外→け項も見よ。
外兄……一五五
外祖……一五五
回楽峰(かいらくほう)……三二
会意文字……三五
＊快元和尚(かいげんおしょう)……五五〇
＊貝原益軒(かいばらえきけん)……五五八・五七六
怪談……三四六
垓下の戦い(がいかのたたかい)……一一九
「海外軒渠録」(かいがいけんきょろく)……三七五
開元・天宝の治(かいげん・てんぽうのち)……一二九
楽府(がふ)……一八七・二三四・二三七
楽府題(がふだい)……二三八
解……一九六
楷書……四三
諧声(かいせい)……三五
懐徳堂(かいとくどう)……五五七
「懐風藻」(かいふうそう)……五三四
返り点……七八
岳陽楼……二八〇
革命……一〇五
格物致知(かくぶつちち)……四八八・四九七
＊郭威(かくい)……一三〇
＊郭隗(かくかい)……一一五
隔句対(かくくつい)……二〇六
楽(がく)……四〇七
＊楽史(がくし)……三六四
＊片山兼山(かたやまけんざん)……八九
合従(がっしょう)……四六六
活字……四四
豁然貫通(かつぜんかんつう)……四九一・四九二
金沢学校……五五一
金沢文庫……五五一
＊亀井南冥(かめいなんめい)……五六七
＊亀田鵬斎(かめだぼうさい)……五六七
干支(かんし)……二二一
＊干宝(かんぽう)……三四二・五六六

函谷関(かんこくかん)……一八二
官制……一四一
官板(かんぱん)……五五六
官吏……一四八
官僚……一四二・一四三・一四七～一五二・一七五
「邯鄲」……三五八
*邯鄲淳(かんたんじゅん)……三五四
咸宜園(かんぎえん)……五六七
宦官(かんがん)……一三一・一三九・二九二・三〇一
*桓玄(かんげん)……二五二
*桓公(かんこう)……一一三・三八九
*桓譚(かんたん)……四七五
*菅茶山(かんさざん)……五六八
換韻格(かんいんかく)……一九六
閑谷校(かんこくこう)……五五六
勧学院(かんがくいん)……五四一
寛政異学の禁……五五七・五六一
寛政の三博士……五六一
漢王朝……一一九
漢音……五五～五八
漢字……二九・三一～三四・三九・一八七・五一八
漢字の三要素……二九
漢詩……一九三・五四四
「漢書」……一七五・二五七・三三九・四一六
漢南(かんなん)……二一〇
漢文……七〇・五一八・五四〇・五五五
漢文法……七二
「管子」……四五一
*管仲(かんちゅう)……四五一
監察御史……一四四・二七七
「還冤記」(かんえんき)……三五一
翰林院(かんりんいん)……一四四
翰林学士……一四四
翰林学士承旨……一四五
翰林供奉(かんりんぐぶ)……一四四・二六七
翰林待詔(かんりんたいしょう)……一四四
轘轅山(かんえんざん)……三三二
頷聯(がんれん)……一九五
*顔淵(がんえん)→顔回
*顔回(がんかい)……三九〇・四〇九
*顔師古(がんしこ)……四八一
*顔之推(がんしすい)……三五一
*韓昌黎(かんしょうれい)→韓愈
*韓非(かんぴ)……四五一
「韓非子」(かんぴし)……四三三・四五一・五一三
*韓文公(かんぶんこう)→韓愈
*韓愈(かんゆ)……一五一・一五七・二二一・二八七・二九五・三〇四・三二六
韓柳の文(かんりゅうのぶん)……三〇四
観察使……一四七
*簡公……四五六

き

*木下順庵(きのしたじゅんあん)……五五七
*吉備真備(きびのまきび)……八一
気……四八四・四八八
「奇異雑談集」(きいざつだんしゅう)……五六四
*季孫氏(きそんし)……三八九
*紀昀(きいん)……三七五
紀伝体(きでんたい)……一七四

紀伝道（きでんどう）……五四一
＊紀長谷雄（きのはせお）……五四〇
＊紀平洲（きのへいしゅう）→細井平洲
帰化人……五一八
＊帰有光（きゆうこう）……三一九
起句（きく）……一九五
＊鬼谷先生（きこくせんせい）……四六五
貴族階級……一五一
義……四一七・四三三
＊義堂周信（ぎどうしゅうしん）……五四八
義符（意符）……一三五
「儀礼」（ぎらい）……四八二
「儀礼注疏」（ぎらいちゅうそ）→「儀礼」
詭弁学派（きべんがくは）……四五九
擬古派（ぎこは）……三一九
擬声語（ぎせいご）……六二
擬態語（ぎたいご）……六二
戯曲……二八・三六六
＊徽宗（きそう）（宋）……一三一
騎司馬（きしば）……一六五

魏王朝……二二
「魏志倭人伝」……五一五
＊魏収（ぎしゅう）……一七六
魏晋南北朝……一三一・一四九
＊魏徴（ぎちょう）……一三七・一七六
九経（きゅうけい）……四〇八
＊牛僧孺（ぎゅうそうじゅ）……三五九
旧→く項も見よ
「旧五代史」……一七
旧法党……三〇八
宮刑……一六二
宮市（きゅうし）……二九三
宮廷文学……一三一・二三四
舅（きゅう）……一五六
去声（きょしょう）……六四・一八九
居敬窮理（きょけいきゅうり）……四八八
挙子（きょし）……一五〇
御史台……一四四
＊清浦奎吾……五六七
清原家……八七

虚字（きょじ）→助字（じょじ）
＊許堯佐（きょぎょうさ）……三五八
＊許行（きょこう）……四六八
＊許慎（きょしん）……三八
行書……四三
「狂人日記」……三七八
郷貢の進士（きょうこうのしんし）……一五一・一七八
経→け項も見よ
経文……五六・四七九
＊堯……九八・三一
「玉台新詠集」……二五六
玉門関（ぎょくもんかん）……二四〇・二八五
曲……一八七・二三八
「今古奇観」（きんこきかん）……三六七
今体詩……一九四
今文（きんぶん）……四七六
今文派……四七六
「近思録」（きんしろく）……四八五・五一〇
近体詩……一九四・一九八・二五八
金王朝……一三

「金史」……一七六
金石文……四〇
金文（きんぶん）……四一
＊欽宗（きんそう）（宋）……一一三

く

＊公羊高（くようこう）……四〇八
＊孔穎達（くようだつ）……四八二
句読点（くとうてん）……七九
「旧唐書」（くとうじょ）……一七六・一七七
＊虞（ぐ）……一八四
＊虞美人……二三六
＊瞿佑（くゆう）……三六七・**三六八**・五六四
＊空海（弘法大師）……五四二
＊屈原（くつげん）……**二三〇**・二三五
屈折語（くっせつご）……七二
国……**一四一**・一四五・三八七
＊熊沢蕃山……五五八
＊倉山田麻呂（くらのやまだのまろ）……五二八
郡……一四五
郡県制……一一九
郡治（ぐんち）……一四五
郡望（ぐんぼう）（籍貫）……一一三
訓……五一
訓詁学（くんこがく）……四七六
訓点……七九
訓読……**七一**・七六・**八〇**・八二～九三・二一八・五三九・五六一

け

外典（げてん）……五四七
兄……一三三
刑部……一四三
形・音・義（けいおんぎ）……二九
形而上学（けいじじょうがく）……四七七
形声文字（けいせいもじ）……**三五**・四六
系譜……一五二
京兆尹（けいちょういん）……一四五
「芸文志」（げいもんし）……三三九
＊荊軻（けいか）……一六八
＊恵王……四一六
＊恵公……一七〇
＊恵施（けいし）……四五九
＊桂菴和尚（けいあんおしょう）（玄樹）……五五一
＊啓……一〇五
経→き項も見よ
経……四〇六
経学……**四〇九**・四七五・四八一
「経国集」（けいこくしゅう）……五四三
経書……五六・**四〇六**・四七六
経世致用の学（けいせいちようのがく）……四九九
経略使（けいりゃくし）……一四七
卿……一一三・**三八七**・四一四
＊嵇康（けいこう）……四七八
＊景公……三八二
頸聯（けいれん）……一九五
「警世通言」（けいせいつうげん）……三六六
＊桀王（けつおう）……一〇五・三八二
結句（けっく）……一九五
元王朝……一一三

＊元佶（げんきつ）……五二三
「元史」……一七六・一七七・三一八
＊元稹（げんじん）……二九三・三五九
＊元帝（晋）……一一三
「玄怪録」（げんかいろく）……三五九
玄学（げんがく）……四七七
＊玄宗（唐）……一三九・二五九・二六六
＊阮瑀（げんう）……二四一
＊阮咸（げんかん）……四七八
＊阮元（げんげん）……五〇一
＊阮籍（げんせき）……四七八
＊言偃（げんえん）→子游（しゆう）
「言志後録」→「言志録」
「言志四録」→「言志録」
「言志録」（げんしろく）……五六二
言文一致運動（げんぶんいっちうんどう）……七一・三七八
建安の七子（けんあんのしちし）……二四一・二五〇
涓人（けんじん）……一一六
兼愛説（けんあいせつ）……四八三
原始信仰……三八四
＊乾隆帝（けんりゅうてい）→高宗（清）
「源氏物語」……五四五
遣隋使……五三七
遣唐使……五三七
賢良対策（けんりょうたいさく）……四七三
＊憲宗（けんそう）（唐）……二八七・二九五
＊厳武（げんぶ）……二七三
＊厳復（げんぷく）……五〇三
蘐園学派（けんえんがくは）……五六〇

こ

五行（ごぎょう）……四五〇・四七四
五経（ごきょう）……四〇八・四七三・四八一
「五経正義」（ごきょうせいぎ）……四八二・四九四
五経博士（ごきょうはかせ）……四七四
五胡十六国（ごこじゅうろっこく）……一一三
五言古詩（ごごんこし）……二四一・二六八
五言詩（ごごんし）……一九三・二四一・二六八
五三十事件（ごさんじゅうじけん）……一三九
五山（ござん）……五四六
五山版（ござんばん）……五四七
五四運動（ごしうんどう）……一三八・三七九
五代……一二〇
五代十国（ごだいじっこく）……一三一
五帝→三皇五帝（さんこうごてい）
五斗米道（ごとべいどう）……四八〇
五倫（ごりん）……四一七
互文（ごぶん）……四三〇
「古学指要」（こがくしよう）……五五九
＊古賀精里（こがせいり）……五六一
古楽府（こがふ）……二〇一
古義学……五五八
古義堂（こぎどう）……五五八
「古今小説」……五六六
古訓（こくん）……五三〇
古詩（こし）……一九四～一九七
「古事記」……二二一・三三〇・五二五
「古詩源」（こしげん）……二五六
「古詩賞析」（こししょうせき）……二五六
古体詩……一九四

古注（こちゅう）……三九二
古文……二二一・二二六・四七六
古文運動……二二一・二九四
「古文真宝」（こぶんしんぽう）……三一六
「古文真宝後集」→「古文真宝」
古文辞学（こぶんじがく）……五六〇
古文辞派……三一九・五五九・五六七
古文派……四七六
古文復興……二二一・二九四
＊伍子胥（ごししょ）……一六二
呉王朝……一三一
＊呉王夫差（ごおうふさ）……五〇八
呉音……五四〜五八
＊呉起（ごき）……四六九
＊呉均（ごきん）……三五一
＊呉敬梓（ごけいし）……三六七
＊呉承恩（ごしょうおん）……三六六
＊呉佩孚（ごはいふ）……一三九
孤仄（こそく）……二〇〇
孤平（こひょう）……二〇〇
孤立語……七二
姑（こ）……一五六
故事成語……一七八
＊胡適（こせき）……三七七
後漢王朝（ごかんおうちょう）……一三〇
後漢王朝（こうかんおうちょう）……一三〇
＊後藤芝山（ごとうしざん）……五六一
後藤点……八九
「後漢書」……一七六
語順……七三
「語孟字義」（ごもうじぎ）……五五九
「語録」（ごろく）……七一
＊瞽瞍（こそう）……一七九
＊顧炎武（こえんぶ）……四九九
口語体……七一・二二八・三六五
工部（こうぶ）……一四三
公安派（こうあんぱ）……三三〇
＊公孫敖（こうそんごう）……三三二
＊公孫丑（こうそんちゅう）……四一七
＊公孫竜（こうそんりゅう）……四五九
「公孫竜子」……四五九
孔→く項も見よ
＊孔丘→孔子
＊孔子（孔丘）……一七一・二三六・三八四〜三九〇
「孔子家語」（こうしけご）……五五四
孔子廟（こうしびょう）……五五五
孔門の弟子（こうもんのていし）……四〇九
＊孔融（こうゆう）……二四二
号……一五七
「広異記」（こういき）……三五九
「広韻」（こういん）……一九〇
広文館（こうぶんかん）……一四四
甲骨文字……四〇・三八四
弘安の役（こうあんのえき）……五四七
弘道館（こうどうかん）……五五六
弘文院（こうぶんいん）……五四一
考……一五三
考証学……四九九・五〇〇
行……二三八
＊光緒帝（こうしょてい）……五〇二

＊光武帝（劉秀）（漢）……一二〇
坑儒（こうじゅ）……四七一
「孝経」（こうきょう）……四〇九・四八一
＊「孝経注疏」（こうきょうちゅうそ）→「孝経」
＊孝静帝（こうせいてい）（北魏）……一二二
孝廉（こうれん）……一四九
＊皇太極→太宗（清）
＊洪秀全（こうしゅうぜん）……一三六
後魏王朝（こうぎ）（北魏）……一二二
「後魏書」……一七六
後金王朝（こうきん）……一三五
後周王朝……一三〇
後晋王朝……一三〇
「後庭花」（こうていか）……三〇三
後唐王朝……一三〇
後梁王朝……一三〇
「紅楼夢」（こうろうむ）……三六七
＊高歓（こうかん）……一二三
＊高啓（こうけい）……三一八・三三二
＊高適（こうせき）……二八三
＊高祖（漢）……一一九・一六二・二三四・四七一
＊高祖（後漢）……一三〇
＊高祖（唐）……一二五
＊高宗（南宋）……一三三
＊高宗（清）……一三六
＊高洋（こうよう）……一二三
＊高力士（こうりきし）……二六七
黄鶴楼（こうかくろう）……二八二
黄巾の乱（こうきんのらん）……四八〇
＊黄堅（こうけん）……三一六
＊黄宗羲（こうそうぎ）……四九九
＊黄帝（こうてい）……九八
＊黄庭堅（こうていけん）……三一三
黄老の術（こうろうのじゅつ）……四七二
＊康熙帝（こうきてい）→聖祖（せいそ）
＊寇謙之（こうけんし）……四八〇
＊項羽（籍）……一一九・一六二～一六七
＊項王→項羽
膠着語（こうちゃくご）……七二
講習堂……五五七
＊告子（こくし）……四九六
国学……五六〇
「国語」……一五九
国子監（こくしかん）……一四一・一五〇
「国富論」……五〇三
国風……二一六
国民党……五〇三・五〇四
国共合作（こっきょうがっさく）……一三九
「黒奴歓天録」（こくどやくてんろく）……三七五
＊斛律金（こくりつきん）……二四九
＊穀梁赤（こくりょうせき）……四〇八
＊嚳（こく）……九八
暦（こよみ）……一六〇・一六九

さ

＊左丘明（さきゅうめい）……四〇八
左諫議大夫（さかんぎたいふ）……一四四
左散騎常侍（ささんきじょうじ）……一四四
左拾遺（さしゅうい）……一四四・二七三
＊佐藤一斎……五六一

左補闕（さほけつ）……一四四
左僕射（さぼくや）……一四三
＊嵯峨天皇……五四一
「西遊記」……二八・三六六
采邑（さいゆう）……三八七
采詩の官……三三五
宰……三六九
＊宰咺（さいけん）……一七〇
宰相（さいしょう）……一四二
祭祀（さいし）……三三六・三八五
祭酒……一四四
祭政一致（さいせいいっち）……三八五
＊祭伯（さいはく）……一七一
＊斎藤拙堂（さいとうせつどう）……五六八
斎名（さいめい）（斎号）……一五八
＊崔顥（さいこう）……二八二
塞外詩（さいがいし）……二八三
作詩法……六六
雑家（ざっか）……四一六・四六七
雑言詩……一九四

三袁（さんえん）……三三〇
三桓（さんかん）……三八九
三韓表文（さんかんひょうぶん）……五二八
三教……四八〇
三玄……四七七
三言二拍（さんげんにはく）……三六七・五六五
三皇（さんこう）→三皇五帝
三皇五帝……九七・九八・一〇四・一六一
「三国志」……一七六・五六五
「三国志演義」……二八・三六五・三六六
三国時代……一三三
三十六郡……一一九
三省六部（さんしょうりくぶ）……一四三
三代……一〇五・一一三
「三体詩」（さんたいし）……三〇五
三伝……四〇八
三民主義……五〇三
＊三遊亭円朝（さんゆうていえんちょう）……五六五
三礼（さんらい）……四〇七
三閭大夫（さんりょたいふ）……二三〇

山子点（さんしてん）……八九
＊山濤（さんとう）……四七八
参軍（さんぐん）……一四六
参軍事（さんぐんじ）……一四二
参知政事（さんちせいじ）……一四二
算道（さんどう）……五四一

し

士……三八七・四四八
子音（しいん）……六二・一八七
＊子淵→顔回
＊子夏（しか）……三九一・四一三
＊子我（しが）……四五五
＊子罕（しかん）……四五五
＊子貢（しこう）……三九一・四〇〇・四一一
＊子思（しし）……四一三・四一六
＊子張（しちょう）……三九一・四一三
「子夜呉歌」（しやごか）……二三九
＊子游（しゆう）……三九一・四一三
＊子輿（しよ）→曽参（そうしん）・孟軻

*子路……三九一・四一〇
四言詩……一九三・二三九・二三一
四書……四八九
「四書集注」（ししょしつちゅう）……四八九
四声（しせい）……六三・六五・一八八
四声八病の説（しせいはっぺいのせつ）……二五八
四端の説（したんのせつ）……四一八・四三二・四三三
四道……五四一
四徳……四一七
四面楚歌（しめんそか）……二三五
四門館（しもんかん）……一四四
四六文（しろくぶん）……二〇六
四六駢儷文（しろくべんれいぶん）……二〇六
司業……一四四
司空……一四三
司徒……一四三
司馬……一四三・一四六
*司馬睿（しばえい）→元帝（晋）
*司馬炎→武帝（晋）
*司馬光……一七四・三〇七・三〇八
*司馬昭……一三
*司馬相如（しばそうじょ）……二三三
*司馬遷（しばせん）……一六〇・一六八
*司馬談（しばだん）……一六〇・一六八
史官……一六〇・一七五
「史記」……一六〇・一六一・一六三・一七三・一七四・一八
三・二四七・二五七・三三九・四五六
*史思明（ししめい）……二九
*史籀（しちゅう）……四一
「地獄変」（じごくへん）……三六四
字（じ）……三九
字音カナ使い……六八
「字説」（じせつ）……四八
耳目の欲（じもくのよく）……四三〇・四三二
志……一七五
志怪（しかい）……三四一・三五一
私諡（しし）……一五八
私塾……五五六
芝山点（しざんてん）……五六一
事……四八五
事理一致（じりいっち）……四八五
*始皇帝……一一九・一六八・三四〇・四五一・四六九
刺史（しし）……一四六
侍中（じちゅう）……一四四
侍郎（じろう）……一四四
指事……三五
*施耐庵（したいあん）……三六六
時習館（じしゅうかん）……五五六
時文（じぶん）……二一七
時務策（じむさく）……一五一
「師説」（しのせつ）……三一六
詞……三一七
詩……二〇五
「詩経」……二二五〜二二九・四〇六・四八二
詩書……五〇八
詩賦……一五一
詩文……二〇五
「詩品」（しひん）……二五三
辞……二一九・二三一
辞賦……二三一

「資治通鑑」《しじつがん》……一七四
「爾雅」《じが》……四八一
「爾雅注疏」《じがちゅうそ》→「爾雅」
＊塩谷宕陰《しおのやとういん》……五六九・五七七
「七経孟子考文」《しちきょうもうしこうぶん》……五六〇
七国《しちこく》（七雄）……一一三
七国同盟《しちこくどうめい》……四六六
七言詩《しちごんし》……**一九四**・二五九
＊柴野栗山《しばのりつざん》……五六一
「謝小娥伝」《しゃしょうがでん》……三五八
＊謝朓《しゃちょう》……二五一
＊謝枋得《しゃぼうとく》……三一五
＊謝霊運《しゃれいうん》……二五一
爵位……一二一・一七〇
主語……七三・九三
主簿《しゅぼ》……一四六
＊朱元璋《しゅげんしょう》→太祖（明）
＊朱熹《しゅき》（朱子）……三二一・三九二・**四八七**・五二三
＊朱子→朱熹
「朱子晩年定論」《しゅしばんねんていろん》……四九八
朱子学……四八七・五四七・五五三〜五五八
＊朱全忠→太祖（後梁）
＊朱棣《しゅてい》……二三四
受降城《じゅこうじょう》……二九四・三三一
＊邾儀父《しゅぎほ》……一七〇
首聯《しゅれん》（起聯）……一九五
儒……四三
儒家……一〇五・一七五・**四一三**・**四一六**
儒家者流《じゅかしゃりゅう》→儒家
儒教……一二一・一三〇・**四八〇**・五〇三
「儒林外史」《じゅりんがいし》……三六七
「儒林列伝」《じゅりんれつでん》……一七三
十三経……四〇九・四八二
十三経注疏……四八一
十七史……一七七
十七条憲法……五三三
十二通門……五一九
十八史……一七七
「十八史略」……一〇〇・一〇六・一〇九・一一四・一三六・**一七八**・一七九・一八〇・一八二
「十翼」……四〇六
十家……四一六
十家九流《じっかきゅうりゅう》……四一六
十国……一三一
州……一四六
「周礼」《しゅらい》……四八一
「周礼注疏」→「周礼」
「周易」→「易経」《えききょう》
「周易正義」→「易経」
周王朝……一〇八
＊周公……一〇八
「周書」……一七六
周代の文字……四〇
周張二程子《しゅうちょうにていし》……四八五
＊周敦頤《しゅうとんい》……四八四
＊周弼《しゅうひつ》……三〇五
＊周瑜《しゅうゆ》……二二五
＊周濂渓《しゅうれんけい》→周敦頤
「拾遺記」《しゅういき》……三五一

従……一五三
従兄……一五三
従伯父……一五四
修猷館（しゅうゆうかん）……五五六
縦横家（じゅうおうか）……四一六・四六五
縦横家者流→縦横家
叔……一五三
＊叔斉（しゅくせい）……一六二
＊叔孫氏（しゅくそんし）……三八九
＊叔孫通（しゅくそんつう）……四七二
叔父（しゅくふ）……一五三
祝→の項も見よ
＊祝融（しゅくゆう）……九八
＊粛侯（しゅくこう）……一八一
＊粛宗（唐）……一一九
「述異記」（じゅついき）……三五一
述語……七三・九三
「春秋」……一二三・一五九・一六八・一七一・二三一・四〇七
「春秋公羊伝」（くようでん）……一七一・四〇八・四七三・五〇二
「春秋公羊伝注疏」……四八一
「春秋穀梁伝」（しゅんじゅうこくりょうでん）……一七一・四〇八
「春秋穀梁伝注疏」（しゅんじゅうこくりょうでんちゅうそ）……四八一
「春秋左氏伝」（しゅんじゅうさしでん）（左伝）……一五九・一七一　四〇八
「春秋左伝」（さでん）→「春秋左氏伝」
春秋時代……一二三・三八六
春秋の筆法（しゅんじゅうのひっぽう）……一七二
＊春申君（しゅんしんくん）……四一四
＊荀況（じゅんきょう）（荀子）……四一六・四二八・四三
「荀子」……四一九・四三一
順治帝→世祖（清）
＊舜（しゅん）……九九・一〇四・三二一
＊女媧（じょか）……九八
女真族（じょしんぞく）……一三一
助教（じょきょう）……一四
助字（じょじ）……九四
初唐の四傑（しょとうのしけつ）……二六〇
＊徐幹（じょかん）……二四二
＊徐市（じょふつ）（徐福）……四七九・五四九
＊徐陵（じょりょう）……二五六
書……一七三
「書」→「書経」
「書経」……一五八・二三一・四〇六・四八一
書体……三九〜四五
庶民……三八七
諸侯……一三一・一四一・三八六・三八七
諸子百家（しょしひゃっか）……二三一・四一四・四一五・五〇四
小説……二一八・三三〇・三三八
小説家……三三九・四一六
「小説奇言」（しょうせつきげん）……五六六
「小説神髄」……三七六
「小説精言」（しょうせつせいげん）……五六六
小篆（しょうてん）……四一
上将軍……一四二

*成王（周）……一〇八
西夏……一三一
西漢→前漢
西魏……一三三
西周……一二一
西晋……一三一
西洋思想……五〇一
西洋文法……九三
声符（せいふ）（音符）……三五
声母（せいぼ）……六二
斉王朝……一二三
性悪説（せいあくせつ）……四一九
性善説（せいぜんせつ）……四一八
*清少納言……二五八
清談（せいだん）……四七七
盛唐（せいとう）……二五九
*聖祖（せいそ）……一三六
靖康の変（せいこうのへん）……一三一・三一二
靖難の師（せいなんのし）……一三四
「醒世恒言」（せいせいこうげん）……三六六
*石敬塘（せきけいとう）……一三〇
籍貫（せきかん）（郡望）……一五三・一五七
赤壁……二三〇・二三五
切（つせ）……六〇
「切韻」（せついん）……一八九
*絶海中津（ぜつかいちゅうしん）……五四八
絶句……一九五
節度使……一三九・一四七
「説苑」（ぜいえん）……四七七
「説文解字」（せつもんかいじ）……三八
*薛居正（せつきょせい）……一七六
*薛聡（せつそう）……五一八
「千字文」（せんじもん）……五〇・五一七
先秦古文（せんしんこぶん）……二二一
全対（ぜんつい）……二〇〇
「全唐詩」（ぜんとうし）……五六八
「全唐詩逸」（ぜんとうしいつ）……五六八
前漢……一二〇
*宣王（斉）……四一五・四一六・四一七
*宣統帝（せんとうてい）→溥儀（ふぎ）
「剪燈新話」（せんとうしんわ）……三六八・五六四
「前燈余話」……三六八
「戦国策」（せんごくさく）……**一五九**・三三五・三三八
戦国時代……**一一三**・四一四
禅宗……七〇・五四七
禅譲（ぜんじょう）……九九・一〇五
*銭起（せんき）……二八六・二九三
*銭大昕（せんたいきん）……五〇一
澶淵の盟（せんえんのめい）……一一三
*顓孫師（せんそんし）→子張

そ

祖……一五三
*祖台之（そだいし）……三五一
*祖冲之（そちゅうし）……三五一
添えがな……七九
疏（そ）……四八一
楚歌（そか）……二三五
楚辞（そじ）……二二八・**二三九**・二三四
「楚辞」（そじ）……二三一

*蘇我入鹿（そがのいるか）……五二八
*蘇洵（そじゅん）……三〇六・三〇八
*蘇軾（そしょく）…四九・二二〇・三〇六〜三〇九・三一〇・三二一・三二四・五四七
*蘇秦（そしん）……四六六
*蘇頲（そてい）……二六〇
*蘇轍（そてつ）……三〇六〜三〇八
*蘇武（そぶ）……一八五
双声（そうせい）……六二
宋王朝……一二三・一三三
宋学……四八三・五〇四・五四七
「宋鑑」……一七八
「宋史」……一七六・一七七
*宋之問（そうしもん）……二六〇
「宋書」（そうじょ）……一七六・五三三
宋朝（そうちょう）……四五
宋の南渡（そうのなんと）……一三三
*宋濂（そうれん）……一七六
草書（そうしょ）……四三
*「荘子」…二三一・二三八・四四〇・四四一・四七七
「捜神記」（そうじんき）……三四一・三四七・五三四
「捜神後記」……三四七
*曹操（そうそう）→武帝（魏）
*曹植（そうち）（陳思王）……二四一・三五四
*曹霑（そうてん）（雪芹）……三六七
*曹丕（そうひ）→文帝（魏）
*曹毗（そうひ）……三五一
*曽鞏（そうきょう）……三〇六・三〇八
*曽国藩（そうこくはん）……五〇一
曽子学派（そうしがくは）……四一三・四一七
*曽参（そうしん）（曽子）…三九一・四〇九・四一一・四二三
*曽先之（そうせんし）……一七八
仄（そく）→平仄（ひょうそく）
*則天武后（そくてんぶこう）……二八
俗講（ぞくこう）……三六三・三六四
「続玄怪録」……三五九
「続斉諧記」（ぞくせいかいき）……三五一
*孫権（そんけん）……一三
*孫皓（そんこう）（帰命侯）……一三一
「孫子」（そんし）……四六九
*孫洙（そんしゅ）……三〇五
*孫武（そんぶ）……四六九
*孫文（そんぶん）……一三七・五〇三・五〇四
尊皇攘夷（そんのうじょうい）……四八九

た

*太宰春台（だざいしゅんだい）……五六〇
大夏（だいか）……一三
大家族制……一五二
大雅（たいが）……二六
大学……四七三
「大学章句」（だいがくしょうく）……四九〇・五五一
大学頭（だいがくのかみ）……五五五
大極殿（だいごくでん）……五二八
大司寇（だいしこう）……三八九
大将軍……一四二
大篆（だいてん）……四一
大同（だいどう）……五〇二
大都護（だいとご）……一四六

大夫（たいふ）……一一三・三八七・四一四
太学（たいがく）……一四
太極（たいきょく）……四八四
「太極図説」……四八四
「太玄」（たいげん）……四七五
＊太公（たいこう）……一八四
「太史公自序」……一七四
太守（たいしゅ）……一四五・三一〇
＊太祖（後梁）……一三〇
＊太祖（宋）……一三一
＊太祖（金）……一三二
＊太祖（明）……一三四・五四八・五四九
＊太祖（清）……一三五
＊太宗（唐）……一二五・一二八
＊太宗（元）……一三三
＊太宗（清）……一三五
太中大夫（たいちゅうたいふ）……五〇八
太平天国（たいへいてんごく）……一三六
太平道……四八〇
第二次国共合作……一四〇
＊戴叔倫（たいしゅくりん）……二九三
＊戴震（たいしん）……五〇一
＊戴孚（たいふ）……三五九
＊平忠度（たいらのただのり）……五七二・五七三
＊平経正（たいらのつねまさ）……五七二・五七三
＊高野長英……五六七
＊滝沢馬琴……五六六
度支部（たくしぶ）……一四
＊拓跋氏（たくばつし）……一三一
「竹取物語」……五三三
＊脱脱（だつだつ）……一七六
＊丹朱（たんしゅ）……九九
＊段琪瑞（だんきずい）……一三七
＊段玉裁（だんぎょくさい）……五〇一
＊端木賜（たんぼくし）→子貢（しこう）
＊譚嗣同（たんしどう）……五〇三

ち

地方官……一四六・一四七
地方制度……一四五
知行合一の説（ちぎょうごういつのせつ）……四九八
知州（ちしゅう）……一四七
知制誥（ちせいこう）……一四五
知県（ちけん）……一四七
知府（ちふ）……一四七
＊智遷（ちせん）……三一〇
竹簡（ちくかん）……四一
竹林の七賢（ちくりんのしちけん）……三五三・四七八
「茶花女遺事」→「椿姫」
中央集権制……一一九・一四一・四五一
中華人民共和国……一四〇・五〇四
中華民国……一四〇・五〇三
中国共産党……一三八・五〇四
中国語……六四・七〇・九三・一八七
中国文……七〇
中書侍郎（ちゅうしょじろう）……一四
中書舎人（ちゅうしょしゃじん）……一四
中書省……一四
中書令（ちゅうしょれい）……一四
中唐（ちゅうとう）……二八六

「仲氏文集序」……三七
＊仲由（ちゅうゆう）→子路（しろ）
注疏（ちゅうそ）……四八一
＊紂王（ちゅうおう）……一〇八・一一一・一八四・三八二
籀文（ちゅうぶん）……四一
「長恨歌」（ちょうごんか）……二八七・三五九
「長恨伝」（ちょうごんでん）……三五九
長安……三九・三三九
長史（ちょうし）……一四五
長律（ちょうりつ）（排律）……一九五
＊張謂（ちょうい）……二八三
＊張廷玉（ちょうていぎょく）……一七六
＊張角（ちょうかく）……四八〇
＊張儀（ちょうぎ）……四六六
＊張九齢（ちょうきゅうれい）……二八〇
＊張玉穀（ちょうぎょくこく）……二五六
＊張継（ちょうけい）……二九三
＊張載（ちょうさい）……四八四
＊張籍（ちょうせき）……二八七・二九三
＊張陵（ちょうりょう）……四八〇
朝鮮語……七二・五一七
朝廷……一四一・一四二
＊趙匡胤（ちょうきょういん）……三三〇・三三一
勅撰三集（ちょくせんさんしゅう）……五四二
＊成吉斯汗（チンギスカン）……一三三
「枕中記」（ちんちゅうき）……三五八・三六〇・五六四
＊陳玄祐（ちんげんゆう）……三五八
＊陳鴻（ちんこう）……三五九
＊陳寿（ちんじゅ）……一七六・五一五
「陳書」（ちんしょ）……一七六
＊陳子昂（ちんすごう）……二六六
＊陳独秀（ちんどくしゅう）……三七七
＊陳覇先（ちんはせん）……三一四
＊陳彭年（ちんほうねん）……一九〇
＊陳琳（ちんりん）……二四二

つ

対句（ついく）……一九一・二〇九
通押（つうおう）……一九七
通俗小説……三六五
通俗文学……五二三
「椿姫」……三七五
＊坪内逍遥……三七六

て

＊デュマ・フィス……三七五
弟……一五三
定型詩……一九三
＊定公（ていこう）……三八九
亭……一四六
亭長（ていちょう）……一四六・一六四
帝位……一〇五
＊帝尭（ていぎょう）→尭（ぎょう）
＊帝嚳（ていこく）→嚳（こく）
提点刑獄（ていてんけいごく）……一四七
＊程頤（ていい）……四八四
＊程伊川（ていいせん）→程頤（ていい）
＊程顥（ていこう）……四八四
＊程明道（ていめいどう）→程顥
＊鄭成功（ていせいこう）……一三五

＊鄭伯《ていはく》……一七〇
姪《てつ》……一五三
天子……一一
＊天智天皇……五二九・五三四
天命……四〇三〜四〇五
天命説……四〇三・四七五
天文……一六〇
＊田常《でんじょう》……四五三〜四五七
伝……四〇六
伝奇《でんき》……**三五七**・五六四
「伝奇」……三五九
「伝習録」《でんしゅうろく》……四九六・四九八
「伝燈録」《でんとうろく》……七一
転運使……一四七
転句《てんく》……一九五
転注《てんちゅう》……三六
篆書《てんしょ》……四一

と

「ドン・キホーテ」……三七五
奴→ぬ項も見よ
奴隷……二二六・三八七
奴隷人→奴隷
＊杜工部《とこうぶ》→杜甫《とほ》
＊杜二《とじ》→杜甫
＊杜樊川《とはんせん》→杜牧《とぼく》
＊杜甫《とほ》……一五一・一五三・一五七・**二七一**・二七四・三〇四
＊杜牧《とぼく》……一五七・三〇二・三〇五
都尉《とい》……一四二・一四五
都護府《とごふ》……一四六
都督《ととく》……一四六
都督府《ととくふ》……一四六
＊塗山氏《とざんし》……三三
当用漢字……三四・四四
同音異義……六三
同姓不婚《どうせいふこん》……一五五
同中書門下平章事《どうちゅうしょもんかへいしょうじ》……**一四二**・二九三
東漢→後漢《ごかん》
東魏……一三三
東周……一一三
東晋……一三三
「東陽夜怪録」《とうようやかいろく》……三五九
唐王朝……一二五
唐詩……二五九・三〇四
「唐詩三百首」……三〇五
「唐詩選」《とうしせん》……**三〇四**・三一九
「唐書」→「新唐書」《しんとうじょ》
唐宋音《とうそうおん》……五六
唐宋古文《とうそうこぶん》……二一一
唐宋八大家《とうそうはちだいか》……四九・**三〇八**
「唐宋八大家文鈔」……三〇八
「唐宋八大家文読本」→「唐宋八家文」
「唐宋八家文」《とうそうはっかぶん》……三〇八・三一六
「唐文粋」《とうもんずい》……五四三
桃花源《とうかげん》……三五〇
動詞……九三・五一七
陶淵明《とうえんめい》→陶潜

な

に

ぬ

奴婢（ひぬ）……二一七
＊努爾哈赤（ヌルハチ）→太祖（清）

の

農家……四一六・四六八
祝詞（のりと）……五三三

は

羽衣伝説（はごろもでんせつ）……五三三
＊馬融（ばゆう）……四七七
覇者（はしゃ）……一三・四一四
覇道（はどう）……四一四
＊沛公（はいこう）→高祖（漢）
排行（はいこう）（輩行）……一五四
排律（はいりつ）（長律）……一九五
稗史（はいし）……一七五
＊裴鉶（はいけい）……三五九
博士……一四四・四七三
博士家……八七・五四〇・五四一
博士家点（はかせけてん）……八七
＊白居易（はくきょい）（楽天）……一五一・一五六・二八七・二八九・三〇一・三〇五・五四四
＊白行簡（はくこうかん）……三五九・五六四
「白氏文集」（はくしもんじゅう）……二五八・五四一
白鳥処女説話→羽衣伝説
白帝城（はくていじょう）……二〇一
＊白楽天→白居易
白話……二一八
白話文（はくわぶん）……二一八
＊伯夷（はくい）……一六二
伯父（はくふ）……一五三
「拍案驚奇」（はくあんきょうき）……三六六
幕府……一四七・五五三
幕末……五六六
八股文（はっこぶん）……一五二・二一七
八分書（はっぷんしょ）……四一
＊服部南郭（はっとりなんかく）……五六〇・五六七
＊林鵞峰（はやしがほう）……五五四
＊林述斎（はやしじゅっさい）……五六一
＊林鳳岡（はやしほうこう）……五五四
＊林羅山（はやしらざん）（道春）……五五四・五五七
＊万章（ばんしょう）……四一七
万里の長城……一一九
反（はん）……六〇
反切法（はんせつほう）……六〇・六一
版下（はんした）……四四
＊范成大（はんせいだい）……三二二
＊范仲淹（はんちゅうえん）……三〇六・四八三
＊范曄（はんよう）……一七六
＊班固（はんこ）……一七四・一七六・三一九
晩唐（ばんとう）……三〇一
＊樊遅（はんち）……四〇〇・四〇三
藩学……五五六
藩黌（はんこう）……五五六
藩鎮（はんちん）……一四七

ひ

比喩（ひゆ）……二三九

*尾藤二洲（びとうじしゅう）……五六一
尾聯（びれん）……一九五
非攻（ひこう）……四六五
*卑弥呼（ひみこ）……五一六
妣（ひ）……一五三
*稗田阿礼（ひえだのあれ）……五二六
鄙諺（ひげん）……一八一
筆記小説……三七四
筆誅（ひっちゅう）……一七二
平（ひょう）→平仄（ひょうそく）
平起り式（ひょうおこりしき）……一九九
平声（ひょうしょう）……六四・一八九・一九〇
平仄（ひょうそく）……六四・六六・一九八・二〇七
表……一七三
表意文字……三〇・三一
表音文字……三〇・三一
*広瀬淡窓（ひろせたんそう）……五六七

ふ

ふみおとし……一九六
府……一四六・一四七
*武王（周）……一〇八・一一三
武官……一四二
*武帝（漢）……一一九・一六〇・二三六・四七九
*武帝（魏）（曹操）……一三一・二二五・二四二
*武帝（晋）……一三一
*忽必来（フビライ）→世祖（元）
「風土記」（ふどき）……五三〇〜五三三
部首……四九
部族……三八六
富国強兵……一一九・四五八・四六九
*溥儀（ふぎ）……一三七
賦（ふ）（辞）……二一八・二三一・二五六
風（国風）……二二六
*馮玉祥（ふうぎょくしょう）……一三九
*馮夢竜（ふうぼうりょう）……三二六
諷諭（ふうゆ）……二八八
*伏羲（ふくき）……九八
副宰相……一四二
副大都護（ふくだいとご）……一四六
副都……一三三・一三四
副都護……一四六
複合母音（ふくごうぼいん）……一八八
*藤原明衡（ふじわらのあきひら）……五四三
*藤原公任（ふじわらのきんとう）……五四三
*藤原俊成（ふじわらのしゅんぜい）……五七三
*藤原惺窩（ふじわらせいか）……五五三・五六六
*藤原冬嗣（ふじわらのふゆつぐ）……五四二
仏教……三五〇・四七八
*古人大兄皇子（ふるひとのおおえのおうじ）……五二八
文→も項も見よ
文（ぶん）……三九・二〇四・二〇五
文永の役（ぶんえいのえき）……五四七
「文華秀麗集」（ぶんかしゅうれいしゅう）……五四二
文学革命……三七五〜三七九
文官……一四二
「文鏡秘府論」（ぶんきょうひふろん）……五四二
文言（ぶんげん）……二一八
文語体……二一八
*文公（晋）……一一三

「文章軌範」（ぶんしょうきはん）……三一六
文人趣味……五六七
＊文帝（隋）……一一三
＊文帝（魏）（曹丕）……二三一・二四一・三四一
＊文天祥（ぶんてんしょう）……三一五
＊文王（ぶんのう）……一〇八・一一三
文法……七〇
焚書（ふんしょ）……四七一

へ

北京語（ぺきんご）……六五
「平家物語」……五七三
＊平原君（へいげんくん）……四一四
「平水韻」（へいすいいん）……一九〇
辟召（へきしょう）……一四九
汨羅江（べきらこう）……二三〇
「碧巌録」（へきがんろく）……七一
別駕（べつが）……一四六
辺塞詩（へんさいし）……二八三・二八六・二九四
弁士（べんし）……四一四
弁証法（べんしょうほう）……五〇四
変文（へんぶん）……三六四
変法維新（へんぽういしん）……五〇二・五〇三
偏覇（へんぱ）……一三一
編年体……一七二・一七四
駢文（べんぶん）……二〇五・二〇六・二五六・三六八
駢儷文（べんれいぶん）……二〇五・二〇六

ほ

母音……六〇・六一・一八七・一八八
戊戌政変（ぼじゅつせいへん）……五〇二
「牡丹燈記」（ぼたんどうき）……三六八・五六四
「牡丹燈籠」（ぼたんどうろう）……五六五
＊蒲松齢（ほしょうれい）……一五八・三六七～三七一
方言……五四・一八八
方士（ほうし）……三四〇・四八〇
＊北条実時……五五〇
放伐（ほうばつ）……一〇五
法家（ほうか）……四一六・四五一・四七〇
「法言」（ほうげん）……四七五
「法の意味」……五〇三
＊房玄齢（ぼうげんれい）……一二六・一七六
望湖楼……三三一・三三三
＊茅坤（ぼうこん）……三〇八
封建制……一一九
＊鮑照（ほうしょう）……二五一
＊卜商（ぼくしょう）→子夏（しか）
北魏王朝（後魏）……一二三
「北史」……一七六・一七七
北周王朝……一二三
北斉王朝……一二三
「北斉書」……一七六
北宋……一三三・三〇五
北朝……一二四
北伐……一三九
北方歌謡……二三一・二三四
墨家（ぼくか）……四一六・四六〇
「墨子」……二三一・四六〇
＊墨翟（ぼくてき）（墨子）……四六〇・四六二
＊細井平洲……五六九

*本居宣長……五六・五六〇
文字……三九・四五
文章博士（もんじょうはかせ）……五四〇
「文選」（もんぜん）……二〇八・二五六・二五七・五四一・五四四
文選学（もんぜんがく）……二五八
文選読み（もんぜんよみ）……八七
門下省（もんかしょう）……一四
門下侍郎（もんかじろう）……一四

や

野史（やし）……一七五
*安井息軒（やすいそくけん）→安井仲平
*安井仲平（やすいちゅうへい）……五六一・五七七
*梁川星巌（やながわせいがん）……五六七
*柳沢吉保……五五九
*藪孤山（やぶこざん）……五六八
*山崎闇斎（やまざきあんさい）……八九
*山井崑崙（やまのいこんろん）……五六〇
*山本北山（やまもとほくざん）……五六七

ゆ

湯島聖堂（ゆしませいどう）……五五五
*庾信（ゆしん）……二四九
「喩世名言」（ゆせいめいげん）……三六六
唯物史観……五〇四
*維摩詰（ゆいまきつ）……二七八
*有子（ゆうし）→有若（ゆうじゃく）
*有施氏（ゆうしし）……一〇七
*有若（ゆうじゃく）（有子）……三九八・四一一
有造館（ゆうぞうかん）……五五六
「幽明録」（ゆうめいろく）……三五一
遊侠……一六八・一七五
「遊仙窟」（ゆうせんくつ）……八六・五三三
雄弁術……二三二

よ

洋務運動……五〇一・五〇三
*姚鉉（ようげん）……五四三
*姚思廉（ようしれん）……一七六

陽気……四五〇
陽平声（ようひょうせい）……六五
陽明学（ようめいがく）……四九五・五〇四・五五八
*揚雄（ようゆう）……二三四・四七五
*楊貴妃……一二九・一五五・二六七・三六五
*楊烱（ようけい）……二六〇
*楊堅（ようけん）→文帝（隋）
*楊朱（ようしゅ）……四四八
「楊太真外伝」（ようたいしんがいでん）……三六四
*楊万里（ようばんり）……三一三
*煬帝（ようだい）（隋）……一二五
*雍正帝（ようせいてい）→世宗（清）
*良岑安世（よしみねのやすよ）……五四三

ら

*羅貫中（らかんちゅう）……三六六
「礼記」（らいき）……二九九・四〇七・四〇八・四八一・四八九
「礼記正義」（らいきせいぎ）→「礼記」
*頼山陽（らいさんよう）……五六九・五七四

*頼春水（らいしゅんすい）……五六八
洛橋……三四
洛陽……二六二
*駱賓王（らくひんのう）……二六〇
蘭学……五六〇

り

吏……一四八
吏読（りとう）……八一・五一八
吏部……一四三
「李娃伝」（りあでん）……三五九・五六四
「李娃（あり）の物語」……五六四
*李益（りえき）……二九四・三一二
*李淵（りえん）→高祖（唐）
*李延寿（りえんじゅ）……一七六
*李賀（りが）……二八七・二九四
*李公佐（りこうさ）……三五八
*李鴻章（りこうしょう）……五〇一
*李克用（りこくよう）……一三〇
*李斯（りし）……四三・四五二・四七〇
*李贄（りし）……四九九
*李自成（りじせい）……一三五
*李十二（りじゅうに）→李白
*李商隠（りしょういん）……三〇一・三〇三
*李世民→太宗（唐）
*李存勗（りそんきょく）……一三〇
*李朝威（りちょうい）……三五八
*李楨（りてい）……三六八
*李白……一五五・一五七・二〇一〜二〇三・二〇七・二一三
九・二六六〜二六八・三〇四・五三八
*李攀竜（りはんりょう）……三〇四・三一九
*李百薬（りひゃくやく）……一七六
*李復言（りふくげん）……三五九
*李隆基（りりゅうき）→玄宗
*李陵（りりょう）……一六〇・一六一・一八五
理……四八五・四八八
「離魂記」（りこんき）……三五八
六経（りくけい）……四〇六・四九三
六国……一八一・四六六
六国同盟……四六六
六書（りくしょ）……三八
六朝（りくちょう）……二一四・二五六
陸王の学（りくおうのがく）……四九三
*陸象山（りくしょうざん）→陸九淵
*陸九淵（りくきゅうえん）（象山）……四九三〜四九五
*陸法言（りくほうげん）……一八九
*陸游（りくゆう）……三一二・三一三・三一八
律詩（りっし）……一九五
略字……四
*柳永（りゅうえい）……三一八
「柳毅伝」（りゅうきでん）……三五八
「柳氏伝」（りゅうしでん）……三五八
*柳宗元（りゅうそうげん）……一五一・一五七・二一一・二
八七・二九六・二九七・三〇四・三〇八
*柳柳州（りゅうりゅうしゅう）→柳宗元
「竜図公案」（りゅうとこうあん）……五六六
留学生……五三七
留学僧……五三七
*劉禹錫（りゅううせき）……二九三・二九七
*劉淵（りゅうえん）……一九〇

＊劉希夷（りゆうきい）……二六〇・二六一
＊劉義慶（りゆうぎけい）……三五一・三五二
＊劉向（りゆうきよう）……一五九・四七七
＊劉歆（りゆうきん）……四七七
＊劉瑾（りゆうきん）……四九四
＊劉昫（りゆうく）……一七六
＊劉敬叔（りゆうけいしゆく）……三五一
＊劉秀（りゆうしゆう）→光武帝（漢）
＊劉禅（りゆうぜん）……一三
＊劉知遠（りゆうちえん）→高祖（後漢）
＊劉楨（りゆうてい）……二四一
＊劉備（りゆうび）……一三
＊劉邦（りゆうほう）→高祖（漢）
＊劉宝楠（りゆうほうなん）……三九二
＊劉裕（りゆうゆう）……一三
＊劉曜（りようよう）……一三
＊劉伶（りゆうれい）……四七八
「呂氏春秋」（りよししゆんじゆう）……四六七・五〇五
呂馬童（りよばどう）……一六五
＊呂不韋（りよふい）……四六七
「凌雲集」（りよううんしゆう）……五四二
＊凌濛初（りようもうしよ）……三六六
＊梁啓超（りようけいちよう）……三七六・五〇三
「梁書」……一七六
「聊斎志異」（りようさいしい）……三六七・三六九
＊聊斎先生→蒲松齢（ほしようれい）
遼……一三
「遼史」……一七六
＊林紓（りんじよ）……三七五

れ

レ点（れてん）……七八
礼（れい）……四〇一・四三二
礼部（れいぶ）……一四三
令……一四六
＊令狐徳棻（れいことくふん）……一七六
隷書（れいしよ）……四一〜四三
歴史……九七・一五八・三三九
歴史カナ使い……六八
「列異伝」（れついでん）……三四一
列強の中国侵略……一三六・一四〇・三七五
＊列子（れつし）……四三九
列伝（れつでん）……一七三・一七四
連衡（れんこう）……四六六
聯（れん）……一九五

ろ

魯……一六〇・三八八・三九〇
＊魯迅（ろじん）……三七八
＊盧照鄰（ろしようりん）……二六〇
＊「老子」……四三三・四七七・五一〇
郎中……一四三
六→り項も見よ
六言詩（ろくごんし）……一九四
「論語」……五〇・八九・九一・二三一・三九一〜四〇五・四〇八・四一〇・四二二・四六四・四八九・五〇九・五一七・五四一
「論語古義」……五五九
「論語集解」（ろんごしつかい）……三九二
「論語集注」（ろんごしつちゆう）……三九二・五一三

「論語正義」（ろんごせいぎ）……三九二
「論語徴」（ろんごちょう）……五五九
「論衡」（ろんこう）……四七五

わ

＊王仁（わに）……五〇・五一七
「和漢朗詠集」（わかんろうえいしゅう）……五四三
倭国（わこく）……五一五
「倭人伝」（わじんでん）……五一五
話本……三六五
淮→え項も見よ
＊淮南王劉安（わいなんおうりゅうあん）……四六八

を

ヲコト点……八八

語彙索引

冒頭の字の画数により配列し、同一画数内では部首の順序に従った。但し同一部首内の配列には特に基準をもうけていない。同一漢字がならんでいるところでは二字目の画数順によりならべた。助字は「助字用法一覧」参照。

一画

一夫（いっぷ）……四八六
一片（いっぺん）……二八五
一片月（いっぺんノつき）……二三九
一章（いっしょう）……五七二
一朝（いっちょう）……二六四
一炊の夢（いっすいノゆめ）……三六三
一葦（いちい）……二三三

二画

七月（しちがつ）……二一一
丁壮（ていそう）……五〇七
乂（おさム）……一七九
九死に一生……一二七
九齢（きゅうれい）……二五五
了然（りょうぜん）……三四五
二八（にはち）……二五四
二柄（にへい）……四五四
人心（ひとノこころ）……四一三
人心之霊（じんしんのれい）……四九一
人生之適（じんせいのてき）……三六一
人生無常（じんせいむじょう）……二六五
人風（じんぷう）……二九九
人煙（じんえん）……二四五
人語響（じんごノひびき）……二七九
八口之家（はっこうのいえ）……四一六
几（き）……三七二
又（ゆう）……一七一

三画

三山（さんざん）……五四九
三月（さんげつ）……四四三
三月不レ違レ仁（さんげつじんニたがワず）……四八六
三更（さんこう）……五五二
三春（さんしゅん）……二六四
三湌（さんそん）……四四三
三等（さんとう）……一〇一
上（しょう）……一二七
上（ほとり）……二三三
上和下睦（かみやわらギしもむつブ）……五二四
下（もと）……二三三
之子（このこ）……二三八
之良延奴（しらえぬ）……五二一
千里（せんり）……一〇七
千里馬（せんりノうま）……一一六・二二三
土階（どかい）……一〇一
士（し）……四八六

四画

五　画

出二百死一得二一生一（ひやくしヲいデテいつしようヲえタリ）……一二七
功徳（こうとく）……一八五
北辰（ほくしん）……三五五
北冥（ほくめい）……四四一
北郭（ほっかく）……二〇三
去以二六月一息（さルニりくげつヲもつテいこウ）……四四三
古人秉レ燭夜遊（こじんしよくヲとリテよるあそブ）……二〇八
召レ我以二煙景一（われヲまねクニえんけいヲもつテス）……二〇八
可（かナリ）……三九三
可二共逓相担一（ともニたがイニあいになウベシ）……三四四
可二奈何一（いかんスベキ）……二三五
可レ運二之掌上一（これヲしようじようニめぐラスベシ）……四三〇
四体（したい）……四三〇
四面楚歌（しめんそか）……二三五
四海（しかい）……四三一
四野（しや）……二四八
外人（がいじん）……三四九
外朝（がいちよう）……一〇一
奴隷人（どれいじん）……二一四
左右（さゆう）……一〇一
平曠（へいこう）……三四九
平常居（へいじようノきよ）……二四五
市（し）……二九一・四八六
弗レ由（よラず）……四三一
戊申（ぼしん）……五二八
旦旦（たんたん）……二九九
未二之有一也（いまダこレあラざルナリ）……三九八・四六六
正色（せいしよく）……四四三
民之義（たみのぎ）……四〇四
民俗（みんぞく）……一〇九
氷轍（ひようてつ）……二九一
犯レ上（かみヲおかス）……三九八
犯文乱理（はんぶんらんり）……四三〇
犯レ死（しヲおかス）……二九九
玄黄（げんおう）……五三〇
玉関情（ぎよくかんノじよう）……二四〇
甘食（かんしよくス）……二九九
用レ力（ちからヲもちウ）……四九一
用レ此観レ之（これヲもつテこれヲみルニ）……四三〇
田（た）……三三三
田（でん）……四六六
田（たツクル）……二四四
由（よル）……四三一
由レ己（おのれニよル）……四〇二
由レ是観レ之（これニよリテこれヲみル）……四一〇
申（のブ）……五二一
申レ之（これニかさヌ）……四六六
白水（はくすい）……二〇三
白衫（はくさん）……二九一
白雨（はくう）……三一三
白馬は馬に非ず……四五九
白頭掻更短（はくとうかケバさらニみじカシ）……二七五
白露（はくろ）……二一三
目（もく）……四〇二
石（こく）……二一四
立（たツ）……一〇一
立レ志（こころざしヲたツ）……五六二
処処（しよしよ）……二八一
号（よブ）……三七二

六　画

七画

八　画

邯鄲の夢（かんたんノゆめ）……三〇三
邸舎（ていしや）……三六一
金烏（きんう）……五三六
長（ちよう）……一〇九
長者（ちようじや）……一六五
長裙（ちようくん）……三七一
長歎息（ちようたんそく）……二〇三
門人（もんじん）……三五五
門外（もんがい）……二九一
阿（あ）……二五四
阿佐里（あさり）……五二一
青史（せいし）……五七四
参レ天（てんニまじワル）……二四四
国破（くにやぶル）……二七五
学功（がくこう）……五七六
径（けい）……二四四
径（ただチニ）……三四五
担レ鬼著二肩上一（きヲになイテけんじようニつク）……三四五
並（ならびニ）……三四九
英（えい）……三四九

苛政猛二於虎一也（かせいハとらヨリモもうナリ）……二九九
若（なんじ）……一六五
苦李（くり）……三五三
苦窳（くゆ）……一七九
茅茨（ぼうし）……一〇〇

九画

保二四海一（しかいヲやすンズ）……四二一
信然（まことニしかり）……三五三
俟（まツ）……二九九
則（のり）……一〇二
則已（のみ）……四四三
勅勒（ちよくろく）……二四八
匍匐（ほふく）……五三四
卑レ辞厚レ幣（じヲひくクシへいヲあつクス）……一一五
叙レ別（わかレヲじよス）……五七二
咲（わらウ）……五二八
垣牆（えんしよう）……二四四
城（しろ）……二七五
城外（じようがい）……二九一

契（きざム）……五〇五
室家（しつか）……二二八・五三二
宦官（かんがん）……二二一・二九二
度（わたル）……二八五
庠序（しようじよ）……四六六
庠校（しようこう）……五七七
廻レ車（くるまヲめぐラス）……二九一
怒（はげム）……四四二
急（きゆうニ）……三四五
怨二楊柳一（ようりゆうヲうらム）……二八五
恨レ別（わかレヲうらム）……二七五
恂恂（しゆんしゆん）……二九八
扃（とザス）……三八一
扁舟（へんしゆう）……三一四
挑下（ちようかス）……三七二
故（もとヨリ）……二五四
故人（こじん）……一六五・一九三・二〇三
故法（こほう）……五〇五
春（はる）……一六九
春社（しゆんしや）……三一四

春望（しゅんぼう）……二七五
是非（ぜひ）……四〇・四三
是馬也（こノうまヤ）……二二四
是鳥也（こノとりヤ）……四四二
某甲（ぼうこう）……三五五
柳暗花明（りゅうあんかめい）……三二四
毒（どくトス）……二九九
泉路（せんろ）……五二六
洗面（せんめん）……七四
洛陽山（らくようノやま）……二四四
洛橋（らくきょう）……三二四
洞（うど）……四〇七
畏（おそル）……三八〇
畏忌（いき）……三四五
畎畝（けんぽ）……一七九
畊（たがやス）……一〇九
相公（しょうこう）……三七一
相期（あいきス）……二七〇
相謂（あいいウ）……一一〇
相識（そうしき）……二六四
紅紗（こうしゃ）……二九一
胡虜（こりょ）……二四〇
要（もとム）……四一〇
要（よう）……四九六
負戴（ふたい）……四一六
陌与レ阡（はくトせんと）……二四五
面（そむク）……一六五
食（やしなウ）……二二四
食頃（しょくけい）……一八二
乗レ月（つきニじょうズ）……三一四
草昧（そうまい）……三二六
単（たん）……二九一
姫（き）……一八二
為（おもウ）……二一〇
為レ人（ひとトなり）……三九八
為レ人多レ疑（ひとトなリうたがイおおシ）……五六八
為レ子先行（しノためニせんこうセン）……三三六
為レ宗（むねトセヨ）……五二四
為レ政以レ徳（まつりごとヲなスニとくヲもつテスレバニ）……三五五
既望（きぼう）……二二二
独不レ愧二於心一乎（ひとりこころニはジざランヤ）……一六五
独立（どくりつ）……二二三
独知〜（ひとり〜ヲしリテ）……四六二
神人（かみ）……五三二
県（けん）……三三八
逆取（ぎゃくしゅ）……五〇八
逆旅（げきりょ）……二〇八

一〇画

俳優（はいゆう）……五六八
凌（しのグ）……二二三
勉励（べんれい）……五六二
宮（きゅう）……一一六
宮使（きゅうし）……一九一
宮室（きゅうしつ）……二一四
家主（かしゅ）……四六二
家書（かしょ）……二七五
容止（ようし）……三八一
師法之化（しほうのか）……四二〇

一二画

一三画

一四画

一五画

一六画

二三画以上

解説

堀川貴司

本書は今から五十年以上前、一九六六年に出版された高校生向けの漢文参考書である。それを今、文庫版として一般読者に向けて再刊する意義は何か、内容の紹介とともに考えていきたい。

冒頭で著者は、本書執筆の目的を述べている――「漢文がむずかしいと言っている人に、そのむずかしさを解きほごすいとぐちを提供しようというのが、第一の目的である」。以下、むずかしさの内容を五段階に分けて、それぞれの段階に応じた本書の読み方を示している。実際、読んでみるといろいろな工夫がなされていて、参考書としてよく出来ていることがわかる。その一つは、疑問形・否定形といった文型や、返読文字・再読文字といった助字の説明をまとめてしていない点である。多くの参考書ではここに紙幅を割くため、無味乾燥な記述の連続になってしまうのであるが、本書はこれを全て例文のなかで説明している。それぞれの文型や助字は、前後の文脈の中でこそ生き生きと効果を発揮するから、その一文のみで覚えても仕方ない、という考えなのであろう。もちろん、辞典としても使えるように、索引や一覧表で検索可能にしている。

例文には、書き下し文とともに、丁寧な語釈と通釈、さらに解説を加えている。まず、書き下し文を別に掲げることによって、返り点・送り仮名の付いた原文を書き下す自習に役立つ。

次に語釈は、その文脈の中でその語がどういう意味を持たされているかを説明するとともに、同じ読みをする別の語との比較（一〇一ページ例文一・語釈⑳「きく」「みる」など）、日本語で通常使われる意味との相違（同じく例文一・語釈⑱「游（＝遊）」など）にも言及する場合が多く、一文字一文字を注意深く読んでいく態度が自然と身につく。また、解釈が分かれる場合、複数の説を挙げていて（二〇三ページ例文九・語釈⑧など）、古典作品の奥深さが感得できるようになっている。

さらに通釈は、それだけ読んでも意味が通り、日本語としてもなめらかで上品な文章になっている。かといって原文を離れることなく、参考書の訳文であることを忘れていない。漢文は簡潔さを旨とするため、文と文との関係を示す接続詞等を用いなかったり、既に登場した人物の動作の場合主語を省略したりすることが多い。そういう場合には最低限語句を補っているが、その部分は（　）で括って、原文にはないことをわからせる工夫をしている。

最後に解説では、作品や著者の周辺についても述べつつ、各分野における重要事項を過不足無く紹介しているので、読解のための基礎知識を養うことができる。

こうして、例文をじっくり読むことで第一の目的は十分果たされたとして、それでは、第二（以下）の目的は何か。明確に書かれてはいないが、さきほど引用した文のすぐ後にある次のことば――「（漢文を）なぜ学習しなければならないかという問題は、守備範囲のうちではない。しいて言うならば、この本全体が、その疑問に対する答えとなっているはずなのだ」がそれに当たるかと思われる。

高校生にとって（ということは、日本人にとって、と言い直してもいい）なぜ漢文を学習しなければならないのか、という疑問は、特に漢文が嫌いな人にとっては切実であろう。それに対して、本書全体が答えである、というのは著者の相当な自負心が籠められたことばではないか。

そこで、改めて全体を見てみよう。

第一章は漢文入門、漢字・音韻・文法という、基礎的な分野について、漢字・漢文そのものの特徴と、それを訓読という方法で理解する際の問題とが扱われる。

第二章は歴史、神話伝説の時代から現代まで、中国四千年を一気に駆け抜ける。王朝の交代といった歴史そのものだけでなく、漢文を読む際に知っておくべき政治・社会の制度や、歴史書の編纂（特に『史記』に関する記述は力を入れている）についても述べる。

第三章は詩文、ここではまず詩・文・賦それぞれの形式について詳しく解説した後、時代を追って詩・文の流れを概観する。この二本立ての構成によって、漢文を読む際、その文体・詩体を無視しては十分な理解に至らないことを自然と納得させられるのである。

第四章は小説、歴史・詩文・思想からは一段低いものとされていたこのジャンルにも歴史と共に変化・進展があり、文学形式として成熟していく様子を詳しく述べている。

第五章は思想、孔子を中心に春秋・戦国時代のそれを丁寧に説明し、秦以降、儒学を中心に政治状況との関わり、仏教・道教との関係をも幅広く触れる。

最後に第六章、日本の漢文学では、古代における中国文化の伝来から幕末の思想・漢詩文に至るまでをバランス良く記述している。

あらためて、国語という一教科のさらに一部分である漢文という分野において、これだけの幅広い内容をカバーしていることに驚かされる。地理・世界史・日本史・倫理・古文（漢文訓読は古文を用いる）といった科目と重なり合うし、文法は英語とある程度共通性がある。つまり、漢文をしっかり勉強すれば、他の文系科目を同時に勉強していることになるという総合性を持っているのである、それを意図してか、著者はすべての分野において、教科書の教材からは外れる時代やジャンルにまで言及する。歴史では中華人民共和国の成立まで、詩文では時文・白話文といった文体や明清の文学論まで、小説ではむしろ現代文で扱われる文学革命以後の作品まで、思想では陽明学や清朝考証学を経て清末以降の西洋思想の流入にもかなり筆を費やしている。実は本書は、地の文および例文の解説部分のみ拾い読みしていくと、『中国文化入門』とでもいうべき著作として読めるようにもなっているのである。

ついでながら、地の文の文章中に少し小さな文字で挿入されるちょっとしたエピソードも興味深いし、荘子の思想の解説で受験の例を持ち出すところ（四四七ページ）などもユーモアにあふれていて、著者の軽妙な語り口を味わえる。逆に練習問題の最後にいわば生涯学習の勧めのような文章を置いているのは、高校生への真面目なメッセージであろうし、社会人となった後にこそ切実に感じられる内容である。ちなみに、ここに登場する塩谷宕《しおのやとう》陰《いん》・安井息軒という幕末を代表する儒学者の学統は、明治維新後も途切れず、著者の出身である東京（帝国）大学の中国関係学科へ連なっていく。

もう一つ、著者がたびたび注意を喚起しているのは、どの分野においても、長い歴史の中で日本人が読み継いできた作品が存在し、それを今われわれが学んでいる、という点である。十八史略（一七八ページ）、唐詩選・唐詩三百首・三体詩（三〇四ページ）、唐宋八大家文読本（三〇八ページ）、文章軌範・古文真宝（三一六ページ）、剪灯新話（三六七ページ）、朱子学（四八九ページ）など、日本でもよく読まれ影響が大きかったものは欠かさず言及していて、それらが最後の第六章の記述と響き合っている。

この二点をまとめて言えば、漢文は中国という巨大な文化圏を知るための鏡であり、その鏡にはわれわれ自身も映っている――つまり漢文は、中国文化と切り離せない日本文化のあり方を知るための手段であり題材でもあるから、というのが答えになろう。

ただ、何しろ刊行後五十年を経ているので、現在の研究状況から見て補うべき所もなくはない。長江を「揚子江」（一三四ページ図版等）、ハングルを「諺文《おんもん》」（五一七ページ）、渡来人を「帰化人」（五一八ページ等、ただし学問的には「帰化人」と呼ぶべきだという説もある）と、現在あまり使われなくなった語も散見される。そこで、私の専門である日本漢文学に関わる部分のみ、コメントを加えておきたい。

第一章第一節、漢字を表意文字とする（三一ページ）のは、意味と音を共に表すという実態を反映していないので、近年は表語文字という言い方がなされるようになった。また、漢字の書体の成立について述べるところ（四三ページ）で、楷書→行書→草書という成立の順序を想定しているが、現在の研究では隷書から草書・行書・楷書が順次派生してきたと考えられている。

同第二節、漢字音については、呉音・漢音・唐宋音のいずれにも含まれない音として「慣用音」という用語がある（五六二ページ「耗」がその例）。また、「字音カナ使い」（六八ページ以下）ということばは、現在、やまとことばのカナ使いに対して、漢字音のカナ使い（拾をシフと書く等）を指し、ここで言う「字音カナ使い」は「現代カナ使い」と呼ぶのが普通である。

同第三節、訓読の送り仮名には、奈良・平安・室町以降のことばが混在している（七九ページ）という指摘は重要である。九三ページにも江戸期のことばが含まれる例を「教育勅語」から挙げているが、逆に「無けん」（形容詞未然形の活用語尾「け」、一六五ページ）「曰く」（動詞＋クで名詞化するク語法）などは奈良時代の名残である。このあたりのことは、古田島洋介『これならわかる漢文の送り仮名―入門から応用まで―』（新典社、二〇一二年）に詳しい。

訓読に関しては、その発祥を朝鮮半島における「吏読」に求める説が述べられている（八一ページ。第六章でも同様の言及あり）。「吏読」は、朝鮮半島における漢文訓読およびそこから派生した変体漢文全体を指す語としても使われるが、現在は通常前者を「口訣《クギョル》」、後者のみを「吏読《イドゥ》」と呼ぶようである。日本同様、さまざまな符号や漢字の略字を原文に書き添えて朝鮮語として読めるようにするという口訣が古代朝鮮半島において発達していたことは、近年の資料発見によって詳しく研究されるようになってきた。専門書ではあるが、藤本幸夫編『日韓漢文訓読研究』（勉誠出版、二〇一四年）が現在の研究状況を教えてくれる。

なお、漢文訓読は、単なる技術論にとどまらず、異文化接触・受容という普遍的な問題として捉えられるようになってきたことは、同じ著者の『漢文入門』（ちくま学芸文庫、二〇一五年）の齋藤希史氏解説にも、近年の研究書の紹介を含め言及されている。

続く実字・虚字の説明（九三ページ）については、『漢文入門』で別の説として挙げる、実字＝体言、虚字＝用言＋付属語（あるいは付属語を助字として分ける）、というのが、江戸時代の学者などの使い方であり、漢文読解の際には便利であろう。

第三章第一節、詩の形式のなかで「ふみおとし」の説明がある（一九六ページ）が、近年の漢詩関係の書物では、七言絶句・七言律詩の第一句末で押韻しない場合を言うことが多い。

同じく第三章第八節、清の詩文のところで、王士《おうし》禎《てい》の神韻説に触れている（三二〇ページ）が、明の古文辞派の主張を「格調説」、明の袁宏道《えんこうどう》や清の袁枚《えんばい》の主張（心に感じたことを表現する）を「性霊《せいれい》説」と呼び、それぞれに江戸時代の日本の漢詩人たちに影響を与えている（揖斐高『江戸詩歌論』汲古書院、二〇〇一年）。

第四章第五節、『剪灯新話』の日本への影響を述べている（三六九ページ・第六章五六四ページ）が、これはまず朝鮮における流行（注釈書や模倣作が生まれている）があり、その余波が日本に及んだものと言える（松田修等校注『伽婢子』新日本古典文学大系七五、岩波書店、二〇〇一年）。

第五章第四節、朱熹の歴史叙述に含まれる尊皇攘夷思想（四八九ページ）は、水戸藩による『大日本史』編纂事業を経由して幕末の討幕運動につながっている（後述の小島毅両著）。

同じ節で清朝考証学について、思想としての評価が低い（五〇一ページ）が、経書《けいしょ》の絶対性を内側から突き崩し、近代思想を準備したものとして再評価すべきところであろう（井上進『明清学術変遷史』平凡社、二〇一一年）。

第六章第三節、絶海中津《ぜっかいちゅうしん》の詩（五四八ページ）の第四句については、徐福が日本から中国へ帰るべきだ、と解釈する説もある（後述の鈴木健一著）。

同じく第四節、江戸後期の詩風について、市河寛斎《かんさい》（五六七ページ）は唐詩尊重から宋詩尊重へ転向したと見るのが現在の通説である（揖斐高、前掲書）。

最後に、もう少し各分野について読み進めたいという読者のために、最近の入手しやすい書物を紹介して終わりとしたい。

松浦友久『漢詩―美の在りか―』（岩波新書、二〇〇二年）
齋藤希史『漢詩の扉』（角川選書、二〇一三年）
小島毅『朱子学と陽明学』（ちくま学芸文庫、二〇一三年）
鈴木健一『日本漢詩への招待』（東京堂出版、二〇一三年）
小島毅『増補　靖国史観―日本思想を読みなおす―』（ちくま学芸文庫、二〇一四年。与那覇潤による素晴らしい解説付き）

（ほりかわ・たかし／慶應義塾大学附属研究所斯道文庫教授）

本書は一九六六年六月、学生社から刊行された。

ちくま学芸文庫

精講《せいこう》　漢文《かんぶん》

二〇一八年八月十日　第一刷発行
二〇二一年四月二十日　第七刷発行

著　者　前野直彬（まえの・なおあき）

発行者　喜入冬子
発行所　株式会社　筑摩書房
東京都台東区蔵前二―五―三　〒一一一―八七五五
電話番号　〇三―五六八七―二六〇一（代表）
装幀者　安野光雅
印刷所　株式会社精興社
製本所　加藤製本株式会社

ISBN978-4-480-09868-9 C0187